Henry Kurtz

Evangelischer Besuch

1860

Henry Kurtz

Evangelischer Besuch
1860

ISBN/EAN: 9783744637480

Hergestellt in Europa, USA, Kanada, Australien, Japan

Cover: Foto ©Lupo / pixelio.de

Weitere Bücher finden Sie auf **www.hansebooks.com**

Der Evangelische Besuch,

Eine Monats-Schrift

In Begleitung und als Dolmetscher des

Monthly Gospel-Visiter's;

Gewidmet
der Darstellung und Vertheidigung
Evangelischer Grundsätze und Uebungen
in ihrer ursprünglichen Reinheit und Einfachheit
zur Beförderung christlicher Eintracht, brüderlicher Liebe, und
allgemeinen Wohlwollens.

Herausgegeben von Heinrich Kurtz.

"Denn ich schäme mich des Evangeliums von Christo nicht; denn es ist eine Kraft Gottes, die da selig macht alle, die daran glauben, die Juden vornemlich, und auch die Griechen." Röm. 1, 16.

Jahrgang 8. 1860.

Gedruckt in Columbiana, Columbiana Co. Ohio,
In der Druckerey des Gospel-Visiter's.

Der Evangelische Besuch.

Eine Zeitschrift
Für Wahrheitliebende und Wahrheitsuchende.

Jahrg. 8. Columbiana, O., Januar 1860. Nro. 1.

Vorwort.

Allen lieben Lesern wünscht der Herausgeber zum Neujahrs-Gruß Heil und Frieden von dem großen Heilbringer und Friedensfürsten Jesu Christo, und alles was zum zeitlichen und ewigen Wohlergehen dienet, zuvor.

"Unsere Hülfe stehet im Namen des Herrn, der Himmel und Erde gemacht hat." Ps. 124, 8. Mit diesem Wahlspruch wagen wir es, diesen neuen Jahrgang unserer evangelischen Botschaft und unseres monatlichen Besuchs bei unsern Lesern anzufangen. "Bis hieher hat uns der Herr geholfen:" und dürfen wir zweifeln, daß Er uns nicht ferner helfen werde?—Nein, wir wollen Gott danken für Alles, was Er bisher an uns gethan hat, und Ihm vertrauen, daß er auch in Zukunft uns nicht verlassen noch versäumen werde.

Wir müssen aber auch nicht vergessen bei unserem Vertrauen auf den Herrn unsere Pflicht zu thun, und das um so weniger, da wir wissen, daß unsere Zeit zu wirken kurz ist, und daß "die Nacht kommt, da Niemand wirken kann." Wie nahe diese Nacht (des Todes) ist, wissen wir nicht. Ob wir das Ende dieses Jahrs, dieses Monats, dieser Woche oder dieses Tags erleben, ist nur Dem bekannt, der alle Dinge weiß. Darum, dieweil uns unbekannt ist, wie bald wir unsere Hütte ablegen müssen, so lasset uns desto mehr Fleiß thun, dasjenige auszurichten, was einem Jeglichen unter uns von Gott befohlen ist.

Indem wir diesen achten Jahrgang anfangen, müssen wir unsern wiederholten Dank aussprechen gegen Diejenige, welche uns auch in diesem deutschen und zwar sehr geringen Werke unterstützt haben, und noch ferner zu unterstützen willig sind. Daß aber in einer Gemeinschaft, die ursprünglich eine d e u t s c h e war, und bei weitem der Mehrzahl nach bis auf heute ist, so wenige, vielleicht kaum einer aus hundert, ein Blatt unterstützen, das namentlich und insbesondere für unsere Brüder, zum Zeugniß der Wahrheit, die wir bekennen, und zur Beförderung der Liebe und des Friedens unter uns ausgegeben wird, ist in der That zu verwundern, und für den Herausgeber entmuthigend und zu bedauern.

Wir glauben, daß ein solches Werk zu unserer Zeit n ö t h i g ist. Seitdem die Welt stehet, war noch nie ein solches Treiben und Bewegen unter den Menschen, wie jetzt. Alles drängt im Sturmschritt vorwärts. Man denke nur an die zahllosen neuen Erfindungen, an die ungeheure Ausbreitung des Handels und der Gewerbe, an die unzählbare Menge von Reisenden zu Wasser und zu Land, seitdem Dampfschiffe auf der See, und Dampfwagen auf den Eisenbahnen gehen. In den letzten zehn Jahren ist in dieser Hinsicht eine größere Veränderung vorgegangen, als sonst in hundert Jahren. Wir führen dieß nur Beispielsweise an, und könnten ebenso von Fortschritten im Schul- und Erziehungswesen, in der Literatur und dem Zeitungswesen, in der Politik, in der Moralität, und zwar so wohl zum Guten als zum Bösen reden. Denken wir endlich an die religiöse Bewegungen, Erweckungen und Auflebungen in sogenannten christlichen, sowie in muhamedanischen und heidnischen Ländern, so sehen wir, daß Alles, Alles, in gewaltigem Fortschritt begriffen ist, sey es nun auf rechter Bahn oder auf Abwegen.—Nun, wenn dieses wirklich der Fall ist,—und wer ist, der solches leugnen könnte?— so fragen wir, ist es nicht nöthig, daß wir uns gemeinsam und untereinander darüber besprechen, wie wir uns unter solchen Umständen verhalten sollen, um unser und unserer Kinder, Freunde und Nachbarn, ja aller Menschen Heil auf schriftmäßige Weise zu wahren und zu befördern? Und dazu soll der Evangelische Besuch dienen. Ist das nicht nöthig, und also unsere Pflicht??

Wiederum, wer der Schrift, und namentlich der Weissagung aufrichtigen Glauben schenkt, der wird gewahr, daß wir im Vor-Abend der wichtigsten und größesten Welt-Ereignisse stehen, die sich jemals zugetragen haben. Für diese Erwartung haben wir einen gewissen, Bibelfesten Grund. Eher wird Himmel und Erde vergehen, als daß ein einziges Wort der Weissagung unerfüllt bleiben sollte. Bereits ist das Wort unseres Heilandes erfüllt, daß "den Leuten auf Erden wird bange seyn, und werden zagen, und die Menschen werden verschmachten vor Furcht, und vor Warten der Dinge, die kommen sollen auf Erden." Diese Furcht, dieses Warten der Dinge, die da kommen sollen, ist nicht nur unter den Kleinen oder Geringen, sondern auch unter den Großen und Mächtigen der Erde verbreitet. Was anders als diese Furcht hat jene beiden Kaiser bewogen, letzten Sommer einen so übereilten Frieden zu schließen, der im Grunde doch kein Friede ist? Was anders als jenes Warten der Dinge, die da kommen sollen, macht noch jetzt die gekrönten Häupter in Europa so blöde, in einem Congreß die verhandenen Schwierigkeiten zurecht zu bringen? Sie hören das Meer und die Wasserwogen brausen, d. i. die Klage des Volks über ihre Tyranney, und obschon sie sich einbildeten, der Sonne, Mond und Sternen gleich hoch über dem Volk zu schweben, so ist ihnen doch bange. Und um ein Exempel näher daheim anzuführen, was anders als diese Furcht, nicht vor den 17 oder 20 thörichten Waghälsen, die in Harpers-Ferry einfielen, und ihre Thorheit mit ihrem Leben bezahlen mußten, sondern Furcht vor den Dingen, die da kommen sollen, und die ihnen ihr Gewissen vorhält, konnte nicht nur eine Stadt, einen ganzen Staat, ja fast das ganze Land in solche Bewegung setzen, wie wir so eben erfahren haben?—Das sind Zeichen der Zeit, auf die wir achten sollen, damit wir uns bei Zeiten bereiten und gefaßt machen, ohne Furcht und mit Freuden der Zukunft des Herrn entgegen zu sehen. O daß wir uns hüten möchten, daß wir nicht **fremder Sünden** uns theilhaftig machen. Auch hiezu, nämlich zu einer christlichen Zubereitung auf die Dinge, die da kommen sollen, scheint uns ein Blatt wie der Evangelische Besuch nöthig zu seyn.

Noch eins müssen wir erwähnen, warum unser deutsches Blatt, wo nicht in allen Familien, die noch das Deutsche verstehen und wenigstens zum Theil lesen können, doch wenigstens in allen unsern Gemeinden Eingang finden sollte, und das ist dieses. In der kürzlichen großen Aufregung in Virginien wegen der Harpers-Ferry-Geschichte geschah es, daß unser (englischer) Gospel-Visitor vor eine Grand-Jury gebracht, und untersucht wurde, wie uns ein lieber Bruder berichtet, ob er nicht etwa ein Anti-Sclaverey- oder Abolitions-Prediger, und also, wie man es in den Sclaven-Staaten nennen möchte, ein Werkzeug und Feuerbrand sey, um die Sclaven aufzuwiegeln. Glücklicher Weise fand ihn die Grand-Jury unschuldig, und so wird er denn einstweilen noch, auch im Süden, seine Besuche ausrichten dürfen. Allein es kann eine Zeit kommen, wo ihm dieses verwehrt werden möchte, und unser Zeugniß in der allgemeinen Landessprache nicht mehr geduldet würde, während vielleicht unser deutsches Blatt, unverhindert circuliren dürfte.*) Es kann auch eine Zeit kommen, wo ein Wort der Warnung an alle Gemeinden höchst nöthig und höchst dringend wäre, um großen Schaden an dem Heil der Seelen zu verhüten, z. B. einen Imposter oder Betrüger bloßzustellen, der in Lichtsengels-Gestalt in unsern Gemeinden Abfall und dergleichen zu stiften suchte. Wäre es in solchen oder ähnlichen Fällen nicht gut, wenn nicht höchst nöthig, ein Blatt zu haben, das nicht so leicht in Verdacht gezogen werden, sondern um seiner geringen Gestalt willen desto sicherer seinen Weg gehen könnte?

Doch wir haben schon lange genug, und vielleicht schon mehr als genug gesagt, um darzuthun, warum uns an der Fortdauer unseres deutschen Blattes so viel gelegen ist. Wie wir schon im vorigen Blatt gesagt haben, so hätte der Evangelische Besuch schon längst aufgehört, wenn wir nur mit Fleisch und Blut zu Rath gegangen wären, oder nur nach Gewinn und Verlust gerechnet hätten. Von Gewinn kann überhaupt keine Rede seyn, wenn nur

---

*) "Honesty is the best policy," oder wie das Sprüchwort im Deutschen heißt: "Ehrlich währt am längsten." Niemand denke, daß wir etwa in Deutschland verbotene Waare in die südlichen Staaten einzuführen oder einzuschmuggeln gedenken. Wer unsere Grundsätze kennt, kann solchen Gedanken keinen Raum geben. Wir lieben Wahrheit und Aufrichtigkeit, und "gehen auch nicht mit Schalkheit um, fälschen auch nicht Gottes Wort, sondern mit Offenbarung der Wahrheit beweisen wir uns wohl gegen aller Menschen Gewissen vor Gott."—

2—300, oder wenige mehr ein solches Blatt, und zwar zu solchem geringen Preise, unterstützen. Nun wir empfehlen uns und unser geringes Werk nochmals dem Gebet und Fürbitte, wie auch der thätigen Mitwirkung Aller, denen dieses in die Hände fallen mag, und schließen mit dem herzlichen Wunsch und Gebet zu Gott daß Er uns Alle in diesen letzten und in der That bedenklichen Zeiten noch würdigen möge etwas zu seyn und zu wirken zum Lobe seiner herrlichen Gnade in Christo Jesu. Amen.

Reden bekehrter Hindu's.

(Aus dem Schreiben eines jetzt verewigten Missionars in Indien an seine Nichte in England.)

"Laß mich dir, meine liebe B.," schreibt er, "etwas von dem erzählen, was ich in den letzten zwei oder drei Wochen getrieben habe. Mit Herrn Fenn und Herrn Meadows, welche, wie du weißt, mit mir umherwandern, um den Heiden in Nord-Tinnevelly das Evangelium zu predigen, war ich kürzlich in Palamkotta, welches etwa 18 Stunden von der Gegend entfernt ist, wo wir gewöhnlich uns aufhalten. Wir besuchten bei dieser Gelegenheit viele Dörfer im Süden von Palamkotta, wo sich viele Christen befinden, und hielten dort unsere jährlichen Missionsfeste. Im Lauf von acht Tagen sprachen wir bei neun solchen Missionsversammlungen, und am Sonntag hielt ich überdieß noch die Missionsfestpredigt.

"Bei diesen Versammlungen geht es so ziemlich gerade so zu, wie bei denen in England. Doch hält man sie hier immer in den Kirchen, und natürlich sind die Anwesenden lauter Hindu's; wenn man aber nicht die schwarzen Gesichter und die dürftigen weißen Gewänder vor Augen hätte und nicht die fremde Sprache hören würde, so könnte man meynen, man sey in England. Denn wie bei euch, so sitzt auch hier ein Präsident, und zwar in der Regel ein eingeborener Christ, im großen Lehnstuhl und leitet die Verhandlungen; es werden Reden gehalten, Lieder gesungen, Gebete gesprochen und Collekte gemacht, wie daheim. Auch was in den Reden gesagt wird, ist meist eben so lieblich und eindringlich, als was man bei den Missionsfesten in England hört.

"Laß mich dir einmal Einiges von dem erzählen, was bei einer dieser Versammlungen in Alvaneri, wo sich ein ganz ausgezeichneter eingeborener Prediger, Namens Paramananthen Simon, befindet, gesprochen wurde. Nachdem meine lieben Begleiter und ich geredet hatten, folgte ein eingeborener Katechist, und dann ein sehr lieber Mann, ein Bauer, Namens Enoch, der erst vor sechs Jahren getauft wurde; zuletzt schloß der liebe Prediger Paramananthen Simon. Er sprach etwa 20 Minuten lang. Dabei knüpfte er an das an, was Herr Meadows in seiner Ansprache von einem kleinen Mädchen in der Sonntagsschule zu Cambridge erzählt hatte, welches jeden Monat etwas in die Missionskasse lege und täglich für ihn und andere Missionare zu beten pflege. An dieses anknüpfend sagte Simon: "Ihr müßt nicht glauben, daß alle diejenigen, welche in England zur Mission Beiträge geben, reiche Leute seyen. Als ich noch ein kleiner Knabe war, hörte ich oft sagen, alle Leute in England seyen reich; es gebe dort keine Arme; und dafür gab man folgenden Grund an:—Wenn Jemand arm werde, so steuern seine Freunde zusammen und geben ihm 500 oder 1000 Rupies (1 Rupie = 50 Cents). Wenn er damit zu Ende sey, so steuern sie abermal zusammen und geben ihm das Doppelte. Sey er auch damit fertig und werde aufs Neue arm, so nehmen seine Freunde eine Flinte und schießen ihn zu todt. So gehe es, sagte man mir, in England zu, und deßhalb gebe es dort keine Arme. Die Leute aber, die nicht wissen, was sie mit ihrem Geld anfangen sollen, geben es her, damit man Missionare aussende und unterhalte.— Vielleicht saget ihr, meine Freunde; Wir sind so gar arm, und das Wenige, das wir geben können, hilft doch nichts; deßhalb ist es gleich, ob wir etwas geben oder nicht! Aber höret mir zu, ich will euch eine Geschichte erzählen. Ein Mann gieng einmal aus Ufer des Meeres, und sah mit Erstaunen die große Menge des Wassers. Dann sprach er zum Ocean: Meer, Meer, woher hast du all dieß Wasser? —Wie soll ich das wissen? antwortete der Ocean; aber frage jenen Fluß, der da herabgeströmt kommt, vielleicht kann er es dir sagen.—Der Mann ging zum Fluß und sprach; Fluß, Fluß, woher hast du all dein Wasser?—Das weiß ich nicht, erwiederte der Fluß; aber frage jene Waldbäche dort, die können's dir vielleicht sagen. —So ging der Mann zu den Waldbächen und machte an sie die gleiche Frage. Sie aber antworteten: All unser Wasser kommt Tropfen um Tropfen aus den Wolken; so werden wir voll, so werden die Flüsse voll, und so wird der Ocean voll.— Nun, meine Freunde, so geht es auch mit dem Geld, das zur Mission gesteuert wird. Aus den kleinen Gaben, welche von vielen Armen dargebracht werden, werden endlich die vielen Tausende von Rupies, um welche man viele Missionare und Katechisten unterhalten kann.'—So sprach der liebe eingeborene Prediger. Dann fügte er hinzu: 'Mancher von euch wundert sich vielleicht, warum man ihn in früheren Jahren nicht zum Geben aufgefordert habe; und da sagt vielleicht Einer: Dieses Geldgeben, um den Heiden das Evangelium zu senden, ist Etwas Neues. Wenn es jetzt gut ist, warum ist es nicht schon früher gut gewesen? Und wenn es schon früher gut war, warum hat uns nicht schon Herr Rhenius und die andern älteren Missionare dazu aufgefordert?— Nun, das will ich euch sagen. Als ihr noch kleine Kinder waret, kleine unmündige Säuglinge, hat man euch da zum arbeiten aufgefordert? Hat man da gesagt ihr sollt gehen und umherlaufen? Haben euch nicht eure Mütter auf die Arme genommen und herumgetragen, und euch genährt und Alles für euch gethan, was ihr bedurftet? Als ihr aber älter wurdet, da mußtet ihr arbeiten und allerley Werk thun. Nun so ist's auch hier. Im Anfang, da ihr Christen wurdet, da haben Andere Alles für euch gethan; nun aber, da ihr nicht mehr kleine Kinder seyd im Glauben, so sagt man euch, ihr sollet auch etwas arbeiten.'

"Ein anderer lieber Katechist, der bei einem andern dieser Missionsfeste sprach, sagte etwa folgendes:—'Ihr wisset, wenn in einem Hause ein zweites Kind geboren wird, so wird das erste, auf welches anfangs die ganze Aufmerksamkeit der Mutter gerichtet war, mehr sich selbst überlassen; man trägt es nicht mehr auf den Armen umher, ja es muß bald auch der Mutter helfen, den neuen kleinen Bruder zu hüten und zu pflegen. Nun, wollt ihr wissen, wer eure kleinen Brüder sind? Es sind die Heiden in Nord-Tinnevelly. Ist es denn nun nicht eure Pflicht, etwas für sie zu thun, und besonders für diejenigen unter ihnen, welche kürzlich erst Christen geworden sind? Und so könnet ihr das, was an euch gethan worden ist, euren englischen Freunden, und vor Allem, eurem treuesten und besten Freunde vergelten, der im Himmel ist!

"Ich hoffe, meine liebe B., du thust auch gerne etwas für die Mission, und betest auch für die Missionare und für ihre bekehrten Christen und für die Heiden. Das erste freilich, wofür ein Jeder sorgen muß, ist das Heil seiner eigenen Seele; ehe er das thut, kann er nichts zur Rettung anderer Seelen thun. Es nimmt mich Wunder zu wissen, ob meine liebe B. diesen ersten Schritt gethan hat. Ich hoffe es; und dann bin ich gewiß, sie wird auch den zweiten Schritt thun, der darin besteht, für die Seelen Anderer zu sorgen.

Dein liebender Oheim
T. G. Ragland.
(Basler Miss. Mag.)

Suchen und Finden.
Aus den Bibelblättern.

Suchen und Finden, — das wäre ein Thema, über das wohl einer viele und lange Predigten halten könnte, und käme damit doch nicht ganz zu Ende. Denn um diese beiden Stücke bewegt sich ja am Ende aller Menschen Leben, und es kommt Alles nur darauf an, was ein Mensch sucht, und wie er sucht. Und dann, wer vermöchte auch nur aus den Geschichten seines eigenen Lebens die mancherley wunderbaren Erfahrungen zu schildern, die er bei all seinem Suchen in dieser Welt gemacht hat? Bald ist's ein Suchen und doch kein Finden, bald ein Nichtsuchen und doch Finden, bald aber auch ein rechtes brünstiges Suchen und rechtes seliges Finden! Wer hat dieß nicht auch schon erfahren?

Freilich es wird Manchem ergangen seyn, wie dem Schreiber dieser Blätter, daß er gerade das Beste, was er gefunden, nicht seinem eigenen Suchen verdankt, sondern dem treuen Suchen eines ganz Andern, von dem Luc. 19, 10 geschrieben steht: "Er ist gekommen, zu suchen und selig zu machen, was verloren ist."—"Siehe, spricht der Herr Herr, Ich will mich meiner Heerde selbst annehmen und sie suchen." Ezech. 34, 11. Und dabei gehts dann in der Regel so, daß das Suchen dieses treuen Hirten in dem Herzen des verlorenen und verirrten Menschenkindes, welches der Gegenstand dieser suchenden Liebe ist, durch ein geheimnißvolles Einwirken gleichfalls ein Suchen erweckt, welches immer stärker und stärker wird und nicht aufhört, bis Beide, der Suchende und der Gesuchte, zusammenkommen. Es ist wie bei der Magnetnadel und dem Eisenstäubchen; wenn Eines in die Nähe des Andern kommt, so entsteht ein gegenseitiges Ziehen und Locken und Suchen, bis Eines fest und unzertrennlich am Andern hängt.

Nun von solchem Suchen und Finden in allerlei Art und Gestalt soll dießmal unser Blatt reden, ob vielleicht dadurch unter Gottes Segen auch in manchem Leser jener mächtige Trieb des Suchens erweckt werde, dem ein seliges Finden verheißen ist.

1. Die Bibel und die Holzschuhe.

Unser Nachbarland Frankreich wird seit mehr als 30 Jahren von hunderten von Bibelträgern durchwandert, welche, Säeleuten gleich, den Samen des göttlichen Wortes über das ganze schöne Land ausstreuen. Durch ihre Hand sind wohl gegen drei Millionen Bibeln und Neue Testamente unter der Bevölkerung verbreitet worden, und so heftig auch die katholische Priesterschaft gegen dieß gesegnete Werk predigt und kämpft, so geht es doch unter Gottes Schutz noch heute seinen Gang.

Nun geschah es im vorigen Jahr, daß einer dieser treuen und eifrigen Männer eines Tages müde und matt in einem katholischen Dorfe ankam, das er selbst nie zuvor besucht hatte, das aber anderthalb Jahre vorher von einem andern Bibelträger durchwandert worden war. Ehe er nun seine Gänge in die einzelnen Hütten und Wohnungen begann, setzte er sich auf eine Bank vor dem Dorfwirthshaus und erquickte sich da durch eine kleine Erfrischung. Gerade gegenüber beluden eben zwei Männer einen kleinen Wagen mit allerley Hausrath. Plötzlich kam eine ältliche Frau hastig aus dem Hause herausgelaufen, vor welchem man den Hausrath auflud, wandte sich in großer Aufregung an die beiden Männer, die mit Aufpacken beschäftigt waren, und bat sie, ja nicht mit den Sachen fortzugehen, weil sie etwas vermisse. Dabei rief sie zwischen hinein immer wieder aus: "O meine Bibel und meine Holzschuhe! O meine Bibel und meine Holzschuhe! Ich finde sie nirgends, und doch müssen sie da seyn! Gehet mir nicht fort, bis sie gefunden sind."

Dieses sonderbare Zusammenstellen der "Bibel" und der "Holzschuhe," sowie der Umstand, daß die Frau beiden Gegenständen gleich hohen Werth beizulegen schien, machte auf unsern Freund, den Bibelträger, einen eigenthümlichen Eindruck, um so mehr, da er sich die Sache gar nicht zusammenreimen konnte. Mittlerweile fuhr die Frau in gleichem besorgten Tone fort zu fragen und zu suchen, und endlich kam es dahin, daß die beiden Männer geradezu den Karren wieder abladen mußten, nur um die beyden Artikel zu suchen, die in den Augen der Besitzerin augenscheinlich mehr Werth hatten, als der ganze übrige Hausrath zusammen. Während nun ein Stück ums andere wieder abgeladen ward, konnte der Bibelträger, den ja natürlich vor Allem das Nennen der Bibel interessirte, sich nicht mehr halten: er gieng über die Straße hinüber, suchte die Ungeduld und Aufregung der guten Frau zu beschwichtigen, und fragte dann, wie es komme, daß sie auf jeden der beiden gesuchten Gegenstände so großen, und wie es scheine gleich großen Werth lege.

"Wie es kommt?" rief sie, "das will ich gleich sagen. Ohne diese beiden Dinge kann ich's nicht machen. Die Bibel, nun ich denke, davon wisset ihr nichts, mein guter Freund, — die Bibel ist's, von der meine Seele sich nährt. Sie ist's, die das Brod des Lebens enthält." Dann fieng sie an, in ihrer Weise den Bibelträger für die Sache des Evangeliums zu gewinnen, indem sie aus verschiedenen Stellen der Schrift, die sie anführte, ihm zu beweisen suchte, daß, wenn er einmal selig werden wolle, er sich nothwendig eine Bibel anschaffen müsse.

"Seyd ihr eine Protestantin?" fragte der Bibelträger.

"Eine Protestantin? Nimmermehr!" rief die Frau, fast ärgerlich; "ich bin biblisch; mein Glaube kommt aus der Bibel, meine Religion ist aus der Bibel. Ich weiß nicht, wer die Protestanten sind, außer daß man mir gesagt hat, es seyen Leute, die nicht an Jesum Christum glauben."

Dem Bibelträger wurde nun allerdings aus ihren Aeußerungen klar, daß er eine "Bibelchristin" vor sich habe; aber wie es mit den Holzschuhen sich verhalte, das konnte er noch immer nicht verstehen. Deßhalb fragte er weiter: "Aber eure Holzschuhe, was haben denn die bei der Sache zu thun?"

"Meine Holzschuhe?" rief die Frau, "ei, ohne die könnte ich ja nicht in unsere Versammlungen gehen! Ohne sie, wie könnte ich über unsere gräulichen Wege wegkommen? Aber freilich, ihr wisset wohl nichts von unsern Versammlungen in dem benachbarten Dorfe. Dort kommen wir unser Viere, Fünfe und manchmal mehr zusammen; dann lesen wir die Bibel miteinander und sprechen über das, was einem jeden daraus gerade wichtig geworden ist. Ich kann euch sagen, daß ich nie von mir wieder heimkomme, ohne daß ich wenigstens etwas in der Bibel besser verstehen gelernt habe. Dann beten wir. O diese köstlichen Versammlungen! Keines von uns möchte je zu Hause bleiben, wenn sie stattfinden. Aber ohne Holzschuhe ist's nicht möglich, dahin zu gehen, und wenn Eins arm ist, wie ich, so kann man dergleichen nicht alle Tage kaufen!"

Kaum hatte sie diese Worte vollendet, als einer der Männer, wie er eben unter dem abgeladenen Hausrath eine Kommodeschublade aufmachte, freudig ausrief: "Da ist sie ja, die Bibel!" Und dann zog er einen andern Pack, der in ein großes Tuch gewickelt war, heraus, rollte ihn auseinander und rief: "Und da sind ja auch eure Holzschuhe!"

Damit war die Frau zufrieden. Der Bibelträger aber, der immer mehr sich für die "Bibelchristin" interessirte, legte selbst mit Hand an, die Sachen wieder aufzupacken, begleitete dann die Frau ein Stück Wegs nach ihrer neuen Wohnung und nahm immer deutlicher wahr, wie Gott in ihrer Seele ein wahres Werk der Gnade begonnen habe, und zwar ausschließlich durch das einfache Lesen Seines Wortes.

Das war aber in mehr als einem Sinne ein rechtes Suchen und seliges Finden.

Fortgesetzte Betrachtungen über Stellen der Schrift, die zur Rechtfertigung der Kindertaufe in einem Brief von Deutschland (siehe vorige Nummer Seite 180) angeführt worden sind, und auch sonst angeführt zu werden pflegen.

2. Das Gesetz von der Beschneidung.

Auch dieses wird von unserem Freund als ein Grund für die Kindertaufe angeführt, und wir setzen es deswegen ebenfalls hieher, wie wir es in 1 Buch Mos. 17, 9—14 lesen. "Und Gott sprach zu Abraham: So halte nun meinen Bund, du und dein Saame nach dir, bei ihren Nachkommen. Das ist aber mein Bund, den ihr halten sollt zwischen mir und euch, und deinem Saamen nach dir: Alles, was männlich ist unter euch, soll beschnitten werden. Ihr sollt aber die Vorhaut an eurem Fleisch beschneiden: dasselbe soll ein Zeichen seyn des Bundes zwischen mir und euch. Ein jegliches Knäblein, wenn es acht Tage alt ist, sollt ihr beschneiden bei euren Nachkommen. Desselbigen gleichen auch alles, was Gesindes daheim geboren, oder erkauft ist von allerlei Fremden, die nicht eures Saamens sind. Also soll mein Bund an eurem Fleische seyn zum ewigen Bunde." Vers 23. "Da nahm Abraham seinen Sohn Ismael, und alle Knechte, die daheim geboren, und alle die erkauft, und alles was Mannsnamen waren in seinem Hause: und beschnitte die Vorhaut an ihrem Fleische, eben desselbigen Tages, wie ihm Gott gesagt hatte." Vers 24. Und Abraham war 99 Jahre alt, da er die Vorhaut an seinem Fleische beschnitte, 2c." Cap. 21, 3. 4. "Und Abraham hieß seinen Sohn, der ihm gebo-

klar und deutlich ausgesprochen, und bedarf keiner Auslegung und Deutung. Obwohl dieses Gebot bald 4000 Jahre alt ist, so verstehen es die Nachkommen Abrahams noch heute, wie es Abraham selbst verstund, und beobachten es auch) noch gerade so wie damals. Hierin sind die Juden weit vor den sogenannten Christen, daß sie noch heute unverändert die Beschneidung beobachten, wie sie Gott dem Abraham befohlen hatte, während die Christen-Taufe noch nicht halb so alt ist, und dennoch bei den Meisten so verändert und entstellt worden ist, daß die ursprüngliche Taufe Christi nicht mehr darin erkannt werden kann, und daß Viele auf den Glauben gekommen sind, es sey unmöglich, oder auch gleichgültig zu unterscheiden, welches die wahre Taufordnung sey.

Daß es aber Leute gibt, welche die Kinder-Taufe mit dem Gesetz der Beschneidung rechtfertigen wollen, ist wirklich zum Verwundern. Denn wer immer diese Stelle mit Nachdenken liest, muß sich überzeugt fühlen, daß sie nicht für sondern gegen die Kindertaufe ist.

Einmal ist es offenbar, daß das Gebot von der Beschneidung nur die Hälfte der Nachkommen Abrahams anging, nämlich blos das männliche, und nicht das weibliche Geschlecht. Nun glauben wir, daß der dem Abraham verheißene Segen sich auf alle seine Nachkommen erstrecken sollte, beides Männer und Weiber, Söhne und Töchter. Aber es wäre ein falscher Schluß der Vernunft, wenn man sagen wollte: Alle Nachkommen Abrahams männlichen und weiblichen Geschlechts haben ein Recht zu den durch die Beschneidung bezeichneten und versiegelten Segnungen des Bundes, den Gott mit Abraham und seinem Saamen aufgerichtet hat, und eben deßhalb auch zu dem Zeichen und Siegel desselben.

Hätte unser Freund diesen seinen ersten Schluß dem Abraham vorgehalten, so hätte ihm der Vater aller Gläubigen vermuthlich geantwortet: "Wenn der Herr von gen: Sollen denn die Weiber und Mägdlein kein Bundes-Zeichen haben? Nein, ich will thun, wie mir Gott geboten hat; nicht mehr und nicht weniger."

Und wir setzen hinzu; Hätte er (Abraham) mehr oder weniger gethan, als ihm befohlen war, so wäre er ungehorsam gewesen wie Moses, 4 Mos. 20, 11. oder wie Saul, 1 Sam. 15, 22. Ja, es stehet einem Jünger, einem Knecht allezeit übel an, wenn sein Herr, und Meister ihn etwas thun heißt, und der Knecht will stehen und fragen: "Was soll aber dieser?" Joh. 21, 21.

So wenig nun in dem Gesetz der Beschneidung von dem weiblichen Geschlechte die Rede ist, eben so wenig ist im Neuen Testamente im Gebot und Ordnung der Taufe von den Kindern die Rede, die weder Gottes Wort hören und verstehen, noch glauben und Buße thun können. Denn so wie im Alten Testamente die Beschneidung nur dem männlichen Geschlecht befohlen war, und auch kein einziges Exempel in der Bibel mit diesem Gebot streitet, so war auch im Neuen Testament die Taufe keinen Andern befohlen, als den Bußfertigen und Gläubigen, und es findet sich im ganzen neuen Testamente auch nicht eine einzige Sylbe oder Spur von der Taufe der Kinder.

Der Herr, unser Heiland, selbst gebietet seinen Jüngern zuerst zu lehren alle Völker, und dann zu taufen solche, die die Lehre annehmen und glauben. Matth. 28, 19. 20. Marc. 16, 16. Petrus am Pfingstfest, da er in der Kraft des heiligen Geistes zur Bekehrung von Tausenden redete, forderte von allen zuerst Buße, ehe er von der Taufe redete. Ap. Gesch. 2, 38. Da heißt es: "Petrus sagte zu ihnen: Thut Buße, und lasse sich ein Jeglicher taufen auf den Namen Jesu Christi, zur Vergebung der Sünden, so werdet ihr empfangen die Gabe des heiligen Geistes." Also sich selbst, und nicht seine Kinder, soll der Bußfertige und Gläubige taufen lassen, nach dem Wort des Herrn.

3. Gal. 3, 8.

Es ist schwer zu sagen, zu was Ende diese Stelle von unserm Freund angeführt ist. Sie lautet also: "Die Schrift aber hat es zuvor versehen, daß Gott die Heiden durch den Glauben gerecht mache. Darum verkündiget sie dem Abraham: In dir sollen alle Heiden gesegnet werden." Da hier gesagt wird, daß Gott die Heiden durch den Glauben gerecht mache, so ist es klar, daß auch diese Stelle, so wie das Gebot von der Beschneidung, mehr gegen als für die Kindertaufe spricht.

4. Col. 2, 11.

Hier heißt es: "In welchem ihr auch beschnitten seyd mit der Beschneidung ohne Hände, durch Ablegung des sündlichen Leibes am Fleische, nämlich mit der Beschneidung Christi." Weil hier unser Freund beweisen will, daß die Taufe an den Platz der Beschneidung getreten sey, so entsteht die Frage, warum denn die Juden auch getauft werden mußten, die doch schon die Beschneidung erlangt hatten? Auch ist es ein Irrthum, wenn unser Freund sagt, Paulus nenne die Taufe die Beschneidung Christi, denn Paulus redet von einer Beschneidung ohne Hände, die im Inwendigen des Menschen vorgehet durch Ablegung des sündlichen Wesens, und welches der Apostel die Beschneidung Christi nennt, auf welche dann (im nächsten Vers) die Taufe folget, welche nicht ohne Hände geschiehet.

5. 5 Mos. 29, 10—13.

Auf welchem schwachen Grunde die Kindertaufe ruhet, erhellet daraus, daß unser Freund endlich gezwungen ist zu sagen: "Wäre es die Absicht des Herrn gewesen, aus irgend einem Grunde die Kinder vom Eintritt in seine Kirche durch die Taufe auszuhalten, so hätte er ausdrücklich verboten, da sie offenbar im Mosaischen Bunde, als zur Kirche Gottes gehörig betrachtet und behandelt werden, und zum Beweiß dessen führt er obgemeldete Stelle an. Sie geben damit zu, (ich meyne die Vertheidiger der Kindertaufe,) daß weil kein Gebot im ganzen Neuen Testament zu finden sey, man zufrieden seyn müsse, daß es nicht ausdrücklich verboten sey. Ob man aber damit bestehen kann, mag ein Jegliches selbst prüfen bei folgendem Exempel.

Als Gott dem Volk Israel zum andernmal Wasser geben wollte auf wunderbare Weise, befahl er Mose mit dem Fels zu reden; verbot ihm aber nicht ausdrücklich, den Felsen zu schlagen. Was war aber das göttliche Urtheil, als Mose mit Aaron dieses unverbotene Ding gethan hatte? Antwort. Wir lesen, 4 B. Mos. 27, 14.

Dieweil **ihr meinem Wort ungehorsam gewesen sind in der Wüste Sin, über dem Hader der Gemeine, da ihr mich heiligen solltet durch das Wasser vor ihnen.**" Daraus lernen wir, wie auch aus andern Exempeln, daß Gott als einen **Ungehorsam** ansehen und auch bestrafen kann und wird, was er nicht gerade ausdrücklich verboten hat. Möchten dieses alle bedenken, die sich damit trösten wollen: Wenn auch die Kindertaufe nicht geboten sey, so sey sie doch nicht verboten in heiliger Schrift.

(Schluß folgt.)

Mitgetheilt.

(Der folgende Aufsatz ist uns zur Publication in dem Evangelischen Besuch kürzlich mitgetheilt worden. Die darin aufgeworfene Frage möchte manchen unserer Leser als eine vorwitzige erscheinen, die man eher unterdrücken und mit Stillschweigen vorbeigehen, als öffentlich aufwerfen und untersuchen sollte. Allein wer weiß nicht, und hat es ohne Zweifel selbst erfahren, daß gerade solche oder ähnliche Fragen sich in einem jeden nachdenkenden Gemüth zu Zeiten, sonderlich bei Todesfällen von nahen Verwandten, Freunden und Nachbarn gleichsam aufdrängen, wo nicht Vorwitz, sondern Liebe zu den Verstorbenen, und ein aufrichtiges Verlangen nach Licht in dieser Sache zum Grund liegt? Und wenn nun solche Fragen **nicht** nach den Meynungen der Menschen, sondern **einzig nach dem Worte Gottes,** das uns allein Licht hierüber geben kann, zu beantworten gesucht werden, wer wollte sich dagegen auflegen? Sagt nicht ein Apostel: "Prüfet Alles, und das Gute behaltet"?

Unsere ältesten und in der Schrift erfahrensten Brüder waren in dieser Sache im Klaren, eben weil sie die Schrift wie in allem, so auch in diesem, zu ihrer Glaubens-Regel machten. Sie machten es nicht, wie Secterer zu thun pflegen, nämlich hier und da eine Stelle der Schrift herauszunehmen, die sie zu ihrem System passend fanden, und andere Stellen, die doch ebensowohl Gottes Wort sind, zurück zu lassen oder gar zu verwerfen. Sie nahmen vielmehr die Schrift, die ganze Schrift, und nichts als die Schrift als Gottes Wort an, und verwarfen alle Meynungen, Kirchenlehren und Systeme, die in irgend einem Punkt dem klaren Wort Gottes zuwider liefen. Sie bürdeten auch Niemand auf, gerade so wie sie zu erkennen und zu glauben, und es fanden daher jederzeit selbst unter den Brüdern verschiedene Grade und Stufen der Erkenntniß statt.

In der Hoffnung nun, daß unser lieber und werthgeschätzter Correspondent wirklich eine **schriftmäßige** Untersuchung über seine Frage anstellen, und sich vor dem Irrthum der Römisch-Catholischen von einem **Fegfeuer,** das durch den schändlichen Ablaßkram ihren Priestern so einträglich, und allen rechtdenkenden Menschen so abscheulich geworden ist, wie auch von dem Irrthum der heutigen Universalisten, welche nicht nur keinen Mittel-Ort, sondern auch **keine Hölle und keine Strafen in der zukünftigen Ewigkeit** glauben,—alles Ernstes hüten werde, theilen wir seine Gedanken und Ansichten mit, und bitten unsere Leser, sie unbefangen nach dem Worte Gottes zu prüfen, und nach der Anweisung des Apostels das Gute zu behalten, und aufs beste zu ihrem Heil anzuwenden. Herausg.)

Schriftmäßige Untersuchung der Frage:

"Gibt es einen Mittel-Ort zwischen Himmel und Hölle?"

Vorwort.

Schon oft ist in unsern Tagen von ernsten nach Wahrheit forschenden Seelen gefragt worden: Ob nicht Gott in der Ewigkeit noch Anstalten zur Bekehrung und Erziehung solcher Menschen habe, die ohne den wahren Glauben an Christum, unwissend, oder unentschieden aus dieser Welt gehen? Auch giebt es manche Gläubige, die mehr oder minder deutliche Ahnungen, aber keine völlige Ueberzeugung über diese Sache haben. Solchen redlichen Seelen zu lieb nun wollen wir ihre Frage in den nachfolgenden Betrachtungen aus der heiligen Schrift, ohne Rücksicht auf menschliche Meynungen und kirchliche Lehrsätze in aller Einfalt zu beantworten suchen, und können ihnen vielleicht, so der Herr sein Licht und seine Gnade dazu schenkt, dadurch behülflich zu seyn, daß sie nach des

Apostels Rath ihrer Meynung gewiß werden.

Wir sind aber weit entfernt, unsere Gedanken irgend Jemand aufdringen, oder durch unsere Frage Streit erregen zu wollen. Nein! wir haben nur für solche Seelen geschrieben, die sich gern mit uns als Unmündige vom Geiste der Wahrheit in alle Wahrheit leiten lassen möchten. Wer also nur seine eignen Vorstellungen oder die Lehre seiner Kirchenparthey liebt und vertheidigt, und Lust zu zanken hat, der wisse, daß wir solche Gewohnheit nicht haben.

Möchte aber Jemand fürchten, die öffentliche Darlegung solcher Wahrheiten, könne Gefahr bringen, und manchen Menschen laß und träge in dem Werke ihrer Bekehrung machen, den können wir versichern, daß wir solches Bedenken nicht tragen, da uns die Erfahrung vielmehr das Gegentheil gelehrt hat. Und wie könnte es auch anders seyn? Wie kann derjenige, der in der Meynung steht, es sey mit seinem bloßen Glauben an das Verdienst Christi, ohne in das wahre Leben einzugehen, genug; wie kann der viel Trieb zur Heiligung und zur Ablegung des alten Menschen haben, der nach seinen Begriffen keinen Unterschied in der Ewigkeit macht, ob einer gleich im Beginn des Glaubens, oder nach einem dreißig-, vierzigjährigen Wandel in der Nachfolge Christi hinüber geht?

Wer aber die Gnadenordnung Gottes erkennt, die zwar keine selbstgerechte Werkheiligkeit duldet, aber auch keine Seele ohne eine wesentliche Reinigung, und Abschmelzung alles Unreinen und Gemeinen in das Heiligthum eingehen läßt, der wird wohl nicht säumen wollen, sich noch hienieden seinem Heilande völlig zu übergeben, und mit Paulo täglich allem abzusterben, was ihn an der Vereinigung mit Gott hindert. Wer indeß leichtsinnig und böse seyn will, der sey böse, wie die Offenbarung Johannis sagt; er wird gewiß keine Entschuldigung finden.

Lasset uns nun sehen was die heilige Schrift auf unsere Frage antwortet, und zuerst die Stellen betrachten, die für das Daseyn eines dritten Ortes sprechen, und dann diejenigen, die demselben entgegen zu seyn scheinen. Der Herr aber gebe seinen Segen dazu.

Frage:
Giebt es einen Mittel-Ort zwischen Himmel und Hölle?

1. Bibelstellen dafür.

§. 1.

Matth. 12, 32. "Wer etwas redet wider des Menschen Sohn, dem wird es vergeben. Aber wer etwas redet wider den heiligen Geist, dem wird es nicht vergeben, weder in dieser noch in jener Welt."

Obgleich diese Stelle nicht so sehr als Beweis für das Daseyn eines Mittel-Ortes, sondern mehr als Einleitung zu den nachstehenden Schriftstellen gelten soll, so liegt doch die natürlich einfache Schlußfolge darin: Also giebt es Sünden, die in jener Welt noch eben so vergeben werden, wie in dieser, nur die Sünde wider den heiligen Geist nicht.

Werden aber in jener Welt noch Sünden vergeben, so muß dort nothwendig eine Veränderung vorgehen mit jenen Seelen, die dieser Sündenvergebung daselbst theilhaftig werden. Mark. 3, 28. 29. sagt der Herr: "Alle Sünde wird den Menschen vergeben, aber die Sünde wider den heiligen Geist hat keine Vergebung ewiglich, sondern ist schuldig des ewigen Gerichts." Wenn man nun bedenkt, wie viele Menschen sterben, ohne in ihrem Leben Gelegenheit gehabt zu haben von Jesu zu hören, so wird man doch nicht behaupten wollen, daß diese alle die Sünde wider den heiligen Geist begangen haben. Da aber nur dieser Sünde die Verdammniß zugesprochen wird, so muß man zugeben, daß es sich bei jenen Seelen erst in der Ewigkeit offenbaren kann, ob sie die ihnen angebotene Gnade des Evangeliums von Jesu zu ihrer Seligkeit annehmen, oder dieselbe verachten und verwerfen, und so die Sünde wider den heiligen Geist begehen wollen.

§. 2.

Lukas 12, 58. 59. "So du mit deinem Widersacher vor den Fürsten gehest, so thue Fleiß auf dem Wege, daß du seiner los werdest, auf daß er nicht etwa dich vor den Richter ziehe, und der Richter überantworte dich dem Stockmeister, und der Stockmeister werfe dich ins Gefängniß. Ich sage dir, du wirst von dannen nicht herauskommen, bis du den allerletzten Scherf bezahlest."

Was will uns der Heiland mit diesem Gleichniß sagen? Was ist des Geistes Sinn, wenn er von einem Wege redet, auf dem wir Fleiß thun sollen, daß wir unseres Widersachers los werden, ehe er uns vor den Richter zieht? Gewiß nichts anders, als daß wir hienieden auf dem Pilgerwege dieses irdischen Lebens durch des Herrn Gnade im Glauben an ihn uns losreißen sollen von Allem, was unsern Willen fesselt, unser Herz gefangen nimmt und Gott zuwider ist. Wollen wir aber neben dem Glauben an Christum, noch einen zornigen und feindseligen Sinn gegen unsern Nebenmenschen in uns tragen und nähren, oder noch das und jenes haben, lieben und festhalten, was doch nach dem Worte Jesu, Luk. 14, 33. "Wer nicht absagt Allem, was er hat, der kann nicht mein Jünger seyn" verläugnet und abgeleget werden sollte, so wird ein solcher widerwärtiger Geist und alle solche Dinge, von denen unser Herz sich nicht losgemacht hat, jenseits des Grabes als unser Widersacher auftreten, uns verklagen und uns ins Gefängniß bringen, von dannen wir nicht herauskommen, bis wir den allerletzten Scherf oder Heller bezahlen, das heißt, bis wir die völlige Versöhnung mit unserem Nächsten eingehen, und alles in Willen verläugnen und ablegen, was wir zu unserm Schaden angenommen, und liebgewonnen haben. Denn alles feindselige, zornige Wesen in unserm Eigenwillen, das wir nicht verläugnet und abgelegt haben, und alle jene Dinge aus dem Reiche der vergänglichen Welt, von denen wir auf dem Wege des diesseitigen Lebens nicht losgeworden sind, halten uns jenseits gefangen als unsere Widersacher, und zwar so lange, bis wir ihnen alles zurückgegeben, und nicht das Geringste behalten haben, sollte es auch so klein im Werthe seyn, als ein Heller. Denn "nichts Gemeines oder Unreines kann in die heilige Stadt Gottes eingehen."

Aus der Betrachtung dieses Gleichnißes geht also deutlich hervor, Erstens: Daß seine völlige Bezahlung oder Rückerstattung alles fremden, eigenliebigen Wesens, die in einer gänzlichen Ertödtung des alten Menschen besteht, sowohl jenseits als hier, im Glaubensblick auf das vollgültige Opfer und Verdienst Christi möglich sey, wenn gleich in jener Welt die Bezahlung des letzten Hellers, oder der Eingang in die völlige Liebe Jesu durch gänzliche Ueberwindung der Zorngeburt (Ephes. 2, 3.) ungleich schwerer ist, als in dieser Welt.

Und zweitens: Daß nach Bezahlung des allerletzten Scherfs eine Freilassung aus dem Gefängniße Statt finde.

* * M. D.

Fragen beantwortet:

1. **Eine Erklärung über Offenb. 21, 6.**

Liebe Herausgeber. Es ist begehrt worden von einem Freund, euch um eure Ansichten zu bitten über Offenb. 21, 6. entweder im Besuch oder privatim.

Antwort.

Die angeführte Stelle lautet so: "Und er sprach zu mir: Es ist geschehen. Ich bin das A und das O, der Anfang und das Ende. Ich will dem Durstigen geben, von dem Brunnen des lebendigen Wassers umsonst." A oder Alpha heißt der erste Buchstabe im Griechischen Alphabet, und O oder Omega der letzte Buchstabe, und sie werden sprüchwörtlich gebraucht für den Anfang und das Ende. Und wenn unser Herr von sich selbst sagt, daß er sey das A und das O, das ist der Anfang und das Ende, oder der Erste und der Letzte, wie er es erklärt, so ist es seine Absicht, uns die Größe seines Characters vorzustellen, damit wir Vertrauen in ihn setzen, und auf ihn verlassen, und ihm uns anbefehlen mögen. Er ist der Anfang, da "alle Dinge durch ihn gemacht sind." Joh. 1, 3. Und er ist das Ende, da "er herrschen muß, bis daß er alle seine Feinde unter seine Füße lege." 1 Cor. 15, 25. Das ist, alle Dinge sollen zu dem Zweck oder Ziel kommen, welchen sein Wille erheischt.

2. **Eine Frage in Betreff von Ap. Gesch. 2, 17. 18.**

Wenn wir lesen Ap. Gesch. 2, 17. 18, so entsteht die Frage: Wer sind diejenigen, welche im 17ten Vers beschrieben sind, und was ist der Unterschied, wenn einer ist, zwischen diesen und den im 18ten Vers gemeldeten?

Antwort.

Die gemeldeten Verse lesen wie folgt: "Und es soll geschehen in den letzten Tagen, spricht Gott, ich will ausgießen von meinem Geiste auf alles Fleisch; und eure Söhne und eure Töchter sollen weissagen, und eure Jünglinge sollen Gesichte sehen, und eure Aeltesten sollen Träume haben. Und auf meine Knechte, und auf meine Mägde will ich in denselbigen Tagen von meinem Geiste ausgießen, und sie sollen weissagen." In Joel 3, 2. heißt es: "Auch will ich zur selbigen Zeit beyde über Knechte und Mägde meinen Geist ausgießen; und nicht auf meine Knechte und meine Mägde, wie in Ap. Gesch. 2, 18.—und die Stelle, wie sie der Prophet gibt, scheint anzudeuten, daß der Geist nicht auf irgend eine Classe von Leuten eingeschränkt seyn sollte, sondern sollte mitgetheilt werden den Knechten und Mägden eben so wohl, als den Söhnen und Töchtern. Es ist nicht wahrscheinlich, daß Petrus bei Anführung dieser Stelle eine verschiedene Ansicht geben wollte von der, welche Joel gegeben hatte.

3. **Eine Erklärung über Matth. 21, 44.**

Liebe Editoren. Wenn es nicht zu viel gefordert ist, möchte ich gerne eine Erklärung haben über Matth. 21, 44, da Einige meynen, dieses Fallen und Zerschellen bedeute Buße und Heiligung. Ich bin anderer Meynung.

Antwort.

Der Vers, dessen Erklärung gefordert wird, liest wie folgt: "Und wer auf diesen Stein fället, der wird zerschellen; auf welchen er aber fällt, den wird er zermalmen."

Simeon sagt von dem Heiland: "Dieser wird gesetzt zu einem Fall und Auferstehen Vieler in Israel." Luc. 2, 34. Wir müssen erst fallen, ehe wir aufstehen können. Wir müssen erst getödtet werden, ehe wir lebendig gemacht werden können. "Die Opfer, die Gott gefallen, sind ein geängstiger Geist, ein geängstetes (zerbrochenes) und zerschlagenes Herz wirst du, Gott! nicht verachten." Ps. 51, 19. Wir sehen aus solchen Schriftstellen wie diese, daß das Herz gebrochen werden muß, und dieß geschiehet, wenn es (das Herz) in Berührung kommt mit der Kraft Christi, wie sie sich äußert durch sein Wort und seinen Geist. Das Fallen auf Christum und Zerbrochen werden scheint uns die Wirkung vorzustellen, die durch die Kraft Christi in einem Sünder hervorgebracht wird, der in einen bußfertigen Stand kommt. Indessen wird Christus in seine Gerichten auch auf diejenigen fallen, welche nicht Buße thun, und sie zermalmen (zu Pulver mahlen, nach dem Engl.) das ist: er wird sie verderben oder verstören.

Correspondenz.

Lieber Bruder Kurtz.

Gnade und Friede in Gott unserm Vater, und unserm Herrn Jesu Christo. Es war mir recht lieb daß du uns auf deiner Reise letzten Herbst besuchet hast. Es hätte mich gefreut, wenn du bei deiner Rückreise wieder bei uns eingekehret wärest. Ich wollte noch besonders wegen dem wichtigen Theil der Frage, "Giebt es einen Mittels Ort"? mit dir reden, da du Freudigkeit fühltest, diesen höchst interessanten und lehrreichen Schrifttheil in deinem Gospel-Visitor in Fortsetzungen aufzunehmen.

Meinerseits glaube ich daß du wohl thun würdest, diese Schrift nicht nur allein in deinem vorbenannten G. V. mitzutheilen, sondern auch dieselbe in einem kleinen Heft allein herauszugeben. Ich habe von meinem Sohn Friedrich den ersten Bogen abschreiben lassen, womit du also den Anfang machen kannst, indem ich denselben hier beilege zu deiner Benutzung und Verfügung.

So möge denn der Herr auch dieses segnen nach seinem Wohlgefallen, und auch dir Gnade, Geduld und die nöthige Leibeskraft und Gesundheit geben, daß du noch am Abend deines Lebens ein Baum seyest, der seine Früchte bringt auch im Alter, wozu auch die Mittheilung obiger Frage gehören möge.

Jetzt kommen die stillen Wintertage, welches rechte Arbeits-Tage sind, für die Schriftgelehrten des Neuen Testaments. O wohl dem, der in stiller Hütte Gott leben kann, und viel Zeit zum Gebet im Kämmerlein verbrauchet, und sich aus Gott belehren läßt!

Mein herzlicher Gruß, mit den Strophen folgender Worte, aus dem Liede eines alten Freundes Gottes.

Die Einsamkeit!

Ist mir ein sanfter Reisewagen:

Ich werde lieblich fortgetragen,
Und mich vergnügt in meiner Pilgrims=
Zeit
Die Einsamkeit!

O Einsamkeit!
Du sollst mein Loos noch ferner bleiben,
Ich laß mich nichts von Jesu treiben:
Er bringet mich durch deinen Dienst sehr
weit,
O Einsamkeit!

Ich hab' genug!
Er wohnt bei mir in meiner Kammer,
Weg Welt mit allem deinem Jammer!
Ich wähle mir ein Eckchen und "Ein
Buch,"
Ich hab' genug!

Dein Freund und Bruder und Mitpilger nach der seligen Ewigkeit.
      * * M. D.

Pleasanthill, Miami Co. O. Dec. 1859.
   Liebe Brüder in dem Herrn.

Ich schicke euch hier 3 Thaler für den
deutschen Gospel Visitor. Schicket mir 5
dafür, wenn das Geld langen thut. (O
ja, es langt euch fünf deutsche und einen englischen zu schicken. Ed.) Ich will
sie dann schon vertheilen. Wenn das
Geld nicht genug ist, dann lasset es mich
wissen; ich will euch noch nachschicken.
Wenn ich reich wäre, thäte ich euch noch
fünf Thaler mehr schicken, aber ich bin
arm. Doch kann ich es nicht gleichgültig
ansehen, daß das Deutsche ganz verloren
soll gehen.

Ich hätte euch noch viel zu schreiben,
aber die Post kommt gleich, und ich muß
beschließen. — So verbleibe ich euer
Freund und Bruder und Wohlwünscher
in Zeit und Ewigkeit.
      Johannes Etter.

Herzlichen Dank für deine freundliche Unterstützung des deutschen Besuchs. Wenn
arme Brüder so viel thun, was könnten
Reiche thun, und wie bald könnte auch unser deutsches Blatt mit neuen Schriften
seine Erscheinung machen, wie das Englische? Nun wir wollen hoffen, daß dieses
Beispiel unseres Bruders noch Manche
aufmuntern werde, ein Gleiches zu thun,
und uns zu helfen, mit ihrem Gebet und

Handreichung, das Werk fortzusetzen mit
Freudigkeit zur Ehre Gottes, zum Zeugniß
der Wahrheit und zum Heil solcher Seelen, die in ihrer guten, alten, deutschen
Muttersprache, und vielleicht in ihr allein,
ihre Erbauung suchen müssen. Sind wir
nicht als eine ursprüngliche deutsche Gemeinde Schuldner allen Deutschen, die in
dieses Land kommen?—

Beiträge,

um Br. Samuel Garber von der
ihm auferlegten Strafe für sein
Predigen in Tennessee zu entledigen.

Berichtet in November=No	$38,40
Von Br. Jac. Kurtz, Wayne Co. O.	5,00
" etlichen Mitgliedern in und bei Columbiana, O.	5,00
" Joseph Schmutz, Pennsville, Pa.	1,02
" Peter Long, Perry Co. Pa.	3,00
Br. Joseph Kelso sagt, er habe $10 gesandt, die aber nicht zur Hand gekommen sind bis jetzt.	
" Isaak Studybaker, Miami Co. D. nach Abzug Express=Unkosten	4,75
" Daniel Schively, Elkhart Co. Ind.	8,50
" H. Brumbaugh Portage Co. O.	1,50
	67,17
Hievon wurde mit Wechsel ge-sandt an Bruder M. M. Bow-man, in Tennessee laut Quittung	40,00
Bleibt in unsern Händen	27,17
Die fehlende Summe war anfäng-lich	144,00
Ziehen wir die bereits erhaltenen Bei-träge hievon ab mit	67,17
so fehlen noch	76,83

Nun ist Br. Garber's Gemeinde in Illinois nicht willig, daß er selbst irgend
etwas an dieser so ungerechten Schuld leiden soll, und diese Gemeinde selbst will alles auf sich nehmen, was etwa an nächsten Pfingsten noch mangelt. Wenn
Brüder also noch etwas in diesem Werk
der Liebe thun wollen, so müssen sie es
bald thun.

Todes-Anzeige.

Starb in der Nachbarschaft von Columbiana, O. December 24. Friedrich Schwarz, ein alter und werthgeschätzter Einwohner dieser Gegend, im Alter von 72 J. 7 M. und 9 T. Er hinterläßt eine einsame Wittwe Beata, geborne Deininger, mit welcher er mehr als 38 Jahre in friedlicher, aber kinderloser Ehe lebte. Doch erzogen sie eine Anzahl armer Waisenkinder, welche nicht bald vergessen werden die liebreiche Behandlung und Pflege in kranken und gesunden Tagen, die sie erfahren durften unter deren Obdach. Und es ist zu hoffen, daß der Herr nicht vergessen, sondern aus Gnaden belohnen werde alle die Werke der Barmherzigkeit und Arbeit der Liebe, dieses nun getrennten Ehepaars, und ihnen verleihen werde eine selige Wiedervereinigung.

Desgleichen December 21, und wurde begraben am 23, Isabella Groff, älteste Tochter von Br. Georg und Schw. Susanna Groff, alt 13 J. und 13 T. Sie war nur 3 Tage krank am Scharlachfieber. Leichentert: Joh. 16, 22.

Desgl. December 29, und beerdiget am 31 Dec. John Groff, einziges Söhnlein der nämlichen Aeltern, denen dieser zweite Riß doppelt wehe thut, da die nur vor wenigen Tagen geschlagene Wunde noch blutete, und ihnen nur ein Säugling übrig bleibt. Alter 3 J. 1 M. 27 T. Leichentert: Hebr. 11, 17—19.

Starb desgleichen December 30, und wurde begraben am Neujahrstage Susanna Wilhelm, Tochter von Jacob und Catharina Wilhelm, alt 21 J. 2 M. 19 T. Leichentert: Richter 11, 35. "Ach meine Tochter, wie beugest du mich! und wie betrübest du mich."

Bei diesen vier Leichen diente der Herausgeber.

Starb in Swatara Township, Lebanon Co. Pa. am 20 September 1859 Bruder David Kurtz im Alter von 61 J. 8 M. und 15 Tagen. Er hinterläßt eine betrübte Wittwe und Kinder. Leichentert: Jesaia 57, 2. worüber Br. John Zug und Benjamin Klein redeten.

Starb in Jackson Township, Lebanon Co. Pa. am 24. Sept, 1859. Br. Samuel Spayd, alt 34 J. 5 M. und 7 Tag. Hinterließ 6 fast noch unmündige Kinder und eine betrübte Wittwe. Leichentert: 1 Chron. 30, 15. Br. Zug, Reinhold und andere dienten.

Starb in West Cocalico Township, Lancaster Co. Pa. Oct. 8, 1859 Br. Peter Leisse, etwa 50 Jahre alt. Hinterläßt eine betrübte Wittwe und Kinder.

Starb unweit Dayton, Ohio Juny 8, 1859 Bruder Joseph Olinger, alt 30 J. 5 M. und 18 T. und November 17 Schwester ———— Olinger, die Wittwe des Vorigen, alt 35 J. 6 M. und 8 T. Hinterlassen 3 kleine Kinder.

Starb in Wayne Co. Illinois Jan. 1, 1859. Bruder Adam Losch, alt 58 Jahr.

Starb in Ogle Co. Illinois November 16, Samuel M. Zitt, im Alter von 60 J. 10 M. und 24 T.

Starb in Frederik Co. Md. May 9, 1859 Schwester Cassandra Crum, alt 39 J. 7 M. und 2 T. und September 25. Schwester Martha Crum, die Tochter der vorigen und Br. Friedrich Crum's alt 16 J. 2 M. und 26. T.

Starb in Miami Co. O. September 25, Schwester Elisabeth Deeter, alt 72 J. 1 M. 24 T.

Starb in Huntingdon Co. Pa. October 15. Abraham Bowers, alt 75 J. 7 M. 8 T.

Desgl. Nov. 4 Schwester Barbara Brumbaugh, Gattin von Br. David Brumbaugh, alt 73 J. 7 M. 28 T. Sie war eine Schwester des Vorigen.

Starb in Lancaster Co. Pa. October 27, Br. Benjamin Bear, alt 74 J. 10 M. 1 Tag.

Starb in Clark Co. O. Schwester ———— Funderburg, Gattin von Br. Jacob Funderburg, alt 80 J. 11 M. 2 T.

Starb in Miami Co. O. November 22. Susanna Hoover, Tochter von Emanuel und Rahel Hoover, alt 8 J. 6 M. und 20 T.

Desgleichen November 25, Mary Hoover, eine zweite Tocher der Vorigen, alt 7 J. und 9 T.

Starb in Blair Co. Pa. October 29, Schwester Nancy Davis, Gattin von William Davis. Alter nicht angegeben.

Starb in Butler Co. Iowa November 17, Isaac Moss, Sohn von Br. John und Schw. Martha Ann Moss, alt ungefehr 8 Jahr.

Der Evangelische Besuch.

Eine Zeitschrift
Für Wahrheitliebende und Wahrheitsuchende.

Jahrg. 8.   Columbiana, O., Februar 1860.   Nro. 2.

Für den Evangelischen Besuch.
Die Weisen vom Morgenlande.

Ich habe schon oft gemeynt, die deutschen Brüder sollten mehr Theil nehmen an dem deutschen Evangelischen Besuch, nemlich, sie sollten etwas mittheilen um den Besuch aufzufüllen, etwas das diene und nütze zur Lehre, zur Strafe, zur Besserung, und zur Züchtigung in der Gerechtigkeit. Ich hätte als schon öfters mich unterwunden etwas zu schreiben für denselbigen, aber ich dachte immer, es sey nicht mein Theil, dieweil ich nicht verordnet bin dazu. Ich habe auch die Brüder, die ich meynete daß es ihr Theil sey zu schreiben, und sie gaben mir immer zur Antwort, daß sie zu ungelehrt seyen etwas zu schreiben für in den Druck zu thun.

In diesem letzten habe ich auch noch genug Mangel, wenn ich es erwähnen wollte. Ich möchte doch hier anmerken, daß ich glaube, daß die Ungelehrtheit unter den deutschen Brüdern die Ursach ist, daß so wenig mitgetheilt wird; dieweil die Deutschen nicht so gut unterrichtet werden als wie die Englischen.—Ich will das aber jetzt lassen, und probiren etwas anders anzufangen. Ich möchte eure Aufmerksamkeit auf die Weisen vom Morgenlande ziehen. Matth. 2.

Die Weisen haben einen Stern gesehen im Morgenlande, welches sie ohne Zweifel bewegte den neugebornen König der Juden aufzusuchen; sie kommen zu Herodes, und frägten, wo er zu finden sey; der Stern ging vor ihnen her, oder hin, bis daß er oben über stand, da das Kindlein war; da sie den Stern sahen, wurden sie froh— ja hoch erfreut; fanden den König; setzten ihn an; thaten ihre Schätze auf, und gaben ihm Geschenke; gingen einen andern Weg in ihr Land; da Herodes es innen ward, wurde er zornig, und so ferner.

Zum ersten möchte ich sagen, daß ich nicht glauben kann, daß das Vorhergehende gerade niedergeschrieben ist, wie die Geschichte sich zugetragen hat. Denn in dem 10. Vers heißt es: "Da sie den Stern sahen, wurden sie hoch erfreuet." Die Frage ist jetzt, wenn war dieses? War es am Anfang auf dem Wege—oder an dem Ende? Meinen Sinn könnet ihr aus dem Nachfolgenden nehmen. Es ist ein schöner Spiegel, wie es ist.

Ich will die Geschichte der Weisen vom Morgenlande jetzt auf uns ziehen. Lasse den Stern das Evangelium seyn; die Weisen ein aufgewachter Sünder, suchend nach der Wahrheit; der Herodes ein Feind Christus, oder klarer, ein Prediger des falschen Christenthums, der sich herstellet als ein Prediger der Gerechtigkeit. 2 Cor. 11, 15.

1. Wenn der Mensch, oder Sünder, das Evangelium, den Stern siehet, hört predigen, oder ließt es, so daß er es zu Herzen nimmt, probiret es zu verstehen, kommt an sich selber, wird gewahr daß der Stern, das Evangelium, ihn zu dem neugebornen König führe, und dann in sich schlägt, und sich vornimmt dem Stern zu folgen, und den König zu suchen, dann, wenn er auch also thut, ist er ein kluger (weiser) Mann, Matth. 7, 24. Zur jetzigen Zeit hat es viele Christen=Bekenner, oder die sich so nennen lassen, (ich will sie nicht richten, vielleicht verstehe ich es nicht richtig;) die

werden auch so froh, ja, so hoch erfreuet, daß sie, wie sie sagen, ihrer selbst nicht mehr mächtig sind, da heißt es, sie haben den Heiland gefunden. Das kann aber jetzt ein jeglicher für sich selbst sehen, daß da ein großer Unterschied ist in diesen zwei Classen von Weisen— nemlich die vom Morgenland wurden so hoch erfreuet, da sie den Stern sahen, und die vom Abendland, da sie den König fanden, oder gefunden wollen haben.

2. Nun muß man öfters hören daß Menschen in Unruh kommen, werden bekümmert wegen ihrer Seele, und wissen nicht, was zu thun. Sie wissen wohl, daß sie Klug—Weise werden müssen; aber es ist ihnen unverständlich; da gehen sie dann endlich zu Herodes, dem Prediger, der sagt ihnen, wo der König zu finden sey, und wie er zu finden sey, und daß sie nur dem Stern, dem Evangelium, folgen sollten, und dann wenn sie ihn gefunden haben, sollten sie wieder kommen und ihm sagen, wo und wie sie ihn gefunden. Hier, muß ich glauben, geht manche Seele in die Irre. Wenn sie dem Stern gefolget, und den König gefunden haben, dann kehren sie wieder in dem alten Weg zurück, zu dem Herodes, in das Welts-Christenthum, zu dem unbekehrten Prediger, leben und sterben, und nehmen den Irrthum niemals wahr; haben nicht einmal acht darauf, daß der Herr den Weisen vom Morgenland befahl einen ganz andern Weg zu gehen, nachdem sie den König gefunden hatten.

So lange der Mensch den neugebornen König nicht gefunden hat, gehet er auf dem breiten Weg; hernach muß er auf dem schmalen gehen. Matth 7, 13. 14.

Weiter achte ich es auch nicht für nothwendig, daß der Mensch, der den König gefunden hat, einem jeden sagen muß. Sie werden es bald sehen an seinem Handel, Wandel und Betragen, zu welcher Heerde er gehöre, und an seinem Wappen, zu welchem Regiment er gehört, und an seinem Panier, für wen daß er streitet— für den neugebornen König, oder den Fürsten dieser Welt.

Denn, "es mag die Stadt, die auf einem Berge liegt, nicht verborgen seyn." Matth. 5, 14. Wir können auch nicht zugleich trinken des Herrn Kelch, und der Teufel Kelch, noch theilhaftig seyn des Herrn Tisches, und des Teufels Tisches. 1 Cor. 10, 21. "Im Herzen des Verständigen ruhet Weisheit, und wird offenbar unter den Narren." Spr. 14, 33. Zum Beschluß siehe Gal. 5, 19—23.

Ich habe das vorhergehende jetzt geschrieben; nun sende ich es euch zu; ihr wollet belieben damit zu thun, was ihr fürs Beste achtet.

C. B.

Fortgesetzte Betrachtungen über Stellen der Schrift, die zur Rechtfertigung der Kindertaufe in einem Brief von Deutschland (siehe Dec. Nummer Seite 160) angeführt worden sind, und auch sonst angeführt zu werden pflegen.

6. Marc. 10, 14 und Joh. 4, 1. 2.

Unser Freund führt die erste Stelle noch einmal an, um seine Kindertaufe damit zu unterstützen, — ein Beweiß, wie schwach seine Gründe, und wie wenig Zeugniße der Schrift vorhanden sind, die irgendwie darauf bezogen werden können. Wir haben zwar das erstemal schon unsern Sinn über diese Stelle ausgesprochen, weil aber unser Freund wiederholt auf dieselbe zurückkommt, so wollen wir sie im Zusammenhang hersetzen, und noch genauer betrachten.

1.) "Und sie brachten Kindlein zu Ihm (Jesu), daß er sie anrührete. Die Jünger aber fuhren die an, die sie trugen. Da es aber Jesus sahe, ward er unwillig, und sprach zu ihnen: Lasset die Kindlein zu mir kommen, und wehret ihnen nicht, denn solcher ist das Reich Gottes. Wahrlich, ich sage euch: Wer das Reich Gottes nicht empfähet als ein Kindlein, der wird nicht hinein kommen. Und er herzte sie, und legte die Hände auf sie, **und segnete sie.**" Marc. 10, 13—16.

Bei diesen letzten Worten unseres Heilandes fällt mir ein Gespräch ein, das wir vor mehr als 33 Jahren mit einem Kirchenfreund hatten. Es war die Rede von dem nämlichen Gegenstand, das ist, von der Kindertaufe, und der Freund wollte solche als von Christo selbst eingesetzt beweisen, und führte obige Worte des Heilandes an, mit einer kleinen Veränderung, nämlich er behauptete, daß die letzten Worte also lauteten: "Und er herzte sie, und legte die Hände auf sie, und **taufte sie.**" Wir baten ihn, uns die Stelle im neuen Testament zu zeigen, indem wir willig wären, von Stund an unsern, wie er es nannte, Irrthum fahren zu lassen, und nicht nur nichts mehr gegen die Kindertaufe zu sagen, sondern sie auch selbst zu üben, das ist, vorausgesetzt, es fände sich ein klares Zeugniß, daß Christus die zu ihm gebrachten Kinder getauft habe.

Der Freund suchte lange, aber vergeblich. Er konnte die Stelle nicht finden. Wir halfen ihm dann, und lasen ihm Matth. 19, 13—15. Luc. 18, 15—17. und endlich Marc. 10, 13—16. (die obengenannte Stelle) langsam und deutlich vor. Als wir die letzte Stelle lasen, rief er freudig aus: Das ist die Stelle; da wird's kommen! Wie wir aber die letzten Worte mit Nachdruck gelesen, und ihm gezeigt hatten, daß da kein Wort von Taufen stünde, so meynte er, unser Testament müsse nicht recht seyn, denn er sey versichert, in seinem Testament stünde es, wie er gesagt hätte. Wir baten ihn nun, wenn er heimkäme, die Stelle zu suchen, und wenn er sie so fände, uns es ja wissen zu lassen. Allein er kam nicht wieder.

Wir haben dieses Beispiel zum Zeugniß angeführt, daß es Leute gibt, die redlich in der Meynung sind, die Kindertaufe habe schriftmäßigen Grund. Wir haben wenigstens keine Ursache an der Redlichkeit dieses alten Kirchenfreundes zu zweifeln, der jetzt schon bald 30 Jahre in der Ewigkeit ist, so lange er in der Meynung stand, irrig wie sie war, daß Jesus die zu Ihm gebrachten Kindlein getauft habe. Aber das ist zu beklagen, daß er und so viele seines gleichen auch dann noch in ihrem Irrthum beharren, nachdem ihnen die Wahrheit so nahe gelegt worden ist, daß sie sie fast mit Händen greifen könnten. Nun unser Freund in Deutschland irrt nicht so gröblich; er hat seine Bibel gelesen; allein er hat sich einmal vorgenommen, die Kindertaufe darin zu finden, und so findet er sie, wo ein vorurtheilfreies Auge sie nimmer finden würde. Man lese die angeführte Stelle mit Bedacht; selbst unser Freund gibt zu: "Er (der Herr) taufte sie (die Kinder) nicht;" setzt aber hinzu, "aber er taufte auch keine Erwachsene." Dieß führt uns zu der andern Schriftstelle.

2. "Da nun der Herr inne ward, daß vor die Pharisäer gekommen war, wie Jesus mehr Jünger machte und taufte, denn Johannes. (Wiewohl Jesus selber nicht taufte, sondern seine Jünger;) 2c."

Wie verstehen wir nun dieses? Einfältig so, wie wenn man sagt, dieser Mann bauete sich ein Haus, wiewohl er es nicht selber bauete, sondern seine Handwerksleute. Was Einer oder Mehrere thun auf den Befehl und nach der Anweisung und mit der Vollmacht eines Mannes, wird nach göttlichen und menschlichen Rechten angesehen, als habe es dieser Mann selbst gethan. In Matth. 14, 3 und 10. heißt es: "Herodes hatte Johannem gegriffen, gebunden und in das Gefängniß gelegt;" —und nachher: "und enthauptete Johannem im Gefängniß. Nun wird hoffentlich Niemand auf die Gedanken kommen, der

König Herodes habe selbst eigenhändig den Johannes gegriffen, gebunden und endlich getödtet, sondern alle Verständige werden sagen: Er habe es durch Andere gethan. Nichts desto weniger war es die That Herodis, für die er vor Gott und Menschen als schuldig angesehen wird. So ist es mit dem Haus bauen. Der Hausherr, oder Hausvater, der es bauen läßt, ist mit Recht angesehen, als der es gebauet hat. Und so mit der Taufe. Wenn der Herr seine Jünger beauftragte und bevollmächtigte zu taufen, so war es ebensoviel, als wenn er selbst getauft hätte. Und wen tauften die Jünger unter der Vollmacht ihres Herrn? Apost. Gesch. 8, 12. lesen wir: "Beide Männer und Weiber." Warum nicht auch Kinder? Weil davon nichts geschrieben steht, so können wir nur einfältig den Schluß machen: Weil ihnen der Herr solches nicht befohlen hatte.

7. Matth. 28, 18—20.

Diese Stelle lautet wie folgt: "Und Jesus trat zu ihnen, (den Jüngern,) und sprach: Mir ist gegeben alle Gewalt im Himmel und auf Erden. Darum gehet hin, und lehret alle Völker, und taufet sie im Namen des Vaters, und des Sohnes, und des heiligen Geistes; und lehret sie halten alles, was ich euch befohlen habe. Und siehe, ich bin bei euch alle Tage, bis an der Welt Ende."

Bei dieser Stelle wirft unser Freund die Frage auf: "Aus was besteht aber eine Völkerschaft." und beantwortet sie nach seinem Gutdünken: "Sie besteht aus Männern, Weibern und Kindern." Hieraus will nun der Freund den Schluß ziehen, daß die Kinder ebensowohl wie die Erwachsenen nach diesem Befehl getauft werden müßten.

Wir erwiedern: Was und wie viel unter einem Wort zu verstehen ist, muß aus dem Zusammenhang, in dem das Wort vorkommt, ermessen werden. Wenn es z. B. von einer Völkerschaft unserer Indianer heißt, sie bestehe aus so und so viel Kriegern, so ist es offenbar, daß die Weiber und Kinder unter ihnen nicht mitgezählt sind. Sagt man von unserem Volk der vereinigten Staaten, daß es das freieste, glücklichste Volk in der Welt sey, so sind augenscheinlich die Millionen, die als Sclaven gehalten werden, und die Tausende, die wegen ihrer Missethaten in Gefängnißen und Zuchthäusern schmachten, oder sonst ihre Tage in Armuth und Elend zubringen, nicht in Anschlag gebracht. Wiederum, ist die Rede davon, wie ein Volk geschätzt, Luk. 2, 1. oder mit Taxen belegt werden soll, so weiß Jedermann, daß hier unter dem Volk nicht schwache Weiber und unmündige Kinder und dergleichen begriffen sind, sondern nur solche in die Taxliste kommen, die Tax fähig sind, das ist ein Eigenthum oder Gewerbe, oder sonst Einkünfte haben.

Nun, dünkt es uns, sey es ebenso klar und deutlich aus des Heilandes Worten, "Lehret alle Völker und taufet sie,"—daß nur derjenige Theil der Völker verstanden sey, welcher der Lehre fähig ist, welcher gelehrt werden kann und gelehrt werden will, und aus allem was das Evangelium sonst sagt, z. B. Marc. 16, 16 müssen wir schließen, daß nur die Gläubigen getauft werden sollen. Wir setzen hier kein Alter fest; wer immer seine Heilsbedürftigkeit lebendig fühlt, Jesum und seine Heilslehre in wahrem Glauben ergreift, und durch die Gnade Gottes willig wird, seinem Heiland nachzufolgen, und zu solchem Ende die Taufe an uns begehrt, freiwillig und ungezwungen, dem willfahren wir gerne, und in der That es würde mehr Freude bei uns machen, unsere noch jungen Kinder in ihrer frühen Jugend, oder wie Manche es nennen würden, in ihrer Kindheit so zum Heiland kommen zu sehen, als wenn sie ihr Heil erst später suchen wollen. Solche Kindertäufer wollten wir gerne seyn.

Ferner führt unser Freund noch die Fälle an, in welchen ganze Haushaltungen die Taufe von den Aposteln empfingen, verschweigt aber sorgfältig das, was sein System geradezu über den Haufen werfen würde. So lesen wir zum Beispiel von Cornelius, Ap. Gesch. 10, 2. daß nicht nur er, sondern sein ganzes Haus mit ihm, gottesfürchtig und gottselig war, noch ehe der Engel ihm erschienen war. Als Petrus zu ihnen gekommen war, hieß es: "Nun sind wir alle hier gegenwärtig vor Gott, (merke, wir alle, nicht Cornelius allein,) zu hören alles, was dir von Gott befohlen ist." Vers 33. Und unter der Predigt Petri "fiel der heilige Geist auf alle, die dem Worte zuhöreten, so daß sie mit Zungen redeten und Gott hoch priesen." Vers 44, 46. Und darauf sprach Petrus: "Mag auch Jemand das Wasser wehren, daß diese nicht getauft werden, **die den heiligen Geist empfangen haben, gleichwie auch wir?**" Vers 47. Solchen können auch wir das Wasser nicht wehren.

Wenn nun hier gesagt ist, daß das ganze Haus Corneli gottesfürchtig war, daß sie alle zu hören bereit waren das Wort des Herrn, und daß unterdem Hören eine solche Veränderung mit ihnen vorging, daß sie mit neuen Zungen redeten, und Gott hoch preiseten, und der heilige Geist schon am Pfingstfest bezeugte, Ap. Gesch. 2, 41. daß solche nur getauft wurden, "die das Wort gerne annahmen," wie können wir anders denken, als daß auch bei der Taufe der Lydia und ihres Hauses, des Kerkermeisters und aller der Seinen, Ap. Gesch. 16, 15. 33. und des Stephanas Hausgesinde, 1 Cor. 1, 16. die gleiche Regel befolgt wurde? Und wo ist der Beweiß, daß in diesen Familien kleine, unmündige Säuglinge und Kinder waren, die Gottes Wort nicht vernehmen könnten? Unsere Freunde sind uns diesen Beweiß schuldig.

(Schluß folgt.)

Wohin soll sich in der nächsten Zeit das Streben der Gläubigen richten?

Die Verwirrung in den politischen Verhältnissen Deutschlands und Europas, welche gegenwärtig an den Tag tritt, ist nicht erst durch die neuesten Schritte des Kaisers Napoleon entstanden; sie liegt in den Geisteszuständen der christlichen Völker und wird jetzt nur offenbar. Jetzt fragt man freilich: wem wird's morgen gelten? wird ein Bund der katholischen Mächte oder wird ein Bund der drei Kaiserthümer Rußland, Oestreich, Frankreich oder was sonst an die Stelle der rasch verschollenen englisch-französischen und der noch jüngeren französisch-sardinischen Allianz treten? wird man den nächsten Feldzug im Namen der Nationalität, oder im Namen der natürlichen Gränze Frankreichs, oder im Namen der katholischen Kirche oder im Namen der Ordnung und der Bekämpfung der Revolution eröffnen? Zehnerlei Ansichten kreuzen sich alle Tage in Blättern hierüber und auch die Aeußerungen, die man aus Parlamentshäusern und Kammern oder aus den Cabinetten vernimmt, zeugen von bedeutender Ungewißheit über die nächste Zukunft. Ein Grundton geht freilich durch alle diese mancherlei Ansichten, nämlich das Mißbehagen gegenüber der unruhigen und unzuverläßigen Politik des französischen Kaisers, aber dieses Mißtrauen findet sich in den allerverschiedensten Schattirungen, von dem unheimlichen Gefühl an, das sich unter Beruhigungsrede vor sich selbst oder vor andern versteckt, bis zu der klaren Einsicht in die Unverträglichkeit des napoleonischen Systems mit dem Wohl der europäischen Nationen.

Es ist der Vortheil der Glaubigen, d. h. der Menschen, welche ihre leitenden Gedan len aus dem Gesetz, den Propheten und dem Evangelium schöpfen, daß sie sich ihre Ziele nicht von Napoleon III. stecken lassen, daß also für sie die Aussicht in die Zukunft nicht mit jeder neuen Maßregel oder Allianz, die in Paris beliebt wird, sich verändert. Aus der Weissagung wissen wir, was geschehen muß; wir kennen unser Ziel, und nehmen aus demselben den Maaßstab für das Thun der Menschen, die unabänderliche Richtung, in der wir vorzugehen haben und die unerschütterliche Gewißheit über den Ausgang. Bis jetzt sind alle diese Vortheile viel zu wenig benützt worden, und daher ist das christliche Thun so unzulänglich gewesen für die großen Aufgaben, die das Leben den Menschen stellt, und denen sich Männer, die ins öffentliche Leben einzugreifen berufen sind, nicht so entziehen können, wie die, welche auf einen engen Kreis angewiesen sind oder sich willkührlich auf einen solchen beschränken.

Fürsten, Staatsmänner, und wer sonst auf das öffentliche Leben der Völker zu wirken hat, könnten sich auf einmal befreien von der mühevollen und doch vergeblichen Arbeit, alle Tage ein neues Verhalten nach den augenblicklichen Umständen oder jetzt je nach dem Wind, der von Paris her weht, einschlagen zu müssen, und von dem Verdruß, alle paar Monate durch unvorhergesehene Ereignisse sich das Concept verrücken zu lassen. Alle diese Schwierigkeiten würden beseitigt, wenn sie an das Wort Gottes und an die Ziele der Weissagung glauben und ihre Aufgaben in diesem Geist lösen würden. Allein dieser Glaube fehlt jetzt und die Versuche, durch bloße Vorstellungen Könige, Minister und Bundestagsgesandte von der Nothwendigkeit desselben zu überzeugen, sind bisher ohne Erfolg geblieben.

Worauf sollen nun die nächsten Bestrebungen derer, die an die Weissagung glauben, gerichtet seyn? Die Erfolglosigkeit der bisherigen Schritte bei denen, die berufen sind die Geschicke der Völker zu leiten, kann uns zwar nicht abhalten, unter Umständen noch weitere Schritte der Art zu thun; gleichwohl geht aus den bisherigen Erfahrungen hervor, daß man sich nicht auf den Erfolg solcher Schritte verlassen darf, sondern daß man vornehmlich darauf angewiesen ist, selbstständig nach den Zielen der Weissagung zu streben. Aber wie soll das geschehen?

Die Weissagung gibt uns die unveränderliche Richtung an, in welcher wir vorgehen müssen, und der Glaube muß sich darin bewähren, daß wir in dieser Richtung vorgehen, aber welche Schritte zunächst gethan werden sollen, darüber belehrt uns der Herr durch die Zustände der Welt, durch die Verhältnisse, in denen wir stehen, durch die Pflichten, welche uns diese Verhältnisse auferlegen, und durch das Maaß der Mittel und Kräfte durch das innere Trachten nach denselben und aller Kraft zu stärken und zu mehren, dazu sind wir angewiesen. Aber sich in Schritte einzulassen, wozu die Kräfte nicht da sind, in der Meynung die Kräfte werden schon kommen, das ist nicht Glauben, sondern Unverstand, und andere zu solchen Schritten aufzufordern, und ihnen, wenn sie darauf nicht eingehen, Mangel an Glauben und an Verläugnungssinn vorzuwerfen, das ist nicht bloß Unverstand, sondern auch sträfliche Ueberhebung. Der Glaube besteht nicht darin, daß man Dinge, die augenblicklich nicht zu vollführen sind, kopflos anfängt und dann darin stecken bleibt, sondern er besteht darin, daß man die großen Ziele der Weissagung, die das Fleisch für unmöglich hält, möglich und wirklich macht durch das Thun dessen, was dazu gehört und dazu führt. Wir werden uns also weder durch Aufforderungen, noch durch Vorwürfe zu unüberlegten, unverständigen Schritten bewegen lassen, sondern wir werden fragen, was haben wir nach den jetzigen Verhältnissen der Völker, nach unsern jetzigen Pflichten im Sinne der Weissagung zu thun, um uns innerlich und äußerlich den höheren Zielen zu nähern?

Die jetzige Lage fordert vor allem andern Gegenwehr gegen das napoleonische System, das sich von Frankreich aus die Herrschaft über Europa zu verschaffen sucht. Italien ist bereits durch den Unverstand seiner Lenker in die Klauen dieses Systems geliefert und mit sehr geringer Aussicht auf Erfolg sträubt sich Sardinien und die nationale Parthey Italiens gegen das Joch, das sie thörichterweise sich selbst auf den Hals geladen haben. Aehnliche Zustände bedrohen Deutschland. Die Aufgabe ist, alle guten Elemente zum Widerstand gegen den Feind zu sammeln, alles Unhaltbare, Verfaulte abzuthun, alles Schlimme und Schädliche zu unterdrücken.

Man sagt uns, es gehe nicht, die Verdorbenheit sey zu groß, man dringe nicht durch, allein wenn dem so ist, so ist es nur die Schuld der Schwäche der Gutgesinnten, ihrer Trägheit, ihrer Kleinlichkeit, ihrer Zersplitterung. Zur Heilung dieser Schäden dient aber die Gefahr selbst, und wenn wir bei der jetzigen Beschaffenheit Deutschlands allerdings nur auf Schläge, auf Niederlagen und Gerichte rechnen können, so sind ja eben diese Schläge lauter Heilmittel, welche nicht verfehlen werden, viele aus der Trägheit und Kleinlichkeit aufzurütteln. Da eben wird es sich zeigen, wer wirklich gut gesinnt ist; die Arbeit des Widerstands gegen das napoleonische System, und die dabei durchzumachenden Anstrengungen, Mißerfolge, Niederlagen werden die Proben liefern und die Spreu vom Waizen oder den Waizen aus der Spreu aussondern. Man sagt uns, in so schlechter Umgebung könne der Mensch nicht gedeihen. Wohl, eben um die Herstellung einer guten Umgebung handelt es sich, und wenn wir unsere Kräfte, groß oder klein, dazu verwenden, dann thun wir unsere Schuldigkeit.

Eine Regung in Deutschland ist vorhanden. Dieses Frühjahr war die Entrüstung über das rechtlose und lügenhafte Vorgehen Frankreichs in Italien sehr verbreitet. Jetzt ist wenigstens bei vielen die Schaam über die deutschen Zustände, wie sie sich herausgestellt haben, vorhanden, und treibt sie zu denken, wie da abzuhelfen sey. Wie viele diesen bessern Regungen treu bleiben werden, wie viele sich dadurch zu Entschlüssen treiben lassen, die die Umgestaltung Deutschlands im Sinne des Reichs Gottes herbeiführen, das ist eine andere Frage, die sich durch die Probe beantworten wird. Die Abstimmung der bairischen Kammer, welche über das Bedürfniß der Reform Deutschlands schwatzen, ohne daß es ihnen um die Verwirklichung zu thun ist. Allein sicher ist bei so gemischten Zuständen in einem großen Haufen Spreu auch ein Häuflein Waizen zu finden, und wenn dem nicht so wäre, so bleibt unsere Aufgabe dennoch zu arbeiten, und mit der That zu beweisen, daß die welche nach der Weissagung arbeiten, nie müde werden.

Was zu thun ist, um Deutschland wehrfähig gegen das napoleonische System zu machen, das brauchen wir hier nicht zu wiederholen. Es fragt sich nur, wie man die zerstreuten Bemühungen einzelner, die sich in gleicher Richtung anstrengen, mehr vereinigt und concentrirt. In diesem Sinn ist in diesem Blatt ein "evangelischer Bund" vorgeschlagen worden. Ob sich Männer finden, die sich dazu vereinigen, das ist abzuwarten; vorerst muß sich ja zeigen, was für Stimmen sich für oder wider, sey es in unserm Blatt oder in andern erheben, oder ob vielleicht die Trostlosigkeit so groß ist, daß alles eben so stumm bleibt, wie auf die Klagerufe des Beobachters, der fast in allen seinen Blättern fragt, ob denn niemand die Bewegung anfange, welche anzufangen er selbst nicht so keck sey. Für und handelt es sich nicht darum, andere zu etwas zu bewegen, was wir nicht zu thun wagten, sondern um die nachdrückliche Fortsetzung einer von uns schon begonnenen und des endlichen Erfolgs gewissen Sache. Daher können wir auch unsere Entschlüsse nicht von der Betheiligung anderer abhängig machen, sondern wir können nur darauf ausgehen, ein Beispiel zu geben, damit folge, wer will.

Zeichen der Zeit.

Ueber geheime Gesellschaften.

Aus einem Pastoral=Schreiben der deutschen Baptisten=Conferenz.

(Die Verhandlungen dieser Conferenz für etliche Jahre sind uns kürzlich freundlich zugesandt worden, und wir geben folgenden Auszug aus einem angehängten "Sendschreiben," das wie wir hoffen auch unsern Lesern nützlich seyn möchte. Im Eingang ist die Rede davon, wie geheime Gesellschaften in unserm Lande einen ungemeinen Einfluß ausüben, und mit welchem Eifer die weitere Ausdehnung derselben betrieben wird. Es heißt dann weiter, daß sich bereits viele [sogenannte] gläubige Christen ja selbst=Prediger des Evangeliums[!!] an dieselben angeschloßen hätten, und manche in Frage stehen, was sie thun sollen, und ob es recht für sie sey, solchen Gesellschaften anzugehören und in Brüderschaft mit ihnen zu stehen oder nicht?

Hierauf werden folgende Fragen aufgeworfen, und beantwortet:

I. Wie haben wir als gläubige, und namentlich als gläubig=getaufte Christen die sogenannten "geheimen Gesellschaften" anzusehen?

II. Wie haben wir uns hinsichtlich des Anschlußes an dieselben zu verhalten? In Antwort auf die erste Frage heißt es dann:)

I.

Daß in der menschlichen Natur eine große Hinneigung zu geheimen Verbindungen herrsch't, erweis't sich daraus, daß nicht allein unter den civilisirten, sondern auch unter halbcivilisirten, ja sogar unter wilden Völkern geheime Gesellschaften und Orden für ganz verschiedene Zwecke und unter verschiedenen Namen vorhanden sind. Und daß zur Ausführung der schlauesten und allerschlimmsten Pläne die strengste Heimlichkeit gehört, davon hat der Orden der Jesuiten Beweise genug geliefert. Auch das vorgebliche Alterthum solcher Orden und die aus demselben hergeleiteten Geheimniße und Wissenschaften üben einen hinreißenden Einfluß auf viele Menschen aus: und damit schmücken sich, die zwei Hauptorden, die wir hier in Amerika kennen: die der "Freimaurer" und der "Sonderbaren Brüder," von denen wir hier hauptsächlich handeln werden. Daß aber das Alter des erstern nicht über zwei Jahrhunderte hinaufreicht, ist durch Hengstenberg und Andere zur Genüge bewiesen worden; und der letztere ist noch bei Weitem jünger. Dennoch rühmen sie sich, schon einen Salomon, einen Johannes den Täufer, ja Propheten und Apostel zu Anhängern gehabt zu haben. Aber eben diese fälschlichen Angaben verrathen die Schlauheit, mit welcher man neue Mitglieder anzulocken sucht; und dies sollte uns Gläubige um so behutsamer machen.

Eine andere Lockspeise liegt noch in dem religiösen und selbst christlichen Anstrich, den sich solche Gesellschaften zu geben suchen, indem sie von ihren Mitgliedern die Anerkennung eines Gottes, und gewissermaßen auch der Bibel fordern. Es ist aber ebenfalls nachgewiesen, daß diese Anerkennung eine ganz oberflächliche ist, und das ganze Thun und Laßen ihrer Mitglieder wenig oder gar nichts mit der heiligen Schrift zu thun hat. Ebenso widersprechend, ja fast läppisch erscheint Einem das hier so oft vorkommende Parademachen dieser Gesellschaften mit Musik und Fahnen, in allerhand Verkleidungen und zugleich auch mit einer auf einem Kissen liegenden, aufgeschlagenen Bibel. Eben dieser Mißbrauch statt dem Gebrauch des göttlichen Wortes, der auf das Auge imposant wirken soll, muß ein Kind Gottes mit Widerwillen erfüllen, und sollte uns um so mehr antreiben, die Natur der Sache um so schärfer in's Auge zu faßen. Nicht dem Schein, sondern dem Sein, müßen wir nachstreben.

Am hinreißendsten von Allem wirkt das dargebotene Verbündniß zur gegenseitigen Unterstützung, im nothwendigen Erwerb für das irdische Leben zunächst, und dann auch bei vorkommenden Prüfungen durch Krankheit und Todesfällen. Der hervor steckende Zug in der menschlichen Natur ist der Eigennutz; durch ihn wird fast alles äußerliche Leben in Bewegung gesetzt, und wo man ihn am meisten befriedigen kann, da fühlt man sich am meisten hingezogen. Wir finden es daher ganz natürlich, daß der gewöhnliche Weltmensch dort seine Hauptstütze für das Leben, und nach demselben die wenigstens theilweise Versorgung der Seinigen sucht. Er glaubt damit als kluger Hausvater für die Gegenwart wie für die Zukunft gesorgt zu haben, wenn er auf solche Vereine sein Vertrauen setzt, und ihnen nach seinem Tode seine Hinterbliebene anvertraut; und in sofern man nicht weiter blickt, ist dies wohl genug.

Endlich noch hat die gegenseitige Verbrüderung an sich selbst für fast jeden Menschen einen eigenen Reiz, denn von Natur aus sind wir gesellschaftliche Wesen. Ein jeder wünscht sich an seines Gleichen anzuschließen, um mit ihm gemeinschaftlich zu lieben, zu wirken, und auch wieder andern von verschiedener Gesinnung gegenüber zu stehen. Kann dies nun noch so geschehen, daß zugleich auch die Eigenliebe und Ehrsucht befriedigt wird, dann ist es uns so ansprechender. Auch hiezu bieten die genannten Orden jede Gelegenheit dar. Jeder Eintretende wird auf einmal mit einem mächtigen Bruderkreis umschlossen, der ihn mit gewissen Einweihungs-Ceremonien — bei den Freimaurern mit einem fürchterlichen Eid dazu — aufnimmt. Ist die erste Berauschung der Gefühle, die ein solcher Eintritt in solch einen Bruderkreis mit sich bringt, einigermaßen vorüber und beginnt etwa zu verschwinden, dann ist ein zweites, noch stärkeres Reizmittel in den sogenannten Graden oder Ehrenstellen vorhanden, das der angebornen Ehrsucht des natürlichen Menschen ungemein zusagt. Man nimmt da mit jedem fortschreitenden Grade eine höhere Stellung ein, empfängt neue, hochlautende Titel und erscheint in vornehmen und glänzenden Regalien; auch diese Beförderungen sind jedesmal mit neuen, zum Theil geheimnißvollen Ceremonien verbunden. Alles nun, was nur ein Weltmensch suchen kann, und was die zwei Haupttriebe seines unwiedergeborenen Herzens, Eigennutz und Ehrsucht befriedigen kann, das findet er auf einmal in den Logen der geheimen Gesellschaften, und er sucht sich damit zu beruhigen daß er seine Pflicht, hauptsächlich gegen sich selbst und bedingnißweise gegen Mitmenschen erfüllt habe.

Manchen gläubigen Christen hat schon die Umstand irre machen wollen, daß ja hier in Amerika so viele Glieder aus wahrhaft evangelischen Gemeinden——ja sogar Prediger——zu solchen Orden gehören, und daß man ja doch daraus schließen dürfe, sie müßten nicht gerade etwas Böses in sich haben. Und dieser Umstand, sammt der Verschwiegenheit eben solcher Mitglieder, die dann einem zu einem gläubigen Christen sagen: "Siehe, wir haben Alles geprüft, und es ist nichts Unchristliches noch Unbiblisches vorhanden, die Gesetze sind sogar aus der Bibel genommen, aber wir dürfen es nicht offenbaren; komm selbst und schließe dich an" u. s. w.; dieses alles hat gläubige Christen in dem Gedanken bestärkt, es könne am Ende doch nur Gutes in solchen Logen vorkommen, und es sey am Ende unrecht, ihre Bemühungen für gute Zwecke zu verkennen, oder ihnen darin zu widerstehen. Und da eben jene Gesellschaften ihre Gegner sogleich als beschränkt, engherzig und bigot verschreien, so schämt man sich gar zu leicht, solchen Schimpf auf sich ruhen zu lassen; man will lieber zu den erleuchteteren Christen gehören, die sich über die Engherzigkeit und Schroffheit ihrer Brüder hinaussetzen.

Aber eben hier liegt die größte Gefahr, die zum ärgsten Betruge führt. Man übersieht die ganz klare und entschiedene Weisung des Apostels: "Ziehet nicht am fremden Joch mit den Ungläubigen; denn was hat die Gerechtigkeit für Genieß mit der Ungerechtigkeit? Welche Gemeinschaft hat das Licht mit der Finsterniß? Oder welches Theil hat der Gläubige mit dem Ungläubigen?" 2c. (Siehe 2 Cor. 6, 14—18). Man vergißt der Worte: „Habet keine Gemeinschaft mit den unfruchtbaren Werken der Finsterniß, strafet sie aber vielmehr.—Alles, was offenbar wird, das ist Licht." (Eph. 5, 11—13.) Kurz gesagt, solche Christen geben sich einer ungöttlichen Buhlerei mit der Welt hin, zum Trotz der apostolischen Worte: "Ihr Ehebrecher und Ehebrecherinnen, wisset ihr nicht, daß die Freundschaft dieser Welt Feindschaft wider Gott ist? Wer der Welt Freund seyn will, der wird Gottes Feind seyn." (Jac. 4, 4.)

Wir können daher vom Standpunkte des Evangeliums aus in diesen Geheim-

Gesellschaften weiter Nichts erblicken, als "fleischliche Secten, die keinen Geist haben" (Juda 19.) Körperschaften, die sich den Gemeinden Christi gegenüber als die Hauptwohlthäter der menschlichen Gesellschaft darstellen, während ihre ganze Grundlage auf Eigennutz, Selbstsucht und Ehrgeiz beruht. Ein feines Gewebe, das eben der Finsterniß und Heimlichkeit bedarf, um nicht durchschaut zu werden. Die apostolischen Worte finden auf sie ihre Anwendung: "Wer Arges thut, der hasset das Licht, und kommt nicht an das Licht, auf daß seine Werke nicht gestraft werden. Wer aber die Wahrheit thut, der kommt an das Licht, auf daß seine Werke offenbar werden, denn sie sind in Gott gethan." (Joh. 3, 20. 21.)

Suchen und Finden.

2. Der Holzschuhmacher von Nantes.

Ich weiß nicht, ob in Frankreich zwischen den Holzschuhen und der Bibel irgend eine geheime Anziehung besteht; aber so viel ist gewiß, daß der liebe Mann, von dem ich nun erzählen will, auch mit Holzschuhen zu thun hatte. Es war im Jahr 1804, daß in London die große Bibelgesellschaft gegründet wurde. Die Männer aber, denen Gott den herrlichen Gedanken, eine solche Gesellschaft zu stiften, ins Herz gab, hatten dabei nicht bloß ihr eigenes Volk und Land im Auge, sondern sie wünschten auch andere Völker, ja die ganze Welt mit dem köstlichen Schatz des Wortes Gottes zu erfüllen. Freilich kam es ihnen nicht in den Sinn, gleich mit der ganzen Welt anzufangen, aber doch wollten diese edlen Britten es einmal bei ihren nächsten Nachbarn versuchen. Nun weiß Jedermann, daß Frankreich der nächste Nachbar von England und nur durch eine schmale Meerenge von ihm getrennt ist. Nun war allerdings das Wort Gottes in Frankreich von je her sehr rar; denn die katholischen Priester des Landes haben zu allen Zeiten aufs eifrigste sich bemüht, ihre Gemeinden vor der Bibel als vor einem höchst gefährlichen Buche zu warnen, und haben ihnen verboten, dieselbe zu lesen. Aber noch viel schlimmer war, daß gerade zu der Zeit, wo die brittischen Bibelfreunde jenen hochherzigen Plan in Betreff Frankreichs faßten, ein langwieriger und erbitterter Krieg zwischen diesen beiden Ländern herrschte, und daß in Folge davon nicht nur kein Engländer, sondern auch nichts, was in England verfertigt worden war, über die Gränzen von Frankreich kommen durfte. Da war es freilich schwer, auch nur ein einziges Neues Testament in dieß bibelarme Land hinein zu bringen. Allein die Liebe ist erfinderisch, und es gelang doch endlich, ich weiß nicht wie, daß in der großen schönen Seestadt Nantes, die an der Mündung der Loire liegt, ein großer Vorrath von Bibeln niedergelegt und dem dortigen protestantischen Prediger zur Ausbreitung unter seinen Landsleuten anvertraut werden konnte. Dieser liebe Mann suchte dann auch wirklich ganz in der Stille diesen Lebenssamen auszustreuen, und je schwerer und trübseliger jene Zeiten waren, desto begieriger griffen viele Seelen nach dem trostreichen Bibelbuch, das ihnen wie ein Himmelsbote mitten in der herben Noth jener Zeiten erschien.

Nun geschah es, daß eines dieser Bücher, — es war ein Neues Testament, — einem armen Mann in die Hände fiel, der schon in seiner Kindheit mit seinem Vater als Bettler im Lande herumgezogen war, und nun, da sein Vater gestorben und er selbst alt geworden war, noch immer von Ort zu Ort auf dem Bettel sich umher trieb. Dabei war er gewohnt, den Leuten ums Geld irgend etwas vorzusingen oder Geschichten zu erzählen, und darin war er so gewandt, daß er überall auf den Straßen und in den Volksschenken, in Städten und Dörfern willkommen war. Als nun, wie gesagt, das Neue Testament ihm in die Hände kam, so war ihm das ein ganz willkommener Fund, den er gleich zu seinem Vortheil auszubeuten verstand. Statt nemlich wie bisher seine alten, längst abgenutzten Geschichten den Leuten zu erzählen, fieng er an, ihnen aus dem Buche ums Geld vorzulesen.

An einem schönen Sommerabend kam dieser Mann durch ein kleines Dörfchen, trat in die Hütte eines armen Holzschuhmachers, — eines ehrwürdigen alten Mannes, — und bat um ein Almosen.

"Was? Ein Almosen von mir?" rief dieser; mir thäte wahrlich ein Almosen eben so noth, als euch!"

Suchen und Finden.

"Nun," erwiederte der Bettlersmann, "wenn ihr mir nichts sch en k en wollt, so kann ich vielleicht bei euch etwas ver= dienen. Gebt mir einen Sou, (1 Cent), so will ich euch ein Capitel aus der Bibel vorlesen."

"Aus was?" fragte der Alte.

"Aus der Bibel," wiederholte der Bettler.

"Bibel? was ist denn das?" fuhr je= ner verwundert fort; "davon hab ich mein Lebtage nie gehört."

"Nun," erwiederte Jener, "das ist ein Buch, darin man Allerley von Gott lesen kann."

Der alte Mann gab den Sou, und der Bettler setzte sich auf die große steinerne Bank, die vor dem Hause stand, nahm sein Neues Testament heraus und las. Es war das dritte Capitel des Evangeliums Johannis, wo von der Unterredung mit Nikodemus und von der Wiedergeburt und von der Liebe Gottes die Rede ist, ein Kapitel, von dem einmal ein lie= ber Prediger gesagt hat, daß allein aus sei= ner eigenen Bekanntschaft sechs und zwanzig Personen dadurch belehrt worden seyen. Der arme Mann, der das Capitel schon manchesmal vorgelesen hatte, stieß bei keinem Worte an und las ganz vortrefflich; der alte Holzschuhmacher aber saß da mit offenem Munde und wandte kein Auge von dem Vorleser und seinem Buch. Was er hörte, das wirkte auf ihn mit dem ganzen Reiz der Neuheit. Aug' und Ohr und Herz war gefesselt; und als der Bettler zu der Stelle kam: "Also hat Gott die Welt geliebt, daß er seinen einge= borenen Sohn gab, auf daß Alle, die an Ihn glauben, nicht verloren werden, son= dern das ewige Leben haben," da konnte der alte Mann seine tiefe Bewegung fast nicht mehr bemeistern. Jetzt kamen die letzten Worte des Capitels: "Wer an den Sohn glaubet, der hat das ewige Leben. Wer aber dem Sohne nicht glaubet, der wird das Leben nicht sehen, sondern der Zorn Gottes bleibet über ihm"— und der Vorleser hielt inne.

"Lies weiter!" rief der Alte, "lies wei= ter!"

"Nein," erwiederte der Bettler, "für Einen Sou lese ich nur Ein Capitel!"

Der Holzschuhmacher zog noch einen Sou heraus und schob ihn dem Manne in die Hand. "Nun, lies weiter!" rief er, und der Mann las das folgende Capitel. Aber wie er damit fertig war, hielt er aber= mals inne.

"O leset weiter," sagte bittend der Al= te; "haltet nicht so schnell wieder inne; le= set weiter, mein Freund."

"Für Einen Sou Ein Capitel," erwie= derte der Bettler, "und keinen Buchstaben weiter! Gebt mir noch einen Sou, so will ich euch noch eins lesen."

Der Alte gieng eilends in seine Hütte, holte aus einer Schublade seinen letzten Sou, setzte sich wieder neben den Mann auf die steinerne Bank und sagte: "Nun leset weiter!" Der Bettler fieng aufs Neue an, und der Alte horchte mit steigen= der Verwunderung. "Ach, mein Freund," rief er aus, als auch dieses Capitel zu Ende war, saget mir, wo habt ihr das Buch her?"

Der Bettler erwiederte kurz, wie er es geschenkt bekommen habe vom protestanti= schen Prediger, der weit von da in der Stadt Nantes wohne. Damit erhob er sich von der Bank und zog weiter. Der alte Holzschuhmacher aber konnte das Buch und was er daraus vernommen, nicht mehr vergessen. Vor Allem hatten sich die wunderbaren Worte: "Also hat Gott die Welt geliebt," tief, tief in sein Herz gegra= ben. Sie giengen Tag und Nacht mit ihm um. Des Morgens, wenn er auf= stand, klangen sie ihm noch im Herzen, und wenn er Nachts zu Bette gieng, war es ihm, als grüße ihn eine Stimme wie= der mit den Worten: "Also hat Gott die Welt geliebt!"

Eines Tags, etwa zwei Wochen nach je= nem Besuch des Bettlers, stand der alte Mann früher als sonst auf und sagte zu seinem Sohne: "Höre, du mußt für einige Zeit allein den Laden und die Werkstatt be= sorgen; denn ich gehe nach Nantes!"

"Nach Nantes, Vater?" rief der jun= ge Mann, und sah dem guten Alten ver= wundert ins Angesicht; "nach Nantes? Ich bitte dich, was willst du in Nantes machen? Du willst doch nicht in deinen alten Tagen eine so weite Reise machen? Ist's doch mehr als zwanzig Stunden nach Nantes?"

"Das ist wahr," erwiederte der Alte ruhig und entschlossen; "aber es bleibt da= bei, ich gehe nach Nantes."

Der Greis nahm seinen Stab in die Hand und brach auf. Nach langer müh=

seliger Wanderung erreichte er die Stadt und ohne viel Schwierigkeit fand er die Wohnung des protestantischen Predigers, bei dem die Bibeln zu haben wären.

"Was wollt ihr, mein Freund? fragte dieser den alten Mann, als er zu ihm ins Zimmer trat.

"Mein Herr," sagte der Alte, "ich habe gehört, sie hätten ein Buch, worin allerlei schöne Dinge von Gott stehen."

"Ihr meynet wohl die Bibel," erwiederte der Prediger.

"Ja, ja," rief Jener, "die Bibel,—das eben ist's, was ich meyne; und ich möchte gerne auch eine haben."

"Nun," sagte der Pastor, "wie viel könnt ihr dafür bezahlen?"

"Bezahlen?" rief der alte Mann betroffen.

"Ja, mein Freund, bezahlen!" wiederholte der Prediger; "denn wir schenken die Bücher nicht her."

"Herr" erwiederte der gute Alte mit bewegter Stimme, "bezahlen kann ich nichts; aber Sie haben ja dem Bettlersmann eine geschenkt, und ich bin so arm als er."

"Wo kommet ihr her, mein Freund?" fragte Jener weiter. Der Alte nannte das Dorf; der Ort aber war dem Prediger nicht unbekannt. "Und auf welche Weise habt ihr denn den weiten Weg gemacht?" fragte er weiter.

"Zu Fuße," war die Antwort.

"Und wie wollt ihr wieder heimkommen?"

"Wieder zu Fuß," sagte der Alte.

"Ist das wirklich wahr?" rief der Prediger; "ein alter Mann, wie ihr, sollte einen Weg von 25 Stunden hin und 25 Stunden her zu Fuß machen, nur um eine Bibel zu erhalten?"

"Gewiß mein Herr," erwiederte der Alte, "und wahrlich, die Mühe ist mir nicht zu viel, wenn ich nur eine Bibel bekommen kann."

"Nun" rief der Prediger, "dann sollt ihr auch eine haben, und wenn ich auch nie wieder eine herschenken sollte. Was für eine wünschet ihr denn? Nicht wahr, eine mit großem Druck? Ihr könnet doch wohl gut lesen?"

"Habe nie in meinem Leben lesen können, mein Herr" war die Antwort.

Der liebe Pastor war etwas befremdet. "Ihr könnt nicht lesen? Zu was in aller Welt wollt ihr denn das Buch haben?"

"O Herr," rief der Mann, "gebt mir nur das Buch! Ich habe eine Tochter daheim, die kann lesen; und da sind auch drei oder vier andere Leute in unserm Dorf, die lesen können."

Der Prediger, überzeugt von des Mannes Aufrichtigkeit, gab ihm die Bibel. Dieser aber, entzückt über den Schatz, den er errungen, griff mit unbeschreiblicher Freude darnach, dankte dem Prediger, der sie ihm geschenkt, viel tausendmal, und zog fröhlich wieder seine Straße. Als er sein Dörflein glücklich wieder erreicht hätte, da zeigte sichs recht, was ein ernster Wille vermag. Er selbst konnte nicht lesen, aber er bat die Leute, die es verstanden, in seine Hütte zu kommen und abwechselnd mit seiner Tochter ihm vorzulesen. Nun war aber der alte Holzschuhmacher ein Mann von gesundem Verstand und hatte troz seiner vorgerückten Jahre ein gutes Gedächtniß, und da er überdieß mit ganzer Seele sich in das Wort Gottes vertiefte, so wuchs er augenscheinlich in der heilsamen Erkenntniß der Schriftwahrheit; dabei lernte er viele Stellen vom bloßen hören auswendig. Die gesegnete Wirkung davon auf sein eigenes Herz und Leben konnte nicht ausbleiben. Doch gings erst durch allerlei innere Wirren und Unruhen hindurch.

Etwa ein halbes Jahr nach jenem Besuch in Nantes, wurde der dortige Prediger, in dessen Hause die Niederlage von Bibeln sich befand, eines Tags durch ein derbes Anklopfen an der Thüre seines Arbeitszimmers mittelst eines Stockes nicht wenig erschreckt. Er fuhr auf zu sehen, was das wäre, und was war sein Erstaunen, als der Holzschuhmacher wieder vor ihm stand. "Ei, mein guter Alter," rief er, "was bringt euch wieder hieher?"

"Ach, mein Herr," sagte dieser, als er eintrat, "ich bin ganz falsch dran,—ganz falsch, mein Herr!"

"Nun, was meinet ihr denn?" fragte der Prediger; "wer sagt euch, daß ihr falsch dran seyd?"

"Herr, das Buch da!" rief der Alte; "die Bibel sagt es."

"Wirklich?" erwiederte der Pastor; "und was sagt sie euch denn?"

"Nun," fuhr der Mann fort, "sie sagt, ich sey ganz falsch dran. Sehet, da bin ich, ich armer Sünder, und habe mein ganzes Leben lang zur Jungfrau Maria gebetet; und nun seh' ich aus diesem Buche,

Suchen und Finden.

daß sie selber, die Mutter Gottes, einen Heiland so gut als ich nöthig hatte."

"Wie?" erwiederte der Prediger erstaunt, "ihr, ein guter Catholik, redet also? Wie könnt ihr das wissen?"

"Herr," rief der Alte, "so steht's in dem Buche da! Da heißt es: sie freuete sich Gottes, ihres Heilandes, — i h r e s Heilandes! Sehen sie, mein Herr, so steht's da, und somit hat sie es eben so gut als ich einen Heiland nöthig gehabt. Nun sagen mir die Leute, ihr Protestanten hättet eine Religion, ganz nach der Bibel. Ist das so?"

"Das ist ganz wahr, mein Freund," sagte der Pastor; "unsere Religion ist ganz nach der Bibel!"

"Nun," rief der Alte mit einem eigenthümlichen Leuchten seiner Augen, "ich möchte gerne auch einer von euch werden."

"Ja halt mein guter Alter," erwiederte Jener; "so rasch geht das nicht. Ehe wir Jemand in unsere protestantische Kirche aufnehmen, prüfen wir ihn zuvor."

"Prüfen?" rief der Holzschuhmacher, "erst prüfen? Herr, ich bin ein alter Mann, siebenzig Jahre vorüber, und weiß nicht, wie viele Tage ich noch hinieden pilgern werde; deswegen, je eher, desto besser!"

Der Prediger, ergriffen von dem Ernst des ehrwürdigen alten Pilgers, rief eine Versammlung der Kirchenvorsteher zusammen und lud den Mann ein, vor derselben zu erscheinen. Als derselbe ins Zimmer trat, zog die ehrwürdige aufrechte Gestalt mit den wallenden schneeweißen Locken Aller Augen auf sich. Der Präsident legte ihm, wie es Sitte ist, verschiedene Fragen vor, um sich über seine Erkenntniß der göttlichen Wahrheit ein Urtheil bilden zu können.

"Was wisset ihr von Jesu Christo, mein Freund?" so lautete eine der Fragen.

Die Antwort war: "Das Wort ward Fleisch und es wohnete unter uns, und wir sahen seine Herrlichkeit, als die Herrlichkeit des eingeborenen Sohnes vom Vater, voller Gnade und Wahrheit."

"Gut," fuhr der Präsident fort: "aber was wisset ihr über Christi Tod zu sagen?"

"Das Blut Jesu Christi, des Sohnes Gottes, macht uns rein von aller Sünde," war die Antwort.

"Was haben aber diejenigen zu genießen," hieß es weiter, "welche wahre Nachfolger Jesu sind?"

"So ist nun nichts Verdammliches an denen, so in Christo Jesu sind, die nicht nach dem Fleische wandeln, sondern nach dem Geiste."

"Ganz gut, ganz richtig," rief der Präsident; "aber was ist denn die Pflicht derer, die an Christum glauben?"

"Ihr seyd nicht euer selbst; denn ihr seyd theuer erkauft. Darum so preiset Gott an eurem Leibe und an eurem Geiste, welche sind Gottes," das war des Alten Antwort.

Die Mitglieder der Versammlung waren tief bewegt. "Wenn das eure eignen Ueberzeugungen sind," sagte der Präsident, "so seyd ihr augenscheinlich von Gott gelehret und wir können nicht einen Augenblick zögern, euch unter uns aufzunehmen und euch als einen Bruder willkommen zu heißen."

Darauf wurde der alte Holzschuhmacher in aller Form in die französisch-reformirte Kirche aufgenommen und ein schriftliches Dokument ihm eingehändigt, das ihn als ein Mitglied derselben legitimirte.

"Wollen sie so gut seyn," sagte der Alte, als man es ihm übergab, "mir die Schrift ordentlich einzuwickeln."

Der Prediger nahm von einem Paar alter, unbrauchbar gewordener Anschlagzettel einen Bogen, packte das Dokument in denselben ein und übergab es dem glücklichen Manne, der mit ganz neuen Gefühlen in seine Heimath aufbrach.

Kaum war er in seiner Hütte wieder angekommen, so ließ er sich, da ihm alles Gedruckte ein Heiligthum war, den Bogen Papier vorlesen, in welchem sein Dokument eingewickelt war. Einige Monate verstrichen; siehe, da stand eines Tags der alte Holzschuhmacher zum drittenmal vor dem protestantischen Prediger in Nantes.

"Wie, mein Freund," rief dieser, "ihr seyd wieder hier?"

"Ja wohl, mein Herr," sagte der Alte, "ich bin absichtlich hieher gekommen."

"Absichtlich? Wofür?" fragte der Pastor.

"Nun wegen der jährlichen Versammlung," erwiederte Jener; "da auf dem Papier stehet, daß heute die jährliche Versammlung stattfinden werde," — und das mit legte er dem Prediger den bogen Papier auseinander.

"Ach mein guter Alter," rief dieser lächelnd, während er den Anschlagzettel überschaute, "den Tag und den Monat, der hier angegeben ist, habt ihr ganz richtig gelesen, aber mit dem Jahr seyd ihr falsch daran. Denn es thut mir leid, sagen zu müssen, daß wir schon seit vierzehn Jahren keine solche Versammlungen mehr gehalten haben, weil wir durch die Feindseligkeit und den Haß der Leute daran verhindert wurden."

Ueber das Angesicht des ehrwürdigen Alten zog sich eine Wolke schmerzlicher Täuschung. Sollte er vergebens den weiten Weg gemacht haben? Sollte die süße Hoffnung, mit gleichgesinnten Brüdern einen Tag der Erquickung und Stärkung zu feiern, so schmerzlich zu nichte werden? Der Prediger sah den betroffenen Greis mit wehmüthigen Empfindungen an. Da war's, als blitzte ihm ein Gedanke, wie ein Licht von Oben, durch die Seele. Sollte vielleicht jetzt der Augenblick gekommen seyn, jene schönen Jahresversammlungen zu erneuern? "Seyd nur getrost, mein Freund," rief er plötzlich; "morgen soll eine Versammlung stattfinden, und sollte dieß auch die letzte seyn, die wir halten dürfen."

Der Prediger traf so fort Anstalten, die Ankunft des alten Mannes überall in seiner Gemeinde und in der ganzen Umgegend bekannt zu machen, und alle benachbarten Glieder der evangelischen Kirche zu einer allgemeinen Versammlung auf morgen einzuladen. Die Kunde verbreitete sich wie ein Lauffeuer, und am folgenden Tage fanden sich Hunderte von allen Seiten ein, um zum erstenmal wieder in größerer Versammlung unter Gebet und Ermahnung zusammenzutreten. Es war ein glücklicher Tag, und die Gemeinde beschloß, diese jährlichen Zusammenkünfte wieder regelmäßig zu feiern. Im folgenden, wie im übernächsten Jahr war der greise Holzschuhmacher jedesmal der erste, der erschien, und immer drang er mit besonderem Ernst und kindlicher Einfalt in die anwesenden Glieder der Kirche, doch ja das Wort Gottes so weit als möglich zu verbreiten; denn dieses theure Buch sey das allerbeste und kräftigste Mittel, die Seelen aus dem Irrthum und Aberglauben zu retten und sie zur seligmachenden Erkenntniß Christi ihres Heilandes zu führen. Der Eifer aber und die Liebe dieses einen armen Mannes brachte einen neuen kräftigeren Aufschwung des geistlichen Lebens in die ganze Gemeinde.

Bei der dritten Jahresversammlung war dieser ehrwürdige Christ abermals anwesend; als aber die vierte kam, wartete man vergebens auf seine wohlthuende Erscheinung. Er hatte die silberne Krone seiner weißen Locken, die er hinieden mit Ehren trug, mit der goldenen Krone der Gerechtigkeit droben vertauscht. Der Herr hatte ihn gesucht, ehe und ohne daß er selbst suchte; das Suchen der ewigen Liebe aber hatte auch in seinem Herzen einen Drang des Suchens erweckt, der nicht mehr zur Ruhe kam, bis daß er zum seligen Finden gelangt war. Und dieses Finden nahm unaufhörlich zu, bis er Den von Angesicht zu Angesicht sehen durfte, dessen Anblick ja alles Sehnen und Suchen des Herzens vollkommen und auf ewig stillt.

Correspondenz.

Ein Brief von California.

Gilroy, Santa Clara Co. Cal.
Dec. 15, 1859.

An die Brüder der Atlantischen Staaten.

Wir, die Brüder an der Küste des stillen Meeres im Staat von Californien, im Rath versammelt, senden unsern Gruß. Wir halten die Entfernung zwischen uns für eine hinlängliche Entschuldigung, daß wir unsere Wünsche und Gedanken schriftlich einsenden. Vielleicht ist es am besten, eine kurze Nachricht von unserm Daseyn und Geschichte, als einem Theil des Leibes Christi zu geben.

Es war beinahe vor 3 Jahren, daß fünf von uns an der Zahl von Hancock Co. Illinois hier anlandeten. Zwei Mitglieder waren schon hier, und seitdem wir hier sind, wurden Sechs zu unserer Zahl hinzugethan durch die Taufe. Im letzten October kamen fünf Mitglieder mehr an auf dem Weg über die "Plains." Ein Bruder, Namens Andrew Jackson Steffey, früherhin von Maryland, starb, seitdem wir hier sind, und so zählen wir noch siebzehn Mitglieder.

Wir vereinigten uns in eine Gemeinde, und hielten ein Liebesmahl letztes Spätjahr

Correspondenz.

nach der Ordnung der Brüder, wie wir sie verstehen. Geliebte Brüder! Obschon wir 2000 Meilen von euch entfernt sind, so haben wir doch das Wort Gottes zu unserer Richtschnur sowohl als ihr. Dennoch wünschen wir, daß ihr unserer eingedenk seyn möchtet vor dem Thron der Gnaden, und wir von euch anerkannt werden möchten als ein Theil des Leibes.

Wir wünschen von euch Rath und Unterricht in allen Wegen des Herrn, so viel immer die Umstände erlauben mögen. Vor ungefähr 2 Wochen kamen die Verhandlungen der jährlichen Versammlung von 1859 uns zur Hand, und wir versichern euch, liebe Brüder, daß es uns Freude und Trost verursachte zu erfahren, daß eine völlige Vereinigung stattfindet zwischen den östlichen und westlichen Brüdern. Auch wir sind willig bei den Schlüssen der jährlichen Versammlung zu bleiben, so wie Umstände und Gelegenheiten es erfordern und gestatten; mit andern Worten, wir erkennen die Nothwendigkeit solcher Schlüsse an.

Schließlich vereinigen wir uns mit unsern Brüdern in Oregon, und wünschen und begehren von euch, daß ihr uns hier an die Küste des stillen Meeres zwei oder mehr Missions-Brüder schicken möchtet,— denn wir sehen in dem Besuch und Visitor, daß die Missionsfrage in ziemlicher Bewegung ist, und wir bitten Gott, daß diese Bewegung noch immer wachsen möge, bis Leben genug vorhanden ist, um zur That überzugehen,— damit solche Brüder eine Zeitlang bei uns in Oregon und Californien arbeiten möchten, um an unsern Liebesmählern und sonst in Ordnung zu stellen, was etwa mangelt. Gehabt euch wohl.

Unterschrieben auf Befehl der Gemeinde von
    Georg Wolfe, jun.
    D. T. Wheelock,
    Jacob Wolfe,
    P. J. Caudill,
    T. J. Caudill,
    James Wood.

P.S. Will Bruder Kurtz oder Quinter dieses zu der Jahrs Versammlung auf Pfingsten 1860 senden oder mitnehmen?
——Wenn ihr es für schicklich ansehet es im "Visitor" zu publiciren, thut so, nur daß es vor die Brüder kommt an der J. V.
    G. W.

In einem mitfolgenden Privatschreiben heißt es weiter:

—Ich möchte noch einige Gedanken mittheilen von meinen Gefühlen, als ich den "Visitor aus der Office in Gilroy erhielt— 11 Nummern und 2 Schlüsse der J. V. 1859. Ich freute mich, war voller Freude. Ich sahe sie an—ich dachte—ich sagte zu mir selbst: Was für ein Besuch ist dieses, der gekommen ist so weit bis hieher an das stille Meer, um mich zu begrüßen mit einer Botschaft wie diese?—Ich las eine Nummer, und dann eine andere, und die Botschaft, die der Besuch brachte, war Friede. Ich dachte wiederum: Die Lehre, die er mitbringt, war mir bekannt; ich fand sie der Lehre gleich, die ich vor 3 Jahren selbst in den Atlantischen Staaten gehört hatte; sie war gleich der Lehre, die ich mich bestrebe hier in Californien zu predigen; sie war gleich der Lehre des Meisters; es war die Lehre im Haushalt des Meisters.

Ich werde jetzt mit sehr wenig Worten beschließen. Sehet ihr es für gut an alles oder einen Theil in den Visitor aufzunehmen, thut so.—Sollten einige Brüder nach Californien auf einer Missions-Reise, so würden wir ihre Ankunft mit Freuden begrüßen, und es als ein gutes Zeichen ansehen für das Zunehmen des Glaubens in California. Wahrlich, die Erndte hier ist groß, und der Arbeiter sind Wenige. Wiederum, sollten einige kommen, um unter uns eine Zeitlang zu arbeiten, und dann nach den Atlantischen Staaten zurückzukehren, deren Hülfsmittel beschränkt, oder mit andern Worten, denen die Reise in Absicht auf die Unkosten beschwerlich wäre, so wollen wir die Last erleichtern, so viel in unsern Kräften steht.

Ferner, sollten Einige wuenschen sich hier am stillen Meer niederzulassen, so wuerde der Wechsel des Wohnorts ein guter seyn, so weit als es Clima, Gesundheit, und eine angenehme Art herum zu reisen und Versammlungen zu halten, und dergleichen angeht. Indessen gibt es hier auch Dinge, die nicht so wuenschenswerth sind, besonders die Rechte von Land-Eigenthum. Es sind viele Laendereyen, wovon das Recht zweifelhaft und im Streit ist, und aus dieser Ursache entstehen manche Schwierigkeiten die mit ernsthaften Folgen zuweilen verknuepft sind. Es gibt aber auch zuverlaessige Rechte, und etwas Congress-Land. Einige der Bruedor in dieser Gegend moegen sich nach Stockton ziehen, wo bereits fuenf Mitglieder wohnen, welche letzten Sommer ueber die "Plaine" gekommen sind. Dort gibt es Government-Rechts-Land mit einigen Verbesserungen kann man kaufen fuer $5 bis 20 den Acker. Oregon Bauholz $30 fuer 1000 Fusz. In bruederlicher Liebe Euer   Georg Wolfe, jun.

Todes-Anzeige.

Starb in Bodetcourt Co. Va. November 28. Schw. Catharina Noffsinger, Gattin von David Noffsinger, alt 57 Jahr.

Starb in Franklin Co. Pa. August 10. Georg M. Hawbecker, Sohn von Br. Peter und Schw. Nancy Hawbecker, alt 17 J. 10 M. 25 T.

Starb in Macon Co. Ills. Sept. 13. Joseph Frantz, Söhnlein von David und Sarah Frantz, alt 4 J. 5 M. 23 T.

Desgleichen Novbr. 1 Schw. Eliza Graybill, Gattin von Br. Abraham Graybill, alt 37 J. 9 M. 27 T.

Starb in Hampschire Co. Va. Bruder John Rinker, alt 76 J. 7 M 22 T.

Starb in Washington Co. Tenn. Nov. 28, Br. Samuel Garber, alt 72 J. 4 M. 10 T.

Starb in Augusta Co. Va. Oct. 20. Schwester Susanna Whitmer, Wittwe von Bruder Michael Whitmer, alt 73 J. und 18 T.

Starb in Rockingham Co. Va. October 19. Br. Samuel Koontz, alt 33 J.

Starb in Washington Co. Md. August 13. Bruder John Emmert, im Alter von 54 J. 7 M. 8 T.

Desgleichen December 9. Schw. Eleonore Wolf, alt 89 J. 9 M. 6 T.

Starb in Jefferson Co. Jowa Dec. 14. Br. John Garber, vieljähriger Diener des Worts im Alter von 58 Jahren.

Starb in Ashland Co. O. November 2, Schw. Paulina Priest, alt 87 Jahr.

Starb in Blackhawk Co. Jowa October 10, Louisa Miller, Töchterlein von Br. Henry und Schw. Nancy Miller, alt 6 J. 5 M. 11 T.

Starb in Miami Co. O. Dec. 14, —— Beshoar, älteste Tochter von Br. Benjamin Beshoar, alt 6 J. 1 M. 3 T.

Starb in Putnam Co. Ind. Nov. 3 Schw. Polly Pesty, alt 62 J. 5 M. 5 T.

Starb in Montgomery Co. Ind. Dec. 12, Abraham Schenk, alt 23 Jahr.

Starben in Putnam Co. Ind. an Scharlachfieber zwei Kinder von William und Catharina Spaulding. Die Mutter dieser Kinder war getauft worden bei unserer Communions-Versammlung am 13, Oktober, und der Vater empfing die Taufe am 19. November, unmittelbar nach dem Leichenbegängniß seiner Kinder. So war die Krankheit und der Tod der Kinderin Mittel in der Hand des Herrn, die Aeltern auf den Weg des Heils und des Lebens zu bringen, und welch eine Freude wird es seyn, wenn einst Aeltern und Kinder wieder einander begegnen an den Ufern ewiger Erlösung. Leichentert: 1 Pet. 1, 24.

Starb in Fayette Township, Juniata Co. Pa. Aug. 1, 1859 Elihu Frey, Söhnlein von Benjamin und Elisabeth Frey, alt 2 Wochen und 2 Tage.

Starb in Fulton Co. Illinois Januar 8, 1860 Bruder Benjamin Elliot früherhin von Franklin Co. Pa. im Alter von 55 J. 3 M. und 23 T. Leichenrede über 2 Cor. 4, 17—5, 1 von Br. John Fitz und Jacob Negly.

Starb unweit Uniontown, Fayette Co. Pa. Januar 4, Martha Johnson, Töchterlein von Joseph und Maria Johnson, beinahe 2 Monate alt.

Starb unweit Dunkansville, Blair Co. Pa. Dec. 1, Schw. Rabel Sell, geborne Smith, seit eilf Tagen nur vermählt mit Joseph Sell, im Alter von 18 J. 10 M. und 16 T. Sie war die Tochter von Br. Jacob und Schw. Catharina Smith, welchen Aeltern am 3. December abermals eine Tochter starb, Maria Ann Smith, alt 18 J. 5 M. und 17 T. — Desgleichen am 6. Dec. das dritte Kind, Anna Smith, beinahe 2 Jahre alt; und endlich das vierte am letzten Neujahrstag, ein Säugling von 16 Tagen. So wurde diese Familie schwer heimgesucht, um so mehr, als ihnen nun von zwölf Kindern nur noch ein einziges übrig ist. Krankheit der Obigen: Scharlachfieber.

Starb in dem namlichen Distrikt an einer langwierigen Krankheit Bruder Michael Stover, ein Freund und Unterschreiber unseres Blattes im Alter von 72 J. 9 M. und 27 T.

Starb in der Nachbarschaft von Columbiana, O. Januar 16, Nancy A. Hetrich, Töchterlein von Moses und Barbara Hetrich, alt 2 J. 10 M. und 23 T. ebenfalls am Scharlachfieber.

Der Evangelische Besuch.

Eine Zeitschrift
Für Wahrheitliebende und Wahrheitsuchende.

Jahrg. 8.   Columbiana, O., März 1860.   Nro. 3.

Für den Ev. Besuch.
Die Missions Frage.

Diese Frage ist schon seit Jahren unter einzelnen Mitgliedern in Bewegung, und auch schon etlichemal in unsern Jahrs-Versammlungen in Anregung gebracht, und namentlich in vorletzter (vom Jahr 1858) als ein der ernsten und Gebetsvollen Erwägung aller Brüder würdiger Gegenstand empfohlen worden. Hierauf wurde letztes Frühjahr von der jährlichen Versammlung folgender Schluß gemacht: Artikel 28.

"Da wir die große Nothwendigkeit sehen, daß das Evangelium, wie es von den Brüdern gefaßt (geglaubt) und geübt wird, weiter ausgebreitet und bekannt werden möchte, so wünschen wir, daß die Brüder den 59sten Artikel der Verhandlungen von 1858 wieder erwägen, und mit solchen Verbesserungen annehmen möchten, wie es in der Furcht Gottes als das Beste erscheinen möchte."

"Da es für gut angesehen ist bei der letzten Jahrs-Versammlung, den Gegenstand der Ausbreitung des Evangeliums zum Anliegen Gebetsvoller Erwägung zu machen, so scheint es, daß dieses geschehen ist, und verschiedene Gemeinden das Begehren an diese jährliche Raths-Versammlung ausgesprochen (haben,) daß etwas zu Gunsten dieser Sache gethan werden möchte.—Folgendes ist der

Schluß,

zu welchem diese jährliche Versammlung in Bezug auf Obiges gekommen ist."

"Diese Versammlung empfielt und gibt die Freiheit (den Brüdern in) irgend einem Distrikt oder Staat, Schritte zu thun in der Sache der Ausbreitung und Unterstützung des Evangeliums, wie es verstanden und gepredigt wird von den Brüdern, doch so, daß sie geschehen in der Ordnung des Evangeliums. Und wir empfehlen solchen Gemeinden, welche dieses thun, an die nächste jährliche Versammlung den Erfolg zu berichten.—Und im Bewußtseyn von der Wichtigkeit der Sache ernennen wir folgende Brüder als eine Committee, um einen solchen Plan vorzuschlagen, wodurch die Brüderschaft im Ganzen an dem guten Werk Theil zu nehmen Gelegenheit haben möge; solcher Plan soll der nächsten jährlichen Versammlung vorgelegt werden, ɛc. ɛc."

Schreiber dieses kann nicht anders als sich herzlich freuen über diese Bewegung, die hoffentlich aus der lautern Quelle der Liebe Gottes, der Wahrheit und unsterblicher Seelen entsprungen ist. Eingedenk des hohen und wichtigen Berufs, den der Herr seiner Gemeinde und also allen seinen getreuen Jüngern und Nachfolgern anbefohlen hat, nämlich in alle Welt zu gehen, und allen Völkern seine Lehre bekannt zu machen, ja das Evangelium aller Creatur zu verkündigen, erkannten es unsere Brüder für ihre heilige Pflicht, von Anfang an, das Evangelium so weit zu tragen, als sie konnten, und suchten auch nach ihrem besten Vermögen diese Pflicht zu erfüllen. Manche Brüder durchreißten fast jährlich das Land in seiner Länge und Breite, so weit nämlich damals unsere Gemeinden sich erstreckten, und besuchten so viel ihnen möglich war,

Die Missions Frage.

auch die zerstreuten Mitglieder, und dieses konnten sie um so leichter thun, als sie ihre Reisen meistens zu Pferde machten.

So war es noch vor 25 oder 30 Jahren. Da konnten unsere Brüder hunderte und hunderte von Meilen reisen, und fast jede Nacht bei Brüdern eine gastfreie Herberge finden. Die Reisekosten waren daher nicht schwer, und konnten eben deßwegen auch meistens von den reisenden Brüdern selbst bestritten werden, so daß die Gemeinden, in welchen sie wohnten, nichts dazu beitragen durften, außer vielleicht in einzelnen Fällen, wo die Nothwendigkeit es erforderte.

Aber jetzt ist alles ganz anders. Unsere Gemeinden haben sich ausgebreitet in solcher Weise, nicht nur in Indiana, Illinois, Wisconsin, Iowa, und Missouri, sondern bis in den fernsten Westen von America, das ist bis an die Ufer des stillen Meeres, bis nach California und Oregon, so daß, wenn etliche Brüder-Bischöfe eine Besuchs-Reise bei allen unsern Gemeinden in diesem unserem Lande unternehmen, und auch nur einen Sonntag in jeder Gemeinde verweilen wollten, sie wohl kaum vor drei Jahren wieder in ihre Heimath zurückkommen würden. Es wäre auch nicht daran zu denken, eine solche Reise zu Pferd zu machen, das heißt ausschließlich, sondern man müßte sich gefaßt machen zu Wasser und zu Lande zu reisen, eben wie es die Umstände erforderten, und die Gelegenheit es mitbrächte.

Die Nothwendigkeit von solchen Besuchs-Reisen innerhalb unserer Gemeinden zeigt fast täglich bei solchen, die eine ausgedehnte Bekanntschaft und weitläufige Correspondenz haben. Forderungen ergehen an manche unserer Brüder von allen Seiten her, daß, wenn sie allen Folge leisten wollten, sie nimmer nach Hause kämen. Wie es scheint, so war letztes Spätjahr eine solche Forderung von Oregon gekommen, daß es von vielen Brüdern für nothwendig angesehen wurde, daß sobald als schickliche Brüder-Bischöfe und die nöthigen (Geld) Mittel gefunden werden können, zwey solche Brüder nach Oregon gesandt werden sollen, um in Ordnung zu setzen was etwa mangelt, und auch hin und her Lehrer und Diener zu verordnen, wie es die Umstände erfordern mögen." (Siehe Evangelischer Besuch Seite 173 des letzten Jahrgangs.)

Hieraus ist die Nothwendigkeit hinlänglich klar, daß etwas gethan werden muß jetzt, woran man vor dreißig Jahren kaum dachte als etwas Mögliches; und was nothwendig ist, ist unsere Pflicht.

Nun ist aber auch die Frage: Haben wir die Leute zu einem solchen Werk?— Vor dreißig oder vierzig Jahren hätten unsere Brüder vielleicht mit Recht sagen können: Nein, wir haben keine Leute dazu. Die wenigen Bischöffe und Lehrer damaliger Zeit waren meistens nur mit ihrer deutschen Muttersprache im Stande, das Evangelium zu verkündigen, und waren auch, sonderlich die Bischöffe, zu alt, solche weite Reisen zu unternehmen. Aber auch in dieser Hinsicht ist es jetzt gar anders. Wir haben jetzt Brüder und Bischöffe genug, die der Englischen Sprache mächtig sind, und noch in einem Alter stehen, wo ihnen Reisen zu Wasser und zu Lande nicht allzu beschwerlich sind. Ja wir freuen uns sagen zu dürfen, daß es nicht an tüchtigen Brüdern fehlt, welche willig wären um Christi und des Evangeliums willen selbst die Beschwerden und Gefahren solcher großen Reisen über sich zu nehmen.

Aber zu solchen Reisen werden auch Mittel erfordert, und zwar Geld-Mittel. Es ist wahr, als der Herr seine Jünger erstmals aussandte, sprach er: "Ihr sollt nicht Gold, noch Silber, noch Erz, in euren Gürteln haben." Matth. 10, 9. Aber wir dürfen auch nicht übersehen, wohin er sie damals sandte. "Gehet nicht auf der Heiden Straße, und ziehet nicht in

Die Missions Frage.

der Samariter Städte, sondern gehet hin zu den verlornen Schaafen aus dem Hause Israel." Sie sollten also ganz und gar im Jüdischen Lande, unter ihren Glaubensgenossen bleiben, wo sie immer gastfreie Herberge finden konnten, und also kein Geld brauchten. Man bedenke auch, daß das ganze jüdische Land kaum halb so groß war, wie z. E. der Staat Ohio ist.

So war es vor Zeiten ein Leichtes für unsere Brüder, den jährlichen Versammlungen beizuwohnen, so lange sie fast alle in einem kleinen Bezirke (disseits und jenseits der Susquehannah abwechselungsweise) gehalten wurden. Die meisten Brüder konnten zu Fuß hinkommen, und auf dem Wege bei Brüdern einkehren. Da brauchten sie wenig oder kein Geld mitzunehmen zur Wegfahrt. Aber wer würde heutzutage daran denken, eine Reise von 500 bis 1000 Meilen zur jährlichen Versammlung anzutreten, wie z. E. kommendes Frühjahr nach Tennesse, ohne etwas in der Tasche zu haben zur Wegfahrt.

Eben darum hat der Herr, als er vor seiner Himmelfahrt seinen Jüngern den Befehl ertheilte, in alle Welt, und also auch auf der Heiden Straße, zu gehen, und allen Völkern das Evangelium zu verkündigen, sie nicht eingeschränkt mit solchen Vorschriften, wie bei ihrer ersten Aussendung, sondern es ihrer eigenen Vorsicht und Klugheit überlassen, wie sie sich auf solche Reisen rüsten und bereiten sollten, und der Liebe und Sorgfalt ihrer Brüder, die sie aussandten, und, wohlgemerkt! auch abfertigten. Denn so lesen wir Ap. Gesch. 15, 30. 33. Cap. 17, 10. 14. Ja, so besorgt waren die Brüder für Paulus, daß sie ihn nicht nur abfertigten, sondern auch etliche mit ihm gehen ließen ihn zu geleiten und zu führen, und also ihn zu beschützen und zu versorgen. Cap. 17, 15.

Gesetzt nun, es sollen etliche Brüder nach Californien und Oregon reisen oder gesandt werden, so scheint nach der Berechnung solcher Brüder, die die Kosten überschlagen haben, nicht weniger als vier bis fünfhundert Thaler nöthig zu seyn, um einen Mann dort hin und wieder zurück zu bringen, und weniger als zween Brüder sollten nicht gesandt werden. Dieses würde also einen Kosten verursachen von wenigstens 800 bis 1000 Thaler. Nun entsteht die Frage: Wer soll diese Kosten bestreiten? Sollen es die abgesandten Brüder selbst thun? Oder sollen die Gemeinden, aus deren Mitte sie gesandt werden, die Kosten tragen? Oder sollen wir den kleinen, schwachen Gemeinden in Californien und Oregon zumuthen, sie wenigstens theilweise auf sich zu nehmen?

Es dünkt uns, alle Brüder würden sagen: Nein, nicht einzelne Brüder, und auch nicht einzelne Gemeinden sollten diese Kosten tragen, sondern die ganze Brüderschaft soll zusammen helfen, und dann fällt es keinem schwer. Aber wie soll dieses geschehen? und N. B. bald geschehen? —Letztes Frühjahr kamen Brüder von Tennessee an die jährliche Versammlung, und baten um Hülfe, um den lieben Bruder Samuel Garber von einer ungerechten Schuld und Strafe zu befreien, die ihm dort auferlegt worden war, weil er das Evangelium lauter und rein verkündigt hatte. Aber bei der J. V. kamen statt 200 Thaler nur ungefähr 35 Thaler zusammen. Wie lange müßten dann die Brüder in Oregon warten, bis Brüder zu ihnen gesandt werden könnten? Wir fürchten, es möchte auf diese Weise allzulang gehen, aber wir sagen dieses nur, um zu zeigen, daß wir einen andern und bessern Weg einschlagen müssen, als bisher geschehen ist.

(Fortsetzung folgt.)

Ein kleiner Anfang ist gemacht;
Die Erde ist noch sehr voll Nacht.
Ach brich hervor zu unsrer Zeit,
Du Sonne der Gerechtigkeit!

Giebt es einen Mittel-Ort zwischen Himmel und Hölle?
(Fortgesetzt von Seite 13.)
§. 3.

Luc. 16, 9. "Ich sage euch: Machet euch Freunde mit dem ungerechten Mammon, auf daß, wenn ihr darbet, sie euch aufnehmen in die ewigen Hütten."

Hier ermahnet der Herr die Reichen in dieser Welt, ihren Mammon oder Reichthum als ein Pfund zu betrachten, und damit geistlich zu wuchern, d. h. sie sollen ihre Güter auf eine gute, Gott gefällige Weise gebrauchen, indem sie sich Freunde damit für die Ewigkeit machen, welches geschieht, wenn sie jenen gerechten Seelen, die auf dieser Erde in der Armuth Christi stehen, aber ihre Hütten im Himmel haben, hier in Liebe beispringen und ihrer Noth steuern, wofür diese sie dann, wenn sie einst jenseits darben in ihre Hütten aufnehmen können. Denn selig sind die Barmherzigen, sie sollen Barmherzigkeit erlangen.

Wir sehen also abermal, daß jenseits eine Veränderung vorgehe mit jenen Seelen, die mit ihren Gütern zwar hinieden den armen Kindern Gottes in Liebe gedienet, sich selbst aber und ihren Reichthum nicht ganz verleugnet haben, weßhalb sie dort noch darben müssen, aber von diesen Heiligen, denen sie von ihren irdischen Gütern zu ihrer Nothdurft mittheileten, in die ewigen Hütten aufgenommen werden, wo sie zu ihrer weitern Beförderung ihrer Seligkeit die geistlichen Güter dieser Gerechten genießen.

§. 4.

1 Cor. 3, 11—15. "Einen andern Grund kann Niemand legen, außer dem, der gelegt ist, welcher ist Jesus Christ. So aber Jemand auf diesen Grund bauet, Gold, Silber, Edelsteine, Holz, Heu, Stoppeln: so wird eines Jeglichen Werk offenbar werden, der Tag wird's klar machen, denn es offenbart sich durch's Feuer; und welcherlei eines Jeglichen Werk sey, wird das Feuer bewähre.—Wird Jemandes Werk bleiben, das er darauf gebauet hat, so wird er Lohn empfangen. Wird aber Jemandes Werk verbrennen, so wird er Schaden leiden; er selbst aber wird selig werden, doch so, als durch's Feuer."

Wenn wir die angeführte Stelle recht im Grunde betrachten, so werden wir finden, daß keine das Daseyn eines dritten Ortes klarer beweiset, als eben diese. Haben wir wohl Acht auf die Worte des Apostels! Er sagt im vorhergehenden Verse: "Nach der Gnade, die mir gegeben ist, habe ich, gleich einem weisen Baumeister, den Grund gelegt; ein Anderer bauet darauf. Ein Jeglicher aber sehe zu wie er darauf baue." Von Gott gesandte Lehrer, Prediger und Evangelisten legen durch die Verkündigung des ewigen Evangeliums in ihren Zuhörern, sobald diese das Wort Gottes im Glauben erfassen, den Grund, der da von Ewigkeit gelegt ist, welcher ist: Jesus, der Gesalbte. Das Bauen auf diesen Grund hängt nun zuerst und vorzüglich von dem Willen des Gläubigen ab, und muß ihnen selbst, als ein freiwilliges Werk, überlassen bleiben. Einige von den Gläubigen zu Corinth baueten in ihrem fleischlichen Sinn den Paulus selbst mit darauf, Andere den Apollos und wieder andere den Cephas. Darum hält ihnen der Apostel dieses verkehrte Wesen vor, daß sie sich an Menschen halten, statt allein an Christus, und fragt sie: "Wer ist Paulus? Wer ist Apollos? Diener sind sie, durch welche ihr seid gläubig geworden." Nirgends sagt er, daß auf den von ihnen gelegten Grund auch durch sie allein in den Herzen der Gläubigen das Gebäude oder der Tempel aufgeführt werde. Wohl geben sie ihren Zuhörern Anleitung, wie sie darauf fortbauen sollen, und helfen ihnen durch Fürbitte und durch den von Zeit zu Zeit ausgestreuten Samen Gottes mitbauen, bis das heilige Werk in ihnen vollendet ist. Denn sie sind Diener der Gemeine, Gehülfen ihres Glaubens, Mitarbeiter Gottes und Haushalter über seine Geheimnisse, sie pflanzen, sie begießen, und leisten, nachdem sie durch's Wort den Grund gelegt, geistliche Handreichung, damit die Gläubigen ihr eigenes Leben immer gründlicher verläugnen lernen und der Geist Gottes in ihnen ungehindert das himmlische Gebäude fortführen und vollenden könne. In diesem Sinne schreibt auch der Apostel Petrus 1 Epistel 2, 45.: "Ihr seyd gekommen zu dem lebendigen Stein, so bauet auch ihr euch, als die lebendigen Steine zum geistlichen Hause, zum heiligen Priesterthum.

Wer also nun auf diesen Grund bauet und mitbauen hilft, der sehe zu, wie er darauf baue. Auf dieses daraufbauen kommt es nun an. Jeder Gläubige hat den Grundstein Jesum Christum in sich, weil, wie vorausgesetzt wird, Jeder sich aufrichtig zum Herrn bekehrt und Christum im Glauben erfasset hat. Allein im Fortgange des Christenlebens bauet einer Gold, Silber und Edelsteine auf diesen Grund, während ein anderer Holz, Heu und Stoppeln darauf bauet.

Diese verschiedene Baumaterialien woraus das geistliche Haus der Gläubigen aufgeführt ist, sind, wie der Apostel 1 Cor. 3, 13. ausdrücklich bemerkt die Werke des Christen. Der wahre Christ, der sich selbst verleugnet, Christo nachfolget und an der Liebe Jesu festhält, bauet auf seinen Grund Gold, Silber und Edelsteine, welches lauter Wirkungen des heiligen Geistes sind, oder Talente, die er mit dem ihm anvertrauten Pfunde der göttlichen Salbung gewonnen. Wer aber seine Eigenliebe und Selbstgefälligkeit nicht bekämpft und besiegt, der verrichtet all sein Thun im Geiste der Eigenheit, wenn er auch nach seinem Sinn und Begriff Tag und Nacht zur Ausbreitung des Reiches Christi beiträgt und arbeitet, lauft und rennet, mit Ruhm und Ehre darüber von den Menschen gekrönt wird und in der Meynung stehen sollte den herrlichsten Tempel in sich und in Anderen aufgebauet zu haben. Kommt aber der feurige Tag, der alles offenbaret und scheidet, so brennt sein ganzes Gebäude über seinem Kopf zusammen, und bleibt kein Stein auf dem anderen; Alles stürzt nieder, Alles wird von den Flammen verzehrt bis auf den gelegten Grund, der als das einzige Fixe, alle auf ihn gebauten, los in einander gefügten Holz, Heu und Stoppelwerke, als ein fremdes Wesen, nicht auf sich dulden kann.

In diesem Feuer leidet nun noch ein eigenwilliger Christ unaussprechliche Schmerzen. An diesem Tage muß er den unberechenbaren Schaden fühlen und einsehen, den er durch sein bauen aus eigenem Geiste sich selbst verursacht hat. Doch nicht zu seinem Verderben kommt dieß Feuer über ihn, und sein Schaden soll nicht ewig währen; denn nachdem die Läuterung seiner Seele vollendet ist, geht sie selig aus dem Feuer hervor, wie der Apostel Vers 15 schreibt; aber der Lohn ist dahin, nemlich die erste Auferstehung und die priesterliche Regierung mit Christo, die nur denen zu Theil werden, die in ihrer steten Selbstverläugnung und täglichen Sterben aus Christi Geist Gold, Silber und Edelsteine auf den Grund gebauet haben. Zwar müssen auch sie durch's Feuer; denn ein jeglicher muß mit Feuer gesalzen werden (Mark. 9, 49.); aber ihr Tempel den sie durch den heiligen Geist aufgeführt haben, kann als Gottes Werk im Feuer bestehen, ohne zu verbrennen; er gewinnt dadurch nur an Schönheit und wird durchsichtig wie Crystall in Herrlichkeit strahlend.

Nun sage man doch, ob diese Paulinische Stelle nicht deutlich beweise, daß es in jener Welt einen Reinigungsort gebe, wohin auch diejenigen Christen kommen werden, die hier die Reinigung nicht durchgegangen sind, weil sie ihr "Ich" noch zu sehr lieb hatten, und wenig oder gar nicht verläugnen wollten, die aber auf dem Sterbebette, oder gar erst jenseits, ihren Irrthum gewahr werden?

Ueber geheime Gesellschaften.
II.

Nachdem wir Euch, liebe Brüder, unsere Ueberzeugung von diesen geheimen Logen dargelegt haben, so wollen wir ganz kurz noch das Verhalten darthun, das unsere Gemeinden hinsichtlich des Anschlusses ihrer Glieder an solche Logen genau beobachten sollten.

Erstlich laßt unsere Prediger doch ja nicht ein Auge zudrücken, wenn sich Glieder dort anschließen wollen, und es übergehen, als ob es eine harmlose Sache sei; oder als ob es ihnen nicht zustehe, sich in sogenannte Privatangelegenheiten ihrer Glieder zu mischen. Noch weniger sollen sie aus Menschenfurcht den Mund zuhalten. Auch sollen sie sich nicht hinter einer absichtlichen Unwissenheit verbergen und sagen, man könne ja nicht wissen, ob in solchen Logen etwas Böses vorgehe. Es sind jetzt mehrere Schriften vorhanden, von erleuchteten und treuen Männern verfaßt, die über diesen Gegenstand Licht geben*), und die sollte ein jeder unserer Prediger lesen, dann aber die empfangenen Aufschlüsse weiter verbreiten. Insonderheit sollte er die ihm anvertrauten Seelen gegen alle Lockungen zu solchen Gesellschaften zu verwahren suchen.

Für Gemeinden aber ist es höchst nöthig, daß sie bei der Aufnahme neuer Mitglieder nachfragen, ob sie nicht in Verbindung mit solchen Logen stehen; und so dies der Fall ist, daß sie solche Personen nicht eher aufnehmen, bis sie sich entschieden und gänzlich davon losgesagt haben. Denn sobald sich solche Dinge in eine Gemeinde einschleichen, so werden sie auch darinnen verbreitet. Dann ist es ferner nöthig, daß jede Gemeinde zum Oestern den Grundsatz klar und fest ausspreche: Ein Glied der Gemeinde Gottes kann nicht zugleich auch Mitglied einer geheimen, weltlichen Gesellschaft sein. Wir können nicht den als einen treuen Bruder in Christo beim Mahle des Herrn bewillkommen, der morgen in der Loge (am Ende gar noch unter Versäumniß seiner Betstunden) einem Weltmenschen Gottes die Bruderhand und den Brudergruß darreicht. Ueberhaupt laßt es verstanden sein, daß sich kein getreues Glied einer Gemeinde Christi dem Sinn und den Handlungen der geheimen Gesellschaften unterwerfen kann, ohne an seiner Seele Schaden zu leiden, und zwar aus folgenden Gründen:

1. **Es streitet gegen unsern Ausgang aus der Welt.** Wir bekennen, daß wir mit Christo der Welt gestorben, und durch die Taufe mit Ihm begraben sind. Nun können wir nicht in der Gemeinde der Welt gestorben sein, in den Logen aber ihr wieder leben.

2. **Die dort geübte sogenannte Wohlthätigkeit ist nicht nach dem Sinne unseres Meisters, sondern sie beruht auf purem Eigennutz.** Solche nun, die zugleich Mitglieder unserer Gemeinden und auch solcher Gesellschaften sein wollen, entziehen gewöhnlich den Ersteren ihre Beiträge und benützen sie zu Einlagen bei den Logen. Sie entziehen sich somit dem göttlichen Gesetz: "Gibt Jemand, so gebe er einfältiglich; übt Jemand Barmherzigkeit, so thue er es mit Lust." Worte, die auf Logen gar nicht anwendbar sind, wohl aber diese: "Wenn ihr euern Wohlthätern wohlthut, was Danks habt ihr davon? Denn die Sünder leihen den Sündern auch, auf daß sie Gleiches wieder nehmen.

3. **Die Logenbruderschaft ist unserer Berufung zum geistlichen Priesterthum entgegen.** Jedes Mitglied einer gläubigen Gemeinde hat den Auftrag, alle seine Kräfte und Gaben für den Aufbau des Reiches Gottes hinzugeben und zu gebrauchen. Unsere Kräfte, unsere Zeit,

---

*) Wir nennen hier für blos deutschlesende Brüder das Werkchen: "Einfache Gedanken über geheime Gesellschaften," zu beziehen von Rev. J. Degmeyer, Dayton, O. Englische, größere Werke giebt es mehrere. So eben ist in gleichem Verlage neu erschienen: "Light on Free Masonry, by D. Bernard," ein treffliches Werk von einem Baptisten-Prediger verfaßt.

Alles, was wir haben, gehört Gott, dem wir erkauft sind durch das Blut Seines Sohnes. Somit haben wir nichts übrig zum Aufbau der blos menschlichen, weltlichen Gesellschaften; und unsere Seele verliert ihre Salbung, wenn wir uns muthwillig in solche Verbindungen begeben.

4. **Wir verlocken durch unser Beispiel auch Andere zu solchem Anschluß.** Und wenn ihre Seelen dort Schaden leiden, so haben wir es auf unserem Gewissen. Wehe dem, der der Geringsten einen ärgert! Der Fluch über ihn ist ein schrecklicher. Darum: Der Welt rein ab und Christo an!

Theure Brüder! Wir legen Euch in heiligem Ernste diesen Gegenstand zur genauen Prüfung vor, und bitten Euch, über Euch selbst und Euere Gemeinden zu wachen, auf daß nicht die Welt auf eine subtile Weise sich unter Euch einschleiche. Ihr wisset: ein wenig Sauerteig versäuert den ganzen Teig. Wir haben mit dieser Zuschrift nichts als die Wahrheit und die Ehre des Herrn im Auge. Merket, daß unsere Aufgabe noch lange nicht damit gelöst ist, daß wir blos Gemeinden aus Getauften zusammenbringen, sondern eine reine, gänzliche Absonderung von der Welt haben wir unserm Gott bei unserer Taufe gelobt; laßt uns dabei verbleiben. „Darum verwahret Euch, daß Ihr nicht durch den Irrthum der losen Leute verführet werdet, und entfallet aus euerer eigenen Festung."

Aus dem Sendschr. d. D. Bapt. Conf.

Suchen und Finden.

Der verborgene Schatz.

Noch von einem andern Suchen und Finden eigenthümlicher Art muß ich erzählen. In der großen Stadt Lyon, die mitten in Frankreich liegt und viel reiches und armes, vornehmes und geringes, glückliches und unglückliches Volk in sich schließt, starb vor Kurzem eine betagte Wittwe, die noch in den Tagen ihres Alters so glücklich war, einen großen verborgenen Schatz zu finden.

Sie war von Haus aus sehr arm, und auch ihr Mann, mit dem sie sich in ihrer Jugend verband, brachte nichts als eine leere, aber fleißige Hand mit in die Ehe. So lange der Mann zu arbeiten im Stande war, aßen Beide ihr ehrlich und reichlich Brod; aber etwas zurückzulegen für die späteren Jahre, das vermochten sie nicht. Als nun aber der Mann starb und die kinderlose Wittwe allein und überdieß schon in den Tagen des höheren Alters stand, da zog die Noth in der armen verlassenen Wohnung wie ein Gewappneter ein. Sie verkaufte den entbehrlichsten Hausrath, verließ ihre bisherige Wohnung und bezog ein elendes oberes Dachstübchen, in welchem sie ihre Tage zu beschließen gedachte. Wohl lebte in ihrem Herzen etwas von Vertrauen auf Gott, den treuen Versorger der Wittwen und Vater der Armen, und zuweilen fiel der Gedanke an Ihn wie ein süßes Licht in ihre Dunkelheit; aber sie war eine arme Katholikin und wußte viel mehr von allerhand nothstillenden Heiligen und hülfreichen Schutzpatronen, als von dem Herrn Jesus und dem, was Er für uns gethan hat. So giengen die Tage trübselig und dunkel in dem einsamen Dachstübchen dahin, und die Zukunft lag wie ein unübersteiglicher Berg vor ihr.

Da fielen ihr eines Tages, als sie eben mit betrübtem Herzen in der kahlen, halbleeren Kammer sich umsah, eigenthümliche Umrisse in dem Gebälke auf, das von der Wand hervorragte und quer durch die Kammer lief. Wohl war das Gebälke weiß übertüncht, aber es war ihr, als sei an jener Stelle eine viereckige Oeffnung gewesen, die mit einer Art von Thürchen sorgfältig wieder geschlossen war. Sie besieht die Umrisse näher, und plötzlich fährt wie ein Blitz der Gedanke durch ihre Seele, es könnte hier ein verborgener Schatz verwahrt liegen. Hatte sie doch selbst als Kind die furchtbaren Jammertage der großen Revolution noch mit durchlebt, wo vor den Männern der Gleichheit und Freiheit kein Eigenthum, keine Habe mehr sich er war. Sollte vielleicht irgend ein reicher Mann hier in diesem Gebälke seine Schätze vor jenen unersättlichen Räubern verborgen haben, und vielleicht nachher, ehe er sie wieder heben konnte, selbst als ein Opfer der Revolution gefallen sein? Und hat vielleicht einer der Heiligen, die sie täglich angerufen, ihr, der armen hülflosen Wittwe, diesen reichen Schatz aufbehalten, um ihr den Abend ihres Lebens zu versüßen? Diese Gedanken flogen schneller als Jemand sie auszusprechen vermag, durch ihre Seele. Erst klopft sie mit dem Finger an der Stelle, und der Ton verräth es, daß hier eine Höhlung sei. Nun macht sie sich mit pochendem Herzen daran, das viereckige Brettchen zu entfernen, das darüber war, und siehe, es gelingt ihr ohne viel Mühe. Aber was war ihr Erstaunen, als sie statt des erwarteten Goldes und Silbers nichts als ein altes, von Feuchtigkeit schimmlicht gewordenes Buch findet! Fast hätte sie im Unwillen das Brettchen wieder hineingedrückt und das alte Buch vollends verschimmeln und verderben lassen. Aber ein geheimer Zug treibt sie doch, es herauszunehmen und zu sehen, ob nicht etwa Banknoten oder andere Werthpapiere darin versteckt wären. Vergebens; es ist nichts als ein Buch, ein altes schimmlichtes Buch.

Nachdem sie sich ein wenig von der schmerzlichen Enttäuschung erholt und die Ruhe wieder gefunden hatte, nimmt es sie doch Wunder, was für ein Buch es denn sein möge, das Jemand einst so sorgfältig im Gebälke versteckt haben sollte. Denn etwas Sonderliches müsse da doch gewaltet haben. Sie wischt es mit einem Lappen von allem Staub und Schmutz rein und schickt sich an, darin zu lesen. Da fallen ihre Augen auf die Worte: „Darum sage ich euch: Sorget nicht für euer Leben, was ihr essen und trinken werdet; auch nicht für euern Leib, was ihr anziehen werdet. Ist nicht das Leben mehr, denn die Speise, und der Leib mehr, denn die Kleidung? Sehet die Vögel an unter dem Himmel: sie säen nicht, sie ernten nicht, auch sammeln sie nicht in die Scheunen; und euer himmlischer Vater ernähret sie doch. Seid ihr denn nicht viel mehr denn sie?" Und die Worte, die sie las, waren so süß und köstlich, daß sie weiter und weiter lesen muß, und sie liest den ganzen Tag fort und bis in die Nacht hinein, und vergißt darüber fast Essen und Schlafen. Und am folgenden Morgen sitzt sie schon wieder vor dem alten feuchten Buche und liest sich immer tiefer und tiefer hinein, oder ich sollte lieber sagen, die Worte lesen und graben sich immer tiefer und gewaltiger in ihre Seele hinein. Es wird ihr immer klarer und gewisser, daß sie doch einen rechten und unbeschreiblich großen Schatz gefunden. Denn ihre Kammer sieht ja bald nicht mehr so öde und trübselig aus; die Bissen, die ihr vorher ein Thränenbrod gewesen, sind ihr nun so köstlich und erquicklich, als wäre es lauter Himmelsbrod, und ihre Einsamkeit wird alltäglich und stündlich unterbrochen von dem Besuch eines großen Königs, von dessen Anblick und holdseligem Worte Ströme von Seligkeit ausgehen. Das Buch aber läßt sie wieder reinlich zurichten und neu binden, und von nun an ist das liebe Buch ihre Speise und Trank bei Tag und Nacht, bis sie als ein beseligtes und reichbegnadigtes Kind Gottes die Augen schließen und zu ihres großen Königs und Heilandes ewiger Freude eingehen durfte.

Das Alles hat sie in den letzten Tagen ihrer Wallfahrt einem lieben Evangelisten in Lyon selbst erzählt, und das Buch, eine alte Ausgabe des Neuen Testaments von Amelotte, aus der Zeit der Hugenotten-Verfolgung, ist nun in den Händen dieses Knechtes Gottes.

Das war auch ein eigenthümlich Suchen und Finden.

"Es ist noch Raum da."

Welch eine herrliche Erklärung ist dieß in Rücksicht auf das Evangelium. Es ist noch Raum vorhanden! Millionen sind gerettet worden und doch ist noch Platz da. Millionen sind eingeladen worden, die gekommen sind und giengen in den Himmel, aber der Himmel ist noch nicht voll. Da ist ein Gastmahl, welches von keiner Menge kann aufgezehrt, und es gibt Quellen, die von keiner Zahl können ausgetrunken werden; es sind da Harfen, welche von Andern können gespielt werden, und es sind Sitze da, welche Andere in Besitz nehmen können. Der Himmel ist nicht voll und es ist Platz da. Der Sonntags = Schullehrer mag sagen zu seiner Klasse, es ist noch Raum da; die Eltern mögen zu ihren Kindern sagen, es ist noch Platz vorhanden; der Prediger des Evangeliums mag gehen in die weite Welt und sprechen: "Es ist noch Raum da. Die Barmherzigkeit Gottes ist noch nicht erschöpft; das Blut der Versöhnung hat seine kräftige Wirkung noch nicht verloren; der Himmel ist nicht voll!

Welch eine traurige Nachricht würde es seyn, wenn es hieße: "Es ist kein Raum mehr da, der Himmel ist voll und keine Andere mehr können gerettet werden. Es helfen ihre Gebete, ihre Thränen, und ihre Seufzer nichts, sie können n i c h t gerettet werden. Jeder Platz ist gefüllt, jeder Sitz ist besetzt!" Doch, Gott sey Dank, dieß ist nicht die Botschaft, welche wir gewöhnt sind zu hören, und wenn denn noch Raum vorhanden ist, so kommet Sünder, Jung und Alt, und gehet ein in das Himmelreich! Füllet auf diesen Raum, daß der Himmel möge voll werden von den Glücklichen und Gesegneten! Wenn irgend ein Theil des Weltalls sollte leer seyn, O! laßt es die dunkle Welt des Jammers seyn!

(Aus dem Englischen.)

Fragen beantwortet:

1. **Erklärung über Matth. 16, 28.**

An die Herausgeber. Liebe Brüder. Wollet ihr so gut seyn, und uns eine Erklärung geben über Matth. 16, 28, wo es also heißt: "Wahrlich, ich sage euch: Es stehen etliche hier, die nicht schmecken werden den Tod, bis daß sie des Menschen Sohn kommen sehen in seinem Reich."

Antwort.

Die Zerstörung Jerusalems und die Ausgießung des heiligen Geistes am Pfingstfest ist angenommen worden als die Kraft und Zukunft unsers Herrn Jesu Christi" mit Hinsicht auf diese Stelle. Wenn indessen der Context genau untersucht wird, so scheint keine dieser Offenbarungen der Macht Gottes dem Sinne des Ausdrucks zu entsprechen "des Kommens des Menschensohns in seinem Reich."

Dieser Ausspruch Christi ist aufgezeichnet von den drey Evangelisten Matthäus, Markus und Lukas. Matth. 16, 28. Marc. 9, 1. Luc. 9, 28. Und in jedem dieser Evangelien folgt darauf unmittelbar, ohne daß eine andere Begebenheit dazwischen kommt, die Erzählung von der Verklärung Christi, wo Jesus Petrum, Jacobum und Johannem mit sich nahm auf einen Berg, und wo Moses und Elias erschienen mit ihm in der Verklärung. Die Verbindung dieser Begebenheit mit der vorhergehenden Rede, in allen drey Evangelien scheint zu dem Schluße zu führen, daß die Verklärung eine für die Apostel vorbildliche Offenbarung der Macht und Herrlichkeit war, welche Jesus an den Tag legen würde, wenn er kommen würde in seinem Reich. Diese Ansicht wird bestätigt durch Lucas, wenn er die Verklärung auf folgende Weise einführt: "Und es begab sich nach diesen Reden (den Reden von Christi Kommen in seinem Reich) bey acht Tagen, daß er zu sich nahm Petrum 2c."

Daß aber dieses eine richtige Ansicht sey von den Worten Jesu, die in gegenwärtiger Frage stehen, wird noch mehr klärlich dargethan durch Beziehung auf folgende Worte Petri: "Denn wir haben nicht den klugen Fabeln gefolget, da wir euch kund gethan haben die Kraft und Zukunft unsers Herrn Jesu Christi, sondern wir haben seine Herrlichkeit selbst gesehen, da er empfing von Gott dem Vater Ehre und Preis, durch eine Stimme, die zu ihm geschah von der großen Herrlichkeit, dermassen: Diß ist mein lieber Sohn, an dem ich Wohlgefallen habe. Und diese Stimme haben wir gehöret vom Himmel gebracht, da wir mit ihm waren auf dem heiligen Berge." 2 Pet. 1, 16—18.

Hier sagt Petrus seinen Brüdern, daß er ihnen kund gethan habe die Kraft und Zukunft des Herrn Jesu Christi, und daß er und Andere Augenzeugen waren seiner Herrlichkeit, und weißt hin auf die Verklärung. Daher betrachten wir die Verklärung als ein **Muster** und **Pfand** (Erstling) von der Zukunft des Menschensohns in seinem Reich, und als eine Erfüllung der Zusage; "Es stehen etliche hier, die nicht schmecken werden den Tod, bis daß sie des Menschen Sohn kommen sehen in seinem Reich."

2. Die Taufe mit dem heiligen Geist.

Liebe Editoren. Ich danke euch für die Erklärung über Melchisedek durch den Besuch, und möchte euch um eine Erklärung bitten über Ap. Gesch. 2, 2. 3. Einige sagen, die Taufe mit dem heiligen Geist sey geschehen durch Begießen, und nicht durch Eintauchen. "Denn," sagen sie, "das Brausen war es, welches das ganze Haus erfüllete, und sie wurden getauft mit dem heiligen Geist, und nicht mit dem Brausen oder Wind; und folglich geschahe sie durch Begießen." Haben sie recht oder unrecht?

Antwort.

Der heilige Geist ist ein göttliches Wesen. Und wie kann ein solches gegossen werden? Der Ausdruck ist offenbar bildlich. Indessen ist es klar, daß die Vorstellung von einer großen Fülle darin begriffen ist. Denn Paulus sagt: "Nach seiner Barmherzigkeit machte er uns selig, durch das Bad der Wiedergeburt, und Erneuerung des heiligen Geistes, welchen er ausgegossen hat über uns **reichlich**." Tit. 3, 5. 6. Obschon es heißt, daß der heilige Geist ausgegossen worden sey, so müssen wir doch nicht nothwendig verstehen, daß das Ausgießen des Geistes, und das getauft werden der Apostel mit oder in dem heiligen Geiste, geradezu eins und dasselbe sey.

Die Apostel wurden überschwemmt mit der göttlichen Kraft, und daher heißt es, sie seyen damit getauft worden. Taufen bedeutet eine Ueberschwemmung. Wasser mag gegossen werden in eine Cisterne, und dann mag eine Person getauft werden in dem Wasser der Cisterne; aber die Handlung des Ausgießens des Wassers in die Cisterne, und die Handlung des Taufens ist sicherlich nicht dieselbe oder nämliche Handlung. Auf was immer für eine Weise die Taufe verrichtet werden mag, so lehrt nun die Geistestaufe, womit die Apostel getauft wurden, daß die zu taufende Person gänzlich überdeckt seyn muß mit dem Wasser.

Diejenige, welche um eine Taufe mit oder im heiligen Geist beten, meynen nicht, nach unserm Bedünken, daß sie wünschen nur mit ein wenig von dem Geiste Gottes in ihren Herzen besprengt zu werden, sondern vielmehr daß ihre Herzen möchten überschwemmet werden mit der göttlichen Salbung. Nun wie die Taufe des Herzens in dem heiligen Geist eine Ueberschwemmung des Herzens mit den himmlischen Gaben des Geistes, und nicht blos ein Träuflein (Besprengen) mit ein wenig von dem Geiste in sich faßt, so bedeutet die Taufe des Leibes mit oder im Wasser eine Ueberschwemmung des Leibes im Wasser.

3. Eine Erklärung über Heb. 4, 12.

Liebe Brüder. Seyd so gut, und gebet uns eine Erklärung über Hebr. 4, 12. (Diese Frage war von Lebanon Co. Pa. eingesandt worden schon vor geraumer Zeit, und wurde mislegt und übersehen, was der Einsender entschuldigen wolle.)

Antwort.

Die angeführte Stelle ließt so: "Denn das Wort Gottes ist lebendig und kräftig, und schärfer denn kein zweischneidiges Schwert, und durchdringet, bis daß es scheidet Seele und Geist, auch Mark und Bein, und ist ein Richter der Gedanken und Sinne des Herzens."

Als der Apostel diese Sprache brauchte, war er im Begriff, seine Brüder vor der Gefahr des Unglaubens zu warnen. Und er stellt den Character des Wortes Gottes als einen Grund vor, worauf er ihren Glauben daran fordert. Dem Worte Gottes wird ein sonderbarer und mächtiger Einfluß zugeschrieben. Das "Scheiden von Mark und Bein" scheint auf das Zertheilen in verschiedene Stücke bei den Opfern hinzudeuten. Aber das Wort Gottes ist immer noch schärfer als ein Schwert; denn während ein Schwert nicht blos in die Glieder, sondern in das Mark eindringt, so durchdringet das Wort Gottes nicht allein die Seele, sondern auch den Geist. Wir haben nicht zu verstehen, als ob die Seele und der Geist von einander getrennt werden durch das Wort Gottes, sondern daß das Wort alles von der Seele und dem Geiste scheidet, was für ihre Reinheit und Wohlfahrt gefährlich ist. Noch brauchen wir zu verstehen, daß das Wort Mark und Bein von einander trennt, sondern daß es den ganzen Menschen, Geist, Seele und Leib so durchdringet, daß auch die Glieder und Kräfte des Leibes dem Worte unterthan, und Werkzeuge der Gerechtigkeit werden, wie sie zuvor Werkzeuge der Sünde waren.

Das Wort Gottes "durchdringet, bis daß es scheidet Seele und Geist," es durchdringet die Seele und das herrschende Temperament, und den Geist mit seinen Kräften und Eigenschaften so, daß der Hochmuth, der vielleicht lange darin geherrscht hat, welchen und der Demuth Platz machen muß; daß der Zorngeist einem Geiste der Sanftmuth unterworfen wird, und Unterwürfigkeit an die Stelle der Widerspenstigkeit tritt. Die sündlichen Gewohnheiten, die uns gleichsam zur andern Natur geworden sind, werden geschieden und abgesondert durch dieses Schwert. Es schneidet ab Unwissenheit von dem Verständniß, Ungehorsam von dem Willen, Feindseligkeit von dem Herzen, das in seinem fleischlichen Sinn eine Feindschaft wider Gott war. So ist auch ein Richter der Gedanken und Sinne des Herzens, denn es beschreibt das Herz des Sünders so richtig, daß derselbe oft darüber erstaunt, und doch bekennen muß, daß das Bild wahr sey.

4. Erklärung über 1 Joh. 3, 9.

Liebe Brüder. Ich möchte gerne eine Erklärung sehen über 1 Joh. 3, 9 besonders über die Worte, "und kann nicht sündigen," wenn ihr es für schicklich achtet, und Raum finden könnet im Besuch.

Antwort.

Der ganze gemeldete Vers lautet so: Wer aus Gott geboren ist, der thut nicht Sünde, denn sein Saame bleibet bey ihm, und kann nicht sündigen, denn er ist von Gott geboren." Johannes redet hier zu von einer Thatsache oder practischen Regel, nämlich: "Wer aus Gott geboren, der thut nicht Sünde." Dann gibt er Ursache an, nämlich, daß in solchen der Same Gottes, oder der göttliche Saame, bleibet. Die Anspielung ist offenbar auf den Saamen in der menschlichen Fortpflanzung, und nicht auf den Saamen der Gewächse. Der Saame Gottes ist das göttliche Leben erlangt von Gott, und mitgetheilt durch Christum vermittelst seines Wortes, aus welchem die neue Geburt hervorgehet, die Wiedergeburt; denn Petrus spricht von solchen, "die da wiederum geboren sind, nicht aus vergänglichem, sondern aus unvergänglichem Saamen, nämlich aus dem lebendigen Worte Gottes das da ewiglich bleibet." 1 Pet. 1, 23.

Diejenige denn, welche so wiedergeboren, und Kinder Gottes geworden sind; die durch die Aufnahme dieses göttlichen Lebens, aus dem Wort Gottes, aus Gott geboren, und Gottes Kinder geworden sind, so lange als der göttliche Saame oder das Wort Gottes, welches eine Gotteskraft ist und heißt zur Seligkeit, bei ihnen bleibet, und in ihnen zu wirken fortfähret, und ihre ganze Natur durchdringt, müssen Kinder Gottes bleiben, und können als solche nicht sündigen. Das ist, so lange sie unter dem Einfluß dieser göttlichen Natur sind, welche aus dem Saamen Gottes ihren Ursprung hat, können sie nicht sündigen. Denn nichts, als was göttlich ist, kann aus dem göttlichen Leben hervorgehen.

Correspondenz.

Unsere deutsche Correspondenz war bisher so außerordentlich mager, daß wir unter 2000 Briefen, die wir in einem Jahr erhalten, kaum 100 deutsche erhalten, und unter diesen hundert kaum zehn, die sich zum Einrücken in den Besuch eignen, oder von den Einsendern zur Veröffentlichung nicht geradezu verboten werden. Um nun den Mangel einigermaßen zu ersetzen, theilen wir folgende Auszüge aus unserer englischen Correspondenz mit:

Bruder Henry D. Davy von Delaware Co Ohio schreibt:

"Für neun Wochen war ich auf der Reise unter den Gemeinden in diesem und benachbarten Staaten, bis nach Illinois. Während dieser Zeit wohnte ich einer Anzahl von Liebesmählern bei, und wir wurden öfters erfreut durch den Beitritt theurer Seelen zu der Gemeinde Christi. Inner halb dieser 9 Wochen sahen wir zwischen 60 und 70 Seelen, die hinzugethan wurden zu den verschiedenen Gemeinden, die wir besuchten. Und wir hoffen, die Brüder werden ferner als Werkzeuge in der Hand des Herrn dienen, Seelen zu gewinnen für Ihn, der für uns Alle gestorben ist, damit die Reihen der Feinde dünne gemacht, die Gränzen von Zion erweitert, und Gottes Name verherrlicht werden möge."

Aus einem Brief von Virginien.

"Ich muß euch Brüdern sagen, daß bei unserem Liebesmahl acht Personen hinzugethan wurden zu der Gemeinde, von welchen 6 nahe und liebe Verwandte von mir waren, das mich erfreute in dem Gott meines Heils."

Aus einem Brief von Jowa.

Wir sind noch gesegnet in unserer Gemeinde mit Eintracht, und hatten die Freude zu sehen, wie das Werk des Herrn gedeiht und Fortgang hat. Seit 2 Monaten hatte ich das Vorrecht sieben und dreißig Personen hinunter zu führen in den Strom, um ihres Meisters Ruf zu folgen. Ich taufte zu einer Zeit vierzehn, der älteste davon war 83 Jahre, und das jüngste 12 Jahre alt,—ein merkwürdiger Unterschied. Und der alte Bruder meynte, nach der Natur wäre es schicklicher gewesen, daß er mich, statt daß ich ihn getauft hätte. Er war von Kind auf ein Presbyterianer. Ein anderer unter der Zahl war ein Prediger unter den "Disciples" gewesen. Am nämlichen Tag war mein Mitarbeiter, (vormals ein Ermahner unter den Methodisten,) etliche dreißig Meilen nördlich von mir, und taufte zwei Römisch-Katholische und einen lutherischen Prediger. Mein Gebet ist, daß der Herr das gute Werk fortführen möge 2c."

Ruf von Missouri.

Liebe Brüder. Ich wäre froh, wenn einige Brüder-Lehrer zu uns heraus kommen würden. Es sind viele Menschen hier, die niemals das Evangelium in seiner Lauterkeit gehört haben, und gerne hören möchten. Ich bin jeden Sonntag an der Arbeit und habe allezeit eine ziemliche Anzahl von Zuhörern, außer an einem Ort. Ich wünsche, ihr möchtet es im Besuch anzeigen, daß ich in Plattsburg, Clinton Co. Mo. wohne, so daß wenn einige der Brüder den Westen und unsern Staat von Missouri besuchen wollen, sie wissen mögen, wo sie mich finden können.

Samuel Blocher, sen."

(Wir bemerken hier, daß wenn einige unserer Brüder gerne eine wohlfeile Heimath und gutes Land im Westen aufsuchen möchten, und es ihnen nicht zuwider ist in einem Sclaven-Staat sich niederzulassen, sie es in Missouri finden könnten. Da gibt es Land zu fünf und zwanzig Cents den Acker, und sogar so wohlfeil als 12½ Cts. Missouri liegt westlich von Illinois, und südlich von Jowa, und ist folglich nicht so kalt, wie mehr nördliche Staaten. Wir fügen einen Auszug aus einem Brief bei, der in einem Wechselblatt publicirt wurde:

Missouri, December 1859.

"Dieß ist ein gutes Land ohne Zweifel. Der Boden ist stark genug an einigem Platz, um Hanf zu ziehen. Ihr würdet euch erstaunen, wenn ihr hieher kommen, und sehen würdet das Welschkorn und die Schweine, die in dieser neuen Landschaft gezogen werden. Die Bauern können mehr hier machen, wenn sie ihr Welschkorn zu 30 Cents das Buschel verkaufen, als bei euch zu 75 Cents. Es wird auch seiner Zeit gut für Obst werden."

Nun auch etwas aus deutschen Briefen.

Blooming Grove, Jan. 7, 1860.

Geliebter Bruder Kurtz.

Hiemit sende ich dir drey Dollars zur Fortsetzung des Evangelischen Besuchs an Christian Heim, Williamsport, Pa. (Sieben Copien) mit der Bitte, daß der Herr, der so gerne segnet, möchte auch in dem neuangetretenen Jahr viele nach dem Brod und Wasser des Lebens hungrige (und durstige) Seelen erwecken, und auch sättigen und erquicken, und dazu auch seine Boten und Diener ausrüsten mit Kraft des Geistes aus der Höhe. Auch den Evang. Besuch möge er salben mit diesem heiligen Salböl der Wahrheit, daß er ein Werkzeug seyn möchte zum Leben für Viele.

Mit diesem grüßt dich dein schwacher Mitpilger

C. H.

(Herzlichen Dank für die Unterstützung des Besuchs, und die frommen Wünsche.

Correspondenz.

Fahre fort für uns zu beten, daß wir mögen gewürdiget werden, noch etwas zu wirken zum Lobe der herrlichen Gnade Gottes in Christo Jesu, und zum Heil vieler Seelen. Herausg.)

Vielgeliebte Brüder in dem Herrn.

Ich fühle mich geneigt an euch zu schreiben, daß wir Gott sey Dank gesund sind, und hoffe, daß mein Schreiben euch auch in guter Gesundheit antreffen möchte. Ich will euch etwas von meinem Lebenslauf geben. Ich bin ein geborner Deutschländer, aufgezogen in der Reformirten Kirche, und habe zu derselbigen gehört bis im Jahr 1845. Da sind wir von Ohio nach Virginien gezogen, und da waren keine von der Gemeinde, ausgenommen die Missionary-Baptisten und Methodisten. Eine Classe sagte: Komm, gehe mit uns!—die andere: Geh mit uns! Ich habe mich aber geweigert, und sagte: Ich sey so recht, wie sie seyen.

Nun, Brüder, das brachte mich zum Schrift untersuchen. Da fand ich, daß ich nicht recht war, und jene waren auch nicht recht, nach der Schrift. Nun wollte ich sie überzeugen, daß sie nicht recht wären; aber sie waren englisch, und ich konnte das Deutsche nicht übersetzen in das Englische. Da war es mir groß angelegen, den englischen Druck zu lernen; ich glaubte, dann könnte ich sie überwinden. Ich habe das gelernt, und habe noch mehr daraus gesehen, daß keines von uns recht war.

Unterdessen kamen etliche von den Tunker-Predigern in die Gegend, die haben das Liebesmahl gehalten bei einem Bruder. Da giengen ich und meine Frau dahin, und es hat dem Herrn gefallen, mir den rechten Weg zu zeigen. Den nächsten Tag ward ich getauft unter den Händen von Bruder Johannes Weiß und drei andern. Den folgenden Tag wurde meine Frau getauft, und ein Bruder. Ein Jahr nachher gefiel es Gott, durch meine Brüder mich zu einem Diener, (Diaconen) zu erwählen; wobei mir meine Frau zur Seite gestellt wurde.

Ein Jahr später dachte ich mir eine andere Heimath zu suchen; da kamen wir hieher in Indiana. Liebe Brüder. Guter Rath ist uns angenehm, denn wir sind nun wohnhaft in diesem Staat 5 Jahre am letzten 10 May, und haben das Wort noch nicht gehört predigen in der reinen Wahrheit. Denn es sind keine von den Tunker-Brüdern in dieser Gegend. Wir haben gehört, daß welche waren an etlichen Plätzen, aber sie haben sich zu andern begeben, und das wollen wir doch nicht thun, und wir hoffen, daß ihr es auch nicht wollet, daß wir weggehen sollen zu andern.

Unsers Herzens Wunsch ist, daß ihr unsern Stand überlegen, und euch selbst an unsern Platz stellen möchtet. Wir hätten gerne, daß ihr einen von den Prediger-Brüdern hieher schicken könntet. Denn das Wort ist hier noch nie gepredigt worden nach der lautern Wahrheit, wie wir sie glauben. Unsere Kinder haben schon gesagt: Ihr gehet nicht in die Kirche, und ihr lasset uns auch nicht gehen.

Nun denkt darüber, und helfet uns; nicht das wir etwas Geldliches von euch wollen, nur das schriftliche. Ich habe auch mit Etlichen gesprochen, welche schon gläubig sind, und gesagt haben: Wenn sie nicht in die Tunker-Kirche kommen könnten, so würden sie in ihrem Leben zu keiner andern Verfassung sich gesellen. Nun hätte ich gern, daß ihr, liebe Brüder, mir den Englischen Besuch schicken möchtet, eine Copie. Die einzige Absicht, die ich habe, daß ich den Englischen Besuch haben will vor dem Deutschen, ist, daß die Kinder alle englisch sind. Denn ich hätte gerne daß sie auf den rechten Weg gebracht werden möchten. Ich schicke das Geld in diesem Brief ꝛc. Halberts Bluff, Martin Co. Ind.

L. S.

Anmerkung des Herausgebers.

Wenn Brüder aus einer Gegend in die andere ziehen, sollten sie nicht nur auf eine äußere Heimath, sondern auch darauf bedacht seyn hinzuziehen wo schon Brüder sind, und eine Gemeinde sich bilden kann. Wir bedauern von Herzen Brüder und ihre Kinder, die in der Lage sind, wie in obigem Brief gemeldet, und bitten unsere reisende Brüder, solcher verlassenen Familien eingedenk zu seyn. Wir möchten schließlich auch unsern lieben Correspondenten fragen, ob er als geborner "Deutschländer" etwa nicht Vergnügen fände, auch zuweilen etwas im Deutschen zu lesen, und also den deutschen Visiter auch zu unterstützen?—Er kostet mit dem Englischen zusammen nur einen Viertelthaler mehr.

Correspondenz.

In unserem Herrn Jesu lieber Bruder.

Gnade sei mit Dir, und Friede von Gott unserem Vater, und dem Herrn Jesu Christo!

Dein liebes Brieflein welches ich erhalten habe, hat mich recht erfreut; — — (Hierauf folgt eine Erwähnung, daß die Rede davon sey, ob es nicht gut und nützlich wäre, daß der Schreiber seinen Wohnsitz verändern sollte. Darüber fährt er fort sich im Folgenden auszusprechen:

Was soll ich sagen anders, als der Apostel uns lehret zu sagen: So der Herr will und wir leben, wollen wir dieß oder das thun. Jacobi 4, 15. Es stehet Psalm 5, 9. ein kräftiger Gebets-Seufzer: "Richte deinen Weg vor mir her." Wir haben gut reisen und wandern durch diese betrübte Welt, wenn ein zuverläßiger Wegweiser vor uns her gehet, der uns nicht nur allein den Weg zeigt, sondern uns die unübersteiglichen Hindernisse aus dem Wege schaffet. Es hatte daher auch das Volk Israel gut reisen durch die Wüste, denn der Herr richtete selbst seinen Weg vor ihnen her, und zeigte ihnen durch die Wolkensäule bei Tage und durch die Feuersäule bei Nacht nicht nur den Weg welchen sie reisen sollten, sondern auch die Zeit wenn sie aufbrechen sollten aus ihren Lagerstätten.

Nun ist die vierzigjährige Wüstenreise des Volkes Israels, und was ihnen in dieser Zeit widerfahren ist, uns zum Vorbild geschehen, und ihre Züchtigungen sind uns zur Warnung geschrieben nach 1 Cor. 10, 11. Wir geistliches Israel haben auch eine Wüste und Pilgerreise auf dieser Welt, wir wissen daß wir hier keine bleibende Stadt haben, sondern die Zukünftige suchen wir. Unsere Pilgerreise ist nicht auf dieses oder jenes Land auf dieser Erde gerichtet, denn die Erde ist überall des Herrn, sondern unser Land und Stadt das wir suchen ist das himmlische Reich unsers Herrn Jesu Christi, welches wir nicht mit fleischlichen Waffen von Stahl und Eisen einnehmen, sondern mit geistigen Waffen, von anhaltendem Gebet, und Glauben behalten, und das Wort Gottes welches ist das Schwerdt des Geistes, helfen wir unsern miterlößten Mitmenschen das Reich Jesu Christi erwerben, und die Befestigungen des satanischen Reiches sammt den Werken der Finsterniß zu zerstören.

Es muß uns völlig gleich seyn in welchem Lande der Erde wir wohnen weil wir überall uns nur als Fremdlinge und Pilgrime eine kleine Zeit aufhalten können, Es kommt der Tod und macht für uns dem Wesen dieser Welt ein Ende. Wenn wir nur in einem Lande wohnen wo wir nicht mit Gewalt gezwungen werden das Schwerdt zu nehmen, so können wir uns beruhigen, und trachten darnach daß wir ein stilles gottseliges Leben führen in aller Gottseligkeit und Ehrbarkeit. Ob wir dann in diesem Fremdlingsleben niedrig oder hoch gestellet sind, ob wir satt haben oder Hunger leiden müssen, ob wir mit dem Propheten Amos Cap. 7, 14 ein Kuhhirt sind, oder mit dem König David Völker zu erziehen haben, wenn wir nur unserer himmlischen Berufung in Christo Jesu treu nachkommen, und alles was den natürlichen Menschen Gewinn ist, uns Schaden deucht zu seyn, ja daß wir mit dem Apostel Paulus alles für Schaden achten, was uns vor unserer Geburt aus Gott Gewinn wär, und alles für Dreck achten (wie denn auch wirklich alles auf dieser Welt nur Dreck und Koth ist, sowohl die natürlichen Dinge als die pharisäische Selbstgerechtigkeit außer Christo) auf daß wir Christum gewinnen. Der Herr leite uns nach seinem Rath und nehme uns endlich mit Ehren an, in Christo Jesu. Amen.

Zum Himmel zu!
Da lebt man erst in rechtem Frieden,
Von dem Getümmel abgeschieden.
Nur fort! Man find't in Unruh keine Ruh.
Zum Himmel zu!

Du stilles Land!
Wie glänzen nicht in deiner Mitten
Viel tausend schöne Friedens-Hütten?
In Dir ist nichts, als lauter Ruh bekannt,
Du stilles Land!

Ich sehne mich!
Und eile Dir vergnügt entgegen,
Komm hol' mich heim mit Heil und Segen!
O Salems Stadt! Ach wann erreich ich Dich?
Ich sehne mich!

M. D.

Beiträge,
zur Entledigung von Bruder Samuel Garber.

Berichtet in der Januar-No. $67,17.
Br. Joseph Kelso sandte uns als kommend von
Brush Creek Gemeinde, Adams Co. O.   =   =   5,00
Paint Creek Gem., Roß Co. O.   11,00
Br. Jeremias Beeghly, Accident, Allegeni Co. Md.   =   1,50
Br. John P. Eberfole für N. Keßler und J. G.   2,00

       Zusammen bis dato   86,67
Hievon bereits nach Tennessee gesandt 40,00

Bleibt in unsern Händen   =   46,67

Es fehlen also immer noch nahe an sechzig Thaler; welche Summe wir der einzelnen Gemeinde von Br. Sam. Garber in Illinois nicht aufbürden möchten, obwohl sie großmüthiger Weise ins Mittel tritt, und an nächster J. V. die Schuld völlig abbezahlt sehen will. Lasset, denn solche, die etwas in dieser Sache thun wollen, es bald thun. Unsere Brüder in Tennessee werden ersucht uns wissen zu lassen, ob wir das was wir in Händen haben sogleich mit einem Wechsel senden, oder es in der Jährlichen Versammlung bei ihnen in Gold bezahlen sollen.

Todes-Anzeige.

Starb sehr plötzlich in Upper Dublin Gemeinde, Montgomery Co. Pa. Schwester **Mariana McCool**, Gattin von Br. Christian McCool, alt 47 Jahr, 1 Monat und 10 Tage. Leichentext: Matth. 24, 43. 44.

Starb in Lewisville, Bedford Co. Pa. October 20, 1859 **Mary Jane Claar**, alt 8 J. 5 M. 21 T. und October 21, **Mathilde Elisabeth Claar**, alt 5 J. 2 M. 7 T. Beyde Kinder von Br. John M. und Schw. Elisa Claar.

Starb ebendaselbst September 24. **Alexander M. Lengenfelter**, Söhnlein von Br. E. F. und Schw. Elisabeth Lengenfelter, alt 1 J. 7 M.

Starb im obern Gemeinde District, Cumberland Co. Pa. Januar 3, 1860 am Scharlachfieber **Mary F. Keller**, Töchterlein von Br. Daniel und Schw. Catharina Keller, alt 2 J. 11 M. 13 T. Leichenrede von Br. Joseph Sollenberger und David Demuth über Röm. 6 : 23.

Starb in der nämlichen Nachbarschaft Januar 6. **Sophia Elisabeth Beecher**, Töchterlein von Philipp und Maria Beecher, alt 11 M. und 1 Tag. Leichenrede von den nämlichen über 1 Cor. 15, 22.

Starb in Winona Co. Minnesota im Hause seines Tochtermanns Bruders Philipp Rämer am 29. November Br. **Stephan Thackrey**, alt 75 J. und 8 T.

Starb nach einer Krankheit von 20 Tagen in seiner Wohnung unweit Rowsburg, Ashland Co. Ohio November 11. 1859 Br. **Abraham Ecker**, vieljähriger Arzt, im 75gsten Jahr seines Alters. Er war ein treues Mitglied der Gemeinde seit mehr als 40 Jahren, und starb in völliger Hoffnung einer seligen Unsterblichkeit. Er hinterläßt eine zärtliche Gattin, 10 Kinder, 75 Enkel und 20 Urenkel. Leichentext Offenb. 14: 13 von Br. Jacob Garver und Geo. Witwer.

Starb in der Loudonville Gemeinde, Ashland Co. O. November 2. Schwester **Paulina Priest**, im 87gsten Jahr ihres Alters. Sie kam mit ihrem Mann James L. Priest im Jahr 1810 nach Ohio, war eine Wittwe seit 36 Jahren, und starb in Hoffnung zukünftiger Herrlichkeit. Leichenrede von Elias Dicky und Morgan Workman über Joh. 5 : 25.

Starb in Jackson Township, Lebanon Co. Pa. Jan. 19. Schwester **Susanna Hertzler**, Tochter von Br. Jonathan Hertzler, Alter nicht angegeben. Ihre Krankheit war Auszehrung. Sie war eine liebe junge Schwester, und starb voller Hoffnung. Bei ihrer Leiche redeten Br. Johannes Zug und Andere über Joh. 5 : 28, 29.

Starb in der nämlichen Nachbarschaft Januar 20. Schwester **Susanna Zug**, Wittwe von Bruder Abraham Zug, vieljähriger Prediger des Evangeliums, welcher schon vor 19 Jahren dahingeschieden war. Das Alter der Schwester war 85 J. 10 Mon. Bei ihrer Beerdigung redeten Br. Jos. Markey, Jac. Hollinger, Christian

Bomberger, Israel Meyer, und Isaak Brubacher über 1 Chron. 29:15. Die Verstorbene war des Einsenders geliebte Mutter.

Starb im nämlichen Districkt und wurde begraben Januar 24. ein Söhnlein von Br. Daniel **Weber**, wo der Schreiber redete über Joh. 16:16.

Starb im nämlichen County Januar 22. Schwester **Anna Smith**, Wittwe, eine geborne Doner, im Alter von 77 J. 8 M. und 22 T. Leichentext: Offenb. 14:13.

Starb in Lancaster Co. Pa. Januar 25. Schwester **Mary Bollinger**, Wittwe von Br. Jacob Bollinger, ungefähr 74 J. alt. Diese 4 vorstehenden Anzeigen sind von Johannes Zug.

Starb in Morrison's Cove, Pa. Decbr. 29. am Scharlachfieber **Christina Bowser**, Töchterlein von Br. Jacob und Schw. Margareth Bowser, alt 8 J. 6 M.

Starb in New Chambersburg, Columbiana Co. Ohio im Hause seines Sohnes John Behner, den ersten Februar d. J. Bruder Jacob **Behner**, alt 83 J. 11 M. und 5 T. Bei der Leiche redeten Br. L. Glaß und D. Byers über Offenb. 22:12. Dieser Bruder war dem Herausgeber seit mehr als 40 Jahren bekannt. Er war ein Separatist gewesen im alten Vaterland, und nahm seine Flucht vor Verfolgung in dieses einst glückliche Land, wohnte erstlich in Ost-Pennsylvanien, und kam vor etwa 30 Jahren in diesen Staat, wo er bald müde wurde von seinem Separatismus, und sich mit seinem Weibe der Brüder Kirche anschloß. Möge der Herr seinen Abschied segnen zum ewigen Heil aller seiner Kinder, "daß sie mögen fragen nach den vorigen Wegen, welches der gute Weg sey, und wandeln darinnen, und Ruhe finden für ihre Seelen." Jer. 6:16.

Starb in Washington Co. Ohio October 3. 1857 **Uriah Gault**, Söhnlein von Br. John und Schw. Patience Gault, alt 6 Mon. 17 T.—Desgleichen October 11. **Samuel Gault**, Söhnlein der nämlichen Aeltern, alt 4 J. 8 M.—Desgleichen September 20. 1858 **Elisabeth Mathilde Gault**, Töchterlein derselben Aeltern, alt 6 J. 11 M. 16 T. Leichenrede von Br. Adam Wise und C. J. Schowalter über Matth. 25, 12.—Desgleichen November 27, 1859. **Celina Anna Gault**, Töchterlein besagter Aeltern, alt 1 J. 4 M.

13 T. Leichenrede von dem Schreiber und J. W. Provance über Offenb. 21, 4.
D. Provance.

Starb in Missisinaway Gem. Delaware Co. Inda. Januar 3, 1860. Bruder **Alexander Price**, Alter unbekannt.

Starb in Antitum Gem. Franklin Co. Pa. Januar 17, Schw. **Susanna Stover**, Tochter von Jacob und Elisabeth Stover, nach einer langwierigen Krankheit von 15 Jahren. Alter 35 J. 1 M. und 28 T. Leichenrede von Br. Schenk und Buck über Offenb. 14, 13.

Starb in Lebanon Co. Pa. Februar 16 Br. **Samuel Hochstetter**, alt 43 J. 7 M. 21 T. ein Unterschreiber des deutschen Ev. Besuchs. Er hinterließ eine traurige Wittwe und 5 Kinder.
J. L. K.

Starb in Linn Co. Iowa. Januar 24 **Harriet Mentzer**, Gattin von Samuel Mentzer, alt 55 J. 1 M. 2 T..

Starb in Blair Co. Pennf. Sept. 25, 1859. **Barbara Schelly**, Tochter von Br. Philipp und Schw. Mary Schelly, alt 19 J. 11 M. und etliche Tage.

Starb desgl. unweit Williamsburg (Todestag nicht angegeben) Vater Jacob **Snibele**, im Alter von 75 J. 5 M. 14 T. Er war ein Prediger des Evangeliums für mehr als 40 Jahre.

Starb in Bond Co. Ills. Februar 3, 1860 Schwester **Elisabeth Heckman**, Gattin von Br. Joh. Heckman. Alter nicht angegeben.

Starb in Carroll Co. Indiana Januar 10, 1860. Schw. **Nancy Huff**, Gattin von Br. John Huff, alt 72 J. 9 M. 10 T.

Starb in Clover Creek Districkt, Blair Co. Pa. Januar 25, 1860 Schw. **Elisabeth Huber**, alt 75 J. 11 M. 9 T. Sie war die Wittwe des verstorbenen Aeltesten Br John Huber.

Starb in Clermont Co. O. September 19 **John Heywood**, Sohn von N. und Margareth Heywood, alt 18 J. 11 M. 23 T.

Ebendaselbst December 17 Br. **Johannes Mohler**, alt 62 J. 8 M. 9 T. Er war ein Lehrer für eine geraume Zeit.

Der Evangelische Besuch.

Eine Zeitschrift
Für Wahrheitliebende und Wahrheitsuchende.

Jahrg. 8.   Columbiana, O., April 1860.   Nro. 4.

Die Missions-Frage.
Nro. 2.

Wir haben in unserm ersten Artikel gesehen, wie von vielen unserer Brüder die große Nothwendigkeit und Pflicht gefühlt wird, daß das Evangelium nach dem einfältigen, lautern Sinn, wie es von jeher in unsern Gemeinden aufgefaßt, gepredigt und geübt wurde, weiter ausgebreitet und bekannt gemacht werden möchte. Wir haben auch gesehen, wie in unserer letzten Jahres Versammlung Schritte empfohlen worden sind, die zur weitern Ausführung dieser Sache leiten sollen, und daß namentlich eine besondere Committee ernannt worden ist, um einen solchen Plan vorzuschlagen, wodurch eine ganze Brüderschaft an dem guten Werk Theil nehmen Gelegenheit haben möge; wie auch daß solcher Plan der nächsten jährlichen Versammlung soll vorgelegt werden.

Wir hofften nun von Monat zu Monat, Entwürfe zu diesem Plan von Gliedern der Committee in dem Gospel Visiter erscheinen zu sehen. Weil aber bis jetzt noch nichts von ihren Arbeiten an den Tag gekommen ist, und die Zeit unserer nächsten Jahresversammlung mit starken Schritten herannaht, so hat es Schreiber dieses nicht unterlassen können, seine Gedanken hierüber mitzutheilen, indessen ohne damit irgend jemand, und am wenigsten der mit der Sache beauftragten Committee vorgreifen zu wollen. Er legt diese seine Gedanken zur Prüfung vor, und wenn die Committee oder irgend Jemand an der jährlichen Versammlung etwas Besseres vorzuschlagen hat, so wird er sich nicht nur darüber freuen, sondern auch mit Herz und Hand das Bessere ergreifen.

Es ist auch bereits im vorigen Artikel angedeutet worden, auf welche Art sich ein Bedürfniß und ein Mangel herausgestellt hat, seit der letzten Jahres Versammlung, daß der Schreiber dieses nicht allein, sondern auch viele Brüder mit ihm zum tiefen Nachdenken bewogen worden sind, um so mehr als jene Umstände nicht aus vorbedachtem Rath der Menschen, sondern, wie wir festiglich glauben, durch die Vorsehung Gottes und nach seinem allweisen Rath und Willen gerade jetzt eingetreten oder hervorgerufen worden sind. Es dünkt uns, Gott wolle uns damit zeigen, daß etwas gethan werden müße, und von Gott und aus seinem Wort wollen wir lernen, was und wie wir thun sollen.

Wenn der Herr, der Schöpfer und Erhalter aller Welt, seine Menschenkinder segnen will auf leibliche Weise, ihnen R e g e n und fruchtbare Zeiten geben, und ihre Herzen erfüllen will mit Speise und Freude," (Ap. Gesch. 14, 17.) so bereitet er erst die M i t t e l. Durch die Sonne distilliret er aus der überflüßigen Feuchtigkeit der Erden die Dünste, und sammelt sie in seinen Schatzkammern, den Wolken, um sie zu rechter Zeit wieder als Regen auf die Erde auszugießen. Und wiederum wird der Regen in der Schatzkammer der Erde gesammelt, um allem Gewächs zur Erfrischung und zum Leben, und allen Wasserquellen, Bächen und Strömen zur Nahrung zu dienen, und der Ueberfluß kehrt immer aufs neue in die obern Schatzkammern Gottes, die Wolken, zurück.

Gerade so ist's auch im Reich der Gnaden. Erstlich ward alles bereitet in der Schatzkammer des Himmels, was Gott aus Gnaden der tiefgefallenen Menschheit zum Heil zugedacht hatte. Dann bereitete Gott in den Herzen der frommen Erzväter oder Patriarchen Schatzkammern himmlischer Wahrheit und Verheissungen, welche von diesen zu ihrem und ihrer Mitgenossen Trost und Heil gebraucht, und von Hand zu Hand endlich an die Gemeinde Gottes in Israel überliefert wurden. Aus dieser Gemeinde=Casse, welche durch das Gesetz und die Propheten reichlich vermehrt worden war, konnten alle, die es bedürftig und darnach verlangend waren, ebenfalls Licht, Heil und Trost schöpfen. Endlich ging dieser himmlische Schatz aus der Gemeinde=Casse Israels in die General=Casse des Christenthums, vermehrt durch den vollen Segen des Evangeliums, über, und sollte nunmehr zum Trost und Heil aller Welt dienen. Diese General=Casse kann und soll nie leer werden, denn Gottes Wort bleibt ewig, und die Gebete der Heiligen, die täglich zu Gott aufsteigen, bilden gleichsam die Wolken, aus welchen sich ein Gnadenregen nach dem andern über die Menschheit ergießt.

So lernen wir denn aus der Haushaltung Gottes im Leiblichen und Geistlichen, wie wir auch in der vor uns liegenden Frage zu thun haben. Aber noch deutlicher können wir dieses aus dem Wort des Herrn lernen, wie wir jetzt sehen wollen.

Wir lesen an verschiedenen Orten der Schrift von einem Gotteskasten, der im Tempel Jerusalem, oder wenigstens innerhalb seiner Vorhöfe war. In diesen Gotteskasten wurde gelegt, was die Juden nach dem Gesetz zu geben schuldig waren, oder was sie als freiwillige Opfer dem Herrn darbrachten; Ein jeder Israelit mußte jährlich einen halben Seckel geben. "Wer in der Zahl ist von zwanzig Jahren und drüber, der soll solch Hebopfer dem Herrn geben." 2 Mos. 30, 14. Dort wird uns auch gesagt, wozu das Geld angewendet werden sollte. "Und du sollst solch Geld nehmen von den Kindern Israel und an den Gottesdienst der Hütte des Stifts legen." Vers 16.

Daß unser Herr und Heiland Jesus Christus den Gotteskasten billigte und gutheiß, ist daraus klar, daß er sich öfters gegenüber dem Gotteskasten setzte, "und schauete, wie das Volk Geld einlegte in den Gotteskasten." Marc. 12, 41. Luc. 21, 1. Siehe auch Joh. 8, 20. Ja, ein solches Interesse nahm er an dieser Sache, daß er Acht darauf gab, wie viel eingelegt wurde, und die arme Wittwe, die von ihrer Armuth alle ihre Nahrung, die sie hatte, einlegte, zum Muster aufopfernder, selbstverleugnender Liebe zu Gott und zum Gottesdienste aufstellte.

Nun entsteht die Frage: War denn auch in der ersten christlichen Gemeinde oder Kirche ein Gotteskasten?—Wir antworten mit Freudigkeit, und ohne Furcht vor gegründetem Widerspruch: Ja, ja! Zwar nicht dem Namen nach, aber doch der Sache und dem Wesen nach. Auch kam der Gotteskasten nicht sogleich, und auf einmal zu Stande, sondern nach und nach, wie die Erfahrung nach verschiedenen Mißschlägen lehrte.

Man könnte mit Wahrheit sagen, daß die erste Pfingstgemeinde zu Jerusalem ein lebendiger Gotteskasten war, in welchem sich jedes einzelne Mitglied mit allen seinen Gaben, Kräften und Gütern Gott aufopferte, und nichts von seinem Eigenen zurückbehielt. Denn so lesen wir: Ap. Gesch. 2, 44. "Alle aber, die gläubig waren geworden, waren beieinander, und hielten alle Dinge gemein. Ihre Güter und Haabe verkauften sie und theilten sie aus unter alle, nachdem Jedermann Noth war." Ap. Gesch. 2, 44. 45. Sie thaten das, ohne dazu aufgefordert zu seyn, im Drang und Aufwallen der ersten Liebe,

Die Missions Frage.

aus freyem Antrieb ihres Herzens, ohne die Folgen zu überlegen.

Als später diese Gemeinde um Fünftausend Seelen vermehrt worden war, (A. G. 4, 4.) lesen wir abermals: Vers 32. 34. 35. "Der Menge aber der Gläubigen war ein Herz und eine Seele; auch keiner sagte von seinen Gütern, daß sie seine wären, sondern es war ihnen alles gemein.—Es war auch keiner unter ihnen, der Mangel hatte: denn wie Viele ihrer waren, die da Aecker oder Häuser hatten, verkauften sie dieselben, und brachten das Geld des verkauften Guts, und legten es zu der Apostel Füßen; und man gab einem Jeglichen, was ihm Noth war." Cap. 4, 32—35. Merket, liebe Leser, schon hier einen Unterschied, und wie die ersten Christen bereits gelernt hatten. Das erstemal **theilte ein Jeder das Seinige selbst aus**, jetzt aber "**legten sie es zu der Apostel Füße.**"

Nun hier, zu der Apostel Füßen, meynen wir, war der Gotteskasten, nicht allein der Gemeinde in Jerusalem, sondern die General-Casse war und blieb in dieser Gemeinde zu Jerusalem, in welche alle milde Gaben aus allen Gemeinden flossen, so lange die Gemeinde selbst in Jerusalem blieb. Aber auch hier, zu der Apostel Füßen, war noch nicht der rechte Platz für den Gotteskasten, darum wurde derselbe später der Aufsicht einer Committee von Sieben anvertraut. Siehe Cap. 6, 1—6.

Wir finden ferner aus der Apostel Geschichte, daß die Gemeinde zu Jerusalem nicht nur die Mutterkirche war, von welcher alle übrige apostolische Gemeinden abstammten, sondern auch die erste Missions-Gemeinde, von welcher die Apostel und ihre Abgesandte, heutzutage Missionäre genannt, ausgingen, und ohne Zweifel alle Nothdurft aus jenem Gotteskasten, der unter der Aufsicht der Sieben stand, erhielten. Siehe Cap. 8, 4 re. (Man lese das ganze Capitel.) Selbst Paulus wurde von Jerusalem aus erstlich in heidnische Länder gesandt, Cap. 9, 30. und zwar nicht ohne etwas in der Tasche zur Wegfahrt, wie man sicher und leicht schließen darf.

Aber auch in allen andern Gemeinden war ein Gotteskasten. Wir lesen z. B. von Antiochia, daß "unter den Jüngern beschloß ein Jeglicher, nachdem er vermochte, zu senden eine Handreichung den Brüdern, die in Judea wohneten. Wie sie denn auch thaten, und schickten es zu den Aeltesten, durch die Hände Barnabä und Sauli." Cap. 11, 29. 30. Ebenso finden wir, daß von eben dieser Gemeinde ebenfalls Barnabas und Saulus ausgesondert wurden zu dem Werke, dazu sie der Herr berufen hatte, und wir können nicht denken, daß sie solche leer von sich gehen ließen, sondern sie zur Nothdurft versorgten. Cap. 13, 1—4. 14, 26—28.

Indessen nicht nur ein Exempel und Vorbild geben uns die ersten apostolischen Gemeinden, wie sie einen Gotteskasten unter sich hatten, sondern wir finden auch eine ausdrückliche Vorschrift, wie es damit zugehen sollte. Denn so hat der heilige Geist den Apostel Paulus schreiben lassen in seinem ersten Brief an die Corinther Cap. 16, 1. 2. "Wie ich den Gemeinden in Galatia geordnet habe, also thut auch ihr. Auf einen jeglichen Sabbather lege bei sich selbst ein Jeglicher unter euch, und sammle, was ihn gut dünkt." Und in der zweyten Epistel, wo er abermal hievon redet, heißt es: Cap. 9, 7. "**Ein Jeglicher nach seiner Willkühr, nicht mit Unwillen, oder aus Zwang; denn einen fröhlichen Geber hat Gott lieb.**"

Zu unserer Schande müssen wir sagen, daß wir diese wichtige Regel im Hause Gottes erst seit kurzem recht verstehen lernten, und wir vermuthen, es ist vielen von unsern lieben Brüdern ebenso gegangen, und darum haben wir auch unsere Mit-

Glieder nicht recht unterrichten können. Um so nöthiger ist es daher, daß wir den Sinn des Geistes in diesen Stellen recht ernstlich und tief erwägen. Wir wollen daher die erste Stelle in der Furcht Gottes umschreiben, und gar nichts hinzusetzen, als was nothwendig aus dem Wort des Textes folgt, und denselben erklärt.

Auf einen jeglichen Sabbather, (also nicht nur des Jahres einmal, auch nicht nur so oft, als etwa Anspruch an unsere Mildthätigkeit gemacht wird, sondern jede Woche einmal,) **lege bei sich selbst** (lege beiseits, wenn er allein ist, und überlegt, wie der Herr ihn die Woche hindurch gesegnet hat, und wie viel er dem Herrn schuldig ist,) **ein Jeglicher unter euch,** (nicht nur die Reichen, sondern auch die Armen, nicht allein die Brüder, sondern auch die Schwestern,—man denke an die arme Wittwe,—mit einem Worte, ein Jeglicher oder Alle ohne Ausnahme,) **und sammle** (in eine besondere Schatzkammer, in seinen Gotteskasten) **was ihm gut dünkt,** oder, wie es nach dem Grundtext heißen könnte: nachdem er wohl fähret, oder nachdem ihn Gott in seiner Nahrung gesegnet hat, oder nachdem seine Einnahme die Woche über gewesen ist, was ihm in seine Hand kommt, was er bey der Hand hat, oder seine Hand vermag." 2 Cor. 8, 12.)

Dürfen wir zweifeln, daß die ersten Christen dieser göttlichen Anweisung folgten? Nein, nimmermehr.' Denn der Apostel lobt sie, daß "sie hielten die Weise, gleichwie ich euch gegeben habe." 1 Cor. 11, 2. Wenn auch einzelne hin und wieder ungetreu waren, und die Welt wieder liebgewannen, so glauben wir doch, daß alle getreue Brüder und Schwestern auch in diesem Stück getreu waren. Also ein jedes Mitglied hatte ein Gotteskästlein, in welches es wöchentlich nach seinem Vermögen, nachdem es von Gott gesegnet worden war, etwas bei sich selbst, ungesehen von Menschen, sein Scherflein einlegte. Es war Gott, seinem Wort und Gottesdienst, seinen Heiligen und Armen gewidmet. Von Zeit zu Zeit flossen diese einzelnen Schatzkästlein in der Gemeinde-Casse zusammen, und endlich wurde der Ueberfluß dieser Gemeinde-Cassen nach Jerusalem, in die Haupt-Casse oder in den allgemeinen Gotteskasten gebracht, von wannen sie dann zum Segen und Heil der Gemeinde und der Welt wieder ausflossen. Und dabei "mußte alles ehrlich und ordentlich zugehen." 1 Cor. 14, 40. 2 Cor. 8, 21.

Dieses, denn ist der apostolische, evangelische, oder laßt uns lieber sagen, der göttliche Plan zur Erlangung der Mittel, um das Werk Gottes, daß er seiner theuererkauften Gemeinde auszurichten befohlen hat, nach allen unsern Kräften zu befördern; das ist das System christlicher Mildthätigkeit, wie es uns von Gott, von seinem Wort und von seiner Gemeinde in ihrer ersten Blüthe vorgebildet ist. Sind einmal die Mittel da, so wird uns der Herr, wenn wir getreue Haushalter sind, immer auch zeigen, wo und wie wir sie anwenden sollen. Darüber wollen wir uns keine Pläne machen, sondern es Gott überlassen, und ihn täglich und stündlich bitten um Weisheit und Gnade, in allen Stücken seinen Willen zu thun.

O welch ein himmel weiter Unterschied ist doch zwischen dieser göttlichen Weise Mittel zu sammeln zum Segen für alle geistliche und leibliche Arme, und der menschlichen Weise, die heutzutage in der sogenannten Christenheit üblich ist!—Doch genug für diesesmal.

Für den Evangelischen Besuch.
Das "Unser Vater."

Liebe Brüder Herausgeber des Gospel Visitor.

Ich habe ein Stück gesehen in der May No. von vorigem Jahr über das "Unser

Vater," geschrieben von J. S. M., und nachdem Br. D. T. im November einige Anmerkungen machte über das nämliche, so erschien wieder etwas darüber in der Februar No. von 1860, welches mir einen Gedanken erregte auch etwas zu schreiben über das "Unser Vater," das Christus seine Jünger lehrte zu beten, und es Wort für Wort vorgesprochen hat, wie sie es beten sollen.

Es scheint mir, die Brüder haben ganz recht, welche behaupten, daß man das ganze Wort zu lehren schuldig sey, ohne ein Wort dazu zu setzen, oder davon zu thun, wie wir lesen Offenb. Joh. im letzten Cap., wo eine Drohung ausgesprochen ist gegen Uebertreter. Die Weise, die wir haben, das Gebet zu brauchen am Anfang und Ende der Versammlung, scheint mir recht gut. Freilich ist Gefahr, nur aus Gewohnheit, und nicht im Wesen es zu üben; aber sollte der Mißbrauch Ursache geben, eine gute Sache zu unterlassen?— Nicht also; vielmehr sollten wir dem Uebel widerstehen.

Erstlich kann es Niemand beten in Wahrheit, er sey denn von Neuem oder aus Gott geboren; sonst ist Gott nicht unser Vater, obwohl er unser Schöpfer und Versorger ist. Aber es heißt: "Was vom Fleisch geboren ist, das ist Fleisch, und also auch ein fleischlicher Sinn." Fleischlich gesinnet seyn ist der Tod, auch eine Feindschaft wider Gott. Wenn wir nun Gott angefeindet haben durch Sünde und Uebertretung, können wir nicht sprechen: "Abba, lieber Vater!" Denn Gott ist uns zuwider, verurtheilt uns um unserer Sünden willen, die wir gethan. Wir sind von "Agar," unserer fleischlichen Mutter, die uns gezeuget hat, die zur Knechtschaft gebieret, und ist dienstbar mit ihren Kindern, welche sind Knechte, und haben nicht die Freiheit zu sagen: "Unser Vater in dem Himmel."

Darum ist es nothwendig, daß wir geboren werden von der "Mutter der Verheißung, von dem Jerusalem, das droben ist, welche ist unser aller Mutter, (nämlich die freie,) oder mit andern Worten: daß wir geboren werden aus dem unvergänglichen Saamen, nämlich dem lebendigen Wort Gottes, das da ewiglich bleibet." Wiederum ist das nämliche ausgedrückt: "Welche der Sohn frei macht, die sind recht frei." Das Los- und Freimachen ist sein Werk; dazu ist er gekommen. Darum ist seine Hand so oft über den Sündern; ängstet sie zu Tag und Nacht; läßt es zu, daß sie schwer fühlen, Thränen vergießen, oft in die Winkel hintreten, und sprechen: "O Gott, sey mir Sünder gnädig!

Alles dieses rührt daher, weil das Wort Gottes lebendig wird bei ihnen. Gott ist ein verzehrendes Feuer, nicht ihr Vater. Der Lügenvater ist ihr Oberster und Regent, der da sündiget von Anfang. O wie ist dem armen Sündenknecht doch zu Muth mit seinen Banden, damit ihn der Teufel gebunden hat, daß er sich darinnen kaum wenden kann, wie Manasse zu Babylon! Kein Wunder, wenn in solchen Ständen eine Stimme gar willkommen ist, die da spricht: Siehe, ich verkündige euch große Freude, die allem Volk widerfahren wird, u. s. w. Das ist Magie genug einen Glauben zu gebären im Herzen des Sünders, daß Christus für Solche gestorben und auferstanden ist von den Todten, und jetzt im Himmel vor Gott Fürsprecher ist für arme reuige Sünder, um sie durch Buße und Glauben dahin zu bringen, daß sie durch Gottes Wort zur Kindschaft geboren werden, und mit Wahrheit sagen mögen: "Unser Vater in dem Himmel!" weil er uns wieder gnädig geworden.

Eben so kann Niemand mehr als solche in Wahrheit sagen: "Dein Name werde geheiliget." Hier sind zwei Punkte zu betrachten: Der Name und die Heiligung. Des Heilands ursprünglicher Name heißt Gottes Wort. Offenb. So sind dann neugeborne Kinder Gottes gelehret zu beten, daß Gottes Wort geheiliget werde, und wenn wir das wollen, so müssen wir ihm nachfolgen. Denn durch Gehorsam gegen Gottes Wort heiligen wir es. Zum Beweiß davon wollen wir nur zwei Sprüche betrachten. Zum ersten heißt es: "Du sollst den Feiertag heiligen," und wenn Jene das haben halten wollen, war es ihre Pflicht, in sechs Tagen alle ihre Arbeit zu thun, und am siebenten zu ruhen. Wenn sie so gethan haben, so haben sie Gottes Wort geheiliget. Wenn sie aber nicht folgten, so haben sie es entheiliget, und das hat ihnen damals das Leben gekostet.

Wiederum, da der Herr sprach zu Mose: "Gehe hin, nimm deinen Stab, und rede mit dem Felsen, so wird er sein Wasser geben." Moses ging, brachte das Volk dahin, und schlug den Felsen zweimal, anstatt daß er reden sollte zu dem Felsen. Das war Ungehorsam. Was sagt der Herr dazu? "Darum, daß ihr nicht an mich geglaubt habt, daß ihr mich heiliget vor den Kindern Israel u. s. w." Diese Entheiligung durch Ungehorsam war Schuld, daß Moses und Aaron nicht in das gelobte Land kamen. So kann's uns auch gehen.

"Dein Reich komme," (nicht "zu uns," wie es oft gesagt wird,) sondern nur: "Dein Reich komme!" Dann ist es recht schriftmäßig und unpartheyisch. Es kommt ja nicht, dieses liebe Reich, mit äußerlichen Geberden, sondern es ist inwendig in euch. Des Morgens, wenn der Neugeborne aufstehet, so ist das Gefühl da, und er seufzet: "Dein Reich komme aufs neue wieder in mir; es mehre sich, es werde stärker und fester in mir. Und wenn der Vater und die Mutter auf ihre liebe Kinder blicken, so quillt der Seufzer in ihren Herzen: Dei Reich komme auch in ihnen! Sieht man die Nachbarschaft und Umgegend an, so kann man nicht helfen, weil es heißt: "Liebe deinen Nächsten als dich selbst!"— auch für jene zu rufen: "Dein Reich komme," und endlich für alle Nationen, Sprachen und Völker.

"Dein Wille geschehe auf Erden wie im Himmel!" Zwar ist dieses in uns ausgeboren in unserem Anfang: Wir wollen so wie Gott will; und wir meinen, wir würden niemals mehr von solchem Sinn abkommen. Im Himmel geschiehet der Wille Gottes vollkommen, ohne Mangel. Das ist wahr, dieweil wir aus Gott geboren sind, fühlt der neue Mensch auch geneigt so zu thun, absolut. Aber wie bald müssen wir erfahren, daß Gibeoniter im Lande wohnen, die uns betrogen haben, ehe wir sie recht kannten, auch ein Stachel in der Seite geworden sind unser Lebenslang; das heißt, die alten Wurzeln des sündlichen Saamens im Leib, die dem neuen Menschen oft zuwider sind in folgender Zeit.

Der Herr Jesus sagt: "Lernet von mir!" Was lernen? Das was wir noch nicht können, Sanftmuth und Demuth. Und wenn wir lernen wollen, müssen wir uns still halten, und wohl Acht haben, wie uns der Lehrmeister die Lection vorsagt oder vorschreibt. Brüder und Schwestern, können wir dieses Sprüchlein immer so fertig beten: Dein Wille geschehe? Wenn Gott uns einen hoffnungsvollen Sohn aufs Bett legt, und drohet ihn wegzunehmen, können wir hier in Gelassenheit sagen: Dein Wille geschehe? Nimmt es nicht viel Gnade, sich dahin zu arbeiten: Nicht mein, sondern Dein Wille geschehe?

Wiederum, wenn dein liebes Weib, die eine zärtliche Mutter einer Zahl unmündiger Kinder ist, auf ihr Todesbette geleg

Ihrigen in diesem Leben niemals wiederzusehen? — O welche Erfahrungen sind doch schon gemacht worden, die besser zu denken als zu beschreiben sind!

Darum sagt der Prophet, oder der Herr durch den Propheten: "Denn meine Gedanken sind nicht eure Gedanken, und meine Wege sind nicht eure Wege, spricht der Herr, u. s. w." Der Schulmeister will uns eben immer von uns ab- und an sich und seine Wege gewöhnen, damit wir uns schicken in den Himmel, wenn wir sterben.

Ich muß den Grund jetzt lassen, und die andern nachfolgenden Bitten um des Raums willen aufsparen für den Ev. Besuch, wenn es nützlich ist.

Geschrieben von eurem schwachen Br.
Lancaster Co. Pa.   W. H.

(Solche Aufsätze wie der obige sind uns und ohne Zweifel auch unsern Lesern, sehr angenehm und erbaulich und wir möchten nur mehr und öfter dergleichen zu erhalten.)
Herausg.

Aus einem Wechselblatt.
Wie ist das neue Testament entstanden?

Auf einmal ist es nicht geschrieben worden, das merkt Jeder von selbst, wenn er nur ein wenig mit Verstand und Aufmerksamkeit hineinsieht. Denn da findet er zuerst die vier Evangelien und die Apostelgeschichte. Die vier Evangelien sind nun freilich im Grunde einerlei; denn es enthält eines, wie das andere, die Lebens- Leidens- Sterbens- und Auferstehungsgeschichte unsers Herrn Jesu Christi. Darum heißen sie auch Evangelien d. i. frohe Botschaften, gute Nachrichten. Denn für die armen Sünder, für die Menschen, gibt's keine frohere Botschaft und keine bessere Nachricht, als daß ihnen ein Heiland gekommen sei, der sie alle selig machen wolle und könne. Obwohl nun die vier Evangelien im Grunde einerlei sind, so sind sie doch auch viererlei, d. h. obwohl sie alle eines Mannes Geschichte erzählen, so geschieht das doch in jedem auf ne sonderliche Weise, und wenn's auch nicht darüber stände, daß das eine vom Matthäus, das andere vom Markus, das dritte vom Lukas und das vierte vom Johannes geschrieben sei; so könnte doch Jeder, der sie lies't bestimmt und gewiß sagen: Das hat nicht ein Mann geschrieben, da müssen ihrer vier daran gemacht haben, denn es hat jedes seine eigene Weise und Redensart. Nun wird's auch Keinem, der je gelesen oder gehört hat, daß Jesus seinen Jüngern den Befehl gab: "Gehet hin in alle Welt und prediget das Evangelium aller Kreatur" — da wird wohl Keinem einfallen, daß die vier Evangelisten wie in einer Kanzlei bei einander gesessen seien und drauf losgeschrieben hätten, bis jeder sein Evangelium fertig hatte; vielmehr muß man sich's wohl so denken, daß der eine hier, der andere dort, der eine zu dieser, der andere zu jener Zeit, der eine für solche, der andere für andere Leute die Geschichte Jesu aufgeschrieben habe; und wem das nicht von selbst käme, dem hat's Lukas am Anfang seines Evangeliums deutlich genug hingeschrieben: "Sintemal sich's Viele unterwunden haben, zu stellen die Rede von den Geschichten, so unter uns ergangen sind u. s. w.; habe ich's auch für gut angesehen, nachdem ich es alles von Anbeginn erkundet habe, daß ich's zu Dir, mein guter Theophile, mit Fleiß ordentlich schriebe." Da sagt er's ja, daß vorher schon Viele sich daran gemacht hatten, diese Geschichte von Jesu aufzusetzen, daß aber er sie nun auch seinem guten Theophilus zu Liebe, und zwar genau und der Ordnung nach, aufschreiben wolle. Die Apostelgeschichte aber ist die Fortsetzung, der zweite Theil vom Evangelium des Lukas, ist auch für den Theophilus geschrieben, und hört auf mit der Erzählung von Pauli Gefangenschaft zu Rom: also ist leicht zu erkennen, daß dies Evangelium später geschrieben ist, als manches andere.

Nach der Apostelgeschichte kommen im neuen Testamente die 13 Briefe St. Pauli. Nun, daß die nicht an einem Ort und zu einer Zeit geschrieben sein können, ist gar zu offenbar, und daß sie nach allen Gegenden der Welt hinausgingen, sagen schon ihre Ueberschriften. Da mußten sie dann später erst gesammelt und zusammengeschrieben werden, und das ließ sich nicht so schnell machen. Eben so ist's auch) mit den andern Briefen, die sich noch im neuen Testamente befinden, und mit der Offenbarung Johannis: das ist alles nach und nach und an verschiedenen Orten geschrieben worden, und als es geschrieben war, wurde es später wieder gesammelt und endlich in ein Buch zusammengeschrieben, und so entstand das neue Testament.

Somit wären wir nun mit der Beantwortung unserer ersten Frage fertig. Aber der Leser wird nicht damit zufrieden sein, er wird sich etwas Genaueres und Ausführlicheres erwartet haben, er möchte gerne tiefer in das Wie? hineinschauen, auf den Grund, nicht blos so oben weg, und das soll ihm auch nun mit Gottes Hülfe werden, so gut sich's thun läßt.

Das neue Testament ist aus der christlichen Kirche hervorgegangen, nicht die christliche Kirche aus dem neuen Testament. Der Gründer der christlichen Kirche ist Jesus Christus.—Der hat, so viel wir wissen, ein einziges Mal etwas geschrieben, und das in den Sand (Joh. 8.), da hat's der Wind wieder verweht. Er ist umhergezogen in Galiläa und Judäa und Samaria, hat gelehrt und wohlgethan, und seine Jünger haben ihm aufmerksam zugehört und zugesehen, und haben wieder erzählt, was sie gehört und gesehen hatten, und haben's oft und Vielen erzählt, und haben es so genau erzählt, als sie vermochten, so daß fast einer redete wie der andere, und daß sie die Worte ihrer Erzählung selbst durch's Erzählen ordentlich auswendig lernten. Es ist dem Menschen eigen, daß er eine Geschichte, die ihm selbst begegnet ist und sein Herz in Anspruch genommen hat, gerne oft und immer mit denselben Worten u. auf dieselbe Weise erzählt. So hab' ich schon von gar Manchem erzählen hören, was ihm da und dort begegnet, was er gesagt und was der Andere wieder gesagt, und wenn ich's das sechste Mal hörte, waren's gerade wieder dieselben Worte, wie das erste Mal, man ich oft für mich hinlachen mußte. Man muß darüber lächeln, weil die Sache oft gar unwichtig ist, die mit solcher Wichtigkeit und Genauigkeit erzählt wird; aber wenn nun die Apostel die Geschichten von Christo, einer fast wie der andere, erzählen, da fällt mir kein Lachen ein, da dank ich Gott, daß er solchen Trieb in des Menschen Herz gelegt hat, und daß er uns des lieben Herrn Reden und Thaten durch diese Männer so treulich und pünktlich wieder erzählen läßt. Wiewohl—es hat freilich noch etwas Anderes in ihren Herzen gewirkt und getrieben; darauf kommen wir aber später.

Ob die Apostel, so lange ihr Meister noch unter ihnen wandelte, schon etwas aufgeschrieben haben, wissen wir nicht. Daß sie es aber gethan haben sollten, sieht ihnen nicht recht gleich. Diese Fischer und Taglöhner werden mit der Feder nicht so gut fortgekonnt haben und des Schreibens nicht so gewohnt gewesen sein; sie mögen gedacht haben: Bis ich's lang aufschreibe, merk' ich mir's lieber gleich recht, und erzähl's meinen Brüdern. Doch einer der sein Lebtag schon viel aufgeschrieben hatte von Amts wegen, konnte am ehesten auf den Gedanken kommen, sich etwa die Rede Jesu hin und wieder aufzuzeichnen, daß er's besser behielte, das war Levi oder Matthäus, der Zöllner. Der ist's auch, der am ersten unter ihnen, nach dem Heimgang des Herrn, dessen Geschichte schriftlich mitgetheilt hat. Wie bald er nun sein Evangelium geschrieben, in welchem Jahr, das wissen wir freilich nicht mehr so genau, wahrscheinlich nicht gar lang vor der Zerstörung Jerusalems; aber darin stimmen alle Zeugnisse der Alten überein, daß das Evangelium Matthäi das erste gewesen sei, weswegen es auch im neuen Testamente voransteht. So wollen wir es denn auch vor allen andern ein wenig näher betrachten.

(Fortsetzung folgt.)

Aus dem Sendboten.

Glockenschlag in Gottes Uhr.

Gegenwärtig weiset der Zeiger an der Missionsuhr noch auf kein Viertel. Von den tausend Millionen Menschen, die unsern Erdball bewohnen, stehen erst 240 Millionen in den Strahlen der Weihnachtssonne. 7—9 Millionen Juden wandern noch in der Sternennacht des Alten Testaments. 130 Millionen Muhamedaner leben noch in dem falschen Dämmerlicht des Halbmondes, und über

600 Millionen Heiden sitzen noch in Schatten und Finsterniß des Todes.

Wenn nun dieser Götzendienst und jener Halbdienst Gottes überwunden, und die Kunde von der Anbetung im Geist und in der Wahrheit zu allem Volk hindurchgedrungen ist; wenn die finstern Lande von dem Morgenroth des Evangeliums bestrahlt und erleuchtet seyn werden; wenn der letzte Triumph des Kreuzes gefeiert wird durch die Zerstörung des letzten Heidentempels; wenn das letzte heidnische Gesetzbuch verbrannt sein wird auf dem Scheiterhaufen, welchen der letzte Bekehrte von den Abgöttern anzündet, wenn unter dem Triumphgesang einer seligen Menge der Engel der Verheißung durch den Himmel fliegt mit der Siegesbotschaft: Sie ist gefallen, sie ist gefallen, Babylon, die große Stadt! dann, dann hat die Feierabendstunde in Gottes Uhr geschlagen; dann gibt's für die Mission Feierabend, dann ist Gottes Werk gethan.

Wann jedoch für dein Tagewerk an der Missionsarbeit die Feierstunde schlage, das hängt vom Gange und Stande deiner Uhr ab. Merke dazu ein Wörtlein vom

Glockenschlag in Christenuhren.

Im vorigen Winter trat eines Abends ein Kaufmann in London aus dem Comptoir in seine Wohnstube. Er machte es sich bequem, rückte den Lehnstuhl an's Kamin und ließ sich am hellen Feuer recht gemüthlich nieder. Es wollte aber heut Abend mit der Gemüthsruhe nichts Rechtes werden. Es ging dem Manne etwas im Kopfe herum.

Am Nachmittage war der Agent einer wohlthätigen Gesellschaft bei ihm im Comptoir gewesen, hatte ihn dringend gebeten, seinen Beitrag zum Besten der Gesellschaft dieses Jahr zu verdoppeln, und ihm die Bedürfnisse derselben mit vielem Nachdruck ans Herz gelegt. Der Kaufmann hatte ihn abgewiesen. "Die Leute müssen meinen, ich sei ganz aus Geld zusammengesetzt," sprach er unwillig vor sich hin, "das ist nun der vierte Verein, für den ich dieses Jahr meinen Beitrag erhöhen soll, und doch habe ich dieses Jahr grade so schwere Ausgaben für meinen Haushalt gehabt, wie noch nie. Der Bau hat schweres Geld gekostet, diese Meubles, Tapeten und Vorhänge ebenfalls; ich wüßte wahrhaftig nicht, wie ich meine Beiträge auch nur um etwas erhöhen sollte."

Der Mann wurde immer verdrießlicher, wurde müde und schläfrig, und endlich schlief er in seinem Lehnstuhl ein. Da kam es ihm im Schlafe vor, als höre er Fußtritte vor der Thür, und ein einfacher, ärmlich aussehender Mann trat ein, stellte sich vor ihn hin, und bat um einen Augenblick Gehör. Der Kaufmann zog ihm einen Stuhl ans Kamin und bat, Platz zu nehmen. Der Fremde sah sich die schöne Stube ein paar Augenblicke aufmerksam an; zog dann ein Papier hervor, reichte es dem Kaufmann hin, und sagte mit einer demüthigen und von Herzen sanftmüthigen Stimme: "Mein Herr, hier ist die Zeichnung Ihres letztjährigen Beitrags für die Mission. Sie kennen die Bedürfnisse dieser heiligen Sache besser, als ich es Ihnen sagen kann. Ich wollte hören, ob Sie nicht Ihrem Beitrage für dieses Jahr noch etwas hinzufügen möchten." Die sanfte Aussprache des einfachen und anspruchslosen Mannes beunruhigte den Kaufmann noch mehr, als der Agent heute Nachmittag, und er wiederholte hastig und verlegen dieselben Entschuldigungen: Die drückende Zeit, die Schwierigkeit, etwas zu verdienen, seine Familienausgaben ɪc. Der Fremde schaute ruhigen Blicks durch das stattliche Zimmer, nahm sein Papier wieder an sich, reichte aber augenblicklich ein anderes mit den Worten hin: "Dieses ist die Liste, auf der Ihr Beitrag für die Tractatgesellschaft verzeichnet steht; haben Sie nichts hinzuzufügen? Sie wissen, wie viel schon durch dieselbe geschehen ist, wie viel aber auch noch zu thun übrig bleibt; wollen Sie nicht Ihren Beitrag erhöhen?"

Der Kaufmann ward allerdings durch diese neue Bitte etwas verstimmt, aber in der stillen, milden Weise des Fremden lag etwas, das ihn vor heftigem Ausbruch bewahrte. Er antwortete nur, daß er unendlich bedaure, daß seine Verhältnisse der Art seien, daß sie ihm keine Erhöhung seiner milden Gaben für dieses Jahr verstatteten, und der Fremde zog auch dieses Papier ohne den geringsten Widerstand zurück. Aber unmittelbar hielt er die Liste der Beitragenden für die Bibelgesellschaft hin, und erinnerte den Kaufmann mit wenigen, aber eindringenden Worten an die allgemein anerkannten Ansprüche dieser Gesellschaft und bat wieder um eine Erhöhung des Beitrags. Da wurde der Kaufmann aber ungeduldig. "Habe ich es nicht deutlich genug gesagt," fuhr er auf, "daß ich dieses Jahr Nichts mehr für solche Zwecke geben kann. Es scheint, als ob dergleichen Ansprüche in unserer Zeit gar kein Ende nehmen wollten! Anfangs gab es nur zwei bis drei Vereine, und die Gaben dafür brauchten gerade nicht hoch zu seyn. Jetzt aber entstehen täglich neue, und nachdem wir schon reichlich gegeben, muthet man uns zu, unsere Gaben noch zu verdreifachen.— Das Ding nimmt kein Ende! Wir müssen doch endlich einmal aufhören." Der Fremde steckte sein Papier wieder ein, stand dann auf, heftete sein Auge durchdringend auf den vor ihm sitzenden Kaufmann, und sprach mit einer Stimme, die durch die Seele zitterte: "In dieser Nacht vor einem Jahr glaubten Sie Ihre Tochter liege im Sterben; Sie hatten vor Angst nirgends Ruhe.—Wen riefen Sie in jener Nacht an?" Der Kaufmann fuhr zusammen und sah auf; es schien als ob der Fremde verwandelt sei, so drückte ihn dessen ruhiger und durchtragender Blick zu Boden. Er fuhr fort, hielt die Hand vor's Gesicht und antwortete nichts. "Vor fünf Jahren," fuhr der Fremde fort, "wissen Sie es noch? Da lagen Sie am Rande des Grabes u. glaubten, eine unversorgte Familie zurücklassen zu müssen, wissen Sie noch, zu wem Sie da beteten? Wer Sie da nicht zurückwies? Wer Ihnen da half?" Einen Augenblick hielt der Fremde inne; Todesstille herrschte im Zimmer. Der Kaufmann beugte sich vorn über, und lehnte das betäubte Haupt auf die Lehne des Stuhls, der vor ihm stand. Der Fremde trat näher, und in noch eindrücklicherem Tone fragte er zum dritten Male: "Denken Sie 15 Jahre zurück, wo Sie so hülfs- und hoffnungslos fühlten, wo Sie Tag und Nacht im Gebet rangen, wo Sie gern den Werth einer ganzen Welt für eine Stunde gegeben hätten, in der Sie die Versicherung empfingen, daß Ihre Sünden Ihnen vergeben seyn. Wer hörte damals auf Ihr Flehen?

"Mein Gott und mein Heiland war es!" rief der Kaufmann.— "Ja, Er war es!" "Und hat sich Der denn jemals beklagt, daß Er von Ihnen zu viel in Anspruch genommen wurde?" fragte der Fremde und seine Stimme war dabei so ruhig und so weich, und doch lag der allertiefste Vorwurf darin. "Wohlan, sprechen Sie, sind Sie es zufrieden, von diesem Abend an Nichts mehr von Ihm zu bitten, wenn Er dafür von heute Abend an Sie auch um Nichts mehr bitten will?"—"Nimmermehr!" sprach der Kaufmann und stürzte zu des Fremden Füßen, aber in diesem Augenblicke schien die Gestalt zu verschwinden und er erwachte. "O, mein Gott und Heiland," rief er aus, was habe ich gethan! Nimm Alles, nimm Jedes. Was ist Alles, was ich habe, gegen das, was Du für mich gethan hast!"

───

(Hier mögen unsere Lehrer an das erinnert werden, was am Schluß des dißmaligen Berichts über die Missions-Frage gesagt ist.)

Für den Evangelischen Besuch.

Gibt es einen Mittel-Ort zwischen Himmel und Hölle?

Fortgesetzt von letzter Nro. Seite 38.

§. 5.

Epheser 1, 9. 10. "Gott hat uns wissen lassen das Geheimniß seines Willens, nach seinem Wohlgefallen, so Er sich vorgesetzt hatte, zur Anstalt für die Fülle der Zeiten, daß alle Dinge unter ein Haupt verfasset würden in Christo, beide das in den Himmeln und das auf Erden ist, in Ihm."—Und wieder: Colosser 1, 19. 20. "Es ist Gottes Wohlgefallen gewesen,— daß Er alles durch Christum versöhnte zu Ihm selbst, es sey auf Erden oder in den Himmeln."

Diese beide Stellen haben zwar einen weitumfassenden, unendlich tiefen Sinn; wir wollen aber hier für unsern Zweck nur dasjenige daraus hervorheben, was uns auf unsere Frage unzweideutige Antwort giebt. Ausdrücklich schreibt der Apostel, daß Gott alles durch Christum versöhne, es sey auf Erden oder im Himmel, buchstäblich nach dem Grundtert 'in den Himmeln,' und beweiset damit unwidersprechlich, daß nicht allein hier auf Erden, sondern auch jenseits in den Himmeln, eine Versöhnung durch Christum stattfinde.

Aber wie mag in den Himmeln noch eine Versöhnung geschehen, da nichts Unversöhnliches hinein kommen kann? Möchte Jemand fragen. Liebe Seele! wenn die Bibel von den Himmeln spricht, so versteht sie nicht jederzeit darunter das Reich der Liebe, das Paradies, oder die Lichtwelt, wo hinein freilich nichts Unreines zu gehen vermag, sondern sie versteht darunter gar oft blos geistige Welten, geistliche Räume, die noch einer Versöhnung unterworfen sind. Alle diese unsichtbaren Regionen und Behältnisse, worin Geister wohnen, faßt die Schrift oft mit dem Worte "Himmel" in der Mehrzahl zusammen.

Daß durch den Ausdruck "Himmel," nicht immer die Lichtwelt verstanden werde, beweisen auch die Worte Pauli, Hebr. 12, 26. wo er die Stelle anführt aus dem Propheten Haggai: Cap. 2, 6, 21.: "Noch einmal will ich bewegen, nicht allein die Erde, sondern auch den Himmel." Denn der Himmel welchen hier Gott bewegen will, kann nicht das Paradies sein, weil er den paradiesischen Himmel V. 28. ein unbewegliches Reich nennt. Welches wir im Glauben empfangen. Dieses Lichtreich kann nie bewegt werden als etwas Bewegliches. Es bewegt sich wohl selbst zu seiner Offenbarung in den Menschen, aber in sich, ist und bleibt es unbeweglich. Darum ist der Himmel, den Gott mit der Erde bewegen will, nichts anders als das Geisterreich, das eben so wie die Erde verändert werden soll.

Denn dazu sind sie gemacht, sagt der Apostel, auf daß alles Bewegliche—der Veränderung unterworfen— aufhöre, und das unbewegliche Reich Gottes allein bleibe.

Wenn nun in diesen Himmeln, in diesen geistigen Räumen, nach den klaren Worten des Apostels, eine Versöhnung mit den darin wohnenden Seelen durch Christum vorgeht, so muß ja nothwendig auch eine Erlösung aus ihren Gefängnissen, und eine Versetzung in bessere Regionen für sie Statt finden.—Doch dieses wird die nachfolgende Stelle noch deutlicher in's Licht setzen.

Fortsetzung folgt.

Fragen beantwortet:

1. Ueber 5 Mos. 18: 18.

An die Herausgeber. Wollet ihr so gut seyn, uns euren Sinn mitzutheilen über 5 Mos. 18: 18. War der ganze evangelische Heilsplan begriffen in jenen Worten: "Und meine Worte (will ich) in seinen Mund geben, der soll zu ihnen reden alles, was ich ihm gebieten werde."

Antwort.

Der ganze angezogene Vers, woraus obige Worte genommen sind, ließt wie folgt: "Ich will ihnen einen Propheten, wie du bist, erwecken aus ihren Brüdern, und meine Worte in seinen Mund geben; er soll zu ihnen reden alles, was ich ihm gebieten werde." Ohne Zweifel war der ganze Heilsplan, und alle christliche Pflichten in diesen Worten begriffen. Jesus erklärte: "Ich habe nicht von mir selber geredet; sondern der Vater, der mich gesandt hat, der hat mir ein Gebot gegeben, was ich thun und reden soll." Aus der Lehre Jesu konnte alles, was nöthig war zum Heil der Seele, gelernt werden. Zur vollständigen Entwicklung und Anwendung der christlichen Wahrheit aber, und zur festen Begründung der Kirche Christi, waren die weiteren Unterweisungen der Apostel nöthig. Da man aber mit Recht alles was die Apostel thaten und lehrten, als Christi Lehre und That ansehen kann, indem sie unter seiner Autorität und in seinem Geiste handelten, so können ihre Lehren ebensowohl mitbegriffen werden in den Worten, welche in seinen Mund gegeben (oder gelegt) wurden, das ist: in den Mund des verheißenen Propheten, unseres Heilandes.

2. Der Fels in Kadesch. 4 Mos. 20: 11.

Wir möchten auch gerne wissen, ob Moses zu dem Felsen redete in Kadesch, oder ob eine andere Ursache als das Gebot des Herrn, das Wasser fließen machte; und wie sollte Moses den Herrn geheiliget haben vor den Kindern Israel?

Antwort.

Es scheint aus der Erzählung der Begebenheit, die wir haben in 4 Mos. 20, hervorzugehen, daß Moses nicht zu dem Felsen redete, wie ihm befohlen war zu thun, sondern daß er ihn zweimal schlug. Nichts desto weniger "ging viel Wassers heraus." Hieraus erhellet, daß die Ausführung von Gottes Absichten nicht allezeit abhängig ist von des Menschen Gehorsam gegen die göttlichen Gebote. Weil aber "eine jegliche Uebertretung und Ungehorsam empfing seinen rechten Lohn," Hebr. 2: 2, so mußte auch Moses leiden für seinen Ungehorsam.

Was die Frage angeht, wie er hätte den Herrn heiligen sollen vor den Kindern Israel, würden wir antworten: Er hätte ihn heiligen sollen durch pünktliche Beobachtung seines Befehls; er hätte sollen zu dem Felsen reden, und ihn nicht schlagen. Hätte er die göttliche Anweisung genau befolgt, so hätte er gleichsam zu dem umherstehenden Volk gesprochen: In allen Dingen müssen wir Gott gehorchen, denn Er ist heilig. Damit aber, daß er es wagte, von der göttlichen Anweisung abzuweichen, verfehlte er Gott die höchste Ehre zu geben, wozu ihn seine Heiligkeit berechtiget, und so verfehlte er ihn zu heiligen vor den Augen des Volks.

Je genauer wir alle Gebote Gottes beobachten, und so thun aus gebührender Ehrfurcht vor seiner Heiligkeit und Autorität, desto mehr heiligen wir ihn vor den Augen der Welt, und zu gleicher Zeit desto mehr werden wir selbst geheiliget werden, indem wir so thun. Joh. 17: 17.

3. Ueber Luc. 7: 26.

Warum war Johannes der Täufer mehr als ein Prophet?

Antwort.

Johannes war selbst ein Gegenstand der Weissagung. "Siehe ich will meinen Engel senden, der vor mir her den Weg bereiten soll." Mal. 3: 1. Seine wundervolle Empfängniß und Geburt geben ihm gleichfalls einen Vorzug vor den früheren Propheten. Luc. 1. Da er aber den Heiland selbst taufte, und bei dem Volke einführte, ein Volk für den Herrn zubereitete, und den Anfang machte mit dem Evangelium (Marc. 1: 1.) und der Neu-Testamentlichen Haushaltung, so konnte es mit dem größten Rechte gesagt werden von ihm, daß er mehr sey als ein Prophet.

4. Ueber Luc. 7: 28.

Warum ist der Kleinste im Reiche Gottes größer denn Johannes der Täufer?

Antwort.

Johannes war hoch begnadigt; — war mehr als ein Prophet; aber die Zeit, in welcher er lebte, war vergleichungsweise dunkel, und die Mittel zu einer recht geistlichen Ausbildung weit geringer, als die gesegnete Zeit, welche auf das Pfingstfest, und die Ausgießung des heiligen Geistes folgte, und in welcher alle geistlichen Gaben in reicher Fülle genoßen wurden von den Unterthanen des Meßianischen Reiches. Folglich war das geringste Mitglied der Evangelischen (oder apostolischen) Kirche, als diese Kirche völlig organisirt war, und im Genuß aller ihrer Vorrechte stand, wenn nämlich solches Mitglied alle die Gelegenheiten benützte, die es erreichen konnte, — größer, und konnte stärkere Fortschritte machen in einem göttlichen Leben, als Johannes der Täufer gemacht hatte. Siehe diesen Gegenstand weitläufiger erklärt im Ev. Besuch Bd. 7 Seite 124.

5. Bedeutung des Ausdrucks: "Reich Gottes."

Was sollen wir verstehen unter "dem Reich Gottes in Luc. 7: 28?

Antwort.

Wir verstehen darunter den herrlichen Zustand mit allen den Mitteln zur Erkenntniß, zur Seligkeit, und zur Heiligung zu gelangen, welchen Christus zuwege zu bringen in diese Welt kam.

6. Ueber Matth. 9: 16, 17.

Liebe Herausgeber. Ich möchte gerne eine Erklärung von euch sehen über Matth. 9: 16, 17.

Antwort.

Diese Stelle liest wie folgt: "Niemand flickt ein altes Kleid mit einem Lappen von neuem Tuche; denn der Lappe reißt doch wieder vom Kleide, und der Riß wird ärger. Man fasset auch nicht Most in alte Schläuche; anders die Schläuche zerreißen, und der Most wird verschüttet, und die Schläuche kommen um. Sondern man fasset Most in neue Schläuche, so werden sie beyde miteinander behalten."

Mit diesen zwei Gleichnißen, (denn obschon beyde nicht beabsichtiget sind, genau die nämliche Sache vorzustellen, so scheinen sie doch bestimmt mit einander dahin zu wirken, die Gemüther etlicher Johannis Jünger von einer irrigen Meynung zu befreyen mit Hinsicht auf den wahren Character des Werks, das Christus zu vollbringen kam;) gibt der Heiland zu verstehen, daß die neue Ordnung der Dinge, die er einzuführen suchte, nicht ein bloßer Zusatz zu dem wäre, welches jetzt seinem Ende nahe war. Die ganze Jüdische Verfassung war im Begriff unterzugehen. Die Evangelische Haushaltung hatte ihren Anfang genommen. Und die letztere sollte nicht wie ein Lappe von neuem Tuch auf jenes alte Kleid gesetzt oder geflickt werden, um es länger haltbar zu machen, oder tauglicher zum Tragen. Die alte Verfassung war nicht die wichtigere von beyden, und die neue sollte nicht gebraucht werden, um die alte zu erhalten und zu befördern. Das Kleid der Gesetz-Gerechtigkeit war alt. Das Kleid der Gerechtigkeit Christi war neu. Das erste war schwach, abgenutzt und im Begriff völlig zu Grund zu gehen. Das letztere sollte nicht daran gesetzt werden, um es zu erhalten. An solche Versuche, das Gesetz und Evangelium, den Schatten und das Wesen, das Vorbild und das Gegenbild mit einander zu vermengen, sollte nicht gedacht werden. Die Folgen davon konnten nicht anders als unvergnüglich seyn. Das Alte konnte das Neue nicht fassen oder halten, wegen seiner Schwachheit und Unbrauchbarkeit.

Denn obschon die Zeit heran nahete, wo der Heiland seine Jünger verlassen mußte, und sie seine Abwesenheit beklagen, und in Anfechtungen kommen würden; wo sie dann oft fasten würden, so wäre ihr Fasten doch nicht bloß eine Nachahmung dessen, was Johannis Jünger und die Pharisäer thaten, sondern es würde hervorgehen aus der Schicklichkeit der Dinge, indem ihr betrübter Zustand sie dazu antriebe. Es könnte in der That in gewissem Sinne gesagt werden, daß die ganze Dauer der Kirche während der Abwesenheit ihres Herrn, die ganze Zeit zwischen der Himmelfahrt und zweiten Zukunft des Herrn, eine Zeit sey feierlichen Ernstes, der Trübsal und des Fastens. Doch müssen wir eine Einschränkung zugeben, indem sowohl für die Gemeinde, als für ihre einzelnen Mitglieder Zeiten der Gegenwart des Herrn mit Zeiten seiner Abwesenheit abwechseln, einander den Weg bereitend. Dann muß Freiheit und Wahrheit ihren ungehinderten Lauf haben in ihrem ganzen Verhalten.

Wenn eine Seele ihren Heiland gefunden hat, so störe sie Niemand, wenn sie sich freut, wie die Jünger im Anfang. Die schweren Kreuzes-Wege werden hernach kommen. Man sage sie ihnen vorher, damit sie sich auch darauf gefaßt machen, aber mehr thue man nicht. Das endliche Ziel und die Vollendung, welche bereits unsern ersten Blicken sich eröffnet, und zwar in Wahrheit, als wenn es alles nahe wäre, ist die Hochzeit des Bräuti-

Correspondenz.

gantz mit den Seinen, eine Zeit der Freude und des Entzückens, in welcher alle vergangenen Tage (des Leids und der Trübsal) verschwinden.

Der 17te Vers gibt der Sache eine neue Wendung oder einen zusätzlichen Anstrich für die Ansichten seiner Jünger, im Verhältniß zu den Lehren, die er ihnen mittheilte, und die sie üben sollten. Er wollte ihnen zu verstehen geben, daß sie nothwendig sich bereiten lassen müßten zur Annahme seiner Lehren, damit eine völlige Uebereinstimmung zwischen ihren Gefühlen und ihrer Uebung seyn möchte; daß wie der Sauerteig seiner Lehre auf sie wirkte, so würden sie sie in ihrem Leben offenbaren.

"Hierin offenbart Jesus die zarte Liebe, die er zu seinen Jüngern hatte, indem er ihnen nicht mehr auflegte, als sie vermochten zu tragen. Er sahe voraus eine große Trübsal, die über sie kommen würde, nach seinem Hingang, aber er war nicht geneigt, sie unnöthig und vor der Zeit zu betrüben."

7. Ueber Joh. 15:5.

Von den Worten: "Ich bin der Weinstock, ihr seyd die Reben;" möchten wir gerne eine Erklärung haben.

Antwort.

Wir verstehen diese Stelle, Joh. 15:5. wo es heißt: "Ich bin der Weinstock, ihr seyd die Reben,"—daß sie uns zu Gemüth führt die besondere und genaue Gemeinschaft zwischen Christo und seinen Jüngern, das ist: seinen einzelnen (individuellen) Jüngern. Aehnlich drückt sich Paulus aus in Col. 2:7 wornach wir "in ihm gewurzelt und erbaut sind." Wie Zweige wachsen, indem sie in Verbindung stehen mit dem Stamm oder Stock, so müssen wir in Christum eingepflanzt oder gepfropfet werden, und die Nahrung des göttlichen Lebens von ihm ziehen damit wir mögen wachsen und Früchte der Gerechtigkeit bringen.

Correspondenz.

Clark Co. O. Februar 29, 1860.

Liebe Brüder Herausgeber des Besuchs. Ich nehme die Gelegenheit euch wißen zu laßen, daß ich die Nummern für das Jahr 1859 alle empfangen habe im Deutschen. So weit ist alles recht. Aber im gegenwärtigen Jahr muß ein Irrthum seyn. Ich habe euch geschrieben den 6ten December, wenn ich nicht irre, und habe in den Brief gethan $1,50 und habe euch berichtet, ihr den Besuch und Visiter beides in Deutsch und Englisch, und das Büchlein, genannt: Das Herz des Menschen, ein Tempel Gottes, oder eine Wohnung des Satans (Preis 25 Cents) zu senden. Das Büchlein und die zwei ersten Nummern von den deutschen Besuch habe ich richtig empfangen, aber keinen Englischen Visiter. Ich lese im Prospectus, daß eine Copie von dem deutschen und englischen Besuch $1,25 und das Büchlein 25 Cents, zusammen $1,50 kostet, und in der Briefliste vom Januar sehe ich, daß ihr meinen Brief und das Geld empfangen habt. Also erwarte ich den Englischen Besuch auch.

D. F.

(Ja, lieber Bruder, es muß ein Irrthum vorgegangen seyn. Es war recht in der Liste angemerkt E & G, aber über den ersten 2 Buchstaben hat die Feder etwas gespritzt, so daß es aussah, als wenn E & ausgestrichen wäre. Wir haben es so deutlich corrigirt, daß nicht leicht ein weiterer Irrthum gemacht werden kann. Auch haben wir die fehlenden Nummern nachgesandt, und sind froh und dankbar, daß du uns sobald von dem Fehler unterrichtet hast. Herausg.)

Aus einem andern Brief.

—— Den Evangelischen Besuch habe ich manchmal zu meiner Erbauung gelesen, und mich besonders über den Geist des Friedens gefreut, der auch aus polemischen Artickeln spricht. Ja sogar Ihr Versuch, unsre (der deutschen Baptisten) Lehre vom Fußwaschen zu widerlegen, hat mich gefreut obwohl nicht überzeugt. So ist's recht! Sagen wir einander unsre Ueberzeugung von der Wahrheit in der Liebe und Bescheidenheit, so können wir einander behülflich seyn. Dagegen mit unchristlicher Härte, mit Beschimpfung und Schmähung anderer Kinder der Wahrheit ist ihr noch nie gedient worden, und solchen Zeloten wird der Herr einst zurufen: "Wer fordert solches von euren Händen?"

Der Herr gebe uns Gnade, daß wir, jeder an seinem Theil und Posten, treulich wirken mögen, so lange es Tag ist. Es sey

"Das Heil im Sohne
(auch ferner) laut und froh bezeugt,
Bis sich vor seinem Throne
Der fernste Volksstamm beugt.
A. H.

(Es thut uns allemal leid, wenn wir in unserem Verkehr mit andern Freunden Jesu und der Wahrheit auf Dinge zu reden kommen oder genöthiget werden, worüber wir nicht mit ihnen einstimmen können. Es ist aber nun einmal so, daß unser Erkennen und Wissen Stückwerk ist, und daß alle Christen Lernende (Schüler) seyn sollen. Einige sind etliche Stufen weiter voran, andere sind so viel zurück, und wenn wir Wahrheits- und lernbegierige Schüler sind, so können wir von unsern Mitschülern fast immer etwas lernen, und das um so gründlicher, wenn wir es nach dem Wort und Vorschrift des Meisters prüfen. Nur wenn der Schüler in den eitlen Wahn geräth, er habe genug gelernt, wird ihm das Lernen schwer oder fast unmöglich. Längst hatte Petrus gelernt, Jesus sey Christus, oder der verheißene Messias und Sohn Gottes; aber daß Christus durch Leiden und Sterben sein Werk hienieden vollenden sollte, ging ihm schwer ein. Lange hatte er Christum, den Gekreuzigten und Auferstandenen gepredigt in der Kraft des heiligen Geistes, ehe er lernte Nichts gemein oder unrein zu achten. So geht es noch heute, und wir müssen eben es Gott überlassen, wenn Andere nicht sehen können wie wir, und sie doch lieben.)

Brief von einem alten Freund.

März den 10, 1860.

Zum ersten meinen herzlichen Gruß an die Herausgeber, wie auch an alle Mitglieder so weit dieser Besuch gehet. Ich hab euren Evangelischen Besuch noch nie selbst erhalten bis dieses Jahr bekomme ich den Englischen und den Deutschen. Aber ich war immer ein Leser eures Besuchs; denn meine Kinder, die um mich her wohnen, bekommen ihn jährlich, und so habe ich immer alles gelesen, und habe mich darüber erfreut zu hören, daß die Brüder noch so ziemlich zusammen halten in einem Glauben; fest auf das Wort Gottes gegründet sind, und ich hab vernommen, daß ein Bruder geklagt hat im deutschen Besuch daß nicht mehr geschrieben wird, und so habe ich gedacht ich wollte etwas schreiben in meiner Unvollkommenheit.

Zum ersten habe ich wollen uns alle miteinander vermahnet haben, wenn wir unter den Weltmenschen seyn müssen, daß wir nicht mit ihnen an dem fremden Joch des Unglaubens ziehen, nicht mit ihnen lachen, nicht mit ihnen unnütze Worte reden, nicht mit ihnen stark Getränk trinken, sondern immer unsere Gedanken, Augen und Herzen zu Gott in den Himmel heben und zu Gott seufzen für eine solche gottlose blinde Welt. Wenn wir so gesonnen mit ihnen zu machen, so sind wir wahrlich keine Christen, ob wir schon getauft sind, und gehören wir in die Gemeinschaft der Heiligen, dann müssen wir auch suchen ein heiliges Leben zu führen; sonst hilft uns alles nichts.

Darum lasset uns thun wie uns der hocherleuchtete Apostel Jacobus anweiset, und sagt, "Seid elend und traget Leid, und weinet; euer Lachen verkehre sich in Weinen, und eure Freude in Traurigkeit.—Demüthiget euch vor Gott, so wird er euch erhöhen." Jac. 4, 9. 10. Denn es ist nicht Noth viele Anmerkungen zu machen aus der heiligen Schrift; denn die haben wir alle in unsern Häusern, und können sie, wenn wir wollen, lesen, und können sie auch verstehen, wenn wir sie rechter Art lesen; wir müssen sie aber mit einem betenden und verlangenden Sinn lesen.

P. F.

Todes-Anzeige.

Starb in Hamilton Co. Ohio, April 28, 1859. Bruder Abraham Miller, im Alter von 95 Jahren. Seine Wittwe, mit mit welcher er in 72 jähriger Ehe lebte, ist 93 Jahre alt.

Starb in Wayne Co. Ind. Januar 29. Schwester Maria Bowman, Gattin von Br. Benjamin Bowman im Alter von 50 Jahr, 11 Mon. und 3 Tagen.

Todes-Anzeige.

Starb in Clermont Co. Ohio August 30, Br. **Friedrich Weber**, alt 85 J. 1 M. 20 T.

Starb in Clover Gemeinde, Blair Co. Pa. Januar 25, Schwester **Elisabeth Huber**, Wittwe des verstorbenen Aeltesten Johannes Huber, und Schwester des Aeltesten Georg Brumbach, im Alter von 75 J. 11 M. 9 T.

Starb in Carroll Co. Indiana Januar 10, Schwester **Nancy Huff**, Gattin von Br. Joh. Huff, alt 72 J. 9 M. 10 T.

Starb in Monocasy Gemeinde, Maryland Februar 18, Schwester **Elisabeth Brown**, Gattin von —— Brown, und Tochter von Br. Joh. Weybright, alt 19 J. 7 M. 5 T.

Starb unweit Newhope, Augusta Co. Virg. Febr. 7. Bruder **Joseph Coffman**, alt 39 J. 2 M. 25 T.

Starb in der nämlichen Nachbarschaft Februar 14. **Jacob D. Humbert**, Sohn von unsern l. Mitgl. Joh. und L. Humbert, alt 12 J. 10 M. 24 T.

Starb unweit Ephrata, Lancaster Co. Penns. Februar 18, Bruder **Samuel Landes**, im Alter von 74 J. 2 M. und 21 T. Leichenreden von Br. Moyer, Reinhold und Andern über 2 Cor. 5, 1. 2.

Starb in Jefferson Co. Jowa im December, Schwester —— Mitschele, kürzlich von Ohio, im Alter von 87 Jahren.

Starb ebendaselbst Februar 16, Catharina Harman im fünf und neunzigsten Jahr ihres Alters.

Abgeschieden in der Welschrun Gemeinde, Franklin Co. Penns. Februar 21. Schwester — Wolf. ungefehr 60 J. alt. Leichenreden von C. Kiefer und Andern.

Ebendaselbst März 1, Bruder **Johannes Sword**, alt 56 J. 2 M. und 6 T.

Starb in Clark Co. Ohio November 2, 1859. Susanna Schelleberger, Tochter von Br. Joh. und Schw. Juliana Schelleberger, im Alter von 24—25 Jahren. Sie lag krank 48 Tage am Typhoid Fieber, war während ihrer Krankheit bekümmert um ihr ewiges Heil, und fand endlich Trost in ihrem Erlöser. Leichenreden von Br. D. Studabaker und H. Brubacher über 1 Pet. 1, 24. 25.

Starb ebendaselbst Februar 5, 1860 Juliana Schelleberger, die Mutter der Vorigen, und Gattin von Br. Johannes Schellaberger, im Alter von 66 J. 9 M. und 10 T. Sie war ein Glied der Gemeinde seit vier oder fünf und zwanzig Jahren, und starb im Glauben an ihren Erlöser, und in der Hoffnung einer glorreichen Auferstehung. Bei der Leichenfeier redeten Br. H Rübsam und D Studabaker über Röm. 8, 1. 2.

Starb in Mahoning Co. O. Februar 27. **Joseph Gotterba**, ein alter und geschätzter Nachbar des Herausgebers, im Alter von 88 J. 2 M. und 4 T. Der Herausgeber war zur Leiche gerufen, konnte aber Schwächlichkeit und der ungangbaren Wege halber nicht beiwohnen, was die Hinterbliebenen entschuldigen wollen.

Starb an der Wohnung ihres Sohnes in Roß Co. O. März 3, Schwester **Eva Stuckey**, hinterlassene Wittwe von dem verstorbenen Br. Abraham Stuckey, alt 77 J. 4 M. 3 T.

Starb in der obern Gemeinde in Rockingham Co. Virg. December 24, der alte Bruder **Samuel Coffman**, im 85gsten Jahr senes Alters. Er war fast 40 Jahre ein Diener der Gemeinde. Leichenreden bei Br. Martin Müller und Andern über 2 Tim. 4, 6—8.

Starb in der nämlichen Gemeinde December 10, Bruder **Jacob Sonafrank**, alt 55 J. 5 M. 3 T. Leichenrede von Salomon Garber und Andern über 2 Cor. 5, 1.

Starb in derselben Gemeinde Februar 20, Bruder **Heinrich Snell** im 52gsten Jahr seines Alters. Er hinterläßt eine Wittwe und zehn Kinder. Leichenrede von Daniel Thomas, Martin Miller und Andern über 2 Tim. 4, 7. 8.

Starb in Jefferson Co. Jowa Januar 14 Bruder **Jacob Holfinger**, ein Diener der Gemeinde im Alter von 60 J. 4 M. 22 T.

Starb in Perry-church, Juniata Co. Pa. November 14, Bruder **Jesse Reiman**, Alter nicht angegeben. Leichenrede von J. Spanogel und A Rohrer über Offenb. 14, 13.

Starb in der nämlichen Gemeinde März 1, Agnes **Maria Kaufman**, Tochter von Br. Joh. und Schw. Maria Kaufman, alt 2 J. und 8 M. Leichenrede von Ab. Rohrer und W. Panabecker über Marc. 10, 14.

Der Evangelische Besuch.

Eine Zeitschrift
Für Wahrheitliebende und Wahrheitsuchende.

Jahrg. 8.   Columbiana, O., May 1860.   Nro. 5.

Die Missions-Frage.
No. 3.

Es ist dem Verfasser der zwei vorigen Artikel über diese Frage zugemuthet worden, noch etwas mehr über die practische Tendenz und Ausführbarkeit jener apostolischen Regel, welche 1 Cor. 16, 2. aufgezeichnet stehet, mitzutheilen, und somit einen oder den andern Einwurf zu beseitigen, der etwa gemacht werden könnte. Er thut dieses aber ungerne, weil er überhaupt nicht liebt, viel von dergleichen Dingen zu reden, und es ihm schwer fällt, sich in der Kürze deutlich und leicht auszudrücken, und darum hätte er es viel lieber andern und geschickteren Händen überlassen, diesen evangelischen Plan, wie er durch den heiligen Geist ohne Zweifel dem Apostel in die Feder dictirt worden ist, mehr ausführlich darzustellen.

Indessen fühlt er dennoch eine gewiße Verpflichtung, nachdem er so viel über diesen Gegenstand bereits gesagt hat, aus Liebe und im Dienst und Gehorsam der Wahrheit noch etwas mehr zu sagen, und Gott gebe seine Gnade und Segen, daß auch dieses zur Ehre seines Namens, zur Ausbreitung seines Reichs, und zum Heil der Seelen gereichen möge. Zum Voraus möchten wir aber unsere liebe Brüder und Schwestern allzumal bitten, ohne Furcht zu seyn, als ob wir gleich den Pharisäern und Schriftgelehrten ihnen unerträgliche Bürden auf den Hals legen oder etwas Neues vor ihre Ohren bringen wollten.

Nein, Geliebte, wenn ihr aufmerksam durchleset, was wir im letzten Artikel gesagt haben; wenn ihr Acht habet auf das Wort das wir angeführt haben, so werdet ihr finden, daß es nichts Neues, sondern etwas so Altes ist als das Neue Testament. Dort stehet es geschrieben, und dort könnet ihr es lesen, was wir zum Ueberfluß noch einmal hier niederschreiben wollen:

"Wie ich den Gemeinden in Galatia geordnet habe, also thut auch ihr. Auf einen jeglichen Sabbather lege bei sich selbst ein Jeglicher unter euch, und sammle was ihn gut dünkt." 1 Cor. 16, 1. 2.

Und ist dieses ein hartes Joch, eine schwere Last, oder eine unerträgliche Bürde?—Mit nichten, werdet ihr selbst sagen müssen, wenn ihr die Worte recht erwäget, und bedenket, daß sie ein Theil sind der Lehre unsers Heilandes, der selbst gesagt hat: "Meine Last ist leicht; mein Joch ist sanft." Und wie leicht diese Last ist, wenn wir sie gemeinschaftlich auf uns nehmen, und wie viel ausgerichtet werden kann, wenn viele treu und redlich zusammen halten, das wollen wir uns mit Zahlen deutlich zu machen suchen, welche nicht trügen können.

Der Apostel sagt: Ein Jeglicher lege bei u. sammle, was ihn gut dünkt, N. B. jede Woche. Wie viel ein Jeglicher geben soll, ist nicht geboten, sondern seinem eigenen Urtheil und Gewissen überlassen. Wir wollen aber annehmen, unsere ganze Brüderschaft wäre einig in dieser Sache, und jeder Bruder und jede Schwester wollte wenigstens

Einen Cent die Woche beilegen und sammeln, wo ist der Bruder oder die Schwester, die noch irgend etwas verrichten und verdienen könnten, denen eine solche Beisteuer von Einem Cent die Woche schwer fallen würde? Und nehmen wir an, daß in einer Gemeinde einhundert solche Mitglieder wohnten, die treulich alle Wochen ihren Cent in den Gotteskasten legten, wie viel möchte etwa in einem Jahr in solcher Gemeinde zusammen kommen? Ein jedes Kind, das mit Zahlen umgehen gelernt hat, kann das ausrechnen, und finden, daß die Summe in einem Jahr auf Zwei und fünfzig Thaler sich beliefe. Und nehmen wir ferner an, daß zweihundert solcher Gemeinden in unserer Brüderschaft wären, und sie alle brächten ihre Beiträge an der jährlichen Versammlung zusammen, was wäre die Summe alsdann? Lasset ein Kind 52 mit 200 multipliciren, und es wird euch sagen, die Summe sey Zehn Tausend vier hundert (Thaler).

Nicht wahr, liebe Brüder, das ist eine schöne runde Summe, mit welcher sich schon etwas Rechtes anfangen ließe? Damit könnten nicht nur zwei, sondern zwanzig Brüder nach Californien und Oregon, oder wo immer es nothwendig wäre, abgefertiget werden, und es würde noch etwas übrig bleiben. Und diese Summe wäre zusammen gebracht, mit nicht mehr als Einem Cent die Woche, und kein Mitglied würde sich deswegen ärmer fühlen am Ende des Jahres. Ist es nicht zum Erstaunen, mit welchen geringen Mitteln der Herr seine Menschenkinder segnet, und welche tiefe göttliche Weisheit in der einfachen Regel verborgen liegt, die uns der Apostel Paulus aufgezeichnet hat?

Aber lasset uns diese Regel noch einmal betrachten. Wir haben oben gesagt, es sey darin nicht geboten, wie viel ein Jeglicher geben soll. Weniger zwar als einen Cent die Woche kann man nicht geben, denn wir haben keine kleinere Geldmünze in unserem Land. Das ist das Scherflein der Wittwe, die unser Herr zum Muster aufstellt. Luc. 21, 1. Aber wir bitten unsere liebe Brüder wohl zu bemerken, daß die arme Wittwe nicht nur ein, sondern zwei Scherflein einlegte, und daß gerade diese zwei Scherflein alles waren, was sie hatte, ihre ganze Nahrung. Wer hätte es ihr verdenken können, wenn sie mit dem lieben Gott getheilt, und nur ein Scherflein in den Gotteskasten gelegt, das andere aber für sich behalten hätte? Das wäre schon viel gewesen; denn sie hätte doch damit die Hälfte von aller ihrer Haabe eingelegt, und das thaten die Reichen nicht.

O geliebteste Brüder und Schwestern. Werfen wir einen ernsthaften Blick auf dieses Exempel der armen Wittwe, und forschen wir etwas tiefer in die Stellung ihres Herzens, und die Beweggründe ihres Thuns, so muß es uns deutlich werden, daß Ein Cent die Woche nicht hinlänglich ist für solche, die den Herrn, seinen Gottesdienst und sein Heil lieben, und es im Vermögen haben, sondern daß es wenigstens

Zwei Cents die Woche

erfordert, um unsere Liebe zu Jesu werkthätig zu beweisen, und dem Vorbild der zwei Scherflein der armen Wittwe nachzukommen.

Wie es scheint, so war es unter den Juden im Gebrauch, so oft sie im Tempel dem Gottesdienst abwarteten, auch eine Gabe in den Gotteskasten einzulegen. Diß ist noch heutzutage unter ihnen gebräuchlich, wenn sie in ihrer Schule oder Synagoge zusammen kommen. Ein ähnlicher Gebrauch findet auch in manchen Kirchen statt, wo der sogenannte Klingelbeutel unter den Leuten in der Kirche herumgetragen wird, um ihnen Gelegenheit zu geben etwas hineinzulegen.

Hätte nun die arme Wittwe nur eines von ihren zwei Scherflein eingelegt, so hätte man nicht wissen können, ob sie es blos

Gebrauchs halber, oder, wie man sagt, Schandens halber, oder aber aus Liebe zu Gott gethan habe. Aber weil sie beide, und damit Alles gab, was sie hatte, bewieß sie, daß sie Gott über alles liebte, sich ihm und seinem Dienst ganz und gar ergeben hatte, und mit völligem Vertrauen sich an ihn hielt.

Nun, wo ist der Bruder, der gesund ist, und wenn er seinen Unterhalt im Taglohn verdienen müßte, der nicht zwei Cents jede Woche in den Gotteskasten legen könnte, ohne sich wehe zu thun? Wo ist die Schwester, die neben ihrer Kost nur fünfzig Cents oder auch einen Thaler die Woche verdient, aber von der Liebe Gottes angetrieben, nicht gerne ihre zwei Scherflein gäbe? Wie mancher Cent wird nutzlos, und schlimmer als nutzlos verschwendet? Und wenn diejenige Mitglieder, die um Lohn schaffen, und vielleicht im Rent wohnen müssen, es leicht und gerne thun könnnen, der Sache Gottes wöchentlich ein paar Cents aufzuopfern, werden es dann die Brüder und Schwestern, die der Herr reichlich gesegnet hat, schwer finden, die apostolische Regel zu befolgen, und ebenfalls wöchentlich ihre Gaben nach Vermögen beizusteuern? Nein, nein; alle werden bekennen müssen, das Joch des Evangeliums sey in der That sanft und seine Last leicht; auch wenn es nicht nur ein oder zwei Cents die Woche, sondern mehr erfordern sollte.

Aber hier wird vielleicht Jemand sagen: "Was soll dann mit all dem Geld geschehen? Wenn, wie ihr es ausgemacht habt, mit Ein-Cent-die-Woche-Beiträgen schon eine solche ansehnliche Summe zusammen käme, so würde ja diese Summe mehr als gedoppelt durch zwei Cents die Woche, und was wohlhabende Brüder mehr thun würden als das; was soll endlich damit werden?"

Es ist recht, daß wir an dieses erinnert werden sind, aber die Zeit und der Raum gestatten uns nicht, auf diese und ähnliche Fragen zu antworten für dieses mal. Auch könnten wir noch Vieles sagen von den Vorzügen dieses Planes vor allen andern, die jemals versucht und geübt worden sind in und außerhalb der Gemeinde;— von den Schwierigkeiten und Hindernissen, die demselben entgegenstehen, und wie sie überwunden oder aus dem Wege geräumt werden können; von den Vorsichts-Maaßregeln, die sonderlich im Anfang zu beobachten sind, wenn das Werk recht gedeihen soll, und endlich von den Beweggründen, welche unsere geliebte Brüder und Schwestern Alle—an allen ihren und unsern Orten, und ein Jegliches insonderheit bei dieser Sache leiten sollten,—und hatten bereits mehrere Blätter darüber geschrieben. Aber wir wollen erst abwarten und sehen, was an der Jährlichen Versammlung geschieht, und wenn unsere geringe Einsicht von diesem göttlich verordneten und bestätigten Plan, der doch so wenig beobachtet wird in der heutigen Christenheit, noch ferner begehrt wird, so sind wir bereit irgend welche Fragen, die an den "Gospel Visitor" geschickt werden über diesen Punkt, nach bestem Vermögen zu beantworten.

Möge denn das Haupt seiner Kirche, unser Herr und Heiland Jesus Christus diese Sache in seine eigene Hände nehmen, und durch seinen heiligen Geist die Rathschläge der Brüder leiten, führen, regieren und überwalten, zu einem solchen Ende, wie es am besten befördern mag die Ausbreitung seines Reichs, die Auferbauung seiner Gemeinde, und die Bekehrung und Seligmachung der Welt; und Gott sey alle Ehre im Namen des Vaters, und des Sohnes, und des heiligen Geistes, und das für ewige Zeiten; Amen.

Nachschrift.

Will's Gott, so wird später noch ein und das andere in ein helleres Licht gestellt werden.

(Aus einem Wechselblatt.)
Wie ist das Neue Testament entstanden?

(Fortsetzung.)

Einem aufmerksamen Bibelleser kann es nicht entgehen, daß Matthäus in seinem Evangelium bei jeder Gelegenheit auf das alte Testament hinweis't; daß es da alle Augenblicke heißt: "Auf daß erfüllet werde, was geschrieben stehet durch den Propheten" ꝛc.; z. B. Matth. 1, 22. Kap. 2, 5. 15. 18. 23. Kap. 3, 3. Kap. 4, 14. Kap. 8, 17. Kap. 12, 17. Kap. 13, 35. Kap. 21, 4. Kap. 27, 9. (Aber schlag's fein auch auf, Lieber! das hilft zum Verständniß und fördert in der Kenntniß des göttlichen Wortes.) Die andern Evangelisten weisen wohl auch mitunter auf's alte Testament, wie man ja fast nicht anders kann, wenn man von Christo, dem Messias, redet; aber so oft und so geflissentlich, wie Matthäus, thun sie es nicht. Warum thut nun er's, und warum thun's die andern nicht? Er wird sein Evangelium eben für Leute geschrieben haben, die im alten Testament bewanderter waren, als die, für welche die andern Evangelisten schrieben, für Leute, denen die Verheißungen und Weissagungen der Propheten von Jugend auf theuer und wichtig waren, d. i. für Juden.

Das läßt sich auch noch an andern Zeichen deutlich erkennen. So erklärt Matthäus in seinem Evangelium keinen jüdischen Gebrauch; denn es ist nicht nöthig, weil er für Juden schreibt, die ihre Gebräuche wohl wußten und verstanden. Er erzählt z. B. im 15 Kap. V. 1. ff. ganz leicht weg den Streit, den die Pharisäer mit dem Herrn darüber anfangen wollten, daß seine Jünger der Aeltesten Aufsätze überträten und ihre Hände beim Brodessen nicht wüschen, und findet nicht noth, auch nur das Geringste zur Erklärung beizufügen. Aber nun siehe, welch eine Auslegung Markus Kap. 7. über die "gemeinen Hände" und diese Aufsätze der Aeltesten macht; denn der schreibt nicht für Juden, und mußte es darum thun, wenn er verstanden seyn wollte. Im 26. Kap. redet Matthäus von Ostern als von einer bekannten Sache, (was sollte er's den Juden noch erklären?) aber Markus findet für gut zu schreiben: "Nach zween Tagen war Ostern und die Tage der süßen Brode," (Mark. 14, 1.) und Lukas erklärt's noch deutlicher: "Es war aber nahe das Fest der süßen Brode, das da Ostern heißet." Luk. 22, 1. Denn sie schrieben für Nichtjuden, und die mußten eine Erklärung haben.

So redet auch Matthäus von den Gegenden und Städten, in denen der Herr gewirkt hat, von Nazareth, von Capernaum, vom galiläischen Meer, als von bekannten Dingen, wie man eben mit Leuten redet, die dort zu Hause sind; aber Lukas redet von "einer Stadt in Galiläa, die da heißet Nazareth," (1, 26.) u. von Capernaum, der Stadt Galiläa (4, 31.) Johannes aber redet von "dem Meer an der Stadt Tiberias in Galiläa," (Joh. 6, 1.) und von "den Ostern, der Juden Fest," V. 4. Er erzählt, daß Bethanien nahe bei Jerusalem war, bei fünfzehn Feldwegs. (11, 18.) Auf solche Weise hätte ja Matthäus auch schreiben müssen, wenn er für Fremde geschrieben hätte, weil er's aber nicht so gemacht hat, so ist offenbar, daß sein Evangelium für Juden bestimmt war. Und siehe nun, wie schön das paßt zu den Nachrichten der Alten, Matthäus habe sein Evangelium zu Jerusalem aufgesetzt für die Juden. Wäre uns solche Nachricht über das Evangelium Marci oder eines der andern zugekommen, so müßten wir den Kopf bedenklich dazu schütteln; aber so stimmt die Nachricht ganz zu der Schreibart, und wird durch dieselbe bestättigt, und im Gegentheil wird die Vermuthung, die einem gleich beim Lesen des Evangeliums Matthäi aufstößt, daß er ja wohl für Juden geschrieben habe, durch diese Nachricht zur Gewißheit.

Merke aber auch, wie die ganze Anlage u. Einrichtung des Büchleins dazu stimmt. — Matthäus fängt mit dem Geschlechtsregister Jesu an, und führt's zurück bis auf Abraham, nicht bis auf Adam, wie Lukas; denn Abraham war der Juden Stolz; auf den verheißenen Segen Abraham's warteten sie, und daß der nun gekommen sey, mußte ihnen bewiesen werden, mehr bedurfte es nicht. Sodann erzählt er die Geschichte Jesu wohl in der Ordnung, aber es ist nicht sowohl eine Ordnung nach der Zeit, als vielmehr eine Sachordnung. — Zuerst nämlich berichtet er von dem, was vor dem öffentlichen Auftreten des Herrn geschah (die Verkündigung der Geburt des Gottessohnes, des Kindleins Geburt und des Herodes Schrecken, des Herodes Grausamkeit und des Kindleins Bewahrung, Johannis Predigt und Jesu Taufe und Versuchung, Kap. 1, 18. 4, 11.) dann stellt er Jesum von seinem öffentlichen Auftreten an zuerst dar als das große Licht, als den Lehrer von Gott gesandt, Kap. 4, 12. 7, 29.; darauf als die große Kraft Gottes (er erzählt ein Wunder nach dem andern von Kap. 8, 1. bis 9, 35.); sodann zeigt er uns den Meister als Gründer und Herrn des Reiches Gottes auf Erden, (wie er seine Jünger dazu aussendet Kap. 10, wie er die Sache seines Reiches gegen Zweifel und Unglauben bekräftigt Kap. 11, wie er es gegen Widersacher vertheidigt, Kap. 12, wie er die Art und Natur seines Reichs beschreibt Kap. 13., und eben deswegen dann als den Versorger und Beschützer der Seinen Kap. 14—16, 12.) und endlich von Kap. 16, V. 13. an bis an's Ende, wo er die letzte Reise des Herrn nach Jerusalem beschreibt, und was sich dabei zugetragen und geredet worden, zeigt er Ihn uns in immer hellerem Lichte als den Messias, den Versöhner, den Propheten, Priester und König, als den Mann, in welchem es Gott beschlossen hat.

Dabei merkt man überall, daß es dem Matthäus nicht viel um ausführliche Erzählung der Thaten zu thun ist, sondern hauptsächlich um genaue Mittheilung der Reden und Lehren Jesu; er erzählt die Geschichten nur ganz kurz, um daran die Reden des Herrn anzuknüpfen und sie unter einander in Verbindung zu bringen. Warum thut er das? Es ist offenbar, weil er sein Evangelium in Judäa geschrieben hat, wo Jedermann die Thaten des Herrn wußte und davon erzählte, wo sie so viele selbst mit angesehen hatten; diese also aufzuzeichnen, war nicht so nothwendig; aber d a r u m mögen den Apostel wohl Mehrere gebeten haben: Schreib uns die Lehren und Reden unseres lieben Herrn auf, daß wir sie auch unsern Kindern und Kindeskindern, wenn wir ihnen von den Thaten des Heilandes erzählen, dabei vorlesen und auch unsern Brüdern nach dem Fleisch, die noch nicht glauben, vorhalten und beweisen können, daß Jesus der Christ, der verheißene Messias sey. Und Matthäus that's mit Freuden. So ward das Evangelium Matthäi und ging von Hand zu Hand und von Ort zu Ort, und wer konnte schrieb sich's ab oder ließ sich's abschreiben, genau und fleißig, und bewahrte es als Heiligthum.

So Gott will, wollen wir dann das nächste mal vom Evangelium Marci sprechen.

Für den Evangelischen Besuch.
Giebt es einen Mittel-Ort zwischen Himmel und Hölle?
(Fortgesetzt von letzter No. Seite 59.)
§. 6.

1 Petri 3, 19. 20. Cap. 4, 6. "In welchem Geiste Christus auch hingegangen ist, und hat geprediget den Geistern im Gefängniß, die einsmals nicht glaub-

ten, da Gottes Langmuth harrete zu den Zeiten Noah. Denn dazu ist auch den Todten das Evangelium verkündiget, auf daß sie gerichtet werden nach dem Menschen am Fleisch, aber im Geiste Gott leben."

Es darf hier nicht übersehen werden, daß das neue Testament den Wohnungen jener Seelen, die nicht fähig sind in die Lichtwelt einzugehen, verschiedene Benennungen gibt. Einmal, und zwar in vielen Stellen, nennt die heilige Schrift den Ort dieser Geister allgemein H a d e s, welches Wort, wie das Hebräische S c h e o l, überhaupt die Geisterwelt, das Schatten= oder Todtenreich bezeichnet, das die verschiedenen zahllosen, mehr oder minder dunkele Behältnisse in sich faßt.

Ferner nennt sie die Wohnungen der unseligen Geister auch G e h e n n a, Matt. 5, 29. Mark. 9, 43. die Feuerhölle, oder die eigentliche Hölle der verdammten Geister, worin die äußerste Finsterniß, und Heulen und Zähnklappen herrscht. Matth. 13, 42. Cap. 25, 30. Die Wohnung des Satans wird, Luc. 8, 31. auch A b y s s u s genannt, das heißt Abgrund, oder auch Tiefe, wie Luther dieß Wort übersetzte. Offenb. Joh. 20, 3. wird der nemliche Ausdruck A b y s s u s gebraucht, und damit der Abgrund bezeichnet, wohin der Engel den Drachen warf.

Der Apostel Petrus benennt die Hölle der Teufel im 2ten Brief Cap. 2, 4. mit dem Worte T a r t a r u s, das wie A b y s s u s, den tiefsten Schlund der ewigen Finsterniß anzeigt. Luther gab diese Stelle, die von den abgefallenen Engeln spricht, also: "G o t t h a t s i e m i t K e t t e n d e r F i n s t e r n i ß z u r H ö l l e— wörtlich, in den T a r t a r u s, in den tiefsten Höllengrund v e r s t o ß e n."

Es ist wohl zu merken, daß für die eigentliche Hölle der Teufel in der heiligen Schrift neuen Bundes nie der Ausdruck H a d e s gebraucht wird. Endlich nennt die Bibel die Behältnisse unversöhnter Menschengeister auch schlechthin P h i l a k e, wie in der obigen Stelle 1 Pet. 3, 10. Gefängniß, das man bewacht, wie der Grundtext unzweideutig zu verstehen gibt.

In solchen Gefängnissen nun waren die Seelen derer, die weiland nicht glaubten, da Gottes Langmuth in den Tagen Noah harrete. Und in diesen Gefängnissen mußten sie, weil sie die harrende Langmuth Gottes verachteten, wieder harren, und zwar bei dritthalb tausend Jahre, ehe der Geist Christi sie in ihren finstern Kerkern besuchen, u. durch die Verkündigung seines trostbringenden Evangeliums ihren Seelen das Licht des Evangeliums einhauchen konnte.

Wer will hier zweifeln an der großen Veränderung, die durch die Predigt Christi des Heilandes der Welt, in diesen so schmerzlich und lange harrenden Geistern vorgegangen ist? Denn ausdrücklich sagt der Apostel: "Dazu ist auch den Todten das Evangelium geprediget;" nicht allein den geistlich Todten hienieden, sondern auch den Verstorbenen, die noch nicht in die Lichtwelt eingegangen sind. Petrus verbindet diese Stelle mit der vorhergehenden, wo er sagt: "Welche werden Rechenschaft geben Dem, der bereit ist zu richten die Lebendigen und die Todten," indem er unmittelbar darauf fortfährt: "Denn dazu ist auch den Todten das Evangelium verkündiget."

Warum aber, könnte man fragen, wird auch den Todten jenseits noch das Evangelium geprediget, womit der Heiland den Anfang machte bei jenen Seelen, die zur Zeit Noah nicht glaubten? Antwort: Darum damit der Befehl des Herrn: G e h e t h i n i n a l l e W e l t (alle Welt ist doch nicht unsere Erde allein?) u n d p r e d i g e t d a s E v a n g e l i u m a l l e r K r e a t u r," vollzogen werde.

Schon damals mußte der Herr klagen, daß die Erndte groß, aber der Arbeiter wenig seyen. Wie groß ist die Erndte von dort an bis zu unsern Tagen geworden, da seitdem noch viele tausend Millionen Menschen geboren wurden? Eben aus diesem Mangel an Arbeitern kann Christus, als das Heil der Welt, hienieden nicht aller Kreatur geprediget werden, was doch nach Gottes Befehl geschehen muß.

Es wird daher nothwendig, daß die Predigt des Evangeliums auch jenseits fortgesetzt werde, und bis zum allgemeinen Weltgericht fortdaure, auf daß bis dahin alle Menschen Gottes Wort gehört haben, und an jenem Tage keine einzige Seele sich entschuldigen könne, sie habe von Christus nichts gehört noch gewußt.

Einen Hauptgrund, warum den Todten in jener Welt das Evangelium verkündiget wird, gibt der Apostel Petrus auch an in den Worten: "Auf daß sie gerichtet werden nach dem Menschen am Fleisch, aber im Geiste Gott leben." Gott richtet keine Seele, sie habe denn zuvor sein Wort gehört. Denn ganz bestimmt sagt der Heiland, (Joh. 12, 48.) "Das Wort wird sie richten." Damit aber das Wort sie richten könne, muß es ihnen vorher verkündiget werden, auf daß an dieser Predigt offenbar werden Alle, die wider den heiligen Geist sündigen, indem sie, sey es nun hier oder jenseits, dem Evangelio widerstreben, und an jenem großen und schrecklichen Tage dem ewigen Gerichte, nemlich dem zweiten Tode im Feuerpfuhl anheimfallen.— Diejenigen aber, die nicht widerstreben, sondern, wenn auch erst jenseits, das Wort annehmen, werden nach dem Menschen am Fleisch gerichtet, auf daß sie im Geiste Gott leben. Allein wie ist dieses zu verstehen? Wer einen rechten Unterschied zwischen dem innern und äußern Menschen zu machen weiß, dem wird dieser Ausspruch Petri klar aus den Worten, die der Herr zu Nicodemus sprach, Joh. 3, 6.: "Was vom Fleisch geboren wird, das ist Fleisch, und was vom Geist geboren wird, das ist Geist."

Nach dem natürlichen Menschen sind wir alle gleich, Fleisch von Fleisch geboren, in welchem nichts Gutes wohnt, und das deßhalb Gottes Reich nicht erben kann.— Gehen wir aber im Glauben an Jesum in den Geist Christi, als in unsere himmlische Mutter ein, so werden wir vom Geiste neugeboren, eine geistige Geburt, und leben im Geiste Gott. Dieser geistige Mensch ist nun der wahre, ewige Mensch, das Bild und Gleichniß Gottes. Diesen Menschen nennt Paulus, eben so wie Christus, den Geist, oder den geistlichen Menschen 1 Cor. 2, 15.); den äußeren sinnlichen Menschen hingegen nennt er Fleisch, das wider den Geist gelüstet, (Gal. 5, 17.) oder den alten Menschen. Ephes. 4, 22.

Nach dieser Voraussetzung können wir leicht einsehen, daß die Worte Petri: "Darum wird auch den Todten das Evangelium gepredigt," u. s. w. nichts anders sagen wollen, als daß die Seelen, die jenseits das Wort vom Kreuze hören und glauben, auch von diesem Worte überzeugt, gestraft und zu ihrem Heile gerichtet werden nach dem Menschen am Fleisch, das ist, nach der Geburt des Fleisches vom Fleische, oder nach dem alten Menschen, dessen Eigenschaften sie nach Ablegung der sterblichen Hülle mehr oder weniger mit hinübergebracht haben. In diesem gerechten und heiligen Gericht lernen sie durch das Licht des Evangeliums ihr eigen Leben erst recht erkennen und ihren alten Menschen hassen, verläugnen und ablegen, den neuen dagegen in der Glaubensbegierde anziehen und so im Geiste, oder nach dem geistlichen Menschen, Gott leben. Denn nur der sinnliche, natürliche, oder irdisch und fleischlich gesinnte Mensch wird gerichtet, aber nicht der Wiedergeborne.

Ich glaube wenn wir alle bisher angeführte Schriftstellen unpartheiisch betrachten, so wird es uns einleuchten, daß wirklich ein Mittelort in der Schöpfung vorhanden seyn müsse, in welchem unwissende und unvollendete Seelen bis zu ihrer völligen Vereinigung mit Christo erzogen und belehrt werden.

Daß über diese Materie aber das alte Testament sich noch dunkler als das Neue ausspricht, darüber darf man sich nicht wundern, wenn man bedenkt, daß Gott im alten Bunde nur von ferne, in Bildern und Ceremonien eingehüllt, die Geheimnisse seines Reichs zeigte, die Er dagegen im neuen Testament durch deutlichere Aufschlüsse in seinem Wort uns näher vor Augen stellte. Um so mehr muß es indessen unsere Aufmerksamkeit rege machen, daß bei allem Schweigen der alttestamentlichen Urkunde, dennoch die jüdische Kirche von jeher an einen Reinigungs-Ort in jener Welt glaubte. Einen Beweis liefert uns das zweite Buch der Makkabäer, Cap. 12, 46. in den Worten: "Darum hat er auch für die Todten die Versöhnung gebracht, daß ihnen die Sünde vergeben würde;" welches Zeugniß hier wenigstens so viel gelten soll, als das Zeugniß anderer glaubwürdigen Geschichtsbücher.

Inzwischen schweigt doch auch das alte Testament über diesen Punkt nicht ganz, wie man dieses auch Hesek. 16, 53–55. gar wohl erkennen mag, wo es heißt: "Ich will, spricht der Herr, ihr Gefängniß wenden—das Gefängniß Sodom und ihrer Töchter und das Gefängniß Samaria und ihrer Töchter, und die Gefangenen deines Gefängnisses unter ihnen. Deine Schwestern Sodom und ihre Töchter sollen bekehrt werden, Samaria und ihre Töchter sollen bekehrt werden, dazu auch du und deine Töchter sollen bekehrt werden."

In dieser wichtigen Stelle will ich bloß aufmerksam machen auf die Worte: Sodom mit ihren Töchtern oder mit ihren angrenzenden Städten, soll bekehrt werden. Als der Herr diese Worte durch Hesekiel gesprochen, waren schon mehr als tausend Jahre verflossen, seit Sodom mit den vier andern Städten, sammt allen ihren Einwohnern, zu Abrahams Zeit durch ein Feuer vom Himmel verzehrt wurden; und doch sollen sie nach Gottes Wort noch bekehrt werden. Wo anders kann die Bekehrung und die Wendung ihres Gefängnisses statt finden, als in jener Welt; da seit der Zerstörung jener Gegend am Jordan bis auf den heutigen Tag keine Spur von den eingeäscherten Städten und ihren Bewohnern mehr vorhanden ist?

Im Blick auf obige Stelle Hesekiels mögen uns auch die Worte des Propheten Jesaia, Cap. 24, 21. 22. in gleichem Sinne einleuchtend seyn, wenn er spricht: Zu der Zeit wird der Herr heimsuchen das Heer in der Höhe, so in der Höhe ist, und die Könige der Erden, und so auf Erden sind, daß sie versammelt werden zu Hauf, und gebunden zur Grube, und verschlossen werden im Kerker, und nach langer Zeit wieder heimgesucht werden."

Nachdem wir nun die Schriftstellen, die sich für das Daseyn eines dritten Orts mehr oder weniger klar aussprechen, betrachtet haben, so bleibt uns noch übrig zu untersuchen, ob die heiligen Urkunden vielleicht an andern Stellen unserer Behauptung von dem Daseyn eines solchen Orts widersprechen. Wir gehen also jetzt zu der Betrachtung derjenigen Bibelstellen über, die unserer Ueberzeugung entgegen zu seyn scheinen.

Fortsetzung folgt.

Für den Evangelischen Besuch.

Das Unser Vater.

Fortgesetzt von voriger Nro. Seite 55.

"Gieb uns unser täglich Brod heute."

Was verstehen wir bei dieser Bitte, oder was sollen wir darin verstehen, vergängliches oder unvergängliches Brod? Das natürliche Brod für den Leib haben wir zwar täglich nöthig, um unser sterbliches Leben zu fristen, so lange wir den Leib, von der Erde genommen, bewohnen. Aber wenn Jesus von den Sorgen der Nahrung redet, und von den Raben, daß sie nicht säen, nicht erndten, nicht spinnen, und Gott sie doch ernähret; oder von den Lilien auf dem Felde, wie schön sie gekleidet sind, daß Salomo in all seiner Herrlichkeit nicht also gekleidet war, als derselben eins, und hinzusetzt: "So denn Gott das Gras auf dem Felde also kleidet, das doch heute stehet, und morgen in den Ofen geworfen wird, sollte er das nicht vielmehr euch thun?"

Dieses scheint uns zu lehren, daß wir überhaupt nicht das leibliche Brod darunter zu verstehen haben. Besonders wird uns solcher Gedanke verworfen, wenn es heißt: "Trachtet am ersten nach dem Reich Gottes und Seiner Gerechtigkeit, so wird euch solches alles zufallen." Ja, wir haben es zwar nöthig, täglich dem Leibe nach erquickt zu werden, um bei Leibeskräften erhalten zu werden. Aber, "haben wir einen natürlichen Leib, so haben wir auch einen geistlichen Leib," welcher absolut auch täglich seine Nahrung nöthig hat, und essen muß von einem Brod, das der Welt fremd und verborgen ist.

Darum ist dem Kind Gottes eine Tafel bereitet und geoffenbaret, und von oben, eine freie Hinzulassung gestattet dem, der da geschmeckt hat das gütige Wort Gottes, und die Kräfte der zukünftigen Welt, und ohne solche Nahrung des Geistes können wir nicht leben, so wenig wie der Leib ohne sein Bedarf.

Wir möchten, wenn wir könnten, kurz dem Brod oder Manna des Geistes etwas näher kommen.—Wir wissen, die Israeliten sind durch eine mächtige Hand aus der Knechtschaft herausgeführt worden, und ehe sie auszogen, mußten sie den Sauerteig verbannen, und Ostern halten, oder Passah, und das Blut des Lammes brauchen, damit der Würg-Engel vorüber ging. Den nächsten Tag wurden sie ausgestoßen, und sie trugen den rohen Teig in ihren Kleidern, und backten Kuchen daraus, die süß und nicht gesäuert waren.

Welche herrliche Bilder hat doch das Alte Testament, um das Wesen vorzustellen! Was ich aber hauptsächlich habe sagen wollen, ist dieses: "Gott duldete ihre Weise vierzig Jahre in der Wüste, und gab ihnen Brod vom Himmel jeden Morgen, ausgenommen den Sabbath. Da war es die Pflicht eines jeglichen Hausvaters, vor Sonnen-Aufgang aufzustehen, und vor das Lager hinaus zu gehen, wo dieses Manna zu finden, und auf der Erde umher lag in der Größe wie Corianderkörner; da mußten sie es auflesen und sammeln.

Wer aber zu lang wartete, bis die Sonne aufging, und es heiß ward, dem ist sein Brod verschmolzen für jenen Tag, (Verlust.) Ein Gomer (ungefähr 5 Peint, oder so viel in etliche vierzig Eyer geht) sollte ein Jeder auf das Haupt seiner Familie haben. Es scheint, sie hatten das Maas zu Haus, und wenn sie heim kamen, haben sie es erst gemessen, und da fand es sich, daß der, welcher viel gesammelt hatte, doch nicht mehr hatte als das genannte, und bei dem, der wenig gesammelt hatte, wenn es gemessen wurde, war auch das Maas voll.

Also sollten sie thun fünf Tage, und nichts überbleiben lassen auf den andern Morgen. Wenn sie so thaten, so verdarb es ihnen. Aber am sechsten sollten sie doppelt dieses Maas sammeln, damit sie genug über den siebenten Tag oder Sabbath hätten; da ist es dann nicht verdorben. O könnten wir als Hausväter dieses Bild doch recht ins Wesen bringen!—Das rechte Brod, das der Welt das Leben gibt, kommt vom Himmel, und dieses Bild ermahnt uns, jeden Morgen auszugehen und es aufzulesen von der Erde. Klar ist es, wenn wir dort wollen auflesen, so müssen wir uns bücken oder neigen, um davon zu überkommen. Wir könnten hinausgehen, und wieder leer heimkehren, wenn wir nicht in der rechten Fassung stehen.

Wo ist aber der Familienaltar, wenn wir darnach fragen dürfen? Haben wir (Brüder) nahe unserem Lager etwas Grund darauf wir ihn errichtet haben, um welchen wir uns niederlassen, und Brod auflesen? Wenn wir einen solchen erbaut haben, ist er auch zugerichtet, wie der Herr Mosen befohlen, wenn er sagt: "Willst du mir einen steinernen Altar machen, so stehe zu, und mache ihn von ungehauenen Steinen, darüber kein Messer gefahren ist." Ich habe schon oft gefürchtet, durch's Poliren des Altars könnte der Segen entfliehen; aber gar keine Hoffnung kann Platz finden, wenn keiner gebaut wird.

Ich bin in Wahrheit froh, daß der, welcher viel gesammelt hatte, keinen Vorrang hatte über den der wenig gesammelt. Da es gemessen ward, so hatte ein Jeder genug. Es giebt Mitglieder, ich weiß es, welche auch gerne einen Altar bauen wollten, wenn sie beten könnten, wie dieser oder jener; solche vergessen, daß es Gott nicht gefällt, wenn wir nicht an die Arbeit gehen so wie wir sind. Der Pharisäer und der Zöllner bilden uns die Sache schön ab, welche Weise und Gebets=Art Gott am besten gefällt.

Freilich durch die sechs Tage (unserer Lebenszeit) hindurch treffen wir auf mancherley Hindernisse, die uns versuchen, wie jene, von dem übergebliebenen den nächsten Tag zu kosten, um uns der Mühe zu überheben, wieder zu sammeln. Aber da wir nach demselbigen sahen, waren Würmer darinnen. Zum Beyspiel um die Sammlungszeit kommen Fremde in das Haus, die unsere Weise nicht gewohnt sind. Da ist Hinderniß; jetzt will's nicht schicken. Die Schlange spricht: "Ihr habt noch Nahrung von gestern; sollte es so genau darauf ankommen? Wenn sie wieder fort sind, oder morgen, könnt ihr ja schon wieder anfangen." Wieder?

Wiederum; nun ist Heu Erndte; da sind die Taglöhner, der Arbeit ist viel und dringend. Wie, spricht eine Stimme, wenn wir den Altar wegschieben bis nach der Erndte—(so gehet es besonders jungen Streitern,) und wenn wir folgen, so stiehlt uns der Feind das liebe Brod, oder verursacht Würmer darinnen. Es heißt, "Wer überwindet, dem will ich zu essen geben von dem verborgenen Manna, und will ihm geben ein gutes Zeugniß, und mit dem Zeugniß einen neuen Namen geschrieben, welchen Niemand kennet, denn der ihn empfähet."

Wunderbar ist es doch mit dem Israel auf Erden, wie es belagert ist auf allen Seiten rings umher mit Feinden, auch mit Geistern, die in der Luft herrschen, welche einwirken auf das Gedankenreich der Menschen, (die fünf Sinnen ꝛc.) um dieselbe von der Einfalt in Christo Jesu zu verkehren. Zwar sind wir keine rechte Israeliten, wenn wir nicht überwinden den Teufel, die Welt, und uns selbst, wie auch jeden Gegenstand, der uns irre leiten will. Jacob, nachdem er mit Gott und mit Menschen gerungen hatte und obgelegen, wurde gesagt: "Du sollt nicht mehr Jacob heissen, sondern Israel, u. s. w."

Folglich, wenn wir die ganze Lebenszeit wachend und betend bleiben, so wird der sechste Tag ein zweifältiges Maas geben für den großen Sabbath, so vorhanden ist dem Volke Gottes. "In sechs Tagen machte Gott Himmel und Erde. Am sechsten wurde der Mensch erst gemacht. Am siebenten ruhete Gott von allen seinen Werken, die er gemacht hatte. Ein Bild ist hier zu sehen, daß wir erst wieder völlig erlöst werden vom Fall, und zur (ursprünglichen) Menschheit wiedergebracht am sechsten Tage der Woche. O Brüder, welcher Sabbath, welche Ruhe ist doch vorhanden dem Volk Gottes, wo sich das Gebet aufhebt: Gib uns unser täglich

Brod heute! Denn das Heute ist verschwunden, die Thränen, die Mühe, die Sorgen, die Krankheit, der Schmerz, das Ach und das O, der Teufel, die Welt,— kurz der Tod und Alles ist dahin, was uns oftmals quälte.

"Vergib uns unsere Schulden, wie wir unsern Schuldigern vergeben!"

Wer das Brod vom Himmel isset, der hat Leben in sich, und wo das Leben ist, da ist auch die Barmherzigkeit, weil wir dieselbe erlangt haben, so können wir sie auch mittheilen, es sey denn wir hätten sie wieder verloren, wie jener Knecht, dem tausend Pfund geschenkt waren, und welcher nachher einen würgete, der ihm nur hundert Groschen schuldig war. Es ging jenem übel; also auch uns, wenn wir nicht vergeben ein jeglicher seinem Bruder seine Fehler. Denn wir bitten, "Vergib uns, so wie wir vergeben!" Es ist wichtig, und auch Gefahr, daß wir uns nicht in das Gefängniß beten.

Zwar hat Gott eine Ordnung zum Vergeben. Der Mensch muß erkenntlich werden von seinen Sünden, und Reue darüber tragen; auch zum Schluß kommen nicht mehr zu sündigen;— und dann ist Vergebung im Blut Christi. Wenn aber der Mensch das nicht thut, so läßt Gott die Sonne und den Regen doch über ihn kommen, obwohl die Schuld stehen bleibt bis an jenen großen Tag des Gerichts. Wenn ein Bruder siebenmal des Tages an mir sündigte, und so oft wiederkäme und sagte: Es reuet mich; so wäre ich schuldig ihm zu vergeben, und das von Herzen. Aber gelt! da kommt der Gedanke: Herr, stärke uns den Glauben!

Es scheint mir, in einem Sinn will Christus seine Jünger auf sich selbst hier aufmerksam machen, weil für Gedanken und unnütze Worte die Zahl 7 zu wenig ist an manchem Tag; und doch wenn wir Gott bitten, ist er gütig und schenkt uns. Zwar alle Beleidigungen in der Gemeinde haben ihre Ordnung; könnten wir nur immer der Ordnung Gottes besser nachkommen, so könnten wir ohne Scheu sagen: Vergib uns, wie wir vergeben! Und die Beleidigung von draußen zeigt uns Christus am Kreuz, wie wir sie strafen sollen nämlich: "Vater, vergib ihnen; denn sie wissen nicht, was sie thun." Und nicht nur das. Es heißt: "Liebet eure Feinde; thut wohl denen, die euch beleidigen und verfolgen." Kurz, Christus und die Barmherzigkeit muß in uns wohnen, sonst sind wir viel zu wenig.

W. H.

Aus dem Sendboten.

Die überschwängliche Gnade an dem größten der Sünder.

Ein getreuer Bericht vom Leben des
Johann Bunian,
oder
Eine kurze Erzählung von der übergroßen Barmherzigkeit Gottes in Christo Jesu gegen ihn, die sich darin bewiesen, daß Er ihn aus dem Kothhaufen gezogen und bekehrt hat zum Glauben seines gelobten Sohnes Jesu Christi.

Hier wird ebenfalls besonders gezeigt: Welche Erkenntniß von der Sünde und welchen Kummer er darüber hatte, und welche vielerlei Versuchungen ihn trafen und wie Gott ihm durch Alle hindurch geholfen.

Verbessert und vergrößert vom Schreiber.

Zum Nutzen für den versuchten und gedrückten Christen,
1672—73.

Kommt her, höret zu Alle, die ihr Gott fürchtet; ich will erzählen, was er an meiner Seele gethan hat. Ps. 66, 16.

Des Verfasser's Vorrede

an die welche Gott ihn würdig geachtet hat zu zeugen im Glauben durch sein Predigtamt im Worte.

Kinder, Gnade sei mit euch! Amen. Da ich von euch genommen und so eingeschlossen bin, daß ich meine von Gott mir auferlegte Pflicht gegen euch zu eurer weiteren Erbauung und Befestigung im Glauben und in der Heiligung nicht erfüllen kann; weil aber dennoch meine Seele eine väterliche Sorge und Verlangen nach eurer geistlichen und ewigen Wohlfahrt hat, so sehe ich, wie früher von der Höhe "Senir und Hermon," so nun ans "den Wohnungen der Löwen und von den Bergen der Leoparden" noch einmal nach euch Allen sehr verlangend, eurer Aller glückliche Ankunft in dem gewünschten Hafen zu sehen.

Ich danke Gott, so oft ich eurer gedenke, und freue mich, selbst während ich zwischen den Zähnen der Löwen in der Wüste stede, über die Gnade, Barmherzigkeit und Erkenntniß Christi, unseres Heilandes, welche Gott über euch ausgegossen hat mit der Fülle des Glaubens und der Liebe. Euer Hungern und Dürsten nach weiterer Gemeinschaft mit dem Vater, im Sohne, euer nüchterner und heiliger Wandel beides vor Gott und Menschen, sind eine große Erquickung für mich; denn "ihr seid ja unsre Ehre und Freude." 1 Theff. 2, 20.

Ich habe euch, hierin eingeschlossen, einen Tropfen von dem Honig gesandt, den ich aus dem Rase eines Löwen genommen habe. Richt. 14, 5—8. Ich habe selbst davon gegessen und bin sehr dadurch erfrischet worden. Versuchungen sind, wenn sie uns entgegenkommen, zuerst wie der Löwe, der über Simson brüllte; aber wenn wir sie überwinden, so werden wir, wenn wir sie das nächste Mal sehen, ein Nest voll Honig darin finden. Die Philister verstehen mich nicht. Es ist etwas von einer Darlegung des Werkes Gottes an meiner Seele, vom allerersten Anfang bis jetzt, in welcher ihr sehen möget mein Niedergeschlagen- und Aufgerichtetwerden; denn "Er zerschmeißet und Seine Hände heilen." Es stehet geschrieben in der Schrift: (Jes. 38: 19.) "Der Vater wird den Kindern deine Wahrheit kund thun." Ja, es war darum, daß ich so lange am Sinai lag, (2 Mose 19, 18.) um das Feuer und die Wolke und die Dunkelheit zu sehen, daß ich den Herrn alle Tage meines Lebens auf der Erde fürchten, und meinen Kindern erzählen möchte die wunderbaren Werke des Herrn. Pf. 78, 3—5.

Moses (4 Mose 33, 1.2.) schrieb die Reisen der Kinder Israel von Egypten bis nach Canaan auf und befahl auch, daß sie sich an ihre vierzigjährige Reisen erinnern sollten. "Und gedenkest alles des Weges, durch den dich der Herr, dein Gott geleitet hat, diese vierzig Jahre in der Wüste, auf daß Er dich demüthigte und versuchte, daß kund würde, was in deinem Herzen wäre, ob du Seine Gebote halten würdest oder nicht." 5 Mose 8, 2. Darum habe ich dieses zu thun mich bestrebt; und nicht nur das, sondern es auch zu verkündigen, auf daß, so Gott will, auch Andre erinnert werden mögen, was Er an ihren Seelen gethan hat, durch das Lesen Seines Werkes an mir.

Es ist nützlich für Christen, sich oft selbst an die allerersten Anfänge der Gnade in ihren Seelen zu erinnern. Es ist eine Nacht, die dem Herrn sehr gefeiert werden soll, in der Er sie aus Egypten geführet hat. "Darum ist dieß die Nacht der Feier vor dem Herrn, daß er sie aus Egyptenland geführet hat; dieselbige Nacht ist vor dem Herrn eine Feier, bei allen Kindern Israel, auf ihre Nachkommen." 2 Mose 12, 42. "Mein Gott, sagt David, betrübt ist meine Seele in mir, darum, daß ich an Dich gedenke aus dem Lande am Jordan und Hermonim, von dem kleinen Berge." Psalm 42, 7. Er erinnerte sich auch des Löwen und des Bären, als er ging, um zu streiten mit dem Riesen zu Gath. 1 Sam. 17, 36. 37.

Es war Pauli Gewohnheit (Ap. Gesch. 22.) und das, als es sich vor Gericht um sein Leben handelte, selbst seinen Richtern die Weise seiner Bekehrung darzulegen. (Ap. Gesch. 24.) Er gedachte des Tages und der Stunde, da ihm die Gnade zuerst begegnete, denn er wußte, daß sie ihn erhielt. Als Gott die Kinder Israel aus dem rothen Meer gebracht und schon weit in die Wüste geführt hatte, mußten sie doch wieder dahin zurückkehren, um da an die Ersäufung ihrer Feinde erinnert zu werden; (4 Mose 14, 25) denn ob sie Ihm anfangs lobsangen, so vergaßen sie doch seine Werke. Psalm 104, 11, 10.

In dieser meiner Abhandlung könnet ihr Viel sehen; Viel, sage ich, von der Gnade des Herrn gegen mich. Ich danke Gott, daß ich es Viel heißen kann, weil es über meine Sünden und auch über Satans Versuchungen ging. An meine Befürchtungen, an meine Zweifel, und an meine traurigen Monate kann ich mich mit Ruhe und Trost erinnern, denn sie sind, wie das Haupt Goliath's in meiner Hand. Es ging dem David nichts über Goliath's Schwert, das Schwert, das einst in seine Eingeweide gestoßen werden sollte, denn selbst der Anblick und die Erinnerung daran predigte ihm die Errettung Gottes. O die Erinnerung an meine großen Sünden, meine großen Versuchungen, meine große Furcht für immer zu verderben! Sie führen mir zu Gemüthe die Erinnerung an meine große Hülfe, meine großen Unterstützungen vom Himmel, und die große Gnade, die Gott an einem solchen Elenden, wie ich bin, bewiesen hat.

Meine lieben Kinder, gedenket der vorigen Tage und der Jahre vor Alters. Gedenket auch eurer Gesänge in der Nacht, und redet mit eurem Herzen. Psalm 77, 5—12. Ja suchet fleißig nach dem verborgenen Schatz, und lasset keine Ecke undurchsucht, dem Schatz eurer ersten und zweiten Erfahrung der Gnade Gottes gegen euch. Gedenket, sage ich, des Wortes, das euch zuerst ergriff, gedenket eurer Schrecken im Gewissen, eurer Furcht vor Tod und Hölle; gedenket auch eurer Gebete und Thränen zu Gott; ja, wie ihr seufzet unter jeder Hecke der Gnade? Habt ihr keines kleinen Berges zu gedenken? Habt ihr vergessen die Ecke, das Milchhaus, den Stall, die Scheuer und dergleichen, wo Gott eure Seelen besucht hat? Gedenket auch des Wortes, ja ich sage des Wortes, auf welches hin euch Gott hat hoffen lassen. Wenn ihr gegen das Licht gesündiget habt, wenn ihr versucht seyd zu lästern, wenn ihr in Verzweiflung versinkt, wenn ihr denkt, Gott streitet gegen euch, wenn der Himmel vor euren Augen verborgen ist:— so gedenket, es war so mit eurem Vater; aber aus dem allen hat der Herr mich errettet.

Ich hätte noch viel mehr sagen können von meinen Versuchungen und Beschwerden der Sünde, sowie auch von der liebreichen Güte und Arbeit Gottes mit meiner Seele; ich hätte auch in einem viel höhern Styl reden, und alles mehr ausschmücken können, als ich zu thun scheine: aber ich darf nicht. Gott spielte nicht mit mir, als Er mich versuchte; noch spielte ich, als ich sank, wie in einen bodenlosen Pfuhl, als mich die Aengsten der Hölle umfingen.

Darum mag ich nicht spielen beim Erzählen, sondern bin deutlich und einfach, und und lege die Sache dar, wie sie war. Wem es gefällt, der nehme es auf; wem es nicht gefällt, der mache es besser.

Lebet wohl! meine lieben Kinder, die Milch und der Honig sind hinter dieser Wüste. Gott sey euch gnädig, und gebe, daß ihr nicht träge seyn möget hinzugehen und das Land einzunehmen.

Johann Bunian.

Für den Evangelischen Besuch.
Wegen weltlicher Obrigkeit, zu wählen und zu brauchen.

Geliebter Bruder.

Indem ich den englischen Visitor gelesen habe, sah ich, daß der liebe Bruder P. N. ein Stück geschrieben hat über die dritte Frage der Jahres Versammlung von 1852, wo er bezeugen will aus der Heuchelfrage der Pharisäer und Herodianer, daß wir nach dem Evangelium ein Recht haben oder Freiheit, oder daß es unsere Pflicht sey, daß die Brüder sollten helfen die weltliche Obrigkeit zu machen, wo die heilsame Antwort auf die Heuchelfrage gar nichts sagt.

Die Frage ist: Ob es recht sey, daß man dem Kaiser Zins oder Schoß oder Zoll, oder wie wir sagen thäten, Tar oder Mustergeld gebe? Da dann der Heiland ihre Heuchelei merkte, sprach er: Ihr Heuchler, was versuchet ihr mich? u. s. w. Matth. 22, 18. Solche Abgaben sind wir schuldig zu geben. Wenn diese Heuchler gefragt hätten, ob es recht wäre, den Kaiser oder König, oder ihre Diener oder weltliche Amtsleute zu wählen, so würde er nicht so geantwortet haben, weil im ganzen Evangelium nichts von der Art geboten ist.

Denn die Obrigkeit ist von Gott; Er setzt Könige und Amtsleute ein und ab; alle Menschen sind in seiner Hand, wenn sie schon nicht so denken. Gleich wie es heißt von Pharaoh, da Gott sagt: "Darum habe ich dich erwecket, daß ich meine Macht erzeige." Und wie können wir wissen, welche Gott ersehen hat, wenn selbst der Prophet Samuel nicht wußte, welchen der Herr ersehen hatte unter den Söhnen Isai? Er sah an Eliab, weil er ein schöner, großer Mann war; aber der Herr sprach: Es geht nicht, wie ein Mensch siehet; sondern den nichts geachteten Schaafhirt David hatte der Herr ersehen.

Manche Andere hat Gott ersehen; aber sie sind untreu geworden, und er hat sie wieder weggethan. So ist die Obrigkeit gänzlich in der Hand Gottes, und wir sollen ihr unterthan seyn, und für sie beten.— Wenn wir aber gedenken, sie zu machen, und setzen unser Vertrauen auf Menschen, so wäre die Obrigkeit von Menschen, und nicht von Gott, und möchten so in ein Amt greifen, welches Gott uns nicht geboten hat.

Wenn die Brüder an den Wahlplatz gehen, und einer stimmt auf die eine Seite, und der andere auf die andere Seite, und also gegen einander, und der Parthey Geist kann gar leicht die Oberhand über die brüderliche Liebe gewinnen. (Dieses ist wohl zu beherzigen, da dieses Jahr wieder eine große Wahl im Gang ist, und ohne Zweifel der Kampf und Streit heftig seyn wird. Möchten doch alle Brüder vor Gott überlegen, wie sie sich zu solchen Zeiten verhalten sollen!)

Dann heißt es in der obengemeldeten Frage oder Antwort, daß kein Bruder ein Recht habe, ein weltliches Amt zu bedienen. Wenn aber die Brüder ein Recht haben ihn zu wählen, und nachher ihm verbieten zu dienen, werden sie nicht selber ins Gericht fallen? Oder sollen sie für solche von andern Verfassungen stimmen, und Andern auflegen, was wir denken, es sey nicht schicklich für uns? Oder sollen wir nur für solche stimmen, welche ganz und gar zur Welt gehören, und also für die Finsterniß stimmen?

Wenn die Brüder Amtsleute in der Gemeinde wählen als Lehrer oder Diener, so denken sie es als unschicklich, daß die, so zu der Welt gehören, mitstimmen sollten. Aber eben so unschicklich ist es, etwas zu thun, das Gott allein gebührt, u. uns niemals befohlen worden ist. Laßt uns Sorge tragen, daß wir nicht in ein fremdes Amt greifen!

Weiter heißt es in der gemeldeten Frage, daß wir im Nothfall die Gewalt der Obrigkeit mit dem Rath der Gemeinschaft brauchen möchten.— Nun laßt uns sehen, was Nothfall ist. Wenn der liebe Heiland im Garten Gethsemane im bittersten Leiden war wegen unserer Sünden Last, und dann die Soldaten kamen mit Schwerdtern und mit Stangen, ihn griffen, und ihn schleppten von Platz zu Platz;—das war ein Nothfall. Es galt nicht Welt oder Geld; auch nicht nur ein Menschenleben, sondern das Leben des Herrn aller Herren, und des Königs aller Könige. Hätte er zu Petrus gesagt: Schlage drein! was hätten die Soldaten thun können? Oder wenn er seinen Vater gebeten hätte, und dieser ihm zwölf Legionen Engel geschickt hätte, vor welchen die ganze Welt voll Menschen wie nichts gewesen wäre; aber wie wäre die Schrift erfüllt worden, und wie wird des Meisters Gebot erfüllt, wenn wir die Obrigkeit brauchen??

Jacob L...

Schrifterklärung über die Worte Ev. Joh. 11, 43.

"Da Er das gesagt hatte, rief Er mit großer Stimme: Lazare, komm heraus!"

Der hohe Kirchenlehrer Augustinus fraget, warum der Herr Seufzer, Thränen, v. 35. Gebet, und ein starkes Schreien angewendet und gebraucht habe, diesen Todten zu erwecken? welches Er nicht gethan hatte bei den andern Todten, die Er aufgewecket hat. Nicht bei dem Jüngling zu

Nain, dessen Sarg Er nur allein angerühret; Lucä 7. nicht bei des Jäiri Töchterlein, zu welcher Er nur gesagt hatte: Mägdlein, stehe auf. Lucä 8. Es ist geschehen, sagt er, weil Lazarus vier Tage todt gewesen war. Der Herr hat uns ein Bild wollen geben, darin zu zeigen, wie schwer die Bekehrung eines Sünders ist, wenn er in der Sünde befestiget ist. Der erste Tag sagt er, ist die Lust, welche man schmecket in der Sünde. Der andere Tag ist der Beifall und die Zustimmung des Willens. Der dritte Tag ist die Liebe zur Sünde und zur Wollust in der Sünde. Und der vierte Tag ist die G e w o h n h e i t. Wann man hier so weit gekommen ist, so kann man nicht mehr auferwecket noch zu Gott bekehret werden, als durch Seufzer, Thränen, Gebet, und durch die gewaltige und wunderthätige Stimme des Herrn.

Augustinus Tract. 49. in Joh.

Correspondenz.

Bucyrus, Crawford Co. O.
März 30, 1860.

Geliebter Bruder Kurtz.

Ich muß dich auch wieder schriftlich besuchen. Ich habe wieder 2 Unterschreiber für den Ev. Besuch gefunden, deren Namen ich dir mit diesen Zeilen senden will sammt der Bezahlung, nemlich $1,00. Die Namen sind: Christoph Auch und John Wagner. Wenn du die Nummern vom letzten Neujahr an schicken könntest, so wäre es uns recht.

Weiter schicke ich dir auch ein Lied, welches mir bekannt ist von meiner Erweckung an. Es war mir immer sehr angenehm und wichtig; aber ich weiß es nur einmal gedruckt. Deswegen sende ich dir es, und wenn es nicht zu lange ist, und auch nicht zu viel gefordert, um es in den Besuch aufzunehmen, kannst du es aufnehmen, so bin ich dir dankbar dafür. Doch sey es deinem Gutdünken überlassen. Du kannst es etlichemal überlesen, daß du den rechten Sinn davon fassen kannst.

Ich würde es vorziehen, wenn es gedruckt werden könnte wie es auf dem letzten Blatt geschrieben ist, ich habe es nicht ganz so schreiben können, sonst hätte ich zu viel Raum gebraucht.

Der Herr hat doch immer welche Arbeiter in seinem Weinberg gehabt, die ihr Pfund nicht vergraben haben, und wuchern jetzt noch damit, nachdem sie schon eine geraume Zeit entschlafen sind. Der Herr wolle auch uns aufrichtige Herzen schenken, auch mit unserem anvertrauten Pfund zu wuchern, (es mag so gering seyn als es will,) so lang es Tag ist, ehe die Nacht eintritt, da niemand wirken kann.

Leb wohl l. Br.! Ich grüße dich sammt deiner Frau recht herzlich. Gedenke auch unserer vor dem Gnadenthron Jesu!

Dein geringer Bruder
Michael Bühl.

Todes = Anzeige.

Starb in Philadelphia, Pa. Februar 9, 1859, Schwester Anna Preis, Gattin von Joseph Preiß, und Tochter von Weiland Johannes Reis im 45sten Jahr ihres Alters.

Starb in Ascher Glades, Allegeni Co. Maryland Februar 13, 1860 Bruder Alexander Thomas, im hohen Alter 84 J. 10 M. 26 T. Er war ein Aeltester der Gemeinde seit mehr als 30 Jahren. Leichentext 2 Tim. 4, 7. 8.

Starb in Somerset Co. Pa. Januar 22, Susanna Peck, Tochter von Jacob und —— Peck, alt 5 J. 1 M. 29 T. Leichentext Matt. 18, 1–9. von Jacob C. Hauger.

Starb unweit Green=Mount, Rockingham Co. Va., Februar 27, Schwester Anna Miller, Wittwe des Aeltesten Daniel Miller, im Alter von 74 J. 5 M.

Todes-Anzeige.

10 T. Sie war die Mutter von 18 Kindern,—9 Söhnen und 9 Töchtern,—von welchen 13 sie überleben.

Starb in Miami Co. Ohio März 5, Schwester Emilie Dieter, Gattin von Friedrich Dieter, im Alter von 18 J. 6 M. 26 T. Leichenrede über Röm. 8, 38. 39.

Abgeschieden in Williams Co. O. April 15, 1859, eins von zwei Zwillings Kindern, ein Söhnlein von Heinrich und Isabel Rus, alt zwei Tage, und Januar 29, 1860 das zweite Quinter Wallace Rus, alt 9 M. 17 T. Leichentext Matth. 18, 1—4.

Starb in Clover Dist. Blair Co. Pa. Januar 7, Samuel Brumbach, Söhnlein von Br. Christian u. Schw. Magdalena Brumbach, alt 2 J. 16 T. Ebendaselbst Februar 26, Susanna Brumbach Töchterlein der nämlichen Aeltern, alt 9 M. 29. T.

Desgleichen Februar 27, Sarah Brumbach, ein anderes Töchterlein derselben Aeltern, alt 8 J. 4 M. 9 T. So starben in weniger als 2 Monaten aus einer Familie von 8 sonst gesunden Kindern fast die Hälfte.

Starb ebendaselbst März 14, Maria Anna Bateman, Tochter von Georg u. Lydia Bateman, alt 5 J. 4 M. 13 T.

Starb in Ten Mile Dist. Waschington Co. Pa. Februar 25, Schwester Lovina Swagler, Tochter von Br. Matthias u. Schwester Rahel Tombaugh, alt 31 J. 1 M. 28 T. Leichentext 1 Tim. 4, 13—18.

Starb in Monticello, White Co Indiana Februar 12, Br. Johannes Rothrock, ein vieljähriger Lehrer, im Alter von 80 J. 6 M. und etlichen Tagen.

Entschlafen in Montgomery Co. Ohio März 19, Sarah Ellen Naffsinger, Töchterlein von Br. William und Schwester Nancy Naffsinger, alt 1 J. 6 M. und 23 T.

Starb in Clark Co. O. Februar 11 Br. Michael Frantz, ein alter Armenhener der Gemeinde, im Alter von 68 J. 4 M. 22 T. Leichentext 2 Sam. 3, 38. und Heb. 11, 4.

Starb in Pint Creek Dist. Marshal Co. Indiana März 20, Schwester Hetty Pippinger, Gattin von Jacob Pippinger, alt 31 J. 23 T. Leichentext Heb. 4, 9.

Starb in South English, Keokuk Co. Iowa März 9, Br. Benjamin Wein, ältester Sohn von Salomon und Sarah Wein von Rockingham Co. Va. Alter: 20 J. 4 M. 3 T. Leichentext Matt. 24, 44.

Starb in Millcreek Tp. Lebanon Co. Pa. März 28, Br. Martin Price, an der Brust-Wassersucht, woran er etwa 15 Monate, zu Zeiten, viel und schwer zu leiden hatte, welches er ohne Murren in Demuth ertrug und endlich getrost und in einer lebendigen Hoffnung sein Ende erreichte im Alter von 48 J. 7 M. und 9 T. Er hinterläßt eine betrübte Wittwe und 2 Kinder. Leichenrede über Spr. Sal. 10, 28. von Johannes Zug.

Starb in Sandy Creek Ch. Preston Co. Va. März 23, Schwester Dicky oder richtiger Wittwe Neukomer, alt 79 Jahre. Sie war ein treues Mitglied über 50 Jahre.

Starb unweit Quincy, Franklin Co. Pa. März 21. Aaron William Burkholder, Söhnlein von Dr. John und Susanna Burkholder, im Alter von 1 J. 10 M. und 17 Tagen.

Starb in Rockingham Co. Va. Januar 15. Schwester Catharine Crotzer im Alter von beinahe 91 Jahren. Leichenrede von Aelt. Benj. Bowman und John Klein über 1 Joh. 3, 3.

Starb in Miami Co. O. Oct. 13, 1859, Emma Mikesell, Töchterlein von William H. und Mary Mikesell, alt 1 J. 5. M. und 15 T.

Starb in Carroll Co. Illinois April 8, am Scharlachfieber rc. Sarah Herrington, Töchterlein von Bruder Samuel und Schwester Elisabeth Herrington, im Alter von 2 J. 5 M. 8 T. Leichenrede von Br. John Forney, über Hiob 14, 1. 2.

Starb in Ogle Co. Ills. April 11, desgl.—Holsinger, einziges Kind und Töchterlein von Br. Georg und Schwester Mary Holsinger, alt 1 J. 11 M. und etliche Tage. Leichenrede von John Forney und Isaak Hersch über Psalm 103, 15. 16.

Der Evangelische Besuch.

Eine Zeitschrift
Für Wahrheitliebende und Wahrheitsuchende.

Jahrg. 8.   Columbiana, O., Juny 1860.   Nro. 6.

Für den Evangelischen Besuch.
Herzliche Vermahnung und Aufmunterung

zur Treue in dem Werk des Herrn, sammt den Pflichten, so jedes Geschlecht darinnen zu beobachten hat. Aufgesetzt von einem Wahrheitliebenden und kindlich gesinnten Freund Mag. Kraus.

Wenn ein Fürst der Erden-Sphäre
Auf Vermehrung seiner Heere,
Und auf neue Kriegs-Macht denkt;
So wird seine Wahl zum Streite,
Nur auf junge starke Leute
Männlichen Geschlechts beschränkt.

2. Anders denkt der Freund der Sünder,
Wohl uns! Alle Menschenkinder
Ladet seine Güte ein,
Alle Alter und Geschlechte,
Alle Stände, Herr'n und Knechte,
Läßt er sich willkommen seyn.

3. Merket nur an eurem Reihen,
Welche die Berufne seyen,
Brüder, Schwestern, merket nur;
Ist das Alter ausgeschlossen?
Sind die Niedrige verstoßen?
Wem versagt Er seine Cur?

4. Ist die Jugend nicht erwählet,
Hat es Kindern je gefehlet,
Kindern bei dem Kinder-Freund,
Hat Er Knechte nicht geachtet,
Oder eine Magd verachtet,
Der der Welt als Knecht erscheint.

5. Hat er Ehen je getadelt,
Hat er sie nicht erst geadelt,
Da er sie mit sich verband,
Sind nicht Ledige vor allen,
Welche Ihme wohlgefallen;
Siegel-Ringe seiner Hand.

6. Kurz, kein Stand kann sich beklagen,
Oder unserm König sagen,
Herr, du hast uns nicht gedingt.

Aber wißt ihr, welche Pflichten,
Jeder Classe zu verrichten,
Unser Zustand mit sich bringt.

7. Väter, euch befiehlt man wenig,
Ihr seyd Freunde von dem König,
Denen er sein Herz vertraut.
Fried' und Liebe muß euch küssen,
Weil ihr schon zu euren Füßen,
Sünde, Welt und Teufel schaut.

8. Männer! Jesus will es haben,
Ihr sollt durch des Geistes Gaben,
Säulen seiner Heerde sein.
Durch Bestand in seinem Werke,
Durch Erkenntniß, Glaubens-Stärke,
Nehmt ihr diesen Vorzug ein.

9. Ihr seyd Anderen zur Stütze,
Vornen an des Heeres Spitze,
Als zum Vorbild hingestellt;
Lichter, andern vorzustrahlen,
Muster, ihnen vorzumahlen,
Wie man seinem Herrn gefällt.

10. Meisterschaft und Herrschbegierde,
Eine selbsterhaßte Würde,
Schlaffheit des vereinten Bands,
Sich erkenntnißvoll zu dünken,
Und mit anderer Beifall schminken,
Sind die Fehler eures Stands.

11. Nein, der Kleinste ist der Größte,
Und der ist vor ihm der Beste,
Der es schier nicht glauben kann.
Werdet nur nicht satt im Hören,
Lernet anderer Gaben ehren,
Sehet sie vor höher an.

12. Wenn euch etwan eure Hirten,
Nicht das Wort mit Wandel zierten,
Brüder, so verschmäht sie nicht,
Gott spricht auch aus ihrem Munde;
Oft bestrahlt er sie zur Stunde
Euch zu lieb mit seinem Licht.

13. Sucht den Obern eure Pflichten
Nach der Ordnung zu entrichten,
Weil der Herr es so befiehlt,

Laßt sie ihrem Richter stehen,
Ihr seyd nicht da nachzusehen
Ob sie auch ihr Amt erfüllt.

14. Gegen Andre seyd wie Brüder,
Sind sie euch sonst schon zuwider,
Liebreich, freundlich und gelind,
Werdet ihr euch so beweisen,
So wird man den Vater preisen,
Welcher euch zum Licht gewöhnt.

15. Habt ihr nicht im Herrn gefreiet,
Eure Ehen sind verneuet,
Durch den Geist der Heiligung.
Christus lehret selbst die Seine
Durch sein Band mit der Gemeine,
Liebe, nebst der Mäßigung.

16. Eure Häuser seyen Tempel,
Euer Leben ein Exempel,
Vor Weib, Kinder und Gesind;
Lasset Zucht bei euch regieren,
Ordnung laßt den Scepter führen,
Daß man stets dem Heiland dient.

17. Im Gewerbe und im Handel,
Im Geschäfte und im Wandel,
Habt den Herrn vor dem Gesicht.
Falschheit, vortheilhaftes Lügen,
Faulheit, Freundschaft mit dem Bösen,
Taugt ja nicht zum Stand im Licht.

18. Kurz ein Christ ist immer thätig,
Stets im Dienste, niemals ledig,
Alles ist im Herrn gethan;
Und so treibt man ohne Treiben,
Blos durch das bei sich verbleiben,
Ohne Wort auch andre an.

19. Weiber sind nicht ausgeschlossen,
Nein sie sind auch Mitgenossen,
An dem Heil, und an dem Reich.
Es sind auch von ihrem Orden,
Manche stark im Geist geworden,
Heldinnen den Männern gleich.

20. Lernet Demuth von Marien,
Marthä Fleiß, und das Bemühen
Andrer Weiber in dem Herrn;
Lasset euch durch Sarah lehren,
Wie man soll den Mann verehren,
Schüchternheit sey von euch fern.

21. Eine sanfte Geistes Stille,
Ein in Gott gefaßter Wille
Ist der größte Weiber-Schmuck
Fleiß und Treue im Geringen,
Frucht in guten Werken bringen,
Und Gelassenheit im Druck.

22. Seiner Kinder so zu warten,
Daß sie ihrem Freund nacharten,
Der ein Kind in Gnaden war;
Seinem innern Menschen pflegen,
Auf die Heiligung sich legen,
Dieses ziert die Weiber gar.

23. Nahrungssorgen, Schwätzereien,
Argwohn, Neid und Zänkereien,
Weichlichkeit, Empfindlichkeit,
Hindernissen gerne weichen,
Abscheu vor dem Kreutzes-Zeichen,
Baldige Verdrossenheit.

24. Wünsche, die man nie erfüllet,
Triebe, die man nie recht stillet,
Klagen über das was fehlt,
Immer hören, nie verdauen,
Nie recht gründen, immer bauen,
Schminke die das Herz verstellt.

25. Kleinigkeiten, Phantasien,
Tiefes Graben, immer fliehen,
Zweifel, die man immer hegt,
Dieses, Schwestern! sind die Stricke,
Welche, daß er euch berücke,
Satan euren Füßen legt.

26. Glaubets nur die alte Schlange,
Welche Eva einst bezwange,
Stellet euch viel stärker nach;
Drum so bleibt in Einfalt stehen,
Ueber euch auf den zu sehen
Der der Schlangen Kopf zerbrach.

27. **Jünglinge!** auch euren Jahren
Drohen mancherlei Gefahren,
Welt und Satan sind euch gram,
Seht sie in die Wette streiten,
Eure Herzen zu erbeuten,
Das von ihnen Abschied nahm.

28. Feinde sind nicht gleich bekämpfet,
Euer Fleisch noch nicht gedämpfet;
Sünde glimmet noch in euch.
Schlafet nur, so schlagen Flammen
Ueber eurem Haupt zusammen,—
Und ihr seyd Besiegten gleich.

29. Bald regt sich die Lust von innen,
Und bald legt die Welt den Sinnen
Ihre falsche Waaren vor.
Welt und Fleisch stehn in dem Bündniß,
Unter Buhlen ein Verständniß
Mit dem Willen Aug und Ohr.

30. Heiligt eure beste Kräfte
Brüder! Jesu zum Geschäfte
Seines Reichs, Er ist es werth;

Lauft! beschämet jene Menge,
Welche in dem Weltgedränge
Ihre beste Kraft verzehrt.

31. Wachset emsig in Erkenntniß,
Haltet wacker am Bekenntniß,
Sammler! jetzt ist Sammlens=Zeit.
Ihr, ihr seyd zum Sieg erschaffen,
Kleidet euch in Gottes Waffen,
Stehet ohne Furcht im Streit.

32. Flatterei und Eitelkeiten,
Leichtsinn, jugendliche Freuden,
Schänden eure Herrlichkeit;
So wie schmeichelnde Gedanken
Ueber eures Glaubensschranken,
Und die falsche Geistlichkeit.

33. Schreitet ihr auch einst zu Ehen,
So wird man den Geist erst sehen,
Welcher eure Herzen lenkt;
Lautre oder trübe Triebe,
Ob die Welt= und Weiber=Liebe
Christi Liebe nicht verdrängt.

34. Töchter! auch in diese Klasse,
In die Klippen dieser Strasse,
Schließt euch euer Alter ein;
Keusche Herzen, reine Seelen,
Welche Zucht vor Lust erwählen,
Sollen eure Kronen seyn.

35. Ist es euch vom Herrn gegeben,
Ohne Ehe Ihm zu leben,
O so sorget allermeist
Daß ihr dies Geschenk bewahret,
Und an Jesu Brust erfahret
Heiligung an Leib und Geist.

36. Kinder, liebet und genießet
Was vom Vater auf euch fließet,
Glaubet! ohne zu verstehen,
Laßt euch segnen, herzen, küssen
Ehe noch die Pfeile schießen,
Die durch Jünglings=Herzen gehen.

Eingesandt von Michael Bühl.

Mitgetheilt aus einem Brief für den Ev. Besuch.

Ueber Matthäi 16, 18.

"Ich sage dir: Du bist Petrus, und auf diesen Felsen will ich bauen meine Gemeinde, und die Pforten der Hölle sollen sie nicht überwältigen."

Hier scheinen mir drey Hauptgründe zu seyn zur Betrachtung:

1. Wer der Fels ist;
2. Welches die Gemeinde; und
3. Welches die Pforten der Hölle?

Zum voraus ist es wohl so, daß ich dir hier nichts Neues einschenke, sondern blos von dem Alten suche zu zeugen; und wo ich irren sollte, sey so gut, und helfe mir zurecht in der Sache, welche dieser Text in sich faßt.

Es sind verschiedene Meynungen vorhanden von dem ersten Grund. Einige meynen, Petrus sey der Fels, worauf die Gemeinde gebaut werden sollte. Andere wiederum: Christus sey der rechte Fels, welches ich auch glaube. Es kommt mir vor, es sey ungereimt, daß Christus seine Gemeinde auf einen Menschen bauen wollte, der sterblich war, und dem Tod in die Hände fiel. Wenn dieses die Meynung wäre, so ist schon lange das Fundament der Gemeinde verschwunden;—dann, o weh für den Bau!

Petrus heißt wohl Kephas, das ist verdolmetschet, ein Fels; welches er erst wurde am Pfingstfeste. Früher, im Garten Gethsemane, und im Pallast des Hohenpriesters war Kephas im Dunkeln, (und nichts weniger als ein Fels, fest und unbeweglich.) Dieses zu lassen, (und weiter zu kommen;) Christus fragte seine Jünger: "Wer sagen die Leute, daß ich sey; und endlich: Wer saget ihr aber, daß ich sey? Petrus sprach: Du bist Christus, der Sohn des lebendigen Gottes." Hier ist der Fels und Grund der Gemeinde, welchen die Pforten der Hölle nicht überwältigen können,—das Bekenntniß Petri: "Du bist Christus ꝛc." scheint durchaus in Gottes Wort, der Grundstein der Gemeinde Christi zu seyn.

Wir können so schließen, wenn es dort heißt: "Ein jeglicher Geist, der da bekennet, daß Jesus Christus ins Fleisch gekommen ist, der ist von Gott." Hier verstehen wir, daß Christus in einem natürlichen Leibe gekommen, damit er leiden konnte die Schmerzen des Todes. Wiederum heißt es: "Es ist den Menschen kein anderer Name gegeben, ꝛc." Abermal: "Der Stein, den die Bauleute verworfen haben, ist zum Eckstein geworden." Auch heißt es: "Ein anderer Grund kann nicht gelegt werden, außer dem, der gelegt ist, nämlich Jesus Christ."

Geliebter Bruder. Diesen Grund offenbart uns Fleisch und Blut nicht, sondern blos unser Vater im Himmel, durch seine überzeugende Gnade. Nun wohl, so ist Christus der Herr der Fels und Grund der Gemeinde, oder mit andern Worten: sein Wort.

Die Gemeinde Christi.

Sie besteht zwar nur aus Solchen, die durch das lebendige Wort von oben gezogen werden aus dem Unflath der Welt, aus dem sündlichen Sodom und Gomorrah, oder aus Egypten geführt werden durch eine mächtige und hohe Hand. Das sind die wahre neugeborne Kinder, welche einstmals den Dienst der Sünde schwer und drückend fühlten, bis daß die Erstgeburt (des Fleisches) erwürgt war, und der volle Wille geboren: "Ich will mich aufmachen, und zu meinem Vater gehen, ꝛc."

Solche mögen einmal die unsichtbare Gemeinde auf Erden bilden. (?) Aber jetzt ist die Frage: Werden alle diese gezogenen erbauet auf den Grund der Apostel und Propheten, wovon Christus der Eckstein ist? Wenn so, so werden die Pforten der Hölle sie nicht überwältigen?

Nun,

Was sind die Pforten der Hölle?

habe ich früher als gewundert. Aber es wundert mich nicht mehr so viel zu dieser Zeit. Erfahrung ist in solchen Dingen der beste Lehrer, um uns die dunkeln Sprüche der Schrift zu offenbaren oder aufzuschließen.

Die Hölle, von welcher die Schrift redet, wird zwar gemeiniglich verstanden als die Behausung der verlorenen Geister. Aber an diesen Ort zu kommen sind mancherley Wege, und ein jeder Weg hat eine Pforte oder Eingangsthür, und wie die Wege der Hölle nur Ein breiter Weg und doch viele sind, so sind ihrer viel, die darauf wandeln. Freilich ist nur ein einziger (schmaler) Weg nach dem Himmel, welcher eine enge Pforte zum Eingang hat, wo es nur David's Kindern gelingt, dadurch einzugehen, welche im Namen des Herrn Zebaoth die Feinde Gottes bekämpfen. Da mag die Hölle Hohn sprechen; David wird dennoch siegen.

Aber ich sehe, daß der Satan seine Straßen alle gebaut hat neben der Straße des Himmels, zur Linken, und ist vielleicht nicht zu viel gesagt,—alle fünfzig Yard eine, und ein Herold in der Pforte, welcher ruft und spricht: "Hieher! Dieses ist der Weg, den man fröhlich gehet nach dem Land der Freuden." Was ich droben sagen wollte, muß ich jetzt nachholen. Wir finden Gal. 6. eine Zahl Pforten beschrieben, nämlich siebenzehn an der Zahl, wo es heißt: "Offenbar sind die Werke des Fleisches ꝛc." Und dieses sind nicht einmal alle; es giebt ihrer noch viele, wie dir wohl bekannt ist.

Nun ist hier das wunderbare Ding, daß der Mensch in einem Sinn in Verbindung stehet mit der Macht der Höllen, oder besaamt ist mit den Neigungen jener finstern Regionen. Denn die Hölle heißt auch in andern Worten der Tod, und wir lesen, daß der Tod zu allen Menschen hindurchgedrungen sey ꝛc. Wenn wir auch gleich aus Gott geboren sind, und Christum zum Grund haben, so verursachen uns solche Dinge, die im Fleisch sind, doch sehr viel Kampf und Streit auf unserer Pilgerreise.

Wenn es doch immer so wäre, wenn jener Teufelsknecht an der Pforte ruft, und unsere Todes-Wurzel magnetisirt, daß wir sagten — wie der Fels selbst sprach: "Satan, weiche hinter mich!" So würden wir manchem Kreuz entgehen, dem wir jetzt unterworfen werden in manchen Fällen, dieweil wir öfters nicht so eng wandeln, wie der Weg an sich selber ist.

Freylich haben die treuen Kinder Gottes auch Angst und bange Stunden, wenn der Teufel brüllt wie ein Löwe, und sich stellet, als wollte er die Frommen lebendig verschlingen; und besonders im Lande der Zweifelmüthigen, in welchem ich auch schon reisen mußte als wie im Dunkeln, wo sich Geister und Erscheinungen herzudrangen, die Schauder und Entsetzen erregten, welche kein Mensch beschreiben kann, und Niemand besser weiß als die Erfahrenen.

Aber Gott sey Dank für den Grund, da wir einmal ankerten, und der unser Glaubens-Schifflein hielt vor Sturm und Wellen; und wenn es auch bisweilen schiene zu sinken vor dem großen Ungestüm, so ist dort Einer, der auf dem Wasser wandelt, und uns zu Gesichte kommt. Zu dem sprechen wir: "Herr, hilf uns, denn wir versinken!" Und Er ist auch so willig, wenn wir nur redlich sind, und uns wollen sagen lassen, daß er den Aufrichtigen immer wieder zurecht hilft, wie ein Vater seinen Kindern.

Daher können uns die Pforten der Hölle nicht überwältigen, sondern der redliche Jünger Christi wird endlich siegen und überwinden Hölle, Teufel und Tod. Ach wie froh werden wir seyn bei solchem Sieg!

W. H. an J. Z.

Ein Fels ist uns dein theures Wort,
Und wider alle Höllenpfort
Beschützest du uns, lieber Herr,
Wenn wir nichts anders suchen mehr.

Für den Evangelischen Besuch.

Gibt es einen Mittel-Ort zwischen Himmel und Hölle?

Fortgesetzt von voriger Nro. Seite 72.

II.

Bibelstellen dagegen.

§. 1.

Markus 16, 16. "Wer da glaubet und getauft wird, der wird selig werden. Wer aber nicht glaubet, der wird verdammet werden."

"Hier sieht man klar," wird man uns einwenden, "wie Christus, der Herr dem Glauben die Seligkeit, und dem Unglauben die Verdammniß zugesprochen hat, und von einem dritten Ort zwischen Seligkeit und Verdammniß mit keiner Sylbe Meldung thut, sondern geradezu sagt: Wer glaubt, wird selig, und wer nicht glaubt, wird verdammt. Nach diesen Worten kann also kein sogenannter dritter Ort statt finden.

Ja lieber Freund, wenn der Herr keine andere Worte, als diese: Wer da glaubt und getauft wird, der wird selig, und wer nicht glaubt, wird verdammt, ausgesprochen hätte, so würde dein Einwurf einen festen Grund haben. Allein du mußt, was der Herr verbunden hat, nicht trennen, und nicht Eins allein annehmen und das Andere zurücklassen.

Da hier vom Glauben und Nichtglauben die Rede ist, so frägt es sich, was soll denn geglaubt und nicht geglaubt werden? Offenbar das Evangelium. Darum gab Christus vorher seinen Jüngern den Befehl: "Gehet hin in alle Welt, und prediget aller Creatur das Evangelium. Wer nun das Evangelium hört und glaubt und getauft wird, der wird selig. Wer das Evangelium hört, und nicht glaubt, der wird verdammt werden. Dieses Hören muß nach dem Befehl des Herrn nothwendig mit dem Glauben oder Nichtglauben in Verbindung gesetzt werden.

Wer also das Evangelium während der Zeit seines Lebens hienieden nicht hört, und nicht hören kann, weil es ihm nicht gepredigt wird, so daß er aus dieser Ursache nichts davon weiß; wie kann ein solcher unwissender Mensch nach seinem Tode gleich gerichtet und verdammt werden, da der Apostel Paulus Röm. 10, 14. mit klaren Worten spricht: Wie sollen sie glauben, von dem sie nichts gehört haben? Wie sollen sie aber hören ohne Prediger?

Will man die Worte: "Wer nicht glaubt, wird verdammt," aus dem Zusammenhang reißen und darnach Allen, die ohne Christum zu erkennen und an Ihn zu glauben, aus der Welt gehen, gleich ohne Unterschied ihre Wohnung in der Hölle bei den Teufeln anweisen, so gibt man dadurch deutlich zu verstehen, daß man zwischen Unglauben und Unglauben nicht zu unterscheiden weiß. Denn es ist doch ganz etwas anders, der Predigt des Evangeliums nicht glauben wollen, oder ihr nicht glauben können, aus Mangel an Gelegenheit sie zu hören.

Gott hat Alles beschlossen unter dem Unglauben, auf daß Er sich Aller erbarme, schreibt der Apostel, Römer 11, 32. Worin besteht nun Gottes Erbarmung, als eben in der Anzündung des göttlichen Funkens des Glaubens an das Evangelium Christi, das eine Kraft Gottes ist, selig zu machen alle die daran glauben? Denn ein Keim des Glaubens wie auch des Unglaubens, liegt in der Natur eines jeden Menschen, und beide gründen auf das Wort; der Funke des Einen auf das Wort der Wahrheit und der des Anderen auf das Wort der Lüge. Lüge war das Wort der alten Schlange: "Ihr werdet mit nichten des Todes sterben." Dieser Lüge glaubten Adam und Eva; und darin liegt der Ursprung des Unglaubens, den sie hier in sich aufnahmen und diese giftige Wurzel in ihrer ganzen Nachkommenschaft erblich fortpflanzten. Wahrheit war das Wort der ewigen Liebe: "Des Weibes Same soll der Schlange den Kopf zertreten." Und auch diesem Worte glaubten beide Stammeltern wieder, und dadurch wurde der Keim des Glaubens in ihre und ihrer Nachkommen Herzen gelegt. Diese beiden Saamen liegen nun im Acker der menschlichen Natur unter der finstern Decke der Unwissenheit verborgen, aber nur so lange, bis sie, durch die Predigt des Evangeliums von der Decke befreit, in diesem Lichte offenbar werden. Sobald das geschieht, dann heißt es, wie Paulus spricht, (Ap. Gesch. 17, 30.): "Gott hat die Zeiten der Unwissenheit übersehen; aber jetzt gebeut er allen Menschen in allen Enden, Buße zu thun."

So lange also Unwissenheit des Menschen Herz verfinsterte, so lange bedeckt sie zugleich auch den Keim des Glaubens und des Unglaubens in Bezug auf das Evangelium, das allein den Menschen beseligen kann. Sobald aber das Wort vom Kreuze erschallet und das Herz ergreift, so zerstreut das Licht des Evangeliums die Unwissenheit wie einen Nebel und hebt alle Entschuldigung auf. Jetzt brechen beide Funken, der des Glaubens, wie der des Unglaubens, durch das Feuer des göttlichen Wortes angezündet, hervor. Sie können sich nicht mehr verbergen, weil sie gleichsam vor dem Richterstuhl des ewigen Wortes gerufen, erscheinen müssen. Glaube und Unglaube kommen nun in Kampf; der eine spricht Ja; der Andere Nein; der Eine nimmt an, der Andere verwirft. Der Hörer des Wortes muß sich entscheiden für die Wahrheit oder für die Lüge, für den Glauben, oder für den Unglauben. Die Zeit der Unwissenheit hat durch den erschütternden Schall des Evangeliums bei ihm aufgehört. Und damit diese Unwissenheit in der ganzen Menschheit ihr Ende erreiche, so hat der Herr, wie wir schon oben hörten, den Befehl gegeben, das Evangelium aller Kreatur zu predigen;

weil aber hienieden nicht alle Kreaturen das Evangelium hören, so wird es auch nach den Worten Petri noch in jener Welt gepredigt.

Obgleich denen zu Noah's Zeiten Buße geprediget wurde, so konnten sie doch das eigentliche Evangelium von der heilbringenden Kraft und Wirkung des Kreuzes Christi nicht hören, weil sein Kreuzesopfer in unserem Fleische noch nicht vollbracht war. Sobald aber der Sohn Gottes in unsrer Natur auf Erden erschien, so sprach Er: (Joh. 12, 48.)

"Wer meine Worte nicht aufnimmt, der hat, der ihn richtet; das Wort, welches Ich geredet habe, wird ihn richten." Wer also das Wort nicht hört, und nicht hören kann, weil es ihm nicht gepredigt wird, den kann auch das Wort nicht richten; die Unwissenheit entschuldiget ihn. Denn wie kann ich Christi Worte aufnehmen, wenn ich sie nicht höre? Aus dieser Ursache schreibt Paulus (ich muß seine Worte nochmals wiederholen) —"Wie sollen sie glauben, von dem sie nichts gehört haben? Wie sollen sie aber hören ohne Prediger?

Wenn nun ein solcher Mensch in dieser unverschuldeten Unwissenheit in die andere Welt hinüber geht, so wird er wohl, je nachdem er bei Leibesleben nach der Ueberzeugung seines Gewissens, oder dagegen gehandelt hat, eine Wohnung, seinem sittlichen Charakter entsprechend, erhalten; aber richten kann ihn das Wort vom Kreuze nicht, und zwar so lange nicht, bis das Evangelium in seine Seele dringt, und er sich dann entweder im Glauben dafür, oder im Unglauben dawider entscheiden muß.

Millionen, und Millionen Menschen befinden sich in der Ewigkeit, zu denen bei Leibes Leben nie das Evangelium gekommen ist, und die deßwegen nicht glauben konnten; denn wie sollten sie glauben, von dem sie nichts gehört haben? Wo sind nun diese Seelen? Sollten sie Alle in der Hölle der abgefallenen Geister seyn? Wie, du armer Staubmensch, zitterst du nicht bei diesen Gedanken? Darfst du es wagen, deinen Mitbruder, der nie wie du Gelegenheit hatte, von Christo zu hören und der dennoch vielleicht in seinem Leben nicht so viel Böses gethan hat, als du selbst, nach deiner lieblosen, eingebildeten Meinung zu verdammen und in die Hölle zu stoßen? Gottlob daß wir aus Gottes Wort wissen, daß keine Seele zur Feuerhölle in Ewigkeit verdammt wird, als nur eine solche, die das Evangelium hienieden gehört hat, oder es hier hören konnte, dasselbe aber im Unglauben aus satanischem Stolze verachtet und verworfen hat. Wer meine Worte hört und nicht aufnimmt, sagt Christus, der hat schon, der ihn richtet, das Wort wird ihn richten.

Alle diese Millionen Menschen, die nie das Wort von Christo hörten und somit ohne ihre Schuld in völliger Unwißenheit aus dieser Welt gingen, können in Bezug auf das Evangelium weder gläubig noch ungläubig genannt werden. Sie gehören zu den Unwissenden, welche Gott, nach den Worten Pauli, in seiner Geduld, und zwar so lange, bis auch sie in ihren Behältnissen das Evangelium hören und sich dann für den Glauben oder Unglauben entscheiden müssen. Denn die Seligsprechung geht nur den Glauben, der aus der Predigt kommt (Röm. 10, 17.) und die Verdammung nur den Unglauben an, der das Wort nicht annimmt, keinesweges aber die schuldlose Unwissenheit.

Dieser, und sämtliche vorangegangene Artikel über die Frage: Gibt es einen Mittel-Ort ꝛc. sind aus der Feder von Dr. Friedrich H.
Die Signatur ist anfänglich vom Setzer ꝛc. übersehen worden. Herausgeber.)

Für den Evangelischen Besuch.
Es gibt keinen Mittel-Ort.
Pleasanthill, O. May 16, 1860.

Liebe Brüder in dem Herrn Jesu Christo. — Zum ersten wünsche ich euch, was ich mir selbst wünsche, das ist: die Gnade Gottes, und seinen reichen Segen, und seinen Beistand in dieser Welt, und in der Ewigkeit wünsche ich euch Freude die Fülle zu der Rechten Gottes immer und ewiglich. Dort wird liebliches Wesen seyn immerdar für die, welche das große Glück haben dahin zu kommen aus großer Trübsal, und ihre Kleider helle gemacht haben im Blute des Lammes ꝛc.

Sonst glaube ich aus guter Zuversicht, daß Niemand dorthin kommt, als solche, die das Heil ihrer Seele in dieser Zeit ausschaffen. So lehret uns die heilige Schrift oder das Wort Gottes und Evangelium Jesu Christi. An keine andere Lehre glaube ich, und wenn auch ein Engel vom Himmel käme und würde ein anderes Evangelium predigen, der sey verflucht.— Das ist aber, liebe Brüder, nicht was ich habe schreiben wollen.

Ich will mit der Hülfe Gottes etwas gegen die Wiederbringungs- oder gegen die Universalisten-Lehre schreiben. Das ist eine Lehre, welche unsern Brüdern viel Schaden thut. Sagt Jemand: Warum? — so ist die Antwort: Es glauben so viele von den Brüdern an eine Wiederbringung, und ich bin bange, es bringet noch Viele zu Fall. Solcher verkehrte Glauben ist stark am zunehmen, und nach meinen besten Einsichten ist es nur, daß solche sagen können: Vielleicht! und das ist alles was sie sagen können.

Die heilige Schrift schneidet solchen Glauben geradezu ab. Ich wenigstens kann keinen Grund finden in der Schrift, weder im alten Bund, noch im neuen Testament, und ich habe es mehreremal durchgelesen, wie auch die Bibel, und nicht einen Titel gefunden, der mich glauben macht, daß Gott nicht immer meint, was er sagt.—

Nun fragt Jemand: Was sagt denn das Wort Gottes von der Wiederbringung, oder was sagt es dagegen? Ich antworte: Sehr vieles sagt es dagegen; ja sehr viel.

Zum ersten sagt es viel von einer seligen Ewigkeit. Was meint das? Ich sage, es meint eine immerwährende Ewigkeit. Warum? Antwort: Es sagt "ewig," und wenn es so sagt, so meint es nichts als "ewig." Nein; sonst möchte ich behaupten, wenn die Verdammniß aufhört, dann hört auch die selige Ewigkeit auf. Es ist gerade so viel Schrift dafür, als für das erste, wenn einige Schrift dafür ist. Aber ich weiß keinen Grund dafür. Es ist nur: Vielleicht!—und ist nur für die, welche einen leichten Weg nach dem Himmel haben wollen. Solche glauben an eine Wiederbringung.

Die Brüder bei uns predigen eine ewige Verdammniß, und auch mit Recht. Sie haben die Schrift auf ihrer Seite. Es war auch nicht der alten Brüder Glauben; denn sie sind immer gegen den Universalisten Grund gegangen. Es ist auch die Mutter vom Unglauben. Ich erachte es nicht für nothwendig, viel Schrift anzuführen.

Zum ersten, wenn es in der Offenbarung heißt, daß das Feuer nicht verlöschen und der Wurm nicht sterben thut, dann meint es nichts anders, als was es sagt. Und wenn es sagt "Hölle," so meint es Hölle; und wenn es sagt, daß es brennet mit Feuer und Schwefel, so meint es nichts anders; und wenn es heißt: "die ewige Verdammniß, so meint es gerade das; und wenn es sagen thut von dem reichen Mann, daß er Pein leide in dieser Flamme, dann meint es Flamme und nichts anders.

Nun, wenn mir Jemand beweisen kann, daß der reiche Mann jemals wieder aus der Qual kam, dann will ich zufrie-

Wie ist das Neue Testament entstanden? 89

ben seyn; oder daß er etwas von Hoffnung gesehen hat. Aber, nein! es hat geheißen: Sie haben Mosen und die Propheten; hören sie diese nicht, so werden sie auch nicht hören, wenn einer von den Todten auferstehen thut, u. s. w." Ein Jeder kann für sich selbst lesen.

Nun meint aber unser Freund im deutschen Visitor vollständig bewiesen zu haben, daß den Todten das Evangelium gepredigt wird. Wenn es so wäre, so hätte der Herr auch erlaubt dem reichen Mann, seinen Brüdern predigen zu lassen von einem Todten. Aber die Gnadenzeit war vorbei. Ja, sagt Jemand, der Heiland ist selbst der Prediger. Ich sage: Nein; denn er hat gesagt: "Ich muß wirken, weil es Tag ist; die Nacht kommt, da Niemand wirken kann." Was ist die Nacht? Ich sage: der Tod.

Da sagt Einer: Der Heiland hat doch den Todten geprediget. Ich sage auch so; aber dann war er noch nicht aufgefahren zu seinem Vater; er war noch im Grabe. Da hat er den Todten das Evangelium gepredigt; aber erst nach vierzig Tagen ist er in den Himmel gefahren, dort sitzt er nun zur Rechten seines Vaters. Aber sein Wort, das er hier geprediget hat, das thut den Menschen richten; also hat er selbst gesagt, da er noch in der Welt war.

Weiter, wenn es heißt, daß der Teufel und sein Anhang in den feurigen Pfuhl geworfen werden, dann meint es einen feurigen Pfuhl. Ich weiß wohl, daß etliche sagen, es ist kein Feuer in der Hölle. Ich thäte mich Sünden fürchten, so zu sagen; denn Gottes Wort sagt, es ist ein Feuer, "das mit Feuer und Schwefel brennet."

Nun, liebe Brüder, bin ich noch nicht durch mit Schreiben; aber mein Bogen ist voll. Ich werde noch mehr schreiben; wenn ihr etwas aus diesem machen oder brauchen könnet, so möget ihr es in den Druck thun.

Johannes E.

(Da wir ganz unpartheiisch bei dieser Frage uns zu verhalten gedenken, so geben wir gerne auch dem vorstehenden Artickel Platz. "Prüfet alles, und das Gute behaltet," ist unser Motto. Die Armuth an Mittheilungen läßt uns nicht viel Auswahl, und vielleicht ist gerade diese Frage interessant genug, Mehrere zum Schreiben zu veranlassen. Unsern lieben Bruder bitten wir nur bei seinem Schreiben bessere Dinte zu gebrauchen. Die Mittheilungen sind so blaß geschrieben, daß es fast unmöglich war, solche zu lesen. Herausg.)

(Aus einem Wechselblatt.)
Wie ist das Neue Testament entstanden?

(Fortsetzung.)

Wir kommen nun zum Evangelium Marci. Zuerst wollen wir sehen, was uns die Schrift von dem Verfasser desselben erzählt. Johannes Markus (denn das war sein vollständiger Name, Apgsch. 12, 12.) war von Jerusalem, wo seine Mutter Maria ein Haus hatte. Die war schon frühe an den Herrn Jesum gläubig geworden und stand in inniger Verbindung mit den Jüngern und Aposteln des Herrn, weswegen auch Petrus, als er durch den Engel aus dem Gefängnisse befreit worden war, sogleich auf ihr Haus zueilte, wo er auch mit Staunen und Freuden aufgenommen wurde. (Ap. Gesch. 12, 12—18.)—Da hat also M a r k u s den Herrn und seine Jünger schon in seiner Jugend kennen und lieben gelernt. Vielleicht ist er derselbe Jüngling gewesen, der bei der Gefangennehmung Jesu in Gethsemane zugegen war, und als ihn die Knechte greifen wollten, das Kleid in ihren Händen ließ, und nackend entfloh. Marc. 14, 51. Derselbe Mann, der den P a u l u s nach seiner Bekehrung bei den Aposteln und übrigen Christen zu Jerusalem einführte, (Ap. Gesch. 9, 26—29.)

Barnabas, war sein Vetter. (Col. 4, 10.) Der hatte ihn besonders lieb, nahm ihn deswegen auch auf seiner ersten Reise, die er mit Paulus zur Bekehrung der Heiden machte, mit (Apgsch. 12, 25. 13, 4.), und trennte sich sogar später lieber von Paulus, da dieser die zweite Missionsreise unternehmen wollte, als von seinem lieben Vetter Markus. Apgsch. 15, 36—40.) Später jedoch, als er wahrscheinlich fester geworden war, fand er auch bei Paulus wieder Aufnahme, wie aus Col. 4, 10. und 2 Tim. 4, 11. zu ersehen ist; besondere Liebe aber erfuhr er von dem alten Freund seines Hauses, von dem Apostel Petrus, der ihn (1 Pet. 5, 13.) seinen Sohn Markus nennt, und bei dem er sich auch, wei die Alten berichten, meistens aufgehalten hat.

Das ist nun der Mann, der uns die zweite Lebensgeschichte Jesu hinterlassen hat. Daß er sie nicht für Juden schrieb, ist schon früher bemerkt worden, weil er ja jüdische Gebräuche und Ausdrücke seinen Lesern erklären muß. (Marc. 7, 1—4.) So verdolmetscht er auch fast jedes hebräische Wort, das er vorbringt, siehe z. B. Marc. 5, 41. 7, 11. 34. 10, 46. 15, 22. Er bringt aber solche hebräische Worte häufig vor, weil er ein lebhafter Erzähler ist, u. seinen Lesern gerne Alles so deutlich als möglich vorstellen möchte, auch die wichtigsten Worte so, wie sie im Munde des Herrn oder Anderer lauteten. Matthäus bringt keine hebräischen Ausdrücke vor, ausgenommen ein einziges Mal, wo er einen vorbringen mußte, nemlich Kap. 27, V. 46. (warum er da mußte, zeigt dir V. 47), denn er schrieb ja für Hebräer (obwohl in griechischer Sprache) und die wußten schon selbst, wie die Worte auf hebräisch lauteten. Schrieb aber Markus nicht für Juden, so schrieb er für Heiden, denn was kein Jude war, war dazumal heidnisch, da gab's nichts Anderes, und die Heiden wußten wenig oder nichts vom Gesetze Mosis. Daher erklärt sich's denn, warum Markus, als er im ersten Kapitel von der Predigt Johannis des Täufers erzählt, das ausläßt, was dieser den Pharisäern und Sadducäern in's Gewissen redete, und was wir bei Matthäus 3, 7—10 finden; denn die Pharisäer und Sadducäer waren den Heiden keine so wichtigen Leute und von einem Stolz auf die Abkunft von Abraham wußten sie nichts. Eben deswegen übergeht Markus auch bei der Erzählung von Jesu Taufe im Jordan (Kap. 1, 8—11.) das, was wir Matth. 3, 14 und 15 erzählt finden, denn von der Gerechtigkeit, im Gesetz erfordert, mußten die Heiden nichts.— (So vergleiche auch Matth. 12, 1—8. mit Marc. 2, 23—28, Matth. 13, 10—17 mit Marc. 4, 10—12.)

Aus derselben Ursache ist daher auch die Anlage und Eintheilung des Buchs eine andere, als bei Matthäus. Die Heiden wußten noch nichts von dem Leben und den Thaten Jesu, sie waren nicht selbst Augen- und Ohrenzeugen derselben gewesen, hatten sie nicht von ihren Freunden und Bekannten oft erzählen hören; die wollten und bedurften also eine ordentliche Geschichte, an die sich dann bei der mündlichen Predigt die Lehre anknüpfte, bei denen mußte erst der Grund gelegt werden.— Darum hat Markus keine Sachordnung wie Matthäus, sondern eine Ordnung nach Ort u. Zeit; er erzählt zuerst, wie die Predigt des Evangeliums ihren Anfang nahm (Kap. 1, 1—15); sodann, was sich in Galiläa begeben (Kap. 1, 14. 9, 50.) und endlich was sich in Judäa zugetragen (Kap. 10 bis 16). Daher kommt es daß manche Geschichte bei Markus an einem andern Ort, früher oder später, steht, als bei Matthäus; denn wie es diesem hauptsächlich um die Darstellung der Lehre Jesu zu thun war, und er daher zusammenstellte, was dem Sinn und der Sache nach zusammen gehörte; so war es dem Markus mehr um die Darstellung der Thaten

Jesu zu thun, und deswegen erzählt er sie, wie sie wirklich auf einander folgten; deswegen finden wir aber auch bei Markus die langen Reden nicht, wie wir sie bei Matthäus lesen; manche hat er nur ein wenig angedeutet, z. B. das Gleichniß vom Unkraut (vergleiche Matth. 13, 24—30. mit Marc. 4, 26—29), oder die Strafpredigt wider die Schriftgelehrten und Pharisäer (vergl. Matth. 23 ganz mit Marc. 12, 38—40). Für die Heiden war ja diese Strafpredigt nicht, darum erzählt ihnen Markus lieber dafür die liebliche Geschichte vom Scherflein der armen Wittwe (Marc. 12, 41—44); und von den vielen Gleichnissen, die Matthäus sonst im 13 Kap. vorbringt, erzählt er nur noch das vom Senfkorn, denn das war ja vorzüglich für die Heiden. Marc. 4, 31 ff.) Dagegen ist er bei der Erzählung der Thaten und Wunder unsers Herrn viel ausführlicher und genauer, als Matthäus, so daß hier die Geschichten ganz lebendig vor die Seele hintreten; vergleiche nur einmal Matth. 8, 14. 15. mit Marc. 1, 29—31 (die Geschichte von Simonis Schwieger); Matth. 8, 28—34 mit Marc. 5, 1—20.) die Geschichte von dem Besessenen im Lande der Gadarener); Matth. 9, 18—26 mit Marc. 5, 21—13. (Jairi Töchterlein und das blutflüssige Weib); Matth. 17, 14—21. mit Marc. 9, 14—29) die Geschichte von dem Mondsüchtigen); Matth. 21, 19—22. mit Marc. 11, 12—26. (vom unfruchtbaren Feigenbaum). Ueberhaupt ist's, als wenn dieser Markus vor einem stünde und man hörte ihn mündlich erzählen, oder als hätte er's einem Manne von hellem Geiste und frischem Gemüthe, der eben den Heiden das Evangelium predigte, vom Mund weggenommen und aufgeschrieben. Fängt er doch gleich mit Jesu Taufe und öffentlichem Auftreten an, malt er doch Alles so deutlich vor die Augen und schließt dann seine Erzählungen gewöhnlich mit einem Kraftwort (z. B. Marc. 2, 12. 28. 3, 35. 5, 20. 6, 56. 7, 37. 8, 38. 9, 50. 11, 26. 12, 27. 13, 37.) wie man eine lebhafte Rede schließt; und dann noch sein fortwährendes Und—Und—Und, gerade wie es einer beim mündlichen Erzählen macht! (Siehe nur gleich das erste Kapitel an, da fängt von Vers 14 fast jeder Vers bis an's Ende mit an. Und, und so im ganzen Evangelium.

(Fortsetzung folgt.)

Fragen beantwortet.

1. Ueber Marci 9, 38—40.

Liebe Herausgeber. Ich hätte gern eine Erklärung über Marc. 9, 38—40. besonders über die Worte: "Welcher uns nicht nachfolgt." Es wird von Einigen geglaubt, diese Worte meynen, daß er die Gebote Christi nicht auf die nämliche Art und Weise befolgte, wie sie (die Apostel) es thaten. Nun, Brüder, wenn ihr die Frage des Raums würdig achtet im Besuch, so seyd so gut und gebt uns eine Antwort.

J. R. N.

Antwort.

Die angeführte Stelle lautet so: "Johannes aber antwortete ihm, und sprach: Meister, wir sahen einen, der trieb Teufel aus in deinem Namen, welcher uns nicht nachfolgt: und wir verboten es ihm, darum, daß er uns nicht nachfolgte. Jesus aber sprach: Ihr sollt es ihm nicht verbieten. Denn es ist Niemand, der eine That thue in meinem Namen, und möge bald übel von mir reden. Wer aber nicht wider uns ist, der ist für uns."

Weil die Jünger berufen waren Christi Person sowohl als seinem Exempel zu folgen, so kamen sie auf den Gedanken, daß es nothwendig wäre für Jeden, der Christo nachfolgen wollte, mit ihnen und Ihm in Gesellschaft zu seyn. Darum gab ihnen Christus zu verstehen, daß dieses nicht unumgänglich nothwendig sey. Unsere Brüder, welche in Pennsylvanien und andern Staaten wohnen, folgen Christo nach, und wir hoffen einige von uns, die wir in Ohio wohnen, suchen ebenfalls so zu thun, und doch sind wir hin und her zerstreuet, und bilden eine Anzahl unterschiedlicher Gemeinden.

2. **Dürfen Diener (Diakonen oder Besuchbrüder) taufen?**

Liebe Brüder. Wollet ihr so gut seyn folgende Frage zu beantworten? Wenn Philippus der Diakon das Evangelium predigte und taufte, warum thun es unsere heutige Diakonen nicht, da wir uns auf die apostolische Ordnung der Dinge berufen? Gebt uns eure Meynung.

Antwort.

Der Philipp, welcher den Kämmerer taufte, war ohne Zweifel der nämliche, der Ap. Gesch. 21, 18. der Evangelist heißt.

Unsere Brüder an der jährlichen Versammlung von 1850, sprachen als ihren einhelligen Sinn aus, daß die Sieben Ap. Gesch. 6. nicht Diener waren in dem eingeschränkten Sinn des Worts, wie wir es heutzutage brauchen, und nicht erwählt wurden aus der Gliederschaft überhaupt, sondern aus der ersten Klasse von Lehrern, wie man jetzt sagen würde, und zwar nicht zum eigentlichen Armendienst, sondern dazu, die dabei sich erhebende Klage zu untersuchen, Mißbräuche abzustellen, und die Verwaltung dieses Dienstes in gute Ordnung zu bringen. Nehmen wir dieses an, und bedenken wir, daß wir nirgends von Philip dem Diakon lesen, so ist hier keine Schwierigkeit, und die Ordnung der Apostel und der Brüder stimmt überein.

Die Frage, warum unsere heutige Diakonen nicht taufen, würden die meisten von ihnen selbst beantworten: "Weil es uns nicht befohlen ist." Daß es nicht in einem Nothfall geschehen dürfte, möchten wir nicht sagen.

3. **Lucá 1, 63. 64.**

Ich möchte euch eine kleine Frage vorlegen, wenn ihr so gut seyn wollet, sie zu beantworten. Wir können lesen im Ev. Lucá 1, 63. "Und er forderte ein Täfelein, schrieb und sprach: Er heißt Johannes. Und sie verwunderten sich alle." Dann heißt's V. 64. "Und alsobald ward sein Mund und seine Zunge aufgethan, und redete, und lobte Gott." Nun ist die Frage; Wessen Mund und Zunge wurde aufgethan und gelöset? War es Johannis oder Zachariá? Man ist verschiedener Meynung bei uns; Einige denken, es war Johannis Mund, und Andere, es sey Zachariá Mund gewesen, welcher zu dieser Zeit aufgethan ward, dieweil er stumm gewesen war. Seyd so gut, und gebet uns eure Meynung.

C. B.

Antwort.

Folgendes war dem Zacharias vom Engel zuvor gesagt worden: "Und siehe, du wirst verstummen, und nicht reden können, bis auf den Tag, da dieß geschehen wird; darum, daß du meinen Worten nicht geglaubet hast, welche sollen erfüllet werden zu ihrer Zeit." Diese ihm wegen seines Unglaubens auferlegte Strafe nahm also ein Ende nach der Geburt des Kindes, nach Vers 64, und er preisete Gott für die Erfüllung seiner Verheissung.

Es war demnach Zachariá Mund, und nicht des Kindleins Johannes, welcher aufgethan wurde.

4. **Wegen dem gemeinschaftlichen Besuch.**

Liebe Brüder. Fordert es die Pflicht der Diener (Besuchbrüder,) wenn sie den Besuch ausrichten, daß sie mit den Familien beten sollten, welche sie besuchen?

Antwort.

Die unter den Brüdern angenommene Regel alle Mitglieder der Gemeinde von Zeit zu

Zeit, sonderlich vor dem Liebesmahl, zu besuchen, ist weißlich und für gut befunden worden. Ueberdieß ist sie in Uebereinstimmung mit dem Gebrauch der ersten Kirche. Siehe Ap. Gesch. 5, 42. 20, 20.

Die Absicht des jährlichen oder halbjährlichen Besuchs bei allen Gliedern der Gemeinde, ist nicht blos zu erkundigen, ob die Gemeinde in rechter Vereinigung untereinander stehe, sondern, da öfters Mitglieder in einiger Entfernung von dem oder den gewöhnlichen Versammlungs-Orten wohnen, und dieser Umstand oder andere solche hindern mögen, so oft in die Versammlung zu kommen, als sie es wünschen; wenn denn solche von der Gemeinde besucht werden, so sehen sie, daß sie nicht vergessen werden, und daß die Gemeinde auf die Wohlfahrt ihrer Mitglieder bedacht ist. Dieses kann nicht anders als die gegenseitige Anhänglichkeit, zwischen den Mitgliedern und der Gemeinde befördern. Die Absicht also des Besuchs ist die Erbauung derer, die besucht werden.

Wenn nun diejenige, welche den Besuch ausrichten, nur für einige Augenblicke an den Häusern der Mitglieder anrufen, und nach der Vereinigung mit der Gemeinde fragen, und kein Gebet oder religiöse Uebung miteinander haben, so kann der Besuch gar leicht in eine bloße Form ausarten, und verfehlen das Gute zu bewirken, das er sonst ausrichten könnte. Wir denken daher, daß Brüder bei ihrem Besuch nicht in zu großer Eile seyn sollten, und wo immer es schicklich ist, einige religiöse Uebungen, als Singen, Beten oder auch etwas aus der Schrift lesen sollten bei den Familien, die sie besuchen, und so ihren Besuch so erbaulich als möglich zu machen.

Und da der Besuch von der Gemeinde angeordnet, und dazu bestimmt ist, das geistliche Wohlergehen zu befördern, so sollten die Mitglieder, wenn sie besucht werden, ihre Geschäfte wo möglich bey Seite legen, ihre Familien zusammen rufen, und den besuchenden Brüdern zu verstehen geben, daß sie wünschen eine Erbauungsstunde zu haben. Mitglieder scheinen öfters, wenn sie besucht werden, so beschäftiget zu seyn, daß die Brüder blöde und zurückhaltend fühlen eine Gebets-Uebung vorzuschlagen. Dieses sollte nicht seyn, außer in besonders dringenden Fällen. Jacobus sagt: "Des Gerechten Gebet vermag viel, wenn es ernstlich ist." Wir sollten deswegen darnach verlangend seyn für uns selbst, unsere Kinder und Hausgenossen.

―――――

Correspondenz.

An den Herausgeber.

Acheys Corner, Lebanon Co. Pa.
Lieber Bruder Heinrich Kurtz.

Sey herzlich gegrüßt. Mein Herzenswunsch ist, daß dieses dich und die Deinen in guter Gesundheit möge antreffen. Der Herr unser Gott hat mich und die Meinen gesegnet mit Gesundheit, und er stand mir bei in meinen Leidenswegen, die ich schon so reichlich durchging um des Evangeliums und der Wahrheit willen. Der Name des Herrn sey gelobet.

Dieweil gestern ein Bruder beerdigt wurde in unserer Gemeinde, wo ich heute hätte sollen predigen in seinem Hause, oder eine Versammlung halten, die nun nicht ist, weil er starb und wie gesagt gestern begraben wurde, so trägt es sich zu, daß ich heute (am Sonntag) einmal zu Hause bin, wo ich mich gar nicht erinnern kann seit langer Zeit, daß ich nicht auf den Sonntag ein oder zweimal in der Versammlung war. So dachte ich, vielleicht könnte ich etwas Nützliches schaffen, wenn ich zu dir schriebe, und dir einige Schriftstellen anmerkte, damit du eine Erklärung darüber machen, und im deutschen Besuch mittheilen möchtest zur Belehrung unser aller, die wir ihn so gern lesen.

Die Schriftstellen sind folgende: Die erste ist beschrieben Evang. Marci Cap. 9, V. 42 bis 50. Du denkst vielleicht, das wäre ein langer Zettel, aber ich zweifle nicht, du wirst Einschlag haben. Besonders hätte ich gern deine Einsicht über die Worte: "Es muß alles mit Feuer gesalzen werden;" wie auch über das Hand= und Fuß=Abhauen.

Nun ist mir noch eine Frage übrig. Wir lesen im Proph. Hes. Cap. 3, V. 17 bis 19. von einem Wächter. Gehen nun diese Worte uns noch an, die wir Wächter sind in der Evangelischen Zeit, oder gingen sie nur den Propheten Hesekiel an?

Lieber Bruder. Ich lasse den Besuch als einbinden, um ihn aufzubewahren für die Nachwelt, Kinder und Kindeskinder, und ich glaube eine Erklärung über die obigen Stellen könnte sehr nützlich seyn für Brüder und Schwestern.

Johannes Zug.

(Hier folgt eine Einladung zum Liebesmahl, u. s. w.)

An Bruder J. Z.
Columbiana, O. May 17, 1860.
Geliebter Bruder in dem Herrn.

Deine Mittheilungen der letzten Zeit habe ich richtig erhalten, und fühle sehr dankbar für deine liebreiche Einladung zu dem bevorstehenden Liebesmahl an deinem Hause. Wie gerne ich wieder einmal bei euch wäre, und in eurer Gegend, wo man noch unsere liebe deutsche Muttersprache in Ehren hält, so ist es mir doch für jetzt unmöglich euch zu besuchen. Bruder Quinter ist schon über zwei Wochen abwesend auf seiner Reise nach der Jährlichen Versammlung in Tennessee, und es wird noch fast drei Wochen gehen, ehe er zurück kommt; und unter der Zeit bin ich wie ein Gefangener, der täglich seine gewisse Arbeit verrichten muß.

Wir haben auch drei Liebesmahle in unserer Gegend, theils noch in diesem Monate, theils wie das eurige, Anfangs nächsten Monats. Wenn es gut geht, so kann ich vielleicht einem oder zweien beiwohnen. Aber ich sehne mich von Herzen nach der Zeit, wo ich meine liebe Brüder Ost und West fleißiger besuchen könnte, wenn der Herr mein armes Leben so lange aus Gnaden spart. Betet für mich, u. für unser Werk, daß der Herr auch noch einen deutschen Bruder erwecken möchte, der meine Arbeit verrichten, und mich von dem schweren Joch, unter dem ich seufze, ablösen könnte!

Mich dünkt, der Besuch sollte fortgehen, indem eben doch noch manche Deutsche sind, welche ihn begehren, und obschon unsere Subscribentenzahl zugenommen hat, mehr als je zuvor, so bedarf er doch noch mehr Unterstützung, um sich selbst zu erhalten. Sage doch den deutschen Brüdern in deiner Gegend, und wo du hinkommst, daß eine reichlichere Unterstützung das einzige Mittel ist ihn zu erhalten, und mich von der schweren Bürde zu befreien, weil ich keinem Bruder zumuthen kann, daran zu arbeiten, und noch Geld zuzusetzen.

Möge der Herr bei eurem Liebesmahl mit seiner Gnade und reichen Segnungen gegenwärtig seyn, und alle Arbeiter in seinem Weinberg segnen, damit Sünder erweckt und gerettet, die Gemeinde erbaut u. vermehrt, und der Name Christi und die Kraft seines Wortes hoch gepriesen werden möge. In herzlicher Liebe, und mit Grüßen an dein Weib, die liebe Schwester, u. dein ganzes Haus, wie auch an alle liebe Mitglieder dein geringer

H. K.

Nachschrift. Ich danke für deine Bemühungen, dem Evang. Besuch hie und da noch Eingang zu verschaffen, und hoffe du werdest fortfahren so zu thun, und auch Gelegenheit machen, daß er ferner einkehren kann, wo er früher schon Eingang gefunden hatte, ich meine, bei alten Unterschreibern.

An unsere Leser und Todes-Anzeige.

An unsere Leser.

Da unser theurer Mitarbeiter am englischen Visitor schon seit etlichen Wochen auf seiner Reise nach der Jährlichen Versammlung abwesend ist, und auch wir, der deutsche Herausgeber, mit seiner Lebens- und Leidens-Gefährtin, einigen Liebesmahlen beizuwohnen gedenken, so war er genöthiget, sein Augenmerk auf die baldigste Vollendung dieser Nummer zu richten, und er konnte deswegen verschiedenen Stücken, die in diese Nummer kommen sollten, nicht die gehörige Zeit und Aufmerksamkeit widmen. Sie mußten daher zurückbleiben, bis auf ein andersmal. Wir bedürfen eben auch zuweilen Erhohlung, Aufmunterung, Stärkung in unserer Schwachheit im Geistlichen, und sonderlich Trost der Liebe, und wo könnten wir solches besser finden als bei einem Liebesmahl, wo der Gott der Liebe sich zu seinem Volk bekennt, wo sein Wort mit Beweisung des Geistes und der Kraft verkündigt wird, und wo die Kinder Gottes die Stiftungen ihres für sie gekreuzigten Heilandes miteinander begehen, und sich miteinander ihres Heils erfreuen.

Todes-Anzeige.

Starb an der Wohnung ihres Stief-Sohnes Daniel Garber, ungefähr 2 Meilen von Harrisonburg, Rockingham Co. Virg. am Montag den 9. April Schwester **Elisabeth Garber**, hinterlassene Wittwe des weit und breit wohlbekannten verstorbenen Bruders und Aeltesten Daniel Garber, im Alter von 79 Jahren, 1 Monat, und 20 Tagen. Sie war ein getreues Mitglied der Gemeinde seit 60 Jahren, und starb in der Hoffnung einer seligen Unsterblichkeit.

Starb unweit Mt Solon, Augusta Co. Virg. Januar 9 Bruder **John Schepherd** im 70sten Jahr seines Alters. Er war ein Mitglied geworden eine kurze Zeit vor seinem Tode, und starb im Vertrauen auf das Heil in Christo Jesu.

Starb in Highland Co. Ohio October 26, 1859. **Sebastian B. Hirson**, im Alter von 23 J. 5 M. 13 T. Er war entschlossen sich der Gemeinde Gottes anzuschließen an der damals nahe bevorstehenden Communion, wurde aber durch die schwere Krankheit daran verhindert. Er hinterläßt eine Wittwe und 2 Kinder.

Starb im nämlichen Co. October 28, **Martha A. Kinzer**, Tochter von Bruder Daniel und Schwester Louisa Kinzer, alt 18 J. 5 M. 6 T. Sie hatte ebenfalls die Absicht ein Mitglied zu werden, aber der Tod überfiel sie gleicher Weise, ehe es geschah. Möchten diese beide Exempel Alt und Jung zur Warnung dienen, ihre Pflicht nicht zu lange aufzuschieben. Bei den Leichen wohnten bei Bruder Thomas und Schwester Sarah Major.

Starb in Butler Co. Jowa März 5, unser geliebter Bruder im Herrn Aeltester **Philipp Moß**, nach kurzer Krankheit von nur 5 Tagen im Alter von 51 J. 9 M. 12 T. Desgleichen April 7. nach einer Krankheit von 7 Tagen (Lungen-Entzündung) Schwester **Barbara Moss**, die Gattin des Vorigen, im Alter von 47 J. 7 M. 4 T. Diese Mitglieder hinterließen 7 Kinder, ihren Verlust zu beklagen, und auch eine kleine Gemeinde fühlt den Verlust des einzigen Lehrers, den sie innerhalb 20 Meilen hatten. Leichenreden über Offenb. 14, 13. von Br John Ogg von Minnesota, Jacob Waters von Lynn, und John H. Fillmore von Floyd Co. Jowa.

Starb in der nämlichen Gegend März 31, Schwester **Susanna Hardman**, Wittwe von Bruder John Hardman im Alter von 74 J. 3 M. 14 T. Leichentert Matth. 5, 4. von J. H. Fillmore und J. Meyers.

J. F. J.

Starb in Manor Gem. Indiana Co. Pa. July 1, 1859 Schwester **Maria Fiock**, ein geliebtes Mitglied seit mehr als 40 Jahren alt etwa 69 Jahre. Leichentert Offenb. 14, 12. 13. von Levi Frey und Adam Helman.

Starb in der nämlichen Gem. December 1, Schwester **Hannah Wise**, Gattin von Br. John Wise im Alter von 31 Jahren. Leichentert: 2 Tim. 4, 7. 8. von David Ober.

Starb in der Tuscarawas Gemeinde, Ohio April 2. Schwester **Jane Sheidler**, eine geborne Beatty nach einem großen Leiden mit dem Krebs, und erreichte

das Alter von 60 J. 11 M. und 18 T.—
und fünf Tage nachher starb auch der hinterbliebene Wittwer der Vorigen, Br. David Scheidler, im Alter von 69 J. und 4 T. Bei den Leichenbegängnißen dienten Conrad Kehler, Martin Riehle und J. K. S. Text: Joh. 16, 22 und Hiob 22, 21.

Conrad Kehler.

Starb in Shelby Co. O. März 19, Bruder Abraham Thompson, alt 23 J. weniger 1 Tag. Er war ein werther junger Bruder seit 4 Jahren, und starb in fester Hoffnung einer glorreichen Auferstehung der Gerechten. Leiche bedient von Br. Daniel Jordan.

J. J. Keßler.

Starb in Yellow Creek Gemeinde Bedford Co. Pa. December 8, 1859 Bruder John Roudabusch, alt 51 J. 8 M. 28 T.

Daniel Snowberger.

Starb in Montgomery Co. Ind. April 11. Aaron A. Schenk, jr. Sohn von Aaron K. Schenk, welcher am folgenden Tage starb, als eben die Leute versammelt waren, den Sohn zu beerdigen. Dieser war nur 19 J. und 10 M. alt, und der Vater 52 J. und 25 T. Bei der Leiche dienten R. H. Miller und M. Frantz über 1 Cor. (15,) 21. 22.

Samuel Hershberger.

Starb in der obern Conowago Gem. Adams Co. Pa. Nov. 4, 1859 Bruder John Grove, sen. im Alter von 65 J. 10 M. 14 T. Leichenrede von Adam Brown und Andern.

Starb ebendaselbst December 15. Bruder John Boblitz, sen. alt ungefähr 68 Jahre. Leichenrede von J. Myers und Andern.

Starb in derselben Gem. unweit Abbottstown, April 5, Bruder Daniel Hollinger, an der Auszehrung im Alter von 35 J. 10 M. 14 T. Leichenrede von A. Brown und A. Miller.

Starb in der nämlichen Gemeinde unweit Hampton April 20. Bruder Andreas Brough, sen. alt 77 J. 7 M. 7 T. Leichenrede von Sam. Longenecker und A. Brown.

S. G.

Starb in der untern Cumberland Gem. Pa. April 27. Anna Sollenberger, Tochter von Bruder John Sollenberger, im Alter von 41 J. 1 M. Es war etwas sonderbares mit ihrem Stande. Seit 22 Jahren war sie schwächlicher Gesundheit, und die letzten 14 Jahre sprachlos, und die meiste Zeit bettlägerig. Sie war kein völliges Glied der Gemeinde, beschäftigte sich aber viel mit der Religion. Sie wählte ihren Leichentext und Begräbnißlieder schon vor 10 Jahren, wonach auch gethan wurde. Text; Psalm 116, erster Theil. Lied: "Nun bricht der Hütten Haus entzwey;" und englisch: "Why should we start and fear to die?"

M. M.

Starb in Lynn Co. Iowa April 28, in Folge des Feuerfangens an den Kleidern Anna Maria Snyder, Töchterlein von Bruder Thomas und Schwester Hetty Snyder, alt 4 J. 8 M. 14 T. Leichentext Matth. 18, 3.

Jac. O. Watters.

Starb in Knob Creek Gem. Washington Co. Tenn. (Todestag nicht angegeben) Schwester Nancy Scherfig, Gattin von Samuel S. Scherfig, und zweite Tochter von Bruder Friedrich Garst, früherhin von Virginia. Sie hinterläßt einen traurenden Gatten mit sieben lebendigen, jetzt mutterlosen Kindern, und einen großen Kreis von Freunden, ihren Verlust zu beklagen. Ihr Alter war 42 J. 6 M. 25 T. und sie stund als Mitglied in der Gemeinde seit 18 Jahren. Leichentext: 2 Timoth. 4, 7. 8 von Aelt. John Read und dem Schreiber

M. M. Bowman.

Starb in Yellow Creek Gem. Bedford Co. Pa. April 15, 1860, Schwester Susanna Miller, Gattin von Bruder Daniel T. Miller, im Alter von 35 J. 10 M. und 6 T. hinterlassend einen betrübten Wittwer und sechs Kinder. Einige Zeit vor ihrem Ende wurde sie auf ihr Begehren gesalbet im Namen des Herrn, und sie starb in der Hoffnung einer seligen Unsterblichkeit. Leichenrede von D. M. Holsinger und D. Snowberger über Jesai. 3, 10. 11.

A. H.

Der Evangelische Besuch.

Eine Zeitschrift
Für Wahrheitliebende und Wahrheitsuchende.

Jahrg. 8.   Columbiana, O., July 1860.   Nro. 7.

Es ist nicht einerlei, was man glaubt.

Die Mühle war in voller Arbeit, als zwei Bauernsöhne aus der Nachbarschaft, Jakob und David Jameison, angeritten kamen, ihren Sack Korn hinter sich auf dem Pferde, das sie beide trug. Da sie auf einem kleinen Ackerhofe fünf Meilen von der Landstraße entfernt wohnten, war es ihnen nicht unlieb, daß sie eine Zeitlang warten mußten, bis ihr Korn an die Reihe kam, um gemahlen zu werden.— Sie hatten dadurch eine Gelegenheit, etwas von dem Leben und Verkehr der "Ecke" zu sehen, wie der Theil des Orts genannt wurde, wo das Wirthshaus, der Stohr und die Mühle stand. Sie liefen hin und her und sahen und hörten allerlei, bis ein Gewitter aufzog, und sie nach der Mühle zurückgingen, um ihr mitgebrachtes Mittagsbrod zu verzehren und zu warten, bis die Reihe an sie käme. Eben war des Müllers Sohn mit dem Sohn des Friedensrichters in einem lebhaften Gespräch begriffen, das bald Jacob's, des ältern Knaben Aufmerksamkeit fesselte, während der jüngere, David, hinging nach dem Korn zu sehen. Der Sohn des Müllers war bemüht, dem Sohn des Friedensrichters die Wichtigkeit der biblischen Wahrheit zu beweisen; dieser dagegen bestand auf dem Satze, daß es Einerlei sey, was man glaube, wenn man es nur aufrichtig meine. Der freie sichere Ton des jungen Mannes gefiel Jacob sehr; er wünschte, er könnte auch so reden. Wie wollte er dann seinen alten Großvater in die Enge treiben, der ihm mit seinen Ermahnungen oft so unbequem fiel. "Einerlei, was man glaubt, wenn man es nur aufrichtig meint," wiederholte Jacob im Stillen, indem er sich selbst Muth machte und sein Gewissen wider die gottesfürchtigen Gespräche zu Hause stärkte. Er wollte es ihnen jetzt anders zeigen, dachte er, und nickte wohlgefällig dazu, schon im voraus des Sieges gewiß.

Es war schon spät, als das Korn der Knaben endlich gemahlen war. Der Gaul wurde herbeigeholt; erst legte der Müller den Sack mit Mehl darauf, dann schwangen sich die beide Knaben, Einer nach dem Andern, auf den Rücken des starken geduldigen Thieres, und fort ging es, doch nicht ehe der Müller ihnen eine Warnung mit auf den Weg gegeben hatte. "Ihr habt weiter zu reiten, Jungens, als mir lieb ist," sagte er, indem er nach den schwarzen Wolken blickte, die den westlichen Horizont verdunkelten, "da oben gibt es Wasser genug für meine Mühle, aber es kann euch leicht zu viel werden."

Die Knaben ritten munter fort, und waren dem nachsehenden Müller in den Wendungen des Waldweges bald aus dem Gesicht. Aber schneller, als das Pferd trabte, nahm die Dunkelheit zu und hatte schon einen bedenklichen Grad erreicht, als sie an eine Stelle kamen, wo der Weg sich in zwei theilte. Der eine führte zu einer guten Brücke über einen kleinen Bergstrom den sie passiren mußten, und der zur Zeit der Regenschauer im Frühjahr oft gefährlich anschwoll. Dieß war der sicherste, aber auch der längste Weg nach Hause.— Den andern dagegen zogen die Bauern, die ostwärts von dem Städtchen wohnten, bei gutem Wetter vor, weil er der kürzere war. Hier aber gab es keine Brücke über den Fluß, sondern nur eine Furt, die wohl bei niedrigem, aber nicht bei hohem Wasser zu passiren war.

"Vater sagte, wir sollten ja gewiß seyn, daß wir den breiten Weg nähmen, wenn es uns spät würde," sagte David, als das Pferd an der eben erwähnten Wegscheide seinen Lauf von selber hemmte, als ob es seinen Reitern Zeit zum Ueberlegen lassen wollte. Aber Jacob war seiner Sache gewiß. In der That, Anfangs war er ein wenig ungewiß gewesen. Die Windungen des Waldweges, die Dunkelheit, die wenige Bekanntschaft mit dem Wege, Alles das konnte die Knaben wohl ungewiß machen, obwohl Jakob, als der Aeltere, seinen Stolz darin setzte, es nicht einzugestehen. Als das Pferd daher still stand, entschloß er sich schnell, gab ihm einen Schlag über den Rücken, und weiter ging's.

"Bist du auch gewiß, daß dies der rechte Weg ist?" fragte David. "Ja," antwortete Jacob. "Ich bin's nicht," sagte David, "laß mich lieber absteigen und nachfragen; dort schimmert ein Licht, da muß ein Haus seyn und Leute darin." "Ach was!" sagte Jacob, "wir können uns nicht so lange aufhalten. Ich bin gewiß, dies ist der rechte Weg, und das ist genug. Kannst du mir nicht trauen?" — "Darum ist es noch nicht der rechte Weg, weil du dessen gewiß bist," sagte David, "laß uns doch lieber fragen." — "Nichts da," sagte Jakob, "es ist der rechte Weg, und damit gut."

So blieben denn die Worte des jüngern Bruders unbeachtet. Jakob setzte das Pferd in so schnellen Trab, wie die ihm aufgelegte Last nur erlaubte, und rasch ging es auf dem dunkeln Waldwege fort. Jakob fühlte sich immer gewisser, daß er richtig gewählt habe, und bildete sich nicht wenig auf seine Entschlossenheit ein. Auch war in der That keine Zeit zu verlieren, denn schon rasselte der Regen auf das Laub der Bäume herunter und vermehrte die Dunkelheit. Plötzlich hörten sie das Rauschen des Flußes in unmittelbarer Nähe vor sich. "Hier muß die Brücke seyn! Vorwärts, alter Camerad!" rief Jakob dem Gaul zu, der wieder Miene machte, still zu stehen, und unterstützte sein Commandowort mit einem derben Schlag. Das Pferd nahm einen neuen Ansatz, noch ein paar Schritte und — Pferd, Reiter und Mehlsack lagen im Wasser des angeschwollenen Stromes, die dichteste Finsterniß um sie her, der heulende Sturm über ihnen, und Meilen weit keine menschliche Hülfe. Die ersten Augenblicke des Entsetzens mag der Leser sich denken. Jakob faßte zum Glück noch einen alten Baumstamm, der nahe am Ufer im Wasser lag und hielt den Zügel des Pferdes fest. So arbeiteten sich alle drei, obwohl nicht ohne Lebensgefahr, doch endlich wieder aus dem Wasser heraus. Aber der Mehlsack, wo war der? Den rissen die Wellen mit sich, bis er weit stromab in einem Wirbel des Flußes untersank und seine Bestimmung, zum Teige zu werden, schneller, als beabsichtigt war, erreichte.

"Einerlei, was man glaubt, wenn man es nur aufrichtig meint?" sagte der arme Jakob, als er triefend und gedemüthigt am Ufer stand. "Nein, es ist nicht Einerlei. Ob es wahr ist, was man meint, darauf kommt's an. Man kann's aufrichtig meinen, und ist doch auf einem Holzwege. Was nützt das Aufrichtigmeinen? Das kann uns den rechten Weg nicht zeigen. Gott helfe uns! Meinte ich nicht alles Ernstes, ich wäre vor der Brücke, als ich nahe daran war, in der Furt zu ertrinken? Gott helfe uns und bewahre uns vor solchem Aufrichtigmeinen!"

Der Unfall dieser Nacht heilte Jakob gründlich und auf immer von einem sehr verbreiteten Irrthum, der schon manche arme Seele in die wilden Wirbel des Unglaubens hineingeführt hat.

Child's Paper.

(Aus einem Wechselblatt.)
Wie ist das Neue Testament entstanden?

(Fortsetzung.)

Wer aber sollte nun der lebhafte Geist gewesen seyn, aus dessen Mund gleichsam Markus sein Evangelium mag niedergeschrieben haben? Wer anders, als bei dem er sich am meisten aufgehalten, der ihn seinen lieben Sohn nennt—Petrus? Dafür spricht auch, daß im Evangelium des Markus Manches übergangen ist, was dem Petrus zur Ehre gereichte (vergl. z. B. Marc. 6, 48—51. mit Matth. 14, 25—33. und Marc. 8, 29. 30 mit Matt. 14, 15—20), denn dergleichen zu erwähnen, litt Petri Demuth nicht; dagegen wie Petrus den Herrn verleugnete, ist bei Markus ausführlich erzählt und insonderheit angegeben, daß der Hahn zweimal krähete, worauf kein anderer Evangelist aufmerksam macht; denn Petrus konnte es nicht vergessen, und mit bußfertigem Herzen klagte er sich immer selbst wieder an.

Ist nun die Sache wirklich so, so wird es erst recht erklärlich, wie das Evangelium des Markus, der doch kein Apostel war, auch keiner von denen, die das Ansehen hatten und für Säulen geachtet waren (Gal. 2, 6—9), dennoch Aufnahme in der christlichen Kirche finden u. neben den Evangelien der Apostel Matthäus und Johannes gestellt werden konnte. Und siehe nun wieder, daß die Sache wirklich so sei, bezeugen die Nachrichten der Alten auf's Entschiedenste. Sie sagen, daß Markus den Petrus auf seinen Reisen begleitet habe und sein Dolmetscher gewesen sei; daß er da den Predigten des Apostels aufmerksam zugehört und sie dann in ein Büchlein verfaßt habe, ja daß eigentlich das Evangelium des Markus als das Evangelium Petri anzusehen sei. Daher kam es auch, daß dies Evangelium schnell und allgemein in der damaligen Christenheit verbreitet und allenthalben ohne Widerspruch, vielmehr mit freudiger Begierde aufgenommen wurde.

Nun haben wir noch eine Frage übrig. Wo hat denn wohl Markus sein Evangelium geschrieben? und also für was für Leute zunächst? Zu Rom, sagen die alten Nachrichten, in der berühmten Weltstadt, wo zuletzt Paulus und Petrus gemeinschaftlich das Evangelium predigten, und gemeinschaftlich den Märtyrertod um des Evangeliums willen erduldeten. Und dazu gibt auch das Büchlein des Markus selbst wieder sein Ja. Denn warum schreibt denn Markus Kap. 15, 21: "Und zwungen einen, der vorüber ging, mit Namen Simon von Cyrene, der vom Felde kam (der ein Vater war Alexandri und Ruffi), daß er Ihm das Kreuz trüge?" Und die andern Evangelisten, obwohl sie den Simon auch nennen, sagen doch nichts von diesen seinen Söhnen (vergl. Matth. 27, 32. Luk. 23, 26.) und Niemand weiß sonst etwas von ihnen. Weiß Niemand etwas von ihnen, so müssen sie doch denen bekannt gewesen seyn, für die Markus zunächst schrieb. Da schickt nun Paulus, als er an die Gemeinde zu Rom schreibt, auch dem Ruffus und seiner Mutter einen Gruß, und nennt ihn, den Auserwählten in dem Herrn" (Röm. 16, 13.). Also war wenigstens der eine dieser Brüder mit seiner Mutter schon dazumal in Rom, und bei der Gemeinde lieb und werth gehalten. Soll ich nun noch mit einem gelehrten Beweise angestiegen kommen? Es sey. Aber daß mir der Leser nicht stolz wird, wenn ich ihn auch noch gelehrt mache! Kap. 12, V. 42 schreibt Markus: "Und es kam eine arme Wittwe und legte zwei Scherflein ein, die machen einen Heller." Nun weiß der Leser doch, daß das ganze Neue Testament ursprünglich griechisch geschrieben ist und nicht deutsch, nicht wahr? Drum hat Markus eigentlich geschrieben: Es kam eine arme Wittwe und legte zwei L e p t e ein, die machen einen Q u a d r a n s. Ein Lept aber ist eine jüdische Münze, und ein Quadrans eine römische. Da er nun erklärt, was die jüdische Münze nach römischem Gelde ausmacht, und nicht nach griechischem, obwohl er griechisch schreibt, so muß er ja für Römer geschrieben haben. Kap 15, V. 39 ist von einem Hauptmann die Rede, den nennt Markus im Grundtexte mit einem römischen Worte C e n t u r i o, nicht mit dem griechischen H e k o t e n t a r c h, wie die andern Evangelisten: so muß er zunächst für Römer geschrieben haben. Das sei aber nun genug der Gelehrsamkeit, daß der Leser sehe, wozu auch die Gelehrsamkeit gut ist und daß es gilt, wenn die Alten berichten, daß Markus die Reden des Petrus zu Rom niedergeschrieben habe.

Für den Evangelischen Besuch.

Gibt es einen Mittel-Ort zwischen Himmel und Hölle?

Fortgesetzt von voriger Nro. Seite 87.

B i b e l s t e l l e n d a g e g e n.

§. 2.

Matth. 25, 41. "Dann wird er sagen zu denen zur Linken: Gehet hin von mir, ihr Verfluchten, in das ewige Feuer, das bereitet ist dem Teufel und seinen Engeln." Und Vers 46. "Sie werden in die ewige Pein gehen, aber die Gerechten in das ewige Leben."

Wenn man die hier angeführten Worte aus ihrem ganzen Zusammenhang herausgerissen, für sich allein betrachtet, ohne darauf Rücksicht zu nehmen, an welchem Tage sie gelten, oder wann und wie sie ihre Kraft und Wirkung haben werden, so scheinen sie wirklich einen Mittelort zwischen Himmel und Hölle mit einem Male abzuschneiden. Haben wir aber wohl acht, zu welcher Zeit, und bei welcher feierlichen Handlung der Herr obigen Richterspruch ergehen lassen wird, so finden wir vielmehr eine Bestätigung dessen, was wir bisher über die Anstalten jenseits, zur Rettung der Menschen, aus der Bibel angeführt haben.

Sehen wir die Worte Christi, des Sohnes Gottes, die er Matth 25, 31—46. ausgesprochen hat, doch recht an, und bedenken wohl, wann diese Worte als eine Posaune in der ganzen Welt ertönen werden; nicht nach dem Tode eines jeden einzelnen Menschen, wenn er aus dieser Zeit an seinen Ort geht, sondern an jenem allgemeinen Gerichtstag, da alle Menschen versammelt und auf ewig von einander geschieden werden, wie es der Text so klar gibt Matth. 25, 31—33: "Wenn des Menschen Sohn, dem der Vater alles Gericht übergeben hat, kommen wird in seiner Herrlichkeit und alle heilige Engel mit Ihm, dann wird er sitzen auf dem Thron seiner Herrlichkeit, und werden vor ihm versammelt werden alle Völker, und er wird sie von einander scheiden, gleich als ein Hirte die Schaafe von den Böcken scheidet. Da wird der König sagen: —— (hier folgt der obige Urtheilsspruch.)

Wer kann nun behaupten, daß dieser große Tag schon gekommen, und des Menschen Sohn in seiner Herrlichkeit mit allen heiligen Engeln erschienen sey? Wenn aber dieses majestätische Kommen des Herrn zum allgemeinen Gerichte noch erwartet wird, so können ja die Worte des Richters: "Und sie werden in die ewige Pein gehen, die Gerechten aber in das ewige Leben," jetzt noch nicht ihre Anwendung haben, sondern erst bei der Zukunft des Herrn als Richter der Lebendigen und der Todten.

So sagt es der Heiland mit deutlichen und bestimmten Worten, wie wir so eben gehört haben. Wenn des Menschensohn kommen, und alle Völker vor sich versammeln wird, dann, erst dann wird der König sagen alle die Worte vom 31 bis 46. Vers. Bis zu dieser Zeit, da das Endurtheil in Gegenwart aller Menschen gesprochen wird, müssen so wohl wir hier, als die Seelen jenseits warten.

Daß aber auch in jener Welt ein solches Warten Statt findet, erhellet klar aus den Reden des Herrn Jesu selbst, wenn Er Matth. 10, 15. Cap. 11, 21—24. Luc. 10, 12—14. Marc. 6, 11. ausruft: "Wahrlich, ich sage euch: dem Lande der Sodomer und Gomorrer wird es erträglicher ergehen am Tage des Gerichts, als solcher Stadt.—Ich sage euch, es wird Tyrus und Sidon am Tage des Gerichts erträglicher ergehen denn euch."

Wie viele Jahrhunderte waren die Bewohner Sodoms und Gomorras, Tyrus und Sidons schon in der Ewigkeit an ihrem Orte, als der Herr diese Worte auf Erden sprach, aus denen doch klar hervorgeht, daß sie damals noch nicht gerichtet, sondern hingewiesen waren auf jenen großen Tag, der über die ganze Menschheit entweder zum ewigen Leben oder zum zweiten Tode im Feuerpfuhl entscheiden wird, und auf den sowohl wir hienieden, als die Völker jenseits warten müssen.

Ferner sagt Christus (Matth. 7, 22.) "An jenem Tage werden viele zu mir sagen: Herr, Herr, haben wir nicht, in deinem Namen geweissaget? Haben wir nicht in deinem Namen Teufel ausgetrieben? Haben wir nicht durch deinen Namen viele Thaten gethan? Dann werde ich ihnen bekennen: Ich habe euch noch nie erkannt; weichet alle von mir ihr Uebelthäter!"

Wie viele Menschen von diesem Schlage mögen, seit Jesus diese Worte redete, bis zu diesem Augenblick schon in jener Welt seyn, die noch immer glauben daß sie wahrhaftig vom Herrn gesandt, und als die Seinigen erkannt wären, und daß es ihnen an jenem Gerichtstage ihrer vielen Thaten und Weissagungen wegen nicht fehlen werde. Auf diese Weise hat also der Ort an dem sich solche Seelen befinden, noch nichts Entscheidendes für sie, bis einst jener große Tag eine andere Ueberzeugung in ihnen hervorbringt, wenn der Ausspruch des Herrn ihnen im Lichte zeigt, daß sie ohne göttlichen Beruf, den sie sich nur einbildeten, im eigenen Geiste gewirkt, gepredigt, und ihren Lauf hienieden vollendet haben. Denn die schönsten Handlungen, die aus dem Eigenwillen geflossen, sind vor Gott eine Uebelthat. Darum haben auch jene Seelen ihre Thaten eigentlich nicht im Namen Jesu verrichtet, wie man aus dem Grundtext klar sehen kann, sondern nur mittelst dießen Namens, ohne daß derselbe als eine Kraft in ihnen wohnend war, wie in Petrus, der da sagte: "Was ich habe, das gebe ich dir: Im Namen Jesu stehe auf und wandle!" oder wie in Paulo und überhaupt in allen Aposteln. Eben deßwegen wird der Herr auch an jenem Tage zu ihnen sprechen: Weichet von Mir, ihr Uebelthäter! Ich euch noch nie erkannt als meine Gesandten.

§. 3.

Offenb. Joh. 22, 14. 15. "Selig sind die seine Gebote halten, auf daß ihre Macht sey an dem Holz des Lebens, und sie zu den Thoren eingehen in die Stadt. Draußen aber sind die Hunde, und die Zauberer, und die Hurer, und die Todtschläger, und die Abgöttischen, und Alle, die lieb haben und thun die Lügen."

Diese Worte, sagt man, sprechen nur von zweierlei Menschen, und von zweierlei Aufenthaltsörtern, also kann kein dritter Ort, als eine Reinigungswelt existiren. Es ist wahr, das A und das O spricht hier zu dem heiligen Seher Johannes nur von der herrlichen Stadt Gottes und ihren seligen Bewohnern, und von Einem unseligen Orte außerhalb der heiligen Stadt, in welchen alle die schrecklichen Sünder, die der Geist Gottes in obiger Stelle bezeichnet, verbannet sind; von einem Mittelort zur Reinigung ist hier nichts zu finden. Aber warum nicht? Antwort: Weil die Zeit, in welcher diese Stelle in Erfüllung geht, erst dann eintritt, wenn die Perioden zur Reinigung der Seelen abgelaufen, und die Läuterungsräume aufgehoben sind. Alsdann, nachdem der Feuerpfuhl offenbar geworden ist, wird es freilich nur noch Selige und Verdammte geben.

Lesen wir doch aufmerksam die letzten drei Kapitel der Offenbarung Johannes, und wir werden finden, daß schon im Zwanzigsten das allgemeine Weltgericht beschrieben wird. Es heißt daselbst Vers 14. nach der Grundsprache also: "Und der Tod und der Hades wurden geworfen in den feurigen Pfuhl. Das ist der andere Tod." Was wollen diese Worte anders sagen, als daß der Tod, und der Hades als der bisherige Behälter der Todten, an jenem großen Tage des jüngsten Gerichts ihr Ende erreicht haben, und mit den verstockten Sündern, die sich vom ersten Tode nicht retten ließen, in den zweiten Tod geworfen werden, der sich nun auf eine viel schrecklichere Weise in dem feurigen Schwefelpfuhl offenbaren wird.

Wenn schon also im 20sten Kapitel der Offenbarung Johannis das Verschwinden des Hades, oder der Geisterwelt zwischen Himmel und Hölle, durch die völlige Scheidung im allgemeinen Gerichte der Menschheit statt findet, so kann ja im 21 und 22 Kapitel nicht mehr die Rede von diesem Mittelort seyn, weil dort das ganze Menschengeschlecht schon völlig reif geworden ist, entweder für die Herrlichkeit des ewigen Lebens in Christo, oder für die ewigen Schrecknisse des andern Todes im Feuerpfuhl, wo der Rauch ihrer Qual aufsteigen wird von Ewigkeit zu Ewigkeit.

§. 4.

Prediger Salomo 11, 3. "Wenn der Baum fällt, er falle gegen Mittag oder Mitternacht, auf welchen Ort er fällt, da wird er liegen." Auch diese Worte heben die Erziehungsanstalten in den vielen und verschiedenen Wohnungen jenseits des Grabes eben so wenig auf, als die vorhergehenden Stellen. Denn wenn wir die Worte des Predigers genauer untersuchen, so sagen sie uns nicht mehr und nicht weniger, als daß der Mensch der mit einem Baum verglichen wird, sich nach seinem Tode jenseits in demselben moralischen Zustande finden werde, in welchem er diese Welt verließ. Der Baum liegt nach seinem Falle in derselben Beschaffenheit da, in der er war, als die Art ihn niederlegte. Da konnte er nun dürre oder grüne, in der Blüthe oder allein mit Blättern, mit reifen und unreifen Früchten beladen seyn. Ferner kommt es dabei auch an auf den Ort oder die Gegend, wohin er fällt. Er kann gegen Mittag oder gegen Mitternacht fallen. Der Ort auf den er fällt kann hell oder dunkel, er kann eine mit Blumen geschmückte Wiese seyn, er kann auch seyn ein Stein, oder Sand, oder Wasser, oder gar Feuer, wenn er in der Nähe derselben gestanden hat. Wie er fällt, so wird er liegen. Der Text sagt ausdrücklich: Auf welchen Ort er fällt, da wird er liegen. Es heißt nicht: Da wird er liegen bleiben, wie so Viele sagen. Man pflegt keinen Baum zu fällen, um ihn darnach liegen und verfaulen zu lassen, sondern daß man ihn aufhebe und bearbeite um ihn zu dem Zweck gebrauchen zu können, wozu man ihn bestimmt hat.

Wem leuchtet es hier nicht klar und deutlich ein, daß der Prediger Salomo durch dieses Gleichniß nichts anders lehren will, als daß der Mensch mit denselben Begierden und Eigenschaften, in demselben Geistesbilde, worin er hier lebte, als ihn die Art des Todes traf und darnieder legte, sich jenseits wieder finden werde, u. zwar an einem Orte und in einer Gegend, die mit seiner innern Beschaffenheit ganz übereinstimmen. Wer etwas anders aus dieser Stelle herausbringen will, der zieht nur Fremdes und nur seine eigenen Ideen heraus, die er selbst hineingelegt hat, die aber nicht im Texte liegen.

Wir finden also, daß die bisher verhandelten Bibelstellen, die dem Daseyn eines Mittelortes zu widersprechen scheinen, im Grunde nichts dagegen beweisen, sondern vielmehr im Gegentheil diese Wahrheit bestätigen. Allein wir hören noch Manche einwenden: Die Erzählung Jesu vom reichen Manne und armen Lazarus, so wie auch die Geschichte des Schächers am Kreuze beweisen doch klar, daß die Seele des Menschen schon gleich nach seinem Tode entweder in den Himmel aufsteige, oder in die Hölle hinabsinke, und daß von einem dritten Ort in der Welt gar keine Rede sey. Denn wenn es einen solchen Mittelort gebe, meynt man, müsse hier nothwendig desselben erwähnt werden, weil sich in der ganzen Bibel, nirgend eine passendere Gelegenheit darbiete. Wir wollen daher diesen Einwurf näher beleuchten und untersuchen, ob die beiden Geschichten wirklich das Daseyn eines Mittelortes aufheben.

(Fortsetzung folgt.)

Für den Evangelischen Besuch.
Gegen die Wiederbringung.
May 17, 1860.

Weiter, liebe Brüder in dem Herrn, habe ich es für gut erachtet, noch mehr zu schreiben wegen Wiederbringung. Wenn es heißt Luc. 13, 3. "Ich sage Nein, sondern so ihr euch nicht bessert, werdet ihr auch alle also umkommen;" und wiederum Vers 5. die nämlichen Worte, wer will dann sagen, es ist nicht also? Ich meyne, es ist so klar, als die Sonne scheint diesen Morgen, wenn Jemand umgekommen ist, so ist er nicht mehr zu retten. Ja, sagt einer, was spricht er aber im vorhergehenden Capitel? Ich weiß wohl, was er dort sagt; aber ich will es nehmen für meinen Grund zu beweisen, nämlich den 58 und 59sten Vers.

Das nehmen Viele hinüber in die Ewigkeit; ich meine aber, es wäre so klar als der Tag, daß es dort nicht gebraucht kann werden. Warum nicht? — Ich sage, es meinet ein weltliches Gericht. Ja, sagt einer, wie kannst du das beweisen, dieweil er sagt, daß wir noch mit dem Widersacher auf dem Wege sind, und doch in der Ewigkeit brauchen wir weder Richter noch Stockmeister; wir sind schon gerichtet bei dem Worte Gottes. Ich habe auch noch nie gelesen, daß die Hölle einem Gefängniß verglichen ist. Vers 59 sagt er: "Ich sage dir, du wirst von dannen nicht heraus kommen, bis du den allerletzten Heller bezahlest."

Nun frage ich, ist noch etwas zu bezahlen in der Ewigkeit? Ich habe noch nichts so gelesen. Weiter heißt es in heiliger Schrift: Glaube, Liebe, Hoffnung; aber die Liebe ist die größeste unter ihnen."— Warum? Darum, weil sie mit in den Himmel gehet, aber Glaube und Hoffnung aufhöret, und aufhören muß. Gott im Himmel sey Lob und Dank und Ehre, daß Liebe in den Himmel gehet, und sonst nichts Unreines.

Weiter meyne ich, es wäre schon genug um den Menschen zu überzeugen, daß keine Wiederbringung ist, wenn es heißt: "Wer glaubt und getauft wird, der soll selig werden; wer aber nicht glaubt, der soll verdammt werden." Bildet euch nicht ein, wiedergebracht zu werden! Nein, es meynet verstoßen zu werden von dem Angesicht des Herrn. Und noch eins: Was Gott einmal gesagt hat, das nimmt er nicht mehr zurück; denn er ist gerecht und wahrhaftig. Er ist wohl auch barmherzig; er will nicht daß Jemand verloren soll werden, sondern er will, daß allen Menschen soll geholfen werden. Aber Gottes Barmherzigkeit währet nur in dieser Welt. Im Himmel oder nach dem Tod ist nichts als Gerechtigkeit, und das immerhin ohne Aufhören.

Wenn dort die Zeit erst ist um selig zu werden, oder durch das Fegfeuer zu gehen, dann ist es nicht der Mühe werth Gott zu dienen; man wird doch selig, sagt der Universalist. Ich habe immer gemeynt, man solle Gott aus Liebe dienen, und nicht dort erst gezwungen werden, oder eine Zeit geplagt werden, um errettet zu werden. Ich kann nichts von solcher Lehre finden in heiliger Schrift. Ich glaube wie es heißt: "Wer da glaubt und getauft wird, der wird selig; wer aber nicht glaubt, der wird verdammt."

Hier ist das Wort "getauft" nicht im letzten Satz; aber ich glaube es gerade so fest, als wenn es dort wäre. Es meynet gerade das Nämliche, und glaube auch, daß selbiges Wort dort wäre, wenn es nicht wäre für diese Ursache, daß wenn es dort wäre, dann wollte fast Jeder getauft seyn in seinen Sünden. Man müßte sagen, wie es dort geheißen hat: "Ihr Otterngezüchte, (oder wie es ein anderer Uebersetzer gibt: ihr Schlangenbrut,) wer hat euch geweiset, daß ihr dem zukünftigen Zorn entrinnen werdet."

Lieber Leser, vergib mir, wenn ich als einmal von der Spur abkomme. Ich bin kein vollkommener Schreiber. Die Hauptrede soll seyn von wegen der oder einer Wiederbringung, aber wenn ich zuweilen an Schriftstellen denke, oder sie anführe, dann muß ich etwas davon sagen; und was ich davon sage, meyne ich. Ich meyne aber gar nicht zu sagen mit diesem, daß ich alles wüßte. Wenn ich mich anders kenne, dann schreibe ich nur aus Liebe zu Gott, und für das Wohl der Menschen. Also

kann der liebe Leser sehen, was ich von der Wiederbringung denke, und auch was ich von der Hölle denke, und überhaupt, was ich vom Wort Gottes denke.

Ich glaube nicht an das Vielleicht, und mehr kann man nicht sagen, außer man verdreht die Schrift. Ich glaube nicht, daß die Schrift oder das Wort Gottes etwas anders meynt, als es sagt. Ich sage, daß man nicht mehr hat als ein Vielleicht, das ist: von wegen der Wiederbringung hat Niemand keine gewisse Schrift, oder keinen gewissen Grund, aber viel gewissen Grund dagegen,—ja, sehr viel.

Also das Wort "Hölle" meynt einen Ort, der mit Feuer und Schwefel brennt; einen Ort, da die Verdammten, oder Verlornen, oder Verworfenen, oder Verstoßenen, oder Verfluchten sind;—oder einen Ort, wo das Feuer nicht verlöscht; oder einen Ort, wo der Teufel und die Seinen hingeworfen werden;—einen Ort, wo die, welche hinkommen, Pein leiden in dieser Flamme, wie der reiche Mann sagte. Es ist auch ein Ort, von dem wir öfters lesen, wo Heulen und Zähnklappen seyn wird.

Es ist also zu beweisen mit dem Worte Gottes, daß es eine ewige Verdammniß gibt. Die Schrift sagt auch, daß eine Kluft ist zwischen Himmel und Hölle, und niemand darüber kann. Ach Gott! es ist kein Wunder, daß sie sagen werden: 'Ihr Hügel und Berge, fallet über uns, und bedecket uns, vor Dem, der auf dem Stuhl sitzt, und so weiter." Nun, liebe Brüder, wenn ihr etwas aus diesem machen können, so thut es. Ich werde wohl noch mehr schreiben.

Johannes E.

Fragen beantwortet,

1. Erklärung über Matth. 10, 39.

Liebe Herausgeber. Ich habe die zwei Nummern des Gospel-Visiters mit großem

Vergnügen gelesen. Ich wäre froh wenn ihr uns eine Erklärung über Matth. 10, 39. geben wolltet.

Antwort.

Die Stelle, worüber eine Erklärung gewünscht wird, ließt wie folgt: "Wer sein Leben findet, der wird es verlieren, und wer sein Leben verliert um meinetwillen, der wird es finden." Der Heiland redet von der Selbstverleugnung, als er diese Worte aussprach, und im nächst vorhergehenden Vers sagt er: "Und wer nicht sein Kreuz aufnimmt, und folget mir nach, der ist meiner nicht werth." Wenn wir diesen Zusammenhang im Auge behalten, so wird der Sinn der zu erklärenden Stelle desto leichter eingesehen werden.

Das Griechische Wort ψυχη (Psyche) das mit "Leben" übersetzt ist, bedeutet beides Seele und Leben sowohl als noch andere Vorstellungen. In der Stelle, deren Sinn wir jetzt suchen ist ein zweifältiges Daseyn vorausgesetzt, ein höheres und niederes, und welches von diesen der Mensch zu leben vorzieht, kann er erwählen. Wenn wir die Stelle auf folgende Art umschreiben, so wird sich ihre Bedeutung, wie wir sie fassen, herausstellen. Derjenige, welcher es sich zur Hauptsache macht, für dieses gegenwärtige Leben zu sorgen, oder seinen Genuß zu finden in der Speisung und Kleidung seines Körpers, und ein gemächliches Leben zu führen, frei von Selbstverleugnung und Beschwerden und Pflichten, welche ich in meiner Lehre einschärfe; wird verlieren jenes höhere Leben, welches ich zu offenbaren gekommen bin, und wozu ich den Menschen bereiten will, und er gelangen kann. Wer aber in Glaubenstreue und Liebe zu mir willig ist sein natürliches Leben zu verlieren, wenn es Pflicht gegen mich erforcert, oder willig ist sich irgend einen Genuß zu versagen, wonach das natürliche Leben verlangt, um meinetwillen, der wird ein geistliches Leben finden, der wird zu einem höheren Grad des Daseyns gelangen welches mit mehr Recht den Namen "Leben" verdient; er wird nimmermehr sterben, sondern leben in Ewigkeit.

Der Zusatz "um meinetwillen" ist von Wichtigkeit, indem er allen selbsterdachten Mitteln der Heiligung und Vervollkommnung des geistlichen Lebens entgegengesetzt ist. Ein Kreuzigen des Fleisches, und eine Selbstverleugnung, die um unserer selbst willen, oder um unserer eigenen Vervollkommnung willen unternommen werden, sind ein Greuel in den Augen des Herrn, indem sie in solchem Falle allezeit Beweise von Stolz und Vermessenheit sind. Im Gegentheil müssen sie geschehen aus Liebe zu Jesu, aus Gehorsam gegen Ihn, und durch die Wirkung des Geistes; nur dann werden sie hervorbringen herrliche Früchte und die "Heiligung, ohne welche Niemand den Herrn sehen wird." Heb. 12, 14.

2. Erklärung über Heb. 6, 20.

Liebe Brüder. Wir möchten gerne eure Ansichten haben über den letzten Theil des 20sten Verses von Heb. Cap. 6. Die Frage ist: Von welcher Ordnung war das Priesterthum Melchisedeks?

Antwort.

Es scheint, der Erstgeborne war der Priester der ganzen Familie. Aber die Ehre, das Amt des Priesterthums zu verwalten wurde nach dem Befehl Gottes durch Mosen von Ruben dem sie vermöge des Rechts der Erstgeburt gebührte, auf den Stamm Levi verlegt. 4 Mos. 3, 12—18. 8, 18. Und da Gott die Leviten genommen hat ihm zu dienen anstatt allen Erstgebornen, so mußten die Erstgebornen aller andern Stämme vom Dienst als Priester gelöset werden. 4 Mos. 18, 15. 16. Luc. 2, 22.

Der Erstgeborne folgte auch in der amtlichen Würde, die der Vater besaß, ihm nach. War der Vater ein König, so wurde der erstgeborne Sohn als sein rechtmäßiger Nachfolger angesehen, es sei denn daß eine besondere Ursache es verhinderte.— Damals scheint es, war die Ordnung in den frühen Zeiten, daß der Erstgeborne Priester wurde kraft seiner früheren Geburt, vorausgesetzt daß er keinen Flecken oder Gebrechen an sich hatte, und ebenso auch die amtliche Autorität seines Vaters ererbte, und da diese verschiedenen Eigenschaften sich bei Melchisedeck wahrscheinlich zusammen fanden, so war er denn ein Priester nach dieser Ordnung oder diesem Gebrauch des frühen Zeitalters, in welchem er lebte. Und da in seiner Person beide Würden, als König und Priester verbunden waren, so wurde er um dieser sowohl als anderer Ursachen willen ein sehr nachdrückliches Vorbild Christi, welcher in seiner Person verschiedene Aemter vereinigte.

Da das Priesterthum Melchisedecks nicht sonderlich erklärt ist in der Bibel zu unserem Wissen, es sey denn daß er von einer Ordnung war etwa wie wir oben beschrieben haben, so wissen wir nicht, nach welcher Ordnung es war.

3. Ueber Lucá 19, 3.

Seyd so gut und erkläret uns den dritten Vers vom 19 Cap. Lucá. "Und begehrte Jesum zu sehen, wer er wäre, und konnte nicht vor dem Volk, denn er war klein von Person." Wer war klein von Person, Jesus oder Zacheus? Für welchen von diesen zwei Namen steht das persönliche Fürwort "er"? Wie können wir dieses grammatisch entdecken? Oder sehet ihr den Ausdruck als zweideutig an?

Antwort.

Es war ohne Zweifel Zacheus, welcher "klein von Person" war. "Und er lief vorhin, und stieg auf einen Maulbeerbaum, auf daß er ihn sähe." Hier bezieht sich das Fürwort "er" im vierten Vers auf die nämliche Person, wie das "er" in der Frage, und es ist augenscheinlich, daß das "er" im vierten Vers auf Zacheus zielt.

Der Ausdruck an sich selbst mag als etwas zweideutig angesehen werden, aber der Zusammenhang macht die Sache klar.

Wir haben viele Stellen in der Schrift, wo das Fürwort sich nicht auf das nächstvorhergehende Hauptwort, sondern auf ein früheres bezieht. Die in der Frage angeführte Stelle ist von dieser Art, und wir mögen folgende als Beispiele derselben Art anführen. "Und fiel auf sein Angesicht zu seinen Füßen, und dankte ihm. Und das war ein Samariter." Luc. 17, 16. Hier zielt das Wörtlein "das" (im Englischen "er") zurück auf den Mann, welcher geheilt worden war. "Und gab ihm kein Erbtheil darinnen, auch nicht eines Fußes breit; und verhieß ihm, er wollte es geben ihm zu besitzen, und seinem Saamen nach ihm, da "er" noch kein Kind hatte." Ap. Gesch. 7, 5. Hier geht das letzte "er" auf Abraham im 2ten Vers, als auf den es sich bezieht.

4. Erklärung über Matth. 11, 12.

Geliebte Brüder in dem Herrn. Ich hätte gerne eine Erklärung über Matth. 11, 12. wo es heißt: "Aber von den Tagen Johannis des Täufers bis hieher leidet das Himmelreich Gewalt; und die Gewalt thun, die reissen es zu sich." Leidet es Gewalt von unsertwegen, oder von denen, die dem Evangelio nicht gehorchen, oder von denen, die es mit Gewalt zu sich reissen? Oder können diejenige, die dieses thun, dadurch selig werden? Ein Freund und Disputant behauptete, daß das Reich Gewalt leiden müsse, und ich bin verschiedener Meynung. Wenn ihr dieses einer Erklärung werth achtet, macht sie bekannt im Deutschen und Englischen.

Antwort.

Das griechische Wort biazomai, welches übersetzt ist mit "leidet Gewalt" wird von Parkhurst erklärt als gleichbedeutend mit "sich selbst zu bewältigen, zum Dienste zwingen." Und in folgender Stelle, Luc. 16,

16. "Das Gesetz und die Propheten weissagen bis auf Johannem; und von der Zeit an wird das Reich Gottes durch das Evangelium gepredigt, und Jedermann dringet mit Gewalt hinein;" kommt das nämliche Wort "biazomai" vor, und ist mit "hineindringen mit Gewalt" übersetzt. Wir dürfen also nicht verstehen, als ob dem Himmelreich selbst Gewalt angethan werde, sondern daß die Menschen Gewalt anwenden, und oftmals durch entgegenstehende Hindernisse hindurchbringen müssen, um hineinzukommen. Und es ist nur, wenn Menschen Anstrengungen machen, und durch den Ernst ihrer Gefühle ihre widerspenstige und verdorbene Natur zwingen zu Christo zu kommen, und wenn sie ihr Kreuz aufnehmen, wogegen die Natur sich öfters sträubt, daß sie das Himmelreich mit den Segnungen der Vergebung und des Heils erlangen können. "Welche aber Christo angehören," sagt der Apostel, "die kreuzigen ihr Fleisch samt den Lüsten und Begierden." Gal. 5, 24.

"So tödtet nun eure Glieder, die auf Erden sind: Hurerey, Unreinigkeit, schändliche Brunst, böse Lust und den Geiz, welcher ist Abgötterey." Col. 3, 5. Um nun unsere verdorbene Natur zu kreuzigen und zu tödten, ist Gewalt und Anstrengung nöthig. Daher heißt es in dem Text, den wir betrachten, "die Gewalt thun, die reissen es zu sich." Die Gewalt, welche angewendet werden muß, soll nicht gegen das Reich des Himmels gerichtet seyn, wie wir bereits bemerkt haben, sondern gegen unsre harte Herzen und unsre verdorbene Natur. Dr. Webster in Erklärung des Englischen Worts "Gewalt" als ein Hauptwort, gibt als die zweite Bedeutung dieses Ausdrucks folgende Worte an: Moralische Kraft; stark aufgeregtes Gefühl; Eifer. Daher sind moralische Kraftanstrengung, Eifer und ein gewisser Grad von Aufregung der Gefühle nothwendig, um uns des Himmelreichs zu versichern.

Wesley gibt den Text so: "In das Himmelreich geht man mit Gewalt, und die welche mit aller ihrer Macht ringen, reissen es mit Gewalt zu sich." Diesem ähnlich ist die Randglosse in unsern gewöhnlichen Uebersetzungen. Sie lautet so: "Das Himmelreich wird durch Gewalt erlangt ꝛc."

Unter der ernsten und gewaltigen Predigt Johannis des Täufers wurde ein starkes religiöses Gefühl hervorgebracht, und das Himmelreich mit Gewalt eingenommen, als der tiefe Ernst sich offenbarte, wodurch Johannes bewogen wurde zu sagen: "Ihr Otterngezüchte, wer hat denn euch gewiesen, daß ihr dem zukünftigen Zorne entrinnen werdet?

5. Wie der Gottesdienst zu führen?

Sehr geliebte Brüder in dem Herrn. Ich wünsche eine Antwort auf folgende Frage: Ist es recht für einen Lehrer, einen Prediger von irgend einer andern Benennung zum Predigen einzuladen, wenn noch einer oder mehrere unserer eigenen Lehrer gegenwärtig sind? Oder ist es nach der Ordnung der Brüder, so zu thun?

Antwort.

Lehrer, die eine Versammlung zu führen haben, sollten weislich handeln in dieser Sache. Wenn die Versammlung für die Brüder bestellt ist, und es erwartet wird, daß sie solche bedienen, so sollten sie predigen. Wenn Brüder Bestellungen haben in Versammlungshäusern, die andern Benennungen zugehören, und wenn die Prediger, welche solchen Benennungen dienen, gegenwärtig sind, und bei Leichen und einigen sonderlichen Gelegenheiten, so scheint christliche Höflichkeit zu erfordern, Predigern von andern Benennungen einige Freiheit zu gestatten.

Folgender Auszug ist aus dem 31gsten Artikel der Verhandlungen von 1859: "Und ist es dem Evangelium gemäß, solche (Prediger von andern Benennungen) Brüder zu nennen, und ihnen Freiheit zu geben, an unserm öffentlichen Gottesdienst Theil zu nehmen? Antwort: Als eine gemeine Sache achten wir es nicht rathsam so zu thun."

Wie wir gesagt haben, so sollte Weisheit gebraucht, und Rücksicht genommen werden auf den Character der Menschen, und auf ihre Liebe und Achtung für die Wahrheit.

6. Erklärung über Matth. 3, 11.

Liebe Herausgeber. Wenn es euch beliebt, gebt uns eine Erklärung über die Worte: "Er wird euch mit dem heiligen Geist und mit Feuer taufen." Matth. 3, 11.

Antwort.

Aus folgenden Worten, welche unmittelbar auf die in der Frage folgen: "Und er hat seine Worfschaufel in seiner Hand; er wird seine Tenne fegen, und den Waizen in seine Scheune sammeln, aber die Spreu wird er verbrennen mit ewigem Feuer." scheint es sehr wahrscheinlich, daß der Heiland, als er Johannes diese Worte sagen ließ, zwei Classen Leute im Gemüthe hatte. Und diese Worte mögen dann bedeuten, daß die eine Classe, auf welche er zielte, Waizen genannt im zwölften Vers, sollte getauft werden in den heiligen Geist; und daß die andere Classe, genannt im folgenden oder zwölften Vers Spreu, sollte getauft werden in heftige Leiden, entweder wenn der Zorn Gottes kommen würde über das Jüdische Volk bei der Zerstörung Jerusalems, oder wenn die Gottlosen überhaupt die Feuertaufe in der Ewigkeit empfangen, wovon die Verstörung der Jerusalems-Sünder nur ein Vorbild war.

Diese Ansicht scheint bestätigt zu werden durch die Thatsache, daß wenn Christus von der Geistestaufe redet, welche seine Jünger erfahren sollten, nichts vom Feuer gesagt wird. "Denn Johannes hat mit (im) Wasser getauft: ihr aber sollt mit (in) dem heiligen Geiste getauft werden, nicht lange nach diesen Tagen." Ap. Gesch. 1, 5. Ebenso läßt Petrus das Feuer weg, wenn er von der Geistestaufe redet: "Da gedachte ich an das Wort des Herrn, als er sagte: Johannes hat mit (im) Wasser getauft, ihr aber sollt mit (in) dem heiligen Geiste getauft werden." Ap. Gesch. 11, 16. In beyden diesen Fällen werde keine Erwähnung gethan von Feuer, weil Gläubige allein getauft wurden. Die "Feuertaufe" auf die "zertheilten Zungen als wären sie feurig," anzuwenden, welche sich an den Aposteln erzeigte am Pfingstfeste, scheint nicht zulässig zu seyn um der Betrachtung willen, daß von den Zungen nur gesagt ist, als wären sie feurig, aber nicht, daß sie wirkliches Feuer waren.

Wenn die Feuertaufe Bezug hat auf die Gläubigen, so muß sie hindeuten auf ihre Leidenstaufe, wodurch ihre Reinigung von Sünden befördert wurde. Wir sind indessen geneigt zu glauben, daß die Feuertaufe etwas, das die Gottlosen angeht, bedeutet.

"Zu taufen mit dem heiligen Geist und mit Feuer," sagt Dr. Priestly, (Notes Vol IV, page 45.) mag dann bedeuten, Er wird den heiligen Geist reichlich mittheilen, welches einschließen mag die Zeugnisse von oben zu seiner göttlichen Sendung mit den Wirkungen, welche deren Anerkennung hervorbringen würde; aber hartnäckigen und lasterhaften Ungläubigen wird er sich als Vollstrecker der göttlichen Gerichte erweisen. Er wird sie taufen mit unauslöschlichem Feuer, höchst wahrscheinlich zielend auf die gänzliche Verwerfung des Jüdischen Volks, von welcher er zuvor geredet hatte unter dem Namen des "zukünftigen Zorns."

7. Erklärung über Jesai. 45, 7.

Liebe Brüder, erlaubt mir eine Bitte zu thun. Ich habe kürzlich erfahren, daß Jes. 45, 7 ein stärker Haltpunkt für die Ungläubigen ist. Seyd so gut, und gebt eure Ansichten durch den Ev. Besuch über diese wichtigen Vers.

Die California und Oregon Mission.

Antwort.

Die angeführte Stelle liest wie folgt: "Der ich das Licht mache, und schaffe die Finsterniß, der ich Friede gebe, und schaffe das Uebel. Ich bin der Herr, der solches alles thut." Hier wird gesagt, der Herr "schaffe das Uebel," und dieses scheint im Widerspruch mit dem allgemeinen Charakter Gottes und seiner Werke, wie er in der Schrift geoffenbaret ist. Diese Schriftstelle und einige andere mögen beim ersten Anblick scheinen, Gottes Character in einem Lichte darzustellen nicht gänzlich vereinbar mit Reinheit und Heiligkeit. Wenn indessen solche Stellen sorgfältig untersucht werden, so wird man finden, daß sie durchaus keinen Grund geben, den Character Gottes herabzuwürdigen.

Uebel ist von zweyerley Art, **natürliches** und **moralisches**. **Natürliches Uebel** ist dasjenige, welches Schmerzen, Leid, Verlust oder allgemeine Noth hervorbringt, solche wie Krankheit, Tod, Hungersnoth und Krieg.

Moralisches Uebel ist eine Abweichung von den von Gott gegebenen Regeln zur Regierung moralischer Wesen, oder mit einem Worte:—Sünde.

Nun ist Gott nach der Schrift ein solcher Gott, der die Menschen zur Sünde weder versucht, noch reizt, noch sündigen macht. Er ist daher nicht der Urheber des moralischen Uebels. Aber als höchster Regierer des Weltalls hat er ein Recht, auf die Uebertretung seines heiligen Gesetzes solche Strafen zu setzen, wie er es für gut und recht erkennt. Und es ist sein höchstes Vorrecht seine Gesetze in Vollziehung zu bringen. Da er es nun für gut gefunden hat, Krankheit, und Tod, und verschiedene Arten von Strafen mit der Uebertretung seiner Gesetze zu verknüpfen, und da diese Dinge als Uebel angesehen werden, das ist als schmerzhaft und peinlich für solche, auf welche sie fallen;—so ist es recht gesagt, daß das Uebel im Sinne peinlicher Gerichte von Gott komme. Und in diesem Sinne kommen solche Stellen in der Schrift vor, wie die welche wir jetzt betrachten; und der Sinn solcher Aussprüche ist einfältig dieser: Trübsale und Gerichte kommen von Gott, als Strafen für die Uebertretung seiner Gesetze. Hiob sagte, als er durch die schwersten Trübsale heimgesucht wurde: "Haben wir Gutes empfangen von Gott, und sollten das Böse nicht auch annehmen?" Hiob 2, 10.

Die California und Oregon Mission.

Die Leser des Ev. Besuchs werden sich erinnern, daß Anforderungen gekommen sind beydes von California und Oregon für Brüder, sie zu besuchen, das Evangelium zu predigen, und Gemeinden zu organisiren. Die letzte (kürzlich gehaltene) Jahres Versammlung nahm die Sache in Ueberlegung, und faßte Beschlüsse zu Gunsten derselben. Es ist aus den Verhandlungen zu ersehen, daß die stehende Committee beauftragt ist die nöthigen Anstalten zu treffen, damit etliche Brüder an das stille Meer gehen können; auch rathet die Versammlung den verschiedenen Gemeinden in unserer Brüderschaft, Beyträge zu erheben zur Erlangung von Mitteln, um die Unkosten der Brüder zu bestreiten, welche gehen.

Wir machen unsere liebe Brüder freundlichst darauf aufmerksam, in Hoffnung, daß sie bald möglichst etwas in der Sache thun mögen. Es ist zu wünschen, daß die Brüder, welche gehen, ihre Reise antreten sobald nach der Erndte, als sie können. Da die Reisekosten die nämlichen sind, ob sie drey oder sechs Monate dort verharren, so denken wir es wäre gut, wenn der Herr ihr Leben spart, und ihre Mission segnet, und eine Thüre sich zu öffnen scheint, daß sie von sechs, neun zu zwölf Monate, oder länger dort bleiben sollten, wenn Umstände es erforderten.

Eine wichtige Frage ist nun: Wer soll gehen?—Diese Frage wünschen wir, der Herr möchte sie beantworten, und wir hoffen, er werde es thun, wenn wir ihn recht darum bitten. Im Glauben, daß es der sicherste Weg ist, den Vorgängen zu folgen, wie sie uns hinterlassen sind in der Uebung der apostolischen Kirche, rufen wir unsere lieben Brüder auf, dem Exempel der Apostolischen Gemeinde zu Antiochia nachzudenken.

Wir lesen: "Da sie aber dem Herrn dieneten, und fasteten, sprach der heilige Geist: Sondert mir aus Barnabam und Saulum zu dem Werke, dazu ich sie berufen habe." Ap. Gesch. 13, 2. Lasset uns denn, liebe Brüder und Schwestern, durch Gebet und Fasten die Leitung des Herrn suchen in dieser Sache. Wir hoffen, der heilige Geist werde es auch uns offenbaren, wer gehen soll. Wir stehen in der Zuversicht, daß wir nicht allein die Ansichten jedes Mitgliedes der damit beauftragten Committee, sondern von einer viel größern Anzahl unserer Brüder ausssprechen, wenn wir diesen Weg einzuschlagen anempfehlen.

Wir wünschen, daß die ganze Brüderschaft ein Interesse an der Sache nehmen, und dafür im Anliegen seyn möchte, mit ihrer herzlichen Theilnahme, mit ihrem ernstlichen Gebet, und mit ihrer freywilligen Unterstützung. Und während wir willig seyn sollten unser Theil zu thun auf irgend eine und jede Weise, wie wir können, und während wir alles, was wir sind und haben, dem Herrn zur Verfügung stellen sollten, ist unser Verlangen daß Er die ganze Sache führen möchte.

Brüder! Wollet ihr über diesen Gegenstand nachdenken, davon reden, und darüber beten?—O möge dach ein rechtes Gefühl unter uns erwachen, und ein rechtes Handeln veranlaßt werden möge, damit die Gränzen unsers Zions erweitert, die zerstreuten Bürger desselben gestärket und getröstet, Sünder zu einer seligmachenden Erkenntniß der Wahrheit gebracht, und unser gebenedeyeter Erlöser, dessen Seele gearbeitet hat für das Heil der Welt, hochgepriesen und verherrlichet werde!

J. O.

Verrichtung von Trauungen.

(Da wir öfters ersucht werden um eine Form, wie Trauungen zu verrichten, und eben ganz kürzlich eine solche Anforderung zu beantworten hatten, so geben wir folgenden Auszug aus unserer Erwiederung in Hoffnung theils um uns die Mühe zu sparen des öftern Abschreibens, und theils um unsere älteren Brüder zu einer schicklicheren und besseren Form zu veranlassen, wenn sie solche vorzuschlagen für gut finden.)

Auszug aus einem Brief an einen Bruder.

—— —— In Betreff der Form der Brüder bey Trauungen bekenne ich, daß ich sie nicht genau anzugeben weiß, noch bekannt bin mit einer vorhandenen geschriebenen Form der Brüder. Ich will indessen versuchen eine kurze Beschreibung zu geben, wie ich gemeiniglich thue in solchem Fall. Wenn die Partheien und Freunde alle versammelt sind, fange ich an zu reden ein wenig (mehr oder weniger) über die Wichtigkeit und Feierlichkeit der Sache, und zu lesen ein oder die andere Stelle der Schrift, wie z. B. Ephes. 5, 22–33. und Bemerkungen darüber zu machen.

Dann stehe ich auf, und fordere die Braut und den Bräutigam auf, ein Gleiches zu thun, und wenn sie ihre Lizenz (Erlaubniß zu heirathen) nicht vorher schon eingehändigt haben, fordere ich sie jetzt. Darauf sage ich: "Wenn irgend Jemand gegenwärtig ist, der eine gesetzmäßige Einwendung hat, warum diese Personen nicht sollten verbunden werden im heiligen Ehestand nach den Gesetzen des Landes und nach dem Evangelium Jesu Christi, so erkläre er es jetzt öffentlich, oder enthalte sich nachher etwas dawider einzuwenden.

Dann nach einer hinlänglichen Pause, und alles still bleibt, fahre ich fort wie folgt: "Und weil kein Hinderniß verstanden zu seyn scheint, so frage ich zuerst (mich gegen den Bräutigam wendend): "Versprichst du (Name) in Gegenwart Gottes und dieser Zeugen zu nehmen (Namen der Braut) die du bei der rechten Hand hältst, zu deiner rechtmäßigen ehelichen Hausfrau, sie zu lieben und zu pflegen in Gesundheit oder in Krankheit, in guten oder bösen Tagen, wie es eines treuen Ehegatten schuldige Pflicht ist; und daß du alle andere verlassen und ihr allein anhangen willst, und dich nicht von ihr zu scheiden, bis es Gott gefällt euch zu scheiden durch den Tod? Ist dieses dein fester Wille und Herzens Meynung?"—(Antwort: Ja.)

Todes-Anzeige. 111

Dann wende ich mich zu der Braut, und sage:

"Und versprichst auch du (Name) in Gegenwart Gottes und dieser Zeugen zu nehmen (Namen des Bräutigams,) den du bei der rechten Hand hältst, zu deinem rechtmäßigen Ehemann, ihn zu lieben und zu ehren, zu pflegen und ihm beizustehen in Gesundheit oder in Krankheit, in guten oder bösen Tagen, wie es einer treuen Hausfrau schuldige Pflicht ist; daß du alle andere verlassen und ihm allein anhangen willst, und dich nicht von ihm zu scheiden, bis es Gott gefällt, euch zu scheiden durch den Tod?—Ist dieses auch dein fester Wille und Herzens Meynung? — (Antwort: Ja.

Dann lege ich meine Hand auf die vereinigten Hände des Brautpaars, und spreche: "Was Gott zusammen gefüget hat, das soll der Mensch nicht scheiden. Nachdem (Namen des Bräutigams) und (Name der Braut) sich einander die Treue zugesagt und gelobt haben im heiligen Ehestand, und dasselbe bezeugt haben vor Gott und diesen Zeugen, so spreche ich in Kraft des mir anvertrauten Amtes als ein Diener des Evangeliums sie hiemit ehelich zusammen als Mann und Weib."

Dann beschließe ich mit einem Gebet.

Todes = Anzeige.

Starb plötzlich am Schlagfluß in Center Township, Berks Co. Pa. unweit Mohrsville, Mutter **Anna Joder**, Gattin von Jacob Joder, den 25sten Februar 1860 im Alter von 74 J. 2 M. Leichenrede von Br. John Zug über Römer 14, 8.

Starb an Wassersucht in Center Tsp., Berks Co. Pa. unweit Mohrsville, Vater **Jacob Joder**, Gatte von der Obigen, den 9ten May 1860 im Alter von 78 Jahre und 27 Tag. Leichenrede von Br. John Zug über Offenbarung 14, 13.

Die beiden obige Aeltern standen in der Gemeinde der Ammoniten; hinterließen 5 traurige Kinder, 2 Söhne und 3 Töchter, wovon zwei in der alten Brüdergemeinde sind.

Starb in Miami Co. O. März 11, Schwester **Elisabeth Ulery**, Wittwe von Jacob Ulery, im Alter von 72 J. und 26 Tagen. Leichentext: (Lucä) 2, 37.38.

Starb in Armstrong Co. Pa. April 10. Bruder **Philip Schuhmacher**, der Vater unsers geliebten Mitarbeiters Joseph Schuhmacher, im Alter von 76 J. 2 M. und 15 T. Leichentext: 1 Tim. 4, 13. 14.

Starb in Lynn Co. Iowa May 5 sehr plötzlich **Susanna Mentzer**, Tochter von David und Schwester Mentzer, im Alter von 16 J. 10 M. und 17 T. Leichentext: Jac. 4, 14.

Starb in Hancock Co. O. April 27, **Abraham Löhr**, Sohn von Jacob Löhr, und Neffe des Herausgebers dieses Blattes, im Alter von 28 J. 4 M. 9 T. Vierzehn Jahre lang litt dieser arme Jüngling an der Fallsucht, welche endlich seinem Leben, und, wir hoffen, auch seinem Leiden ein Ende machte. Leichentext: Offenb. 14, 13.

Starb in Miami Co. Ind. Januar 27, unsere vielgeliebte Schwester **Catharina A. Flory**, Gattin von Br. Ater in der N. Flory, im Alter von 49 J. 9 M. 29 T. Leichentext: Psalm 116, 15.

Starb in Keokuk Co. Iowa April 13, Bruder **James Wolf**, früher von Ohio, 46 Jahre alt. Er hinterließ eine Wittwe und 8 Kinder, um den Verlust eines liebenden Gatten und Vaters zu beklagen.

Starb ebendaselbst May 11, an der Gehirn-Entzündung Schwester **Sarah Wein**, Gattin von Br. Salomon Wein, früher von Rockingham, Va. Alter 55 Jahre, weniger 1 Tag. Hinterläßt einen Gatten und 3 Kinder nebst 2 Stiefkindern, ihren Verlust zu beklagen.

Starb in Jennings Co. Ind. (Zeit nicht angegeben) **Maria Catharina Pierce**, Gattin von William B. Pierce, im Alter von 36 J. 2 M. 8 T. hinterlassend einen betrübten Gatten und 5 kleine Kinder.

Starb ebendaselbst ——————— Schwester **Sally Pierce**, die Mutter des vorgenannten William B. Pierce, alt 76 J. 6 M. 20 T. Sie war ein Mitglied der Gemeinde seit mehr als 50 Jahren.

Starb in Santy Gemeinde, Columbiana Co. O. May 24, nach einer langwierigen Krankheit (Gastritis) von 3 Monaten, welche sie mit christlicher Standhaftig-

Todes-Anzeige.

keit ertrug, Schwester Annie (oder Nancy) Connell, Gattin von Br. Amos Connell, alt 49 J. 11 M. 3 T. Sie war ein getreues Mitglied der Gemeinde seit bald 29 Jahren, und hinterließ einen betrübten Gatten mit einer großen Familie von Kindern. Leichentext: Offenb. 14, 13.

Starb in Montgomery Co. Ind. May 10, Bruder Samuel Pesley, im Alter von 84 J. 6 M. 17 T. Seine noch lebende Wittwe sagt, daß sie miteinander Haus gehalten 63 Jahre, und Glieder der Gemeinde gewesen seit 57 Jahren. Sie kamen von Bodetourt, Va. in 1835. Der Verstorbene war ein treues Mitglied, hatte aber seit 6—7 Jahren das Augenlicht verloren.

Starb in Bedford Co. Pa. Januar 31, Margaretha J. Graybill, alt 1 J. 2 M. 22 T. und May 6, Catharina Graybill, alt 17 J. und 8 T.; beydes Kinder von Br. Levi und Schw. Margareth Graybill.

Starb in Macon Co. Illinois am wehen Hals die folgenden Kinder von Peter Eschelman:

1) **Elisabeth Eschelman,** December 21, 1859. alt 5 J. 3 M. 6 T.

2) **Abraham Eschelman,** December 25, alt 6 J. 3 M. 21 T.

3) **Georg Eschelman,** December 29, alt 7 J. 4 M. 6 T. So wurden den Aeltern in wenig mehr als Einer Woche 3 ihrer Kinder entrissen. Das letzt verstorbene Kind sagte kurze Zeit vor seinem Tod zu seiner Mutter, er wolle keine Medizin mehr haben; er sey willig zu sterben. Er bat seine Aeltern, sie möchten singen, und sagte, er sähe den guten Mann, und seine Geschwister, und die Mutter anredend sprach er: "Ich wünsche, du könntest mit mir gehen," und verschied bald darauf.

Starb in Columbiana, O. Juny 10, Freund William Nichols, ein öffentliches Mitglied (was man sonst einen Lehrer oder Prediger nennt,) von der Gesellschaft der Freunde, und ein hochgeachteter Einwohner dieser Stadt im hohen Alter von 81 Jahren, eine Wittwe und zahlreiche Familie von Kindern und Kindeskindern hinterlassend.

Starb in derselben Nachbarschaft, doch im angrenzenden Co. von Mahoning Juny 10, Jonas Schlutter, im Alter von 26 J. 3 M. und 6 T. hinterlassend eine junge Wittwe, einen betagten Vater und einzigen Bruder, ihren Verlust zu beklagen. Leichentext: Luc. 12, 39. 40.

Starb ebendaselbst am nämlichen Tag, und fast zu derselben Stunde der nächste Nachbar des Vorigen, Johannes G. Lechner, im Alter von 31 Jahren, und hinterlassend ebenfalls eine junge Wittwe, aber mit 4 kleinen Kindern. Leichentext: Joh. 5, 28. 29. Diese drei Leichen ereigneten sich alle an Einem Tage, und es war das erstemal in der Zeit des Dienstes des Herausgebers (in mehr als 40 Jahren) daß er so vielen Leichen in einem Tage beiwohnte.

Starb in Springfield Township, Mahoning Co. O. vor einiger Zeit Jacob Hoffman, und ganz kürzlich Stephan Kentz, beydes alte Prediger der kleinen Gemeinde, bekannt unter dem Namen Separatisten. Beydes waren achtbare Männer, mit denen wir öfters bey Leichen zusammen kamen, und welche in vielen Stücken eine evangelische Lehre führten. Wir erfuhren ihren Tod zu spät, um bei ihrem Leichenbegängniß seyn zu können, und wir haben nur gehört, daß der letztere das hohe Alter von mehr als 88 Jahren erreichte.

Starb in Beavertownship, County wie oben am 13 Juny Mutter Keck, Gattin von Freund Michael Keck, alt 60 Jahre, hinterlassend einen traurigen Wittwer und Kinder, ihren Verlust zu beweinen.

Starb unweit Hagerstown, Wayne Co. Ind. May 29, Bruder Jacob Dilling, alt 63 Jahre, 1 M. 15 T. Sein Leben war exemplarisch und wir hoffen sein Ende war Friede.

Starb in der nämlichen Gemeinde Juny 10, Schwester Catharina Ulrich, Gattin von Br. Daniel Ulrich, alt 61 J. 11 M. 13 T. Sie war eine freundliche Gattin, Mutter und Nachbarin, beklagt von Jedermann. Beyde vorstehende Leichenbegängniße wurden bedient von den Brüdern zur Erbauung von großen Versammlungen von Menschen.

Der Evangelische Besuch.

Eine Zeitschrift
Für Wahrheitliebende und Wahrheitsuchende.

Jahrg. 8.   August und September 1860.   Nro. 8 und 9.

Der ältere Sohn.
Luc. 15, 25.

Liebe Editoren und freundliche Leser des Gospel-Visitors. Der Eindruck, daß wenige Gegenstände in der Lehre des Neuen Testaments von größerer Wichtigkeit sind, als der von dem ältern Sohn, was er nämlich beabsichtiget sey uns vorzustellen, beweget mich zu versuchen, ob ich etwas darüber schreiben kann. Und ich bin geneigt zu glauben, daß wenige Gegenstände weniger betrachtet und verstanden werden. Im Gefühl meiner Schwachheit bin ich aber versichert, daß meine Mühe vergeblich seyn wird ohne den göttlichen Beystand dessen, der gesagt hat: "Ohne mich könnet ihr nichts thun." Ich finde Anlaß mit einigen einleitenden Gleichnissen anzufangen, welche zu meinem Leidwesen mein Schreiben etwas weitläufiger machen; allein ich hoffe ihr werdet Geduld haben, bis ich durch bin, und dann werdet ihr prüfen können, ob sie nöthig waren, um den Haupt-Gegenstand vollständig zu erörtern.

1. Die fleißige Biene, wenn sie um die wohlriechenden Blumen her summt, zeigt damit ihr Lieblings-Element an, wo sie ihre sonderbare Nahrung, nothwendig zu ihrem Lebensunterhalt, erlangen kann. Aber ungeachtet daß die Biene so fleißig ist, so wäre ihre Arbeit beschwerlich und unzulänglich, ehe und bevor die warmen Strahlen der Sonne und bei Regen erquicklichen Regens den Blumen hinlängliches Wachsthum und Reife geben, um ihren ihnen eigenen Wohlgeruch zu entwickeln. Auch ist die Biene nicht im Stande zu gedeihen ohne die für ihre Natur schickliche Nahrung.

Ebenso wenig können Christen ein christliches Leben führen, wenn sie der christlichen Nahrung und christlichen Atmosphäre ermangeln. Wenn sie aber einmal geschmeckt haben die Süßigkeit der himmlischen Gaben, so hungern und dürsten sie nach der Gerechtigkeit, und suchen fleißig nach dem Vollgenuß, und die Verheißung ist, sie sollen finden und satt werden.

2. Indessen findet es Gott schicklich, die Gaben oder Talente etwas verschieden unter den Menschenkindern auszutheilen. (Siehe 1 Cor. 12.) Und unsere Fähigkeit, Dinge zu begreifen und zu thun in Anwendung unserer Talente, wird dargestellt als im Verhältniß zu unserer Redlichkeit und Treue. Es steht daher fest, daß wir aufrichtig und fleißig, treu, bescheiden und geduldig seyn müssen. Nach dem Vollgenuß der Heiligkeit zu streben ohne diese Eigenschaften, würde vergeblich seyn. Ich beabsichtige damit nicht die Vorstellung zu erwecken, als ob alle unsere Unvollkommenheiten die Folge von Untreue sey. Sehr viel hängt ab von der Zahl der Talente, die uns gegeben sind; jedoch viel mehr hängt ab von der Art und Weise wie wir sie gebrauchen und damit wuchern. Denn "wenn wir nicht treu sind im Geringsten, wer wird uns das Wahrhaftige vertrauen?" Diese Einleitung mag nun hinreichen, und ich will suchen weiter zu gehen.

Unter Schriftpunkten sind einige schwerer zu verstehen, und erfordern mehr Sorgfalt zu ergründen, was sie uns vorstellen sollen, als andere. In solchen Fällen können die geschicktesten und geübtesten Ausleger in Irrthum fallen, indem es nur Unmündige sind, denen der Vater "solches geoffenbaret hat."

Der jetzt unserer Betrachtung vorliegende Gegenstand ist, wie es scheint, für Viele ungemein schwer zu verstehen.— Wen der ältere Sohn, von dem im Gleichniß die Rede ist, vorzustellen beabsichtiget ist, wird zugegeben sey schwer zu bestimmen. Verschiedene Ansichten sind angewandt worden, um die Absicht dieser Darstellung zu erörtern. Fast alle indessen sind zweifelhaft wegen ihrer Richtigkeit, und, (wie die Biene an verschlossenen Blumen) betrachten es wieder und wieder mit dem Eindruck, daß die schätzbarste Substanz noch verborgen sey. Ich will auf eine nur hindeuten, und kürzlich anführen eine andere von den vielen Ansichten, die auf diesen Theil des Gleichnißes gerichtet worden sind.

Erstlich, der ältere Sohn stellt die Juden vor, die da murreten bey der Aufnahme der Heiden in die Kirche des Evangeliums auf gleiche Bedingungen und gleiche Vorrechte mit ihnen selbst. Die Leser des Visitors werden sich erinnern, daß diesem Gegenstand einige Aufmerksamkeit gewidmet worden war in Antwort auf eine Frage im 6ten Band Seite 170 (im Deutschen). Der Schreiber dieses Artikels bewieß deutlich und nachdrücklich die Täuschung in der Ansicht, daß der ältere Sohn die Juden vorstelle, und ich verweise euch auf besagten Artikel zu eurem ferneren Vergnügen.

Zweitens legte der Schreiber gemeldeten Artikels seinen Lesern eine sehr wohl durchdachte Erklärung vor, um die Absicht mit dem ältern Sohn zu appliciren, nämlich, daß er die Engel repräsentire,- jene heilige und reine Wesen, welche allezeit ihren Stand des Gehorsams bewahrten. Diese Ansicht, vermuthe ich, wird mehr allgemein angesehen werden als dem Gleichniß entsprechend, als diejenige, welche er mit Gründen widerlegte. In der That ich dachte selbst, sie wäre recht gut, bis unlängst mein Gemüth angetrieben wurde, dieselbe sorgfältiger anzusehen und zu vergleichen, und der Gedanke bei mir sich festsetzte, daß, obschon diese Ansicht von dem Gleichniß gewissen Einwendungen entgegen tritt, dieses noch immer im Stande sey, uns eine wichtigere Lection zu geben, und daher fühle ich bewogen, in Liebe die Sache zu verhandeln, wozu ich mit Demuth eure geneigte Erlaubniß erwarte.

Unser Heiland redet uns in drei Gleichnissen, dem Ansehen nach im Zusammenhang ausgesprochen, an. Das dritte ist das des verlornen Sohnes in Verbindung mit dem ältern Sohn. Eine Uebereinstimmung in der Bedeutung in den Dreyen ist sehr in die Augen fallend. Die verlorne Seele wird vorgestellt unter dem Bilde vom verlornen Schaaf, verlornen Groschen und verlornen Sohn. Es wird uns im Gleichniß vom verlornen Schaaf von neun und neunzig Schaafen gesagt, die nicht verloren waren, während das eine, welches die Zahl von hundert voll machte, sich von der Heerde verirrt hatte, und gleich dem verlornen Sohn in Gefahr und Noth kam. Allein es wurde wieder gefunden und zurückgebracht, und der Schluß ist: "Also wird auch Freude im Himmel seyn über einen Sünder, der Buße thut, vor neun und neunzig Gerechten, die der Buße nicht bedürfen.

Wiederum, der verlorne Groschen stellt ebenfalls die verlorne Seele vor, wovon, als er gefunden war, unsers Herrn Schluß vom Gleichniß ist, daß "also auch wird Freude seyn vor den Engeln Gottes über einen Sünder, der Buße thut." Und zuletzt, als der verlorne Sohn sich aufmachte, und zu seines Vater's Hause kam, wird uns von einem Sohn gesagt, dem Aeltern

Der ältere Sohn.

daß er zornig war, und wollte nicht hineingehen, weil der Vater befohlen hatte das gemästete Kalb zu schlachten, und ein Freuden= und Jubelfest für seinen Bruder anzuordnen.

Die Erklärung, daß dieser **ältere Sohn** die heilige Engel vorstelle, welche im Stand des Gehorsams verblieben, wird bei genauerer Prüfung nicht nur als Einwürfen bloßgestellt, sondern auch als unhaltbar und unvereinbar erscheinen. Können wir für einen Augenblick annehmen, daß unser gerechter Herr in einem Gleichniß die Loyalität der Engel vorgestellt hätte, wie sie in harmonischer Theilnahme sich freuen vor Gott, wenn Sünder umkehren in ihres Vaters Haus, und gleich darauf in einem andern Gleichniß die nämlichen Engel vorstellen würde als zornig darüber, daß der Vater ein Freuden= und Jubelfest verordnete unter gleichen Umständen, wie diejenigen, unter welchen sie zuvor sich so herzlich freuten? Wir können nicht so denken. Ich stimme mit meinem lieben Bruder überein, daß welche Ansicht wir nehmen von den Schaafen, die nicht verirret waren, und von den Groschen, die nicht verloren waren, so sollte dieselbe angewendet werden auf den "älteren Sohn" ebenfalls. Nachdem wir aber die Unstatthaftigkeit seiner Application entdeckt haben, so bleibt die Frage: Wer wird uns durch den ältern Sohn vorgestellt? noch immer unbeantwortet.

In dem Gleichniß von dem verlornen Schaaf heißt es: "Also wird auch Freude im Himmel seyn über Einen Sünder, der Buße thut, vor neun und neunzig Gerechten, die der Buße nicht bedürfen." Im nächsten Gleichniß wird gesagt: "Also auch wird Freude seyn vor den **Engeln Gottes** über einen Sünder, der Buße thut," (mehr denn über neun und neunzig Gerechte, die der Buße nicht bedürfen.) Ein sehr nachdrücklicher Unterschied fällt hier in die Augen zwischen den Engeln im Himmel, und den neun und neunzig Gerechten, die der Buße nicht bedürfen. Unser Herr und Meister macht mit Recht für sich selbst Anspruch auf den Titel des "Guten Hirten," und seine Jünger nennt er Schaafe; das verlorne Schaaf, von welchem im Gleichniß die Rede ist, befindet sich außerhalb dem Schaafstall, wo der Sünder ist, den es vorstellt; die neun und neunzig, die nicht verloren sind, befinden sich sicherlich im Schaafstall, wo die Heiligen sind, die sie vorstellen sollen.

Und so betrachte ich den "ältern Sohn" in dem Gleichniß des verlornen Sohnes, als diejenige Gerechte vorstellend, welche stets in einem Stand des Gehorsams verblieben sind. Nun der "ältere Sohn" war "auf dem Felde, und als er nahe zum Hause kam, hörete er das Gesänge und den Reigen; und er rief zu sich der Knechte einen, und fragte, was das wäre. Der aber sagte ihm: Dein Bruder ist gekommen, und dein Vater hat ein gemästetes Kalb geschlachtet, daß er ihn gesund wieder hat."

Er war auf dem Felde, ohne Zweifel ernstlich begriffen im Dienste seines Vaters. Das Feld ("oder Acker) ist die Welt," wo es Arbeit genug gibt; ein sehr schicklicher Ort für **viele Jahre**" zu dienen, ohne Anlaß zur Uebertretung von des Vaters Geboten zu irgend einer Zeit. "Und du hast mir nie einen Bock gegeben, daß ich mit meinen Freunden fröhlich wäre. Nun aber dieser dein Sohn gekommen ist, der sein Gut mit Huren verschlungen hat, hast du ihm ein gemästetes Kalb geschlachtet. Er aber sprach zu ihm: Mein Sohn, du bist allezeit bey mir, und alles, was mein ist, das ist dein."

Schmausereyen zur Befriedigung unserer fleischlichen Neigungen und Lüste werden nicht gebilligt von dem Vater. Er weiß, daß wir täglicher Nahrung bedürfen, und spricht: "Mein Sohn, du bist allezeit bey mir;"—"wo ich bin, da soll mein Diener auch seyn;" und "was mein ist, das ist dein." "Mein Reich ist nicht von dieser Welt." "In meines Vaters Hause sind viele Wohnungen;—und ich will wiederkommen, und euch zu mir nehmen, auf daß ihr seyd, wo ich bin."

Es war recht (schicklich) daß wir sollten "fröhlich und gutes Muths seyn; denn dieser dein Bruder war todt, und ist wieder lebendig geworden; er war verloren, und ist wieder gefunden." Er war in Gefahr umzukommen aus Mangel an rechter Nahrung. Es ist wahr, er war ein freywilliger Verbannter, ein muthwilliger Rebell, ein ungehorsames, widerspenstiges, gesetzloses Kind; er hätte im Ueberfluß leben können, wenn er nicht so schwer gesündigt hätte; aber nun kommt er bußfertig, hungrig und nackend; sein Elend ist groß genug; er verdient dein Mitleiden, und nicht deinen Zorn; gib ihm nur etwas von deiner Heerde, nur das gemästete Kalb. Gib ihm einen reichen Vorrath, sonst möchte er wieder in Mangel gerathen; nimm ihn auf in die Familie; thue den Ring der Liebe an seine Hand; lehre ihn das beste Kleid der Gerechtigkeit zu tragen, und thue Schuhe der Vorsichtigkeit an seine Füße.

So, lieber Leser, können wir verstehen, was gemeynt ist mit dem älteren Sohn, und welch eine wichtige Lection das Gleichniß beabsichtiget ist uns zu lehren. Mögen wir alle dadurch ermuntert werden, Demuth, Eintracht und Liebe unter der Brüderschaft zu befördern, und zur allgemeinen Menschenliebe gegen Alle uns auszubreiten. Ich werde nun diesen Aufsatz schließen mit der Bitte, daß ihr ihn mit seinen Gründen prüfen, und nur so viel Gewicht geben wollet, als er übereinstimmt mit dem Worte Gottes. Es war mein erster Versuch etwas für den Druck zu schreiben, und ich wünsche besser unterrichtet zu werden, worin immer ihr mich im Irrthum finden möget.

Temsbroeck, Pa.   M. H.

Worte eines Gläubigen.
I.

Man hat von den ältesten Zeiten hinweg unter Religion bald dieses bald das, immer wieder etwas Neues, und macht etwas anderes als Gott verstanden.

Die Religion, welche zu Gott, welche überhaupt zu dem Zweck, dem man sich darin versetzt, führt.—Diese ist von Adams Zeit an nur Eine, immer dieselbe gewesen. Die antediluvianischen Patriarchen, Abraham und seine Kinder, die Apostel und ihre Kinder, Alle sind nur noch auf einem Wege durch die enge Pforte gedrungen.

Worin dieser Eine Weg bestehe, ist ein Geheimniß, das sich in der Familie Gottes von ihren Stammvätern herab nur immer unter Wenigen weiter bis auf unsre Zeit fortgepflanzt hat. Das Geheimniß der Verborgnen Gottes. Jedoch gab es dieser Verborgnen von jeher nicht unter Einem Volk allein, sondern nach Beispielen der Heil. Schriften an allen Enden.

Dieser einige Weg, das eigentliche Christenthum, welcher bis auf unsere Zeiten hinab nur Wenigen bekannt gewesen, sollte jedoch gegen das Ende der Tage, ehe das Reich des Gesalbten auf Erden anfangen wird, wie alle übrige Geheimnisse des Worts, bekannt, und allen Menschen offenbar werden, damit sich ein Kern, eine Schule bilde, die das Reich Gottes endlich in der That, nicht immer wieder blos der äußern Form nach gründe.

Worin dieser einige Weg bestehe, ist schon in der Geschichte der Patriarchen angegeben, wo er als der beständige Wandel mit Gott, als der Weg der zur vollkommenen Gerechtigkeit führe, benennt wird.

Nicht ohne Grund entstanden die Patriarchen vor einem neuen Volk Gottes; nicht ohne Grund geht das 1 B. Mose den folgenden des göttl. Staatsgesetzes voran: Der Bildung eines gesammten Reichs nach dem Sinn Gottes mußte die Bildung einzelner Männer nach seinem Herzen vorangehen. So wie folgenden Bücher Mose in einem Vorbild das Ideal des Volks Gottes enthalten, faßt das erste in Vorbildern das Ideal einzelner Menschen Gottes in sich.

Aus diesen Vorbildern können wir lernen, was Christen sind und seyn sollen. Die Patriarchen waren die ersten Christen; sie sind die Stammväter des Geistes in allen Christen.

―――

Für den Evangelischen Besuch.
Gibt es einen Mittel-Ort zwischen Himmel und Hölle?
Fortgesetzt von voriger Nro. Seite 103.
Bibelstellen dagegen.
§. 5.

Luk. 16, 19. 20. 22. 23. "Es war aber ein Mann, der kleidete sich mit Purpur und köstlicher Leinwand, und lebte alle Tage herrlich und in Freuden. Es war aber ein Armer, mit Namen Lazarus, der lag vor seiner Thür voller Schwären.

Es begab sich aber, daß der Arme starb und ward getragen von den Engeln in Abrahams Schooß. Der Reiche aber starb auch und ward begraben. Und in der Hölle — wörtlich: — im Hades — hob er seine Augen auf, da er in Qualen stand, und sah Abraham von ferne und Lazarum in seinem Schooß."

So sonderbar es auch seyn mag, daß zwey einander widersprechende Behauptungen über einen Gegenstand ihre Gründe aus ein und derselben Stelle oder Geschichte der heiligen Schrift hernehmen, so ist doch dieß gerade hier der Fall. Denn während so manche meynen, die vorliegende Geschichte stoße mit einem Male Alles wieder um, was bisher über das Daseyn eines Mittelortes gesagt wurde, so finden wir gerade in dieser Erzählung unsers Heilandes wieder einen neuen Beweis für die Existenz desselben. Die Geschichte vom reichen Manne und armen Lazarus wiederholt sich noch immer, und es ist daher sehr nöthig, sie nach ihrem Inhalt und Grund recht aufmerksam zu betrachten. Wir wollen aber dabei vor allem nicht vergessen, daß das, was mit beyden Personen nach ihrem Tode in der andern Welt verging, sich zutrug, ehe der Herr Jesus die Versöhnung des Menschengeschlechtes durch seinen Tod am Kreutze vollbracht hatte.

Von Lazarus nun sagt der Herr: "Es begab sich aber, daß der Arme starb, und ward getragen von den Engeln in Abrahams Schooß."

Ohne Zweifel wird man hier zuvörderst fragen: Was und wo ist der Schooß Abrahams? Obgleich ohne eine besondere göttliche Offenbarung sich nicht mit Bestimmtheit sagen läßt, wo dieser große Mann Gottes nach seinem Abschied aus dieser Welt bis zur Auferstehung Christi seine Wohnung gehabt habe, und wie dieselbe eigentlich beschaffen gewesen sey: so ist doch wohl gewiß, daß sie eine selige Region und eine friedevolle Ruhestätte war, worin die Frommen des alten Testaments, die im Glauben an den kommenden Messias entschliefen, von ihren irdischen Mühseligkeiten und Leiden, gleichsam im Schooße ihres Glaubensvaters Abraham ausruhend, getröstet wurden und warteten, bis sie, nach den Worten Pauli Hebr. 11, 40., mit den Gläubigen im neuen Bunde vollendet werden konnten.

War also der Schooß Abrahams auch ein seliger Aufenthaltsort, ein Ort des Friedens und der Freude, worin Abraham mit seinen gläubigen Kindern in heiliger Ruhe auf das vollgültige Versöhnungsopfer Christi am Kreutze und auf die Auferstehung des Heilandes wartete, dessen Tag er sahe und sich freuete (Joh. 8, 56); so können wir doch aus der angeführten Stelle Pauli an die Hebräer, Cap. 11, 40. mit Gewißheit schließen, daß diese Lichtwohnung noch bei weitem nicht den Grad der Seligkeit und der Verherrlichung in sich hatte, den Abraham und seine Glaubenskinder erst erreichten, als nach der Auferstehung des Herrn auch sie mit paradiesischen Leibern auferstanden, aus ihren Gräbern giengen, in die heilige Stadt kamen, und Vielen erschienen. (Matth. 27: 52. 53.) Denn die Pforte zu dem eigentlichen Paradies, dessen Kraft und Herrlichkeit auch die äußere Natur Adams vor seinem Falle durchstrahlte, weil der Mensch ins Paradies geschaffen ward, ist durch die Sünde hart versiegelt worden, und konnte nur durch Christum wieder aufgeschlossen werden. Durch seinen Kreutzestod hat er uns diesen Eingang ins paradiesische Leben wieder eröffnet und dasselbe auch an seinem äußern Leibe, der als ein Fluch für uns am Kreutze hieng, durch seine Auferstehung wieder dargestellt, daß Er, als der Sieger über Tod und Grab, in Kraft dieses paradießischen Lebens verschlossene Thüren durchdrang und seinen Jüngern seine Wundenmaale zeigte.

Aus dem Gesagten sehen wir also klar, daß der Schooß Abrahams noch nicht der eigentliche Himmel seyn konnte, sondern vielmehr zu dessen Vorhöfen gehörte, die der König David in seinen Psalmen öfters besingt. Siehe Psalm 84, 3. 11. Psalm 96, 8. Psalm 100, 4.

So viel von dem seligen Wohnort wohin der arme Lazarus von den Engeln getragen wurde. Wir wollen nun auch hören, was der Herr uns von dem reichen Manne erzählt. Er spricht weiter! "Der Reiche starb auch und ward begraben. Und in der Hölle hob er seine Augen auf, da er in Qualen stand, und sah Abraham von Ferne und Lazarum in seinem Schooß."

Das griechische Wort das Luther hier mit Hölle übersetzt hat, heißt Hades, und bedeutet, wie schon früher gesagt wurde, gleich dem hebräischen Wort "Scheol" nur das Schatten- oder Todtenreich,

die untere Geisterwelt. Wir wollen aber das Wort "Hölle" hier gar nicht tadeln, sondern halten es vielmehr für die passendste deutsche Bezeichnung des griechischen 'Hades' weil es zugleich auf verschiedene Höllen und dunkele Todesthäler hindeutet. Allein zu beklagen ist es, daß die Willkührlichkeit der Lehrer und Ausleger der heiligen Schriften die Hölle des reichen Mannes zu einem Qualort ohne Ende, gemacht hat, und ihre Meinung kühn für Gottes Wort hinstellt. Das Wort der Wahrheit, der Herr selbst, aber, redet in dieser Geschichte keine Sylbe von einer endlosen Qual, sondern deutet vielmehr das Gegentheil an, indem Er sich eines Wortes bedient, das man von Metallen, die im Feuer geläutert werden, gebraucht, und das neben dem Begriff von Qual auch noch den Begriff von Läuterung, (Prüfung.)* in sich schließt, also offenbar einen Wink enthält, daß die Qual des reichen Mannes, nicht bloß eine Strafe für sein sündhaftes Leben hienieden, am wenigsten eine endlose Strafe, sondern zugleich eine Prüfung seines innersten Grundes und eine Läuterung für ihn war, die ihn zu einer gründlichen Buße und Sinnesänderung bringen, und ihn dadurch fähig machen konnte, im Glauben an den Messias in einen bessern Zustand aufzusteigen. Ueberhaupt aber kommt in der ganzen heiligen Schrift, selbst da, wo von der eigentlichen Hölle die Rede ist, nicht ein einzigesmal unendlich, oder ohne Ende, sondern meist nur 'ewig' oder 'Ewigkeit' vor; daß indeß 'ewig' und 'Ewigkeit' in der Bibel verschiedene Bedeutungen haben, und gar oft von Gott bestimmte Zeiten und Perioden anzeigen, ist schon durch den einzigen Ausdruck "von Ewigkeit zu Ewigkeit" bewiesen, und kann keinem aufmerksamen Bibelleser verborgen seyn, weil im alten Testament die Redens-

---

* Siehe J. F. von Meyers berichtigte Uebersetzung der heil. Schrift mit kurzen Anmerkungen.

art: "Dies soll eine ewige Weise seyn" sehr oft von Anordnungen gebraucht wird, die nur für das alte Testament ihre Geltung hatten, und im neuen Bunde aufhörten.

Man wird uns freilich entgegnen: Wenn die Bibel auch in den Stellen, die von den Höllenstrafen reden, nicht gerade die Worte unendlich und ohne Ende gebraucht, so hat sie doch solche Ausdrücke, die damit gleich bedeutend sind. So spricht z. B. der Heiland selbst Markus 9. dreimal von einem ewigen Feuer, da ihr Wurm nicht stirbt und ihr Feuer nicht verlöscht.

Es ist allerdings unwidersprechlich gewiß, daß dieses ewige Feuer in sich selbst nicht verlöschen kann, weil es als das geistige Grundelement in dem ganzen Universum die mächtige Kraft die alles in Bewegung setzt, ja selbst das unvergängliche Lebensprincip aller ewigen Kreaturen, namentlich der englischen und menschlichen Seelen ist. Darum ist es nach der Weisheit Gottes, welche Geister, Engel und Menschen zu einem unzerstörbaren Leben erschaffen hat, unmöglich, daß diese ewige Feuerkraft je aufhören oder verschwinden können, weil mit ihrem Vergehen die ewige Natur selbst wieder in ihr Nichts zerfallen würde. Aber obschon dies eine ausgemachte Wahrheit ist, darf man doch nicht vergessen, daß dieses geistige Naturfeuer, nachdem Lucifer u. seine Engel sich gegen Gott empörten, auf eine zweifache Weise sich offenbaret; bei den abtrünnigen Engeln in Zorn und Grimm, bei den treugebliebenen aber im Lichte der ewigen Liebe. Auch in der Seele Adams brandte dieses ewige Feuer vor seinem Falle allein in der göttlichen Liebe, sobald er sich aber durch Verführung Lucifers mit seinem Willen von Gott trennte, so wich alsobald die Liebe Gottes aus seinem Seelenfeuer, und es brannte sogleich in Zorn, von dem nicht allein unsere Stammältern, sondern auch alle ihre Nachkommen ergriffen, durchdrungen und erfüllt wurden. Aus dieser Ursache sind wir Alle, wie der Apostel, Ephes. 2, 3 schreibt, von Natur Kinder des Zorns.

Diese zweifache Offenbarung des ewigen Naturfeuers in Liebe und Zorn vorausgesetzt, haben wir in Bezug auf die Wiederbringung aller gefallenen Geschöpfe eigentlich nicht zu fragen: Ob dieses Feuer, von dem Christus spricht, verlöschen könne? Dies ist, wie wir hörten, seiner geistigen Natur nach unmöglich. Die Frage müßte vielmehr im Grunde so gestellt werden! Ob das Zornfeuer, das in den Seelen der Abtrünnigen als der ewige Tod oder Wurm naget, nie wieder in ein Liebefeuer verwandelt werden könne?—An der Allmacht Gottes wird wohl Niemand zweifeln. Kann Christi Blut in den Seelen der Menschen, die im Glauben an ihn verharren, das Zornfeuer kühlen und in Liebe verwandeln, so wird Gott es wohl an allen verständigen Kreaturen vermögen.

Ist der letzte Feind, der aufgehoben wird (1 Cor. 15, 26.) dieser nicht sterbende Wurm, als der ewige Tod im unauslöschlichen Feuer, wie es denn ganz gewiß ist; so leidet jene Verwandlung nicht den geringsten Zweifel, und zwar eben darum nicht, weil er nach dem Worte Gottes aufgehoben werden soll. Mit diesen Andeutungen kehren wir wieder zur Geschichte des reichen Mannes zurück.

Wir wissen gar wohl, daß die allgemeine Meynung der Christen die Seele des reichen Mannes in der Hölle der Teufel darben läßt, gerade als ob der göttliche Richter, dessen letzte Sentenz erst am allgemeinen Gerichtstage ergeht, schon bei seinem Tode das Urtheil über ihn ausgesprochen hätte: "Gehe von mir, Verfluchter, in das ewige Feuer, das bereitet ist dem Teufel und seinen Engeln. "Allein hier gelten nicht menschliche Meynungen, die erst geraume Zeit nach dem Tode der Apostel von einigen Gelehrten und Aeltesten der Kirche aufgestellt, und später willkührlich zu Glaubensartikeln erhoben worden sind. Hier kommt es einzig darauf an, was das Wort Gottes darüber sagt. In heiliger Schrift aber werden die Wohnungen des Teufels und seiner Engel, wie schon oben bemerkt wurde, entweder ewiges Feuer, das dem Teufel und seinen Engeln bereitet ist, (Matth. 25, 41.) oder Abyssus—Abgrund, oder Tartarus—der finstere Höllenschlund genannt; und da der Heiland in unserer Geschichte von keinem dieser Orte Erwähnung thut, sondern ganz einfach sagt, der reiche Mann habe im Hades, im Schatten oder Todtenreich—freilich in den untern qualvollen Behältnissen desselben—seine Augen aufgehoben; so bleibt es dabei: er ist nicht in die eigentliche Hölle der Teufel verstoßen, sondern in die Läuterungsräume des Mittelreiches versetzt worden, aus denen er in Kraft der Verdienste Christi noch wohl erlöst werden konnte, wenn er in Erkenntniß seines sündhaften Lebens, das er hienieden geführt, ernstliche Buße that.

Aber, fragt man, stehen denn die Worte Abrahams Luc. 16, 26.; "Und über das Alles ist zwischen uns und euch, eine große Kluft befestiget, daß die da wollen von hinnen hinüberwandeln zu euch, können nicht, und auch nicht die von dannen zu uns herüber fahren; nicht geradezu deiner Behauptung von der Möglichkeit einer Erlösung aus dem Hades entgegen?

―――⸺○○○⸺―――

Für den Ev. Besuch.
Gegen die Wiederbringung.
Nro. 3.

Wenn ihr meinen zweiten Brief nicht erhalten habt, dann nehmet diesen für den zweiten.

Weiter, der Schreiber, wo für einen Mittelort schreibt, nimmt zum ersten auf Markus 16, 16., wo es heißt: "Wer da glaubt, und getauft wird, der wird selig; wer aber nicht glaubt, der wird verdammet werden." Derselbe liebe Freund meint, man thäte gradezu Heiden verdammen. Das ist nicht so in mir, wenn ich mich anders kenne. Aber das Wort Gottes saget es, darum dürfen wir es auch sagen. Aber wenn es Gott gefällt die Heiden selig zu machen ohne ihm zu dienen, dann will ich von Herzen froh seyn, und noch viele tausend andere. Ich schreibe hierinnen nur, was die heilige Schrift sagt, und das nicht aus Unliebe, nein aus Liebe zu mir und vielen andern; wenn der liebe Leser es aufzunehmen hat, ist's gut; wenn nicht, so ist es auch gut. Lieber Leser vergib mir für resolut zu schreiben; ich bin ein resoluter Mann. Ich habe dem Teufel mit Gewalt gedienet, so will ich auch nun Gott dienen. Die Schrift sagt: "Wer sich Gewalt anthut, der reißt das Himmelreich zu sich, u. s. w."

Ich meine aber damit nicht zu sagen, daß ich vollkommen wäre. Nein, bei weitem nicht; ich mache noch viel Fehler. Wenn ich Fehler mache im schreiben, dann nehme ich gerne an, wenn ich zurecht gewiesen werde. Ich muß aber wieder zu meinem Gegenstand kommen.

In Johannes Cap. 1, 12. 13 heißt es also: "Wie viele ihn aber aufnahmen denen gab er Macht Gottes Kinder zu werden, die an seinen Namen glauben; welche nicht von dem Geblüte, noch von dem Willen des Fleisches, noch von dem Willen eines Mannes, sondern aus Gott geboren, oder von Gott geboren sind." Nun sagt es kein Wort von einem andern als nur der von Gott geboren ist. Nikodemus hat gesagt: "Wie mag solches zugehen?" Es war ihm deutlich gesagt, daß der Mensch aus Wasser und Geist geboren muß werden;" das ist, neu geboren. Es heißt in dem guten Buch: "Ihr müsset von neuem geboren werden;" und das noch ehe ihr oder wir in das Himmelreich sehen können, noch viel weniger hinein

Mittheilung von Bloominggrove.

kommen. Wenn es heißt: ihr müßet, dann meynet es, "ihr müßet" und nicht anders.

Nun, in Lucä 13, 24 heißt es: "Ringet darnach, daß ihr durch die enge Pforte eingehet; denn Viele werden, das sage ich euch, darnach trachten wie sie hinein kommen, und werden es nicht thun können." Nun wenn jeder Mensch selig wird, dann ist dieser Spruch nicht wahr: "Viele werden es nicht thun können;" warum? darum, es ist zu spät; in der Zeit haben sie nicht gewollt, und nun ist es zu spät. Er sagt auch: "Wer in den heiligen Geist sündiget, dem soll es nicht vergeben werden in dieser noch in jener Welt. Ich wunder, was der Mensch wo in eine Wiederbringung glaubt davon macht? Ich kann aufrichtigerweiß nichts anders daraus machen, als was es sagt.

Ja, sagt Jemand, der Mensch muß es abbüßen. Ich habe noch niemals nichts gelesen von abbüßen; nein, kein Wort. Wenn es aber so ist, dann habe ich nichts dagegen; aber ich kann nichts so lesen in dem guten Buch. Wenn ich sage das gute Buch, dann meyne ich das Buch wo über alle Bücher ist, nämlich das Wort Gottes, das Evangelium u. s. w. Wiederum sagt es im vorhergehenden Capitel im 25. ten Vers also: "Von dem an wenn der Hauswirth aufgestanden ist, und die Thüre verschlossen hat, da werdet ihr dann anfangen draußen zu stehen, und an die Thüre klopfen, und sagen: Herr, Herr! thue uns auf! Und er wird antworten und zu euch sagen: Ich kenne euch nicht, wo ihr her seyd." Das ist nämlich, wann Gott der Herr den Menschen Gerechtigkeit wiederfahren läßt.

In den 26. 27. und 29. Versen heißt es: "So werdet ihr dann anfangen zu sagen, wir haben vor dir gegessen und getrunken, und auf den Gassen hast du uns gelehret; Und er wird sagen: Ich sage euch, ich kenne euch nicht, wo ihr her seyd: weichet alle von mir, ihr Uebelthäter. Da wird seyn Heulen und Zähnklappen, wann ihr sehen werdet Abraham, und Isaak, und Jacob und alle Propheten im Reiche Gottes, euch aber hinausgestoßen." Im nächsten Vers sagt es das von den vier Enden der Erde kommen werden und im Reiche Gottes zu Tische sitzen. Aber es sagt nicht Alle, und es werden solche kommen wenn es meynen thäte Alle, dann würde es sagen, sie werden kommen. Aber so sagt es, es werden solche kommen, ist die Meynung, ich glaube nicht, daß die alle dort zu Tische sitzen, die wo hier sich Christen nennen lassen. Nein, nicht die Hälfte dann "wo der Gerechte so kaum erhalten wird, wo will der Gottlose und Sünder erscheinen?" Wenn es so genau hergehet mit dem Gerechten, wo soll dann noch etwas für den Gottlosen und Sünder seyn? Ich weiß keine Hülfe für ihn, und wenn die Schrift so sagt, dann ist es.

Johannes E.

Mittheilung von Bloominggrove.

(Diese Mittheilung hat uns sehr erfreut, schon um der Mittheilung willen, indem, wie es scheint, der Herr hin und wieder Freunde der Wahrheit erweckt, welche dem Evangelischen Besuch etwas mitzugeben geneigt sind zur Erbauung seiner Leser. Noch mehr aber hat uns der ernste und doch kindliche Sinn erfreut; der aus dem Folgenden so lieblich hervorleuchtet. Der Inhalt ist sehr wichtig und erbaulich. Er umfaßt die Grundlehren des Evangeliums, und die Fragen, deren richtige Beantwortung einem jeden Menschenkind aufs höchste angelegen seyn sollte. Der aufmerksame Leser wird in dieser Abhandlung etwas tiefere Blicke und Einsichten über die ursprüngliche Beschaffenheit des Menschen, seinen Fall rc. finden, als man gewöhnlich antrifft. Man lasse sich das nicht irre machen oder abschrecken, sondern lasse es uns zu desto ernstlicherer Beherzigung und genauerer Prüfung mit dem Worte Gottes antreiben. Gott wolle den Schreiber und uns alle segnen, auf daß wir immer mehr hinanfommen zu **einerley** Glauben und Erkenntniß 2c.)

Durch die Gnade unseres Gottes geliebter Bruder.

Da der evangelische Besuch manchmal sich beschwert über Mangel an Einsendungen für denselben, so gedachte ich dir einen Aufsatz zu schicken, welcher vorigen Sommer dictirt wurde, an unsere Sonntagsschüler. Ob er aber passend ist zum Aufnehmen in dem Besuch, überlasse ich ganz deinem Urtheil.

May, 1859.

Da wir heute den Anfang machen mit unserer Sontagsschule, so wäre es mein Wunsch und Herzens Bitte, der Herr möchte uns seine Gnade dazu schenken, daß wir unsere Zeit nicht nutzlos verschwenden möchten, sondern daß es dienen möchte, zu unserer Selbst Erkenntniß, und Erkenntniß Gottes. Ob nun wohl die Selbst- und Erkenntniß Gottes ein Werk der Gnade ist, das aber der Herr jedem Menschen gewiß gerne mittheilt, der sein Herz dazu öffnet, und in dieser Hoffnung möchte ich unter der Gnadenleitung Gottes, die Frage machen, was war der Mensch vor dem Fall, und was ist er geworden durch den Fall, und was soll er durch Christum wieder werden?;

Die erste Frage beantwortet uns das Wort Gottes selbst, wann es heißt: "Gott schuf den Menschen ihm zum Bilde, zum Bilde Gottes schuf er ihn." Daraus möchte die Frage entstehen, was ist das Bild Gottes? Darauf antwortet uns wieder das Wort Gottes, wann es heißt, Gott ist ein Geist, Gott ist Licht, Gott ist Liebe." Daraus können wir mit Gewißheit glauben, daß der Mensch vor dem Fall, als ein Ausfluß und Gleichniß Gottes, mit eben diesen Eigenschaften begabet war, als er aus der Hand Gottes kam. Er war in Gott, und Gott war in ihm, seiner göttlichen himmlischen Menschheit nach durchleuchtete und belebte ihn das Leben und die Weisheit Gottes, und war eins mit Gott, ein geoffenbarter Abglanz Gottes.

Da aber der erste Mensch, doch in ein wesentliches geoffenbartes Bild geschaffen wurde, aus allen drei Welten, oder Principien, so gränzte er mit seiner äußern Menschheit auch an das Reich dieser äußern Welt, und darin lag die Möglichkeit seines Falles, den aber Gott nicht gewollt. Vor dem Fall aber war auch sein äußerer Leib, ein Lichtleib, denn das in ihm wohnende Licht und Herrlichkeit Gottes, erleuchtete und durchleuchtete ihn, als seine Braut und göttliche Weisheit, und durch diese Sonne, die Gott in, oder über die ganze übrige Schöpfung gestellt hat, hätte durch ihn, als den Herrscher und Regenten, der übrigen Creatur, sollen die Creatur, je mehr und mehr in die Unsterblichkeit, und das Leben erhöhet werden.

Unter dem Herrschen des Menschen, über die ganze übrige geschaffene Creatur, dürfen wir nicht eine tyrannische Herrschaft verstehen, sondern wie oben schon gesagt, er war gleichsam die Sonne, die die übrige Creatur erleuchtete, und ihr Lichts- und Lebenskraft mittheilte, wie die äußere Elementische Sonne, allen Gewächsen der Erde, Lichts und Lebenskraft mittheilt, und ist somit der beherrschende Theil; eben so war es der Mensch für die lebende Creatur.

Ich habe oben gesagt, der äußere Leib des Menschen vor dem Fall, sey ein Lichtsleib gewesen; damit will ich nicht sagen, als ob er nicht Fleisch und Bein gewesen wäre, denn Christus ist der Wiederbringer dessen, was Adam verloren, und der Auferstehungs-Leib Jesu Christi, war, und ist ein verklärter Lichtsleib, und doch sagt Jesus selber, von seinem Auferstehungsleib, "Ein Geist hat nicht Fleisch und Bein, wie ihr sehet, daß ich habe;" und doch konnte er durch verschlossene Thüren eingehen, konnte sichtbar und unsichtbar werden.

Dieses gibt uns ein Recht zu glauben, daß der Leib des ersten Menschen Aehnlichkeit hatte, mit dem Auferstehungsleib Jesu Christi, er war nicht Gott und Mensch wie Jesus Christus; aber eine Inwohnung und Tempel Gottes, sein Wohnort, der Garten Eden, sein Leben aber, war im Paradies in Gott verborgen. Können wir nun hieraus nicht mit Gewißheit schließen, daß der erste Mensch, wie er aus der Hand Gottes kam, nicht bestimmt war zu einer fleischlichen Fortpflanzung zwischen Mann und Weib? Dann von dem neuen auferstandenen Menschen sagt Jesus, sie werden weder freyen, noch sich freyen lassen.

Ein kurzsichtiger Irrthum ist es, wann man annimmt, als ob Gott den Menschen in diesem groben thierischen Fleisch und Blut geschaffen habe, wie wir es jetzt als Folge dieses Falles an uns tragen. Wann wir bedenken den herrlichen Stand des Menschen vor dem Fall, und wie wir jetzt sind, in Folge des Falles, muß uns nicht eine Wehmuth und ein heimliches Heimweh anwandlen.

Der Mensch war als ein freies Geschöpf mit einem freien Willen geschaffen; sein Wollen und Begehren, sollte aber allein in und mit Gott seyn. Er wendete sich aber mit seinem Willen von Gott, in die Luft zur äußern Welt, und so wie er sich in fremde, sündliche Lust wandte in seinem anziehenden verkehrten Wollensbegehren, so verließ ihn seine göttliche Braut, die himmlische Weisheit, das Licht und Leben Gottes war am verlöschen, und sein Lichtsleib wurde grob und finster, auf Art wie ein glühendes Eisen helle und licht ist, wann aber seine Hitze verlöscht, so ist es grob und finster.

Und jetzt als die Weisheit von ihm wich, mußte sein Schöpfer, der vorher gesprochen hatte, es war alles sehr gut, sagen; "Es ist nicht gut, daß der Mensch allein sey, ich will ihm eine Gehülfin machen." Ihr könnet aber sagen wie beweisest du dieses, da er doch zu der Zeit noch nicht vom verbotenen Baum gegessen und gefallen war? Aber die Schrift sagt deutlich, "Dem Gerechten sey kein Gesetz gegeben." So lange er in der Vereinigung mit Gott war, bedurfte er kein Gesetz, da er aber seine himmlische Weisheit verlassen, und sich zum Falle neigte, wollte ihnen Gott noch zu Hülfe kommen, durch ein Gesetz, oder Verber. Allein die Lust war empfangen, sie gebar die Sünde; die Sünde wurde vollendet, und die Folge war der Tod.

Gott sprach zu dem Menschen, er möge essen von allerley Früchten im Garten; aber von dem Baum des Erkenntnisses Gutes und Böses, solle er nicht essen, denn welches Tages er davon esse, werde er des Todes sterben. Es ist ein Irrbegriff, wenn man annimmt, Gott habe sie mit dem Tode bestraft, weil sie sein Gebot nicht gehalten. Nein, das Todesgift lag in der Frucht, und davor hatte sie Gott treulich gewarnt, und gesagt wann du davon issest, wirst (nicht mußt) du des Todes sterben. Allein sie aßen, und starben des Todes; das herrliche Bild Gottes war verloren, sie starben an dem Leben Gottes. Das Licht und die Herrlichkeit Gottes konnte ihren äußeren Menschen nicht mehr durchleuchten, Gott hatte seinen herrlichen Tempel verlassen, darum wurde er finster, und irdisch, ja thierisch, und deßwegen erwachte auch eine Scham in ihnen. An dem Bilde Gottes, das der Mensch getragen, konnte er sich nicht schämen; denn Gott macht kein Werk, das sich seines Meisters zu schämen hat. Nein, Gott werden alle seine Werke loben und preisen.

Ich habe oben gesagt, Gott habe seinen herrlichen Tempel verlassen, oder vielmehr der Mensch hat seinen Gott verlassen. Der Mensch blieb aber jetzt kein leeres Ding oder Gefäß; an die Stelle des Lichts kam Finsterniß; an die Stelle des Lebens kam der Tod, anstatt Liebe kam Haß, anstatt

Weisheit Thorheit; ja an die Stelle des Tempels Gottes, schlug der Teufel seine Residenz auf, dessen finstere Abgrunds-Eigenschaften, können wir alle in unserem natürlichen Herzen finden.

Unsere erste Eltern waren jetzt bloße natürliche Menschen geworden, erstorben an dem Leben das aus Gott ist, eine Inwohnung des Fürsten der Finsterniß. Oder ist diß zu viel gesagt? Nein, denn unser Heiland sagt selber, wann der böse Geist, der Teufel bei der Bekehrung des Menschen zu Gott, ausgefahren ist, dieses beweißt daß er in dem Menschen ist.

Nun lag der Mensch unter dem Urtheil der Verdammniß und dem Fluche, und in ihm und mit ihm, seine ganze Nachkommenschaft, denn die Verdammniß ist durch des Einen Sünde, über alle Menschen gekommen. Die Vernunft möchte einwenden, warum sind die Nachkommen Adams mit ihm unter gleicher Verdammniß? Adam wurde Fleisch, ein fauler sündiger Baum, und als natürlicher sündiger fleischlicher Mensch kann er keine geistliche Kinder zeugen, denn was vom Fleisch geboren ist, das ist Fleisch, und Fleisch und Blut kann das Himmelreich nicht ererben, denn die fleischlich sind, die sind fleischlich gesinnet, und fleischlich gesinnet seyn ist eine Feindschaft gegen Gott, und hie ist kein Unterschied, sie seyen Griechen, Juden oder Heiden, und das Wort Jesu geht alle Menschen an, wann er sagt: "Ihr müsset von neuem geboren werden aus Wasser und Geist, oder ihr könnet das Reich Gottes nicht sehen."

Daß der einige Mensch Adam gestorben, darum sind sie alle gestorben, und sind allzumal Sünder, wer will einen Reinen finden, da kein Reiner ist. Welche Thorheit oder Blindheit, wann behauptet wird, der Mensch sey von Gott also geschaffen worden, in dieser fleischlichen Gestalt, wie er jetzt ist. Was würde ein solcher Madensack doch im Paradiese thun? Er hätte ja keine Nahrung darinnen, denn Paradiesfrucht kann nur ein Paradiesmensch genießen, und eben darum wurden unsere erste Eltern aus dem Paradies getrieben, weil sie ihren Paradiesleib verloren hatten, und eben darum muß unser natürlicher sündlicher Leib verwesen, oder verwandelt werden, und müssen eines neuen Leibes und Geistes theilhaftig werden, wann wir wieder in unser verlorenes Vaterland eingehen wollen.

Ich habe eben gesagt, der Mensch habe das schöne Bildniß und Leben Gottes verloren, nicht als Strafe von Gott, sondern das Todesgift sey in der Frucht gewesen; so könnte man fragen, was war es denn für eine Frucht? Etwa ein Apfel, wie es gewöhnlich angenommen wird? Nein das Wort Gottes nennt den Baum nicht einen Apfelbaum, sondern den Baum des Erkenntnißes Böses und Gutes, und eben so war auch seine Frucht. Daß der Teufel den Menschen zum Fall und zur Sünde reitzte, und versuchte, gibt uns die Gewißheit, daß Luzifer vor dem Menschen gefallen und zum Teufel geworden ist, ja ehe der Mensch geschaffen wurde.

Bevor nun ein Fall war, nämlich vor dem Fall Lucifers, war gar kein Böses offenbar, ja man wüßte nicht was Sünde war, und somit war auch keine Strafe oder Zorn Gottes offenbar. Lucifer, ein herrlicher von Gott erschaffener Engel, wich und trennte sich von Gott, durch Selbsterhebung. Er wollte in eigener Macht herrschen und seyn, was er nur aus Gnaden in Gott hätte seyn können, und dadurch fiel er aus Gottes Liebe und Licht und wurde ein finsterer Teufel; er erweckte das Zornfeuer, und somit wurde das Böse die Sünde offenbar.

Da nun der Mensch zum Bilde Gottes geschaffen war, in der Liebesvereinigung mit Gott, war ihm das Böse, die Sünde ganz unbekannt, denn die Finsterniß war von dem Lichte verschlungen, des Teufels

Mittheilung von Bloominggrove.

Neid aber gönnete dem Menschen seinen herrlichen Stand nicht, versteckte sich in eine Schlange, und spiegelte dem Menschen vor, sie sollten das Böse auch kosten; es mache klug, sie müßten alsdann auch, was bös, nicht allein was gut sey, und so würden sie seyn wie Gott.

In dem Menschen erwachte dadurch eine sündige Lust, eine Lust zu dem äußern Reiche dieser Welt, ihre einzige Lust hätte Gott sollen seyn und bleiben. Nun zog ihre Lust nicht mehr Gott und seine Liebe an, sondern die Eitelkeit, und somit Tod und Finsterniß, und dieses war die verbotene Frucht, das Wort Gottes nennt sie "Augenlust, Fleischeslust und hochfertiges Wesen."

Essen wir von dieser Frucht, so essen wir von dem verbotenen Baum, und die Folge davon ist noch der Tod, und wir müssen uns und nicht unsern Vater Adam anklagen. Da nun der Mensch als Sonne der übrigen Creatur gefallen und seine Lichtskraft verloren hatte, so fiel auch mit ihm die ganze irdische Creatur, so daß es jetzt heißt, "Finsterniß bedecket das Erdreich, und Schatten die Völker."

Doch Gott sey Dank, ein zweiter Adam ist gekommen. Auch diesen versuchte der Teufel; auch seine Lust wollte er von Gott abwenden zu dem Sünden-Baum. Aber dieser bestand die Versuchungsprobe, und der Teufel mußte weichen. Das Schwert des Wortes Gottes schlug ihn zurück. Wann unser Heiland, der zweite Adam sprach, du sollt anbeten Gott, und ihm allein dienen, die Lebens-Sonne ging wieder auf, das im Menschen verlorne Leben ist wieder erschienen, und gibt der Menschheit die herrliche Verheißung daß alle die an Ihn glauben nicht verloren gehen, sondern ewiges Leben haben.

Denn wie durch Eines Sünde die Verdammniß über alle Menschen gekommen ist, also ist auch durch Eines Gerechtigkeit die Rechtfertigung des Lebens, über alle Menschen gekommen. Der große Riß zwischen Gott und der Menschheit, ist durch den Fall des Menschen geschehen, der Tempel Gottes im Menschen, ist verwüstet, und eine Behausung aller unreinen Geister geworden; aber die Barmherzigkeit und Liebe Gottes, kam in das Mittel, um das verlorene Ebenbild Gottes wieder aufzurichten, wurde selber Mensch, nahm der Menschheit große Schuld auf sich, und ward in seiner Menschheit das vollgültige Versöhnopfer, zwischen Gott und der Menschheit.

Er zerbrach das irdische Fleisch und Blut am Kreutz, und führte es wieder ein in das himmlische göttliche, und in Ihm und mit Ihm die ganze Menschheit. Denn wie sie in Adam alle gestorben, so werden sie in Christo wieder alle lebendig gemacht. Es wird nicht an Einem fehlen. Das Paradies als das Lichtprinzipium; ist wieder eröffnet, der Schlange ist der Kopf zertreten, und Jesus ruft der Menschheit zu, Kehre wieder, verlaß das Reich der Finsterniß, und der Sünde, und kehret euch zu mir, aller Welt Ende, so werdet ihr leben.

Da nun der ganze Fall und Sündenelend, in jedem Menschen ist, so ist auch die Erneuerung ins Bilde Gottes, für jeden Menschen nothwendig, und so wie dort der Mensch vom Todesbaum aß, so soll nun jeder Mensch wieder essen vom Lebensbaum, dieser Lebensbaum ist das geschlachtete Lamm Gottes, und die Lebensfrucht ist das Fleisch und Blut Jesu Christi, wie er selber sagt: Werdet ihr nicht essen das Fleisch des Menschensohnes, und trinken sein Blut, so habt ihr kein Leben in euch.

Nun könnte man mit Recht mit jenem Poeten sagen,

  Wer nun nicht kommen will,
  Schweig über Adam still,
  Und seinen Fall,

Der liebt das Leben nicht,
Er reifet zum Gericht,
Zur Höllenqual.

Betrachtet man, zu was der Mensch in Jesu Christo wieder verordnet und bestimmt ist, so könnte man sagen, der Mensch hat durch den Fall nichts verloren, denn zur Geistleiblichkeit ist der Mensch in Christo Jesu wieder bestimmt, wie der Apostel sagt von den Gläubigen: "Welcher unsern nichtigen Leib verklären wird, daß er ähnlich werde seinem verklärten Leibe, und das um deßwillen, darum daß sein Geist in uns wohnet. Nun wünsche ich dieses herrliche Ziel der ersten Auferstehung möchten wir alle finden und erreichen.

Ob nun wohl unser ganzes Heil und Seligkeit, in der Erlösung, die durch Jesum Christum geschehen ist, zu suchen und zu finden ist, so hat doch Gott eine gewiße Ordnung dazu verordnet, welches die Gnaden=Ordnung heißt, denn auch diese Ordnung hat ihren Grund in der Gnade, der Anfang davon ist, daß Gott in seinem Worte zuruft: Mensch, erkenne dich selbst, wozu Gott das Gesetz gegeben hat, damit der Mensch seinen von Natur sündhaften Zustand erkennen möge.

Wir haben jetzt wohl ein wenig miteinander betrachtet, was der Mensch war vor dem Fall, und was er wieder werden soll durch Christum, und wir haben mit diesem wohl eine buchstäbliche Erkenntniß, welches uns Anleitung geben kann, zur Erkenntniß unserer selbst. Leitet es uns aber nicht zum Aufmerken und Erkenntniß unsers eigenen Herzens, so ist es blos ein buchstäbliches Erkenntniß, bläst oft mehr auf als daß es bessert.

Werden wir aber dadurch aufmerksam auf den Zustand unseres eigenen Herzens, und lernen erkennen, was wir durch den Fall geworden sind, nemlich verdammungswürdige Sünder, so ruft uns Gott durch seine und seiner Apostel Wort zu, "Thut Buße und lasse sich ein jeglicher taufen, auf den Namen Jesu Christi, zur Vergebung der Sünden, so werdet ihr empfahen die Gabe des heiligen Geistes. Ohne Erkenntniß seines sündigen verlorenen Zustandes, kann der Mensch auch unmöglich Buße thun, und bleibt somit in seinen Sünden.

Die gelehrte Vernunft hat es in ihrem Irrlicht jetzt soweit gebracht, daß sie unter einem christlichen Vorwand lehrt, der Mensch brauche nicht mehr Buße zu thun, Christus habe für ihn am Kreutze Buße gethan, dem Worte Gottes geradezu entgegen, und ich möchte aus Liebe zu meinen Schülern, noch beisetzen: Hütet euch vor solchen Irrgeistern, so christlich sie sonst scheinen. Der Teufel scheinete auch christlich, als er Jesum versuchte in der Wüste, und war eben doch der Teufel.

Läßt sich aber der Mensch durch die Zucht der Gnade leiten, zur Erkenntniß seiner selbst, und zur Reue und Buße, so hat er den ersten Schritt gethan in der Gnadenordnung Gottes, oder die erste Sproße an der Himmelsleiter erstiegen, und Jesus ruft ihm jetzt zu, zu einem glaubigen Aufblick an das für unsere Sünden geschlachtete Lamm Gottes am Kreutz. Ergreifen wir diesen im Glauben, so essen wir von dem Lebensbaum, und finden ewiges Leben.

Ohne Buße und Glauben, hat von Adam an bis auf uns, noch kein Mensch von diesem Lebensbaum gegessen. Gott hat ein festes Schloß davor gelegt, nämlich den Cherub mit einem blos hauenden Schwert; kein Mensch kann hier durchdringen ohne das Versöhnungsopfer Jesu Christi habe ihm den Weg wieder eröffnet; kein Verdienst reicht hin als das Verdienst Jesu Christi.

Dieses macht eine durch Buße zum Glauben an Jesu gekommene Seele, zu einem Kinde Gottes, eine solche Seele ist nun durch Glauben zum Leben gekommen, aber eben damit ist sie auch auf den Kampfplatz getreten gegen Satan, Welt und Sünde, auf welchem er zu einem Jüng=

Das Kameel und das Nadelöhr.

ling hervorwachsen soll, der den Bösewicht überwindet. Ein Kriegsmann kann sich mit keinen Nebendingen abgeben, noch viel weniger schlafen, wann er nicht überwunden werden will. Eben so ein Christ der zur Fahne Jesu Christi geschworen hat, durch und bey seiner Taufe, er hat sich verbindlich gemacht zu einem Leibeigenen Jesu Christi, der ihn erkauft hat, mit Leiden und mit Sterben, nicht mit Gold oder Sylber sondern mit seinem eigenen Blut.

Drey mächtige Feinde hat der Christ vor sich, in diesem Kampf, nämlich den Satan, die Welt und sein eigen Fleisch und Blut, oder den alten Menschen, und das Wort Gottes gibt uns die Verheißung, wer alles überwindet, der soll alles ererben. Diese Feinde brauchen wir nicht außer uns u suchen, sondern in unserem eigenen Herzen, und dieses macht es klar, daß der Christ im Kampfe steht gegen sich selber, und dieser Kampf besteht in einem beständigen Absterben und Tödten seiner selbst, denn sterben wir mit, so werden wir auch mit leben.

Der Ausgang aus uns selbst, ist der Eingang in Gott, und der Eingang in Gott, ist der Ausgang von uns selber, oder wie es der Apostel ausdrückt, wann er sagt, 'Ziehet den alten Menschen aus, und ziehet den neuen Menschen an, der neue Mensch ist Christus in uns, welcher geboren oder mitgetheilt wird, in dem täglichen Genuße des Fleisches und Blutes Jesu Christi, und der tägliche Genuß dessen, wird gefunden unter dem täglichen Sterben, oder könnte man sagen, der tägliche Genuß bringt dem alten Menschen den täglichen Tod, und so bleibt Christus, der uns gemacht ist von Gott zur Heiligung, aller Ruhm und Ehre, hat nun der alte Mensch aufgehöret zu seyn oder zu leben, und Christus lebet in ihm so ist der Zweck erreicht, jetzt ist der Mensch, was er durch Christum wieder werden soll.

In Liebe euer

C. H.

Das Cameel und das Nadelöhr.

"Es ist leichter, daß ein Kameel durch ein Nadelöhr gehe, denn daß ein Reicher ins Reich Gottes komme" (Matth. 19, 24.). Tausende lesen dieses Wort des Herrn, ohne einen bestimmten Begriff mit der darin enthaltenen Vergleichung zu verbinden. Verschiedene Erklärungen sind versucht worden, von denen uns keine den richtigen Sinn zu erfassen und das Treffende des Bildes aufzuzeigen scheint. Alle geben zu, daß es schlechterdings unmöglich ist, daß ein Kameel durch ein Nadelöhr gehe, und doch können wir nicht zweifeln, daß es manche Reiche giebt, welche selig werden. Wir trafen irgendwo in unsrer Lecture auf eine Auslegung, die wir für die vermuthlich richtige halten. Sie lautet so:

Reisende im Morgenlande erzählen uns, daß die dortige Städte noch jetzt, wie es früher auch bei europäischen Städten der Fall war, mit hohen steinernen Mauern umgeben sind. An gewissen Punkten haben sie Thore für den Ein- und Ausgang, welche regelmäßig des Nachts geschlossen werden. An der Seite des großen Thores ist aber eine kleine Pforte angebracht, die nur für Fußgänger bestimmt ist, damit man diese des Nachts ein- und auslassen kann, ohne nöthig zu haben, das große Thor zu öffnen, und eben eine solche Pforte wird "ein Nadelöhr" genannt. Ein unbeladenes Kameel mag sich allenfalls durchzwängen können; für ein beladenes aber ist es unmöglich. Nun ist es für einen reichen nicht unmöglich, selig zu werden; vielmehr glauben wir, daß schon viele im Paradiese Gottes sind, welche ihren Reichthum zur Ehre Gottes anwandten und ihre Hoffnung auf seine Gnade in Christo setzen. Aber gerade wie ein Kameel abgeladen werden muß, um durch das "Nadelöhr" gehen zu können, so muß der Reiche in seinem Herzen die Schätze dieser Welt dran geben und sie, wie sich selbst, dem Dienste und der Ehre Gottes weihen; denn es ist unmöglich, Gott und dem Mammon zugleich zu dienen. Viel leichter ist es für ein Kameel, durch ein "Nadelöhr" zu gehen. Was wird denn aus jenen Bekennern Christi werden, "die ihr Vertrauen auf Reichthum setzen?" - (Mark. 10, 24.) Irdischgesinnte, geldliebende Christen, denkt über diese ernste Frage nach! Sie ist für euch von tiefer, ewiger Wichtigkeit.

Kindliche Einfalt des Glaubens, oder der Regenschirm zur rechten Zeit.

Vor einiger Zeit litten mehrere Grafschaften in England durch eine große, anhaltende Dürre. Einige gläubige Pächter, deren Erndte ernstlich bedroht schien, baten ihren Prediger eine besondere Gebetsversammlung zu halten, um den Herrn um Regen zu bitten. Die Versammlung wurde bestimmt, und der Prediger, der sich ziemlich früh an Ort und Stelle einfand, hatte Zeit, sich noch mit mehreren Gliedern seiner Gemeine zu unterhalten. Unter den Anwesenden bemerkte er auch ein kleines Mädchen, eine Schülerin der Sonntagsschule, die allein von allen Gekommenen sich mit einem sehr großen Regenschirm schleppte, den sie kaum tragen konnte. Verwundert näherte sich ihr der Prediger und sagte: "Aber, mein Kind, was fällt Dir ein, Dich bei so herrlichem Wetter mit einem Regenschirm zu schleppen?"—Die Kleine sah ihn mit sichtlichem Erstaunen an und erwiederte: "Ich dachte da wir hierher kämen, Gott um Regen zu bitten, würde ich auch wohl einen Regenschirm nöthig haben."—Der Prediger lächelte, und die Versammlung begann. Noch während des Gebets erhob sich ein starker Wind, der eben noch so heitere Himmel überzog sich mit Wolken, bald zuckten die Blitze, und unter krachendem Donner ergoß sich ein Platzregen auf die ausgetrocknete Erde. Diejenigen unter den Versammelten, welche sich für den Empfang des erbetenen Segens nicht vorgesehen hatten, kamen bis auf die Haut durchnäßt nach Hause, während die kleine Marie und der Prediger, den sie mit unter ihr Familiendach nahm, wohl beschützt nach Hause gelangten— "Das ist die Freudigkeit, die wir haben zu ihm, daß, so wir etwas bitten nach seinem Willen, so höret er uns. Und so wir wissen, daß er uns höret, was wir bitten, so wissen wir, daß wir die Bitten haben, die wir von ihm gebeten haben." (1 Joh. 5, 14. 15.)

Sendb. d. Ev.

Christus die Freistatt.

Im Lande Canaan waren sechs Städte, drei diesseits und drei jenseits des Jordans; dahin durfte Einer fliehen, der einen Andern unvorsetzlich getödtet hatte. Die Straßen führten von allen Seiten in geraden Linien hin, damit der Bluträcher nicht vorlaufen konnte. Auch mußten sie in gutem Stande erhalten werden und mit Handweisern oder sonstigen Merkzeichen versehen seyn, damit der Flüchtling den Weg nicht verfehle. War er dann dort angekommen, so wurde er zunächst von den des Rechtes kundigen Priestern, die daselbst waren, verhört; darnach untersuchte die Gemeine des Orts, wo der Todtschlag geschehen war, die Sache näher. Fand sich's, daß der Flüchtling vorsätzlichen Mordes schuldig war, so wurde er dem Bluträcher, d. i. dem nächsten Anverwandten des Getödteten, ausgeliefert, welcher den alten Ausspruch Gottes an ihm in Vollziehung bringen mußte, nämlich: "Wer Menschenblut vergießt, deß Blut soll wieder vergossen werden." Hatte er aber ohne Haß und bösen Willen, blos aus Unvorsichtigkeit einen Todtschlag begangen, so durfte er in der Freistatt wohnen bleiben, und der Bluträcher durfte ihm nichts thun. Doch konnte er, ohne sein Leben aufs Spiel zu setzen, die Freistatt nicht eher verlassen, als bis der damals lebende Hohepriester gestorben war (Siehe 4. Mose 35.; 5. Mose 19.; Josua 20.)

Diese alttestamentliche Einrichtung war ein Vorbild der Zufluchtsstätte, die wir bei Jesu finden. Wir haben alle oft und viel gesündigt, und sind deßhalb des Todes schuldig. Da wird uns nun zugerufen: "Eile und errette deine Seele!" Wohin aber sollen wir fliehen? Zu den Wunden Jesu. Was gibt uns Schutz und Sicherheit? Sein Verdienst, sein bitteres Leiden und Sterben. Gleichwie sechs Freistätte waren im Lande Canaan, so hat der Heiland sechsmal und auf sechsfache Weise sein Blut für uns vergossen. Er hat in Gethsemane blutigen Schweiß geschwitzt, ist vor dem Gerichte des Hohenpriesters mit Fäusten ins Angesicht geschlagen, von den römischen Soldaten gegeißelt und darnach mit Dornen gekrönt worden; auf Golgatha sind ihm Hände und Füße mit den Kreuzesnägeln und darnach sein Herz mit der Lanze durchbohrt. Wer nun als ein des Todes schuldiger Sünder von dem Rächer verfolgt, zu dem in Gethsemane mit dem Tode ringenden, auf Gabbatha gegeißelten und auf Golgatha gekreuzigten Heilande seine Zuflucht nimmt, der ist geborgen und sicher. Wie wir hingelangen, sagt uns die Bibel. Sie ist voll von Merkzeichen und Handweisern, die uns den Weg zeigen. Ein solcher Handweiser ist z. B. Johannes der Täufer, da er spricht: "Siehe, das ist Gottes Lamm, das der Welt Sünde trägt!" Merkzeichen sind solche Worte, wie das des Apostels Paulus: "Christus hat uns erlöset vom Fluche des Gesetzes, da er ward ein Fluch für uns." Und das Wort des Petrus: "Ihr seyd erlöset mit dem theuren Blute Christi, als eines unschuldigen und unbefleckten Lammes." Und das Wort des Johannes: "Christus ist die Versöhnung für unsere Sünden, nicht allein aber für die unseren, sondern auch für der ganzen Welt." Wer diese Merkzeichen beachtet und befolgt, gelangt richtig zur Freistatt, und der Heiland erfüllt an ihm seine Verheißung: "Wer zu mir kommt, den will ich nicht hinausstoßen."

Wie steht's mit Dir, lieber Leser? Hast du diese Freistatt gesucht und gefunden? Hast Du das, so bleibe in ihr. Verlaß sie nie! Suchst du irgendwo anders Zuflucht und Ruhe, so wird dich die Rache auf's Neue verfolgen. Bleibst Du dagegen bei Jesu, so wirst Du rühmen und sagen können: "Du bist mein Schirm! Du wollest mich vor Angst behüten, daß ich errettet ganz fröhlich rühmen könne." (Ps. 32, 7.) Hast du den Schutz und die Sicherheit, die man in dieser Freistatt findet, noch nicht aus eigener Erfahrung kennen gelernt, lieber Leser, so gilt dir das Wort: "Du bist ein Mann des Todes!" Du bist in steter Gefahr, nicht nur, daß dein Leib von der kalten Hand des zeitlichen Todes erfaßt wird, sondern auch, daß deine Seele dem ewigen Tod und Verderben anheimfällt. Darum fliehe, ehe es zu spät ist!

Für den Evangelischen Besuch.
Ein Brief von Pattonsville, Pa.

Meinen Liebesgruß an Euch, die Herausgeber. Ich lese den Besuch alle Monat, und finde manche erbauliche Stücke darin, die mich erquickt haben, wenn ich sahe und glauben mußte, daß die Brüder noch probiren an der Wahrheit fest zu halten. Aber, liebe Brüder und Schwestern, es sind in Wahrheit gefährliche Zeiten, worein wir gekommen sind, weil alle Anbietungen und Versuchungen des Satans fast alle Tage vor Augen stehen. Ja, wenn wir sehen den greulichen Hochmuth, der jetzt im Schwang ist, und wie nicht nur Brüders Kinder, sondern auch noch sogar Brüder und Schwestern selbst Theil daran nehmen, so möchte einem das Herz bluten.

Ach, liebe Brüder, lasset uns wachen, und unsere Kinder fleißig ermahnen; denn o wenn wir sehen müßten unsere liebe Schooßkinder durch den leidigen Hochmuth endlich, statt zu dem demüthigen Heilande, in des hochmüthigen Teufels Rachen kommen, würde uns nicht Zittern und Entsetzen ankommen? Darum lasset uns doch auf der Hut seyn! Ist es nicht ein Jammer, wenn manche liebe Mutter mit unnöthigem Schmücken und Zieren ihres Kindleins demselben schon in früher Kindheit den Hochmuth und die Eitelkeit einbläst? Dieses ist sehr zu bedauren.

Wir sollten uns nicht dieser Welt gleich stellen, und unsern Kindern oder Andern auch nicht dazu helfen; denn was zur Gleichstellung der Welt gehört, das kostet viel, und wenn wir wenig Geld haben, so sind allezeit Arme, denen wir, wenn wir wollen, Gutes damit thun können, und das ist viel besser als unser Geld an den Hochmuth wenden. Wenn wir zurück denken dreißig oder vierzig Jahre, wie es damals war, und vergleichen dieses mit dem, wie es jetzt ist, welch ein Wechsel! Damals hat man die Brüderskinder, noch ehe sie zu der Gemeinschaft gehörten, von den Weltkindern leicht kennen und unterscheiden können. Jetzt kann man kaum die Mitglieder alle mehr kennen.

Wir sollen doch nicht hoch herfahren, sondern uns herunter halten zu den Niedrigen. Ist das nicht der Apostel Lehre und unser Bekenntniß? O liebe Mitbrüder, bedenket es doch recht, wie unser Bekenntniß und Thun miteinander einstimmt.— So wir bedenken, wie manche Tausend Thaler unnöthig verschwendet werden, um unsere Häuser zu verzieren, in köstlichen Fahrzeugen und Kutschen mit Harnisch einherzufahren, und manche andere solche Stücke, und wie es oft so hart geht die Nothdurft für unsere arme Mitglieder zusammen zu bringen, oder sonst eine Beisteuer, die da reichlich und nicht ein Geiz sey, zu erheben zur Ehre Gottes, und zur Ausbreitung der Wahrheit,—ach, wie können wir das mit unserm Bekenntniß reimen!

Brüder und Schwestern, Lasset uns wachen, und Gott bitten, und auch von Herzen es meynen, daß Er uns Licht, Weisheit und Verstand schenken wolle, damit wir dieser Welt brauchen, und nicht mißbrauchen! Denn, vergessen wir es ja nicht, es kommt ein Tag, da wir müssen Rechenschaft geben von unserm Haushalten. "Selig sind die Knechte, die der Herr, so er kommt, wachend findet." Luc. 12, 37.

Lasset uns sorgfältig seyn, daß wir uns nicht zu viel einnehmen lassen mit irgend etwas das in die Höhe führt. Durch die hohe Schulen werden Tausende unserer Jugend von nützlicher Thätigkeit abgezogen daß sie nicht mehr arbeiten wollen, welches Gott doch befohlen hat. Paulus spricht, "Das Wissen bläset auf," und leider trifft man solche Aufgeblasene nur zu viel an. Die Lernung ist gut, wenn sie gebraucht wird wozu sie uns von Gott gegeben ist, so wie alle andere Sachen. So war die eherne Schlange, die Moses aufgerichtet hat; wenn aber Israel hernach einen Abgott daraus machte, so lasset uns das eine Warnung seyn, daß wir das Gute nicht mißbrauchen. Jacob L.

Das Jahr 1867.

Ein merkwürdiges Werk ist kürzlich erschienen in England, welches dort und auch hier in Amerika Aufsehen erregt. Es ist betitelt: "Die große Trübsal," (The great tribulation,) und ist aus der Feder des durch mehrere Schriften ähnlichen Inhalts schon viel bekannten Predigers in London, Dr. Cumming. Schon der Titel spricht seinen Inhalt hinlänglich aus, indem er offenbar auf die Weissagung unsers Herrn und Heilandes von dem Ende dieser gegenwärtigen Weltzeit, und auf die Zeit seiner zweiten Zukunft hindeutet. Das merkwürdigste darin ist, daß das Jahr 1867 nach dem Urtheil verschiedener Ausleger von entschiedener Frömmigkeit und ungezweifelter Gelehrsamkeit als der Zielpunkt angesehen wird, in welchen die verschiedenen prophetischen Zeitläufe zu Ende gehen, und daß nicht nur religiöse, sondern auch weltliche Zeitschriften dieser Ansicht Beifall zu geben gedrungen sind.

So gibt unter Andern die berühmte Weltzeitung "The London Times" eine ausgedehnte beifällige Notiz über dieses Buch, und spricht sich sonderlich in billigender Weise über das Capitel mit der Ueberschrift '1867' aus. Wir hatten anfänglich diese Critick übersetzt um dieselbe in den Besuch einzurücken; fanden es nachher aber für zweckmäßiger, das ganze Capitel aus dem Buch selbst zu übersetzen, und hiermit unsern Lesern mitzutheilen. Hier ist es, und ein jeg'licher Leser suche es mit vorurtheilsfreiem Sinn, und nüchternem Geist zu prüfen, und sich aufs neue dadurch zum Wachen und Beten antreiben zu lassen.

'1867'.

"Und von der Zeit an, da das tägliche Opfer wird weggenommen werden, und der Greuel der Verwüstung aufgerichtet wird, werden seyn tausend zweihundert und neunzig Tage. Selig ist der welcher harret und kommet zu den tausend dreihundert und fünf und dreißig Tagen." Dan. 12, 11. 12.

Dieses ist eine sehr schwierige Stelle, aber wir haben kein Recht daran vorbei zu gehen; und wenn die Abhandlung unintesressant sehe ihnen sollte, so müssen wir die Nothwendigkeit derselben entschuldigen, während wir nur solche Schlüße daraus ziehen, welche sich aus Thatsachen rechtfertigen lassen. Aber meine Abhandlung wird weniger der Ausdruck meiner eigenen Meinungen seyn, sondern vielmehr dessen, was ich seit vielen Jahren gesammelt habe, —die Meinungen und Auslegungen einiger der besten und weisesten, und thätigsten Männer, die ihre Aufmerksamkeit auf diesen höchstwichtigen Gegenstand gerichtet haben.

Was ich mich jetzt bestreben werde zu zeigen ist dieses, daß was immer für Theorien von der Erfüllung dieser Zeiten angenommen werden, ob wir den Anfang davon auf diesen Zeitpunkt oder jenen, oder irgend einen andern stellen, so kommen fast alle in einem merkwürdigen Schluß überein, nämlich, daß 1867 die große Crisis eintreten soll, die entscheidende Crisis in den Begebenheiten der Geschichte, in der Erfüllung der Weissagung, und in der Erfahrung der Menschheit.

Was ich zu zeigen wünsche, ist: daß die besten, die weisesten und tiefdenkendsten Schriftsteller über die Weissagungen, wie weit sie auch unterschieden seyn mögen in Einzelheiten—und sie sind unterschieden—fast alle darin zusammen kommen, daß 1867 eine große Crisis seyn solle; und wenn alles, das nach der Erwartung Einiger sich bis dann ereignen soll, auch nicht eintrifft, so stehen wir wenigstens am Vorabend von Begebenheiten, wie Lord Carlisle in seinem Werk über Daniel sich ausdrückt, wenn sie nicht den wirklichen Schluß dieser gegenwärtigen christlichen Economie einführen, doch höchst bedeutungsvoll sind; wir müssen daher sorgfältig alles, was angeführt wird, prüfen, um so im Stand zu seyn zu urtheilen, ob die Data richtig sind oder nicht, auf welche diese Schriftsteller in ihren Schlüßen gekommen sind.

Elliot und Mede haben gezeigt, daß die 2300 Jahre welche Daniel angibt als eine der großen chronologischen Epochen, um das Jahr 1821 oder 1822 zu Ende laufen; das ist, wenn man sie datirt von dem Kriegszug des Xerxes, und dem höchsten Glanz des Persischen Reichs. Aber ein sehr gelehrter und tüchtige Clericker von der Kirche von England, welcher ein Werk geschrieben hat, betitelt: "Der Terminal Synchronismus von Daniels zwei Perioden" ist mit Elliot nicht einig. Er denkt, daß die 2300 Jahre, eine von Daniels großen Epochen, nach welchen, wie ich euch zeigte, der morgenländische Abfall, oder die Wasser des Flußes Euphrates, die Europa überschwemmen sollten, (d. i. die Macht Mahomeds) anfangen sollte ins Abnehmen zu kommen, anfingen um die Herbst-Nachtgleiche von 433 vor Christo, und wenn die 2300 Jahre anfingen um die Herbst-Nachtgleiche von 433 vor Christo, so muß diese große Periode zu Ende laufen in der Herbst-Nachtgleiche von 1867.

Elliot's Meynung war daß die 2300 Jahre ausfüllen das Wegnehmen des täglichen Opfers, und die Erschöpfung jener großen östlichen Eclipse, welche das Licht und den Sonnenschein des Himmels in der morgenländischen Welt überschatten sollte, und daß sie ausliefen in 1821, um welche Zeit der Mahomedanismus als eine Macht in Europa bis auf den Grund erschüttert wurde, und anfing sich über den Bosphorus zurückzuziehen und auf seine alte Heimath in Asia zurückzukehren, und aufzuhören als ein herrschender, triumphirender und vorschreitender Fanatismus.

Hingegen jener Schriftsteller denkt, daß der richtige Datum 433 vor Christo sey; und wenn dieses so ist, so würden sie in 1867 zu Ende laufen, als wann nach seiner Meinung der Mahometanismus gänzlich ausgetilgt seyn, und das Kreuz glänzen wird, wo jetzt noch der Halbmond triumphirend schwebt. Aber mehr als das, dieser Schriftsteller denkt auch, daß der Ausdruck „eine Zeit, zwo Zeiten und eine halbe Zeit," welchen alle Ausleger zugeben zu bedeuten 360 Jahre zweimal 360 Jahre, und 180 Jahre—zusammen 1260 Jahre, welche in der Offenbarung genannt sind 42 prophetische Monate, welches dasselbe ist,—oder auch genannt 1260 prophetische Tage—von A. D. 607 ausgehen.

Elliot, und Newton, und Mede denken, daß die 1260 Jahre beschreibend den großen abendländischen Abfall um das Jahr 532 anfingen, um welche Zeit Justinian dem Bischoff zu Rom die höchste Jurisdiction in bürgerlichen, kirchlichen und geistlichen Sachen verlieh; sie nehmen an daß zu dieser Zeit der Abfall mit der höchsten bürgerlichen und kirchlichen Gewalt, und daher mit seiner bleibenden Gestalt als ein politisch-priesterliches System begabt wurde.

Hingegen dieser Schriftsteller unterscheidet sich von ihnen, und sagt, daß die 1260 Jahre nicht anfangen um 532 nach Christo, sondern um das Jahr 607, da der Kaiser Phocas, den Pabst Bonifacius den dritten zum allgemeinen Oberhaupt der allgemeinen Kirche, und zum höchsten und vornehmsten Bischoff, Priester und Prelaten der Christenheit machte. Nehmen wir diese letztere Meinung an, so zählen wir die 1260 Jahre zu dem Jahr 607, und dieses bringt uns herab auf die nämliche Periode, in welche die 2300 Jahre auslaufen, nämlich 1867; und nach dieser Theorie also wird nicht allein der Mahometanismus gänzlich aufhören zu dieser Zeit, sondern auch das Pabstthum, mit seinem Pabst, und seinen Cardinälen, und seinem ganzen Kirchlichen Despotismus, wird gleich einem Mühlstein in die Tiefe des Oceans versinken; und die Welt in Osten und Westen befreit von dem Drucke, der sie gepreßt und verdunkelt hat, wird die Strahlen einer nimmer untergehenden Sonne reflectiren, und einen Theil des großen Reiches bilden, daß das Königreich Gottes und seines Christus ausmacht.

Ich muß sagen, ich ziehe Elliots Meinung vor; aber was ich eindrücklich zu machen wünsche, ist die merkwürdige Thatsache, daß beide Erklärungen uns zu dem Jahr 1867 bringen, als zu einem großen dominirenden Zeitpunkt, welcher von höchst auffallenden Begebenheiten characterisirt, und gewaltige Veränderungen in dem gegenwärtigen Zustande der Dinge in sich schließt. Die Theorie der von mir vorgezogenen Ausleger ist, daß die 1260 Jahre der Herrschaft der großen Westlichen Apostasie in A. 532 anfingen, da Justinianus in seinen „Pandecten" die höchste Autorität dem Bischoff zu Rom gab. Addiren wir 1260 zu 532, so bringt es uns herab auf 1792. Demnach, am Auslauf der 1260 Jahre, in 1792, das Pabstthum, nach der Beschreibung im Worte Gottes, sollte kommen unter das Gericht des Himmels, u. allmählig erschöpft werden.

Man lese „Allison's Geschichte," oder irgend eine andere authentische Geschichte, u. man wird finden, daß der große Ausbruch der französischen Revolution in 1792 einen so überwältigenden Angriff auf die päbstliche Macht mit allen ihren Anhängseln anfing, daß von jenem Tage bis jetzt der Romanismus am Absterben ist, entblößt von seinem vornehmsten Lebensprincip, und sich bestrebend um einen Fußhalt in irgend einem Land, zu welchem es zu gelangen vermag; so sehr ist dieses der Fall, daß ich meine Ueberzeugung immer und immer wiederholt habe, wie ich nicht mehr befürchte das Pabstthum werde die Oberhand gewinnen, als ich fürchte, dieses werde der Fall mit dem Mahometanismus oder Hinduismus seyn, daß eins von diesen die Oberhand haben werde.

Das Pabstthum sieht auf seinen letzten Füßen, um seine eigene Existenz kämpfend; und der einzige widersprechende, und beflagenswertheste Zug, ich muß es aufrichtig bekennen, ist dieses, daß die einzige Nation auf Erden, wo es noch Macht gewinnt unter der Bevölkerung, in diesem unserem Lande (England) ist. In den untersten Classen weiß ich aus statistischen Gründen, die ich anführen könnte, wenn es die Zeit erlaubte, daß die Römisch-Catholische Religion täglich am Verlieren ist. Unter den mittleren Classen hatte sie niemals einen Fußhalt; aber unter den höheren Classen gewinnt sie in diesem Augenblick täglich Anhänger. Sie erstehen ihre Lehrlings-Zeit in prächtig geschmückten Kirchen, deren etliche erst kürzlich eröffnet worden sind (vermuthlich noch) unter dem Namen der englischen Hochkirche); und nachdem sie einmal dort mit homöopathischen Gaben gesättiget sind, übergeben sie sich endlich der allopathischen Behandlung von Pio Nono, und werden Glieder der römisch katholischen Kirche.

Es erscheint als eines der unerklärbarsten Dinge, daß die Pairs von England, ausgezeichnet, wie viele von ihnen sind, durch ihr Genie, ihre Beredtsamkeit, ihre glänzende Vorgänge (antecedents), ihren Widerstand gegen Tyranney in jeder Form, und ihre Vertheidigung der edelsten Rechte unseres edeln Landes, daß irgend einige von ihnen glauben sollten die monströsen Fabeln, und sich gefallen lassen die lauten und unverschämten Ansprüche eines Systems, das zwar im Worte Gottes gewissermaßen gegründet ist, das aber ein Brandmal auf der Stirne trägt, und dessen Urtheil schon gesprochen war, noch ehe es in das Daseyn getreten war. Aber so ist es. Wir freuen uns daß die Füße unserer Nation auf rechtem Wege sind; die Häupter, oder höhern Classen sind in Verwirrung; aber das Herz von Alt-England schlägt gesund und frisch, und wir dürfen nicht schließen aus dem zitternden Puls der Wenigen, daß der Pulsschlag an England's Herzen in irgend einem andern Zustande sey als in seinem normalen, nämlich seinem protestantischen und christlichen.

Nehmen wir an, daß mit 532 die 1260 Jahre anfangen, so sagt uns Daniel in dieser Stelle, was nächstens Platz nehmen wird, und hiezu lade ich besonders Aufmerksamkeit ein, als Bestätigung der Theorie die ich aufzuhalten suche, daß zuerst eine Zeit, zwo Zeiten, und eine halbe Zeit, oder 1260 Jahre, und dann 1290 Jahre seyn sollen. In andern Worten: Daniel sagt, daß 1260 Jahre vermehrt werden sollen durch 30 Jahre mehr, am Ende dieser dreißig Jahre wird irgend eine große Begebenheit sich ereignen, die wir zu ermitteln haben.

Nun, wenn wir zu 1792, wo die 1260 Jahre zu Ende geloffen waren, die zusätzlichen 30 Jahre zählen, so bringt dieses uns herab auf 1822. Nun ist aber 1822 die Schluß-Periode der 2300 Jahre, nach Elliot's Auslegung. Wohlan, trug sich irgend etwas zu in 1822, daß diese Periode als eine Schluß-Periode rechtfertigen würde? Wir finden, daß die Türkei in der Sprache Lamartine's, anfing zu sterben aus Mangel an Türken;—die ganze Macht dieses großen Propaganda-Systems fing damals seine schnelle Auflösung an; und von jenem Tage bis zu diesem haben selbst unsere Bemühungen Rußland zurückzuhalten, die Türkei nicht aufrecht erhalten; sie ist in diesem Augenblick in Zuckungen der nahen Auflösung.

Ich hatte vor vier oder fünf Jahren gesagt, daß es so kommen würde; und obwohl wir berechtiget waren, und gerechtfertiget waren wir in dem Bestreben Rußland zu verhindern an der Störung des Gleichgewichts der Mächte von Europa; so waren doch, wie ich damals sagte, unsere Bemühungen die Türkei zu erhalten, eitel. Rußland hat noch immer einen Wegweiser bei Petersburg, auf welchem geschrieben ist: "Der Weg nach Constantinopel," und in dem Laufe der Zeit wird Constantinopel ihr zufallen, und

Rußland wird noch eine Rolle in der Weltgeschichte spielen, wie vielleicht seit tausend Jahren keine ähnliche gespielt wurde.

Aber Daniel sagt: "Selig ist der da harret, und kommt zu den tausend dreihundert und fünf und dreißig Tagen." Hier ist noch eine weitere zufäßliche Periode. Er addirt 75 Jahre zu den 1260, oder 45 Jahre zu den 1290. Er erwähnt (bemerket es!) drei Perioden, alle anfangend, wie wir hier annehmen in 532; erstlich 1260, zu Ende gehend in 1792; dann 1290, endend in 1822: und dann 1335, endend in 1867; so daß nach dieser Theorie, Daniel's Periode, wenn der selig oder glücklich seyn soll der da wartet u. kommt zu dem Schluße der 1335 Jahre, die Periode von Elliot angenommen als die tausendjährige Ruhe, anfangen würde im Jahr 1867, und währen würde tausend Jahre ununterbrochener Glückseligkeit, und Segens und Friedens.

Was ich aber eindrücklich zu machen wünsche, ist, daß nach beiden Theorien das Jahr 1867 wiederholt hervortritt als das Jahr wundervoller Veränderungen. — Und es ist sehr bemerkenswerth gleichfalls, was dieses bestätigen wird, und wofür ich Stellen zum Beweiß anführen werde, daß *Fines Clinton*, der tüchtigste Chronologe des Zeitalters, gezeigt hat, und wie ich dafür halte mit unwiderstehlicher Kraft, daß unsere Zeitrechnung, nämlich gegenwärtig 1859, nicht die richtige und wahre Zeit ist in der Chronologie der Welt. Seine Vorstellung ist, daß Christus kam um das Jahr 4138; und daß im Lauf weniger Jahre mehr wie am Schluße des sechsten Jahrtausends, und am Anfang des siebenten Jahrtausends der Welt angelangt seyn werden.

Was interessant ist in Verbindung mit diesem zu erwähnen, ist: der allgemeine Glaube unter Juden und Heiden, Rabbinisten, Talmudisten, und Vätern, daß das siebente Jahrtausend der Welt correspondieren werde mit dem siebenten Tag der Woche; sechs Tage der Arbeitswoche, und der siebente Tag, der Sabbathtag der Ruhe; so 6000 Jahre für die Arbeitswoche der Welt, und das siebente tausende Jahr sollte seyn, was die Apostel beschreiben als die Ruhe oder der *Sabbatismos* die noch für das Volk Gottes vorhanden ist.

Verschiedene Auszüge scheinen so weit diesen Schluß zu bestätigen und zu rechtfertigen, und ihr werdet sie natürlich annehmen für das was sie werth sind.

Erstlich, Lady Hester Stanhope in einem Brief aus Syrien an ihren Arzt, schreibt im Jahr 1827: "Alle diejenige, welche kommen, mögen zurückgehen auf das Türkische Jahr 1245." Und der Arzt setzt hinzu in einer Note: "Aus diesem möchte erhellen, daß Lady Hester Stanhope die Erfüllung irgend einer großen Begebenheit erwartete im Jahr der Hegira 1245." Die Hegira datirt von unserem Jahr 622; addire 1245 zu 622, so haben wir das Jahr, wo sie etwas Großes oder Ausserordentliches erwartete, nämlich 1867.

Der verstorbene Mr. Irving, der sich in vielen Stücken sehr irrte, in noch mehreren überspannte (ausschweifende) Ideen hatte, aber doch ein Mann war von glänzendem Genie, und unzweifelhafter Frömmigkeit, zugleich aber das Opfer eines Glaubens, daß Jedermann gut und groß sey, und unfähig des Verdachts, daß irgend Jemand betrügen könne, sagte: "Nicht allein unter den Türken in Europa, sondern im ganzen Morgenland ist die Mahometanische Macht am untergehen; und gleich allen zum Untergang bestimmten Dingen fangen sie an sich dessen bewußt zu werden, insofern sie sagen, die Ottomannische Pforte sey gelähmt durch Prophezeihungen von ihrem schnellen Untergang. Ist es nicht so geschrieben, (sagen die Türken,) in eurem christlichen Buch daß unsere Religion ihr Ende erreiche innerhalb vierzig Jahren? Und was sehr

Das Jahr 1867.   135

bemerkenswerth ist, einer meiner Freunde, der kürzlich nach Central=Africa reiste, und auf den Himalaya Bergen in Indien stand, an dem heiligen Teich, wo niemals zuvor Christen gewohnt hatten, fand auch dort eine Erwartung einer Religion von Westen, welche im Lauf von vierzig Jahren die Erde besitzen werde.—Bemerkungen, welche sie mit ihren eigenen Lippen gegen mich aussprachen."

Nun der Africanische Reisende oder Freund, auf den er sich bezieht, war Major Denham oder Capitän Clapperton; sie waren in Africa im Jahr 1823; und vierzig hiezu gezählt, würde uns herunter bringen auf 1863. Wiederum in einem andern Theil dieses Buchs sagt er: "Am Ende des 1335sten Tages von Daniel oder im Jahr 1867 welches 42 Jahre von der Zeit ist, in der ich jetzt schreibe, wird die gesegnete Zeit anfangen, und die Auferstehung der Gerechten wird alsdann statt finden."

Mr Cuninghame of Lainshaw, ein Mann von tiefer Forschung in die Weissagungen, schrieb im Jahr 1837 und sagt: "daß wenn das Ganze des Zeugnisses, welches er beibringt, betrachtet und sorgfältig erwogen wird, so denke er es werde unmöglich seyn die Richtigkeit seiner Data (Zeitangaben) zu bezweifeln; und er glaubt, daß wir zu der Zeit ein wenig mehr als 29 Jahr und 2 Monate von dem Ende von Daniels 1335 Jahren wären; das ist, sie würden auslaufen im Jahr 1867.

Der Autor eines sehr tüchtigen und wohl ausgearbeiteten Aufsatzes, genannt, "Die siebente Zornschaale" schreibt folgendermaßen über denselben Gegenstand: "Nicht eher hatte die Periode der Gerichte, die über Europa ergingen von 1789—1815, ein Ende genommen, so wurden die alten Land=Marken wieder hergestellt. Wo ist die Verheissung seiner Zukunft? wurde das allgemeine Geschrei." Er weißt auf das Jahr 1865, "wo dann

nach Daniel, eine gesegnete Zeit anfangen sollte, (mit einem Wort:) das Millennium einbrechen, und die völlige Zerstörung des Antichrists alsdann statt finden werde." "Wir sind," sagt dieser Schreiber, "am Vorabend des langerwarteten Sabbaths der Ruhe und des Segens."

Und der letzterige Ehrwürdige Edward Bickersteth, einer der tüchtigsten, frömmsten u. geistlichgesinntesten Männer, die ich jemals kannte,—und ich habe ihm zugehört als ein Schüler mit Nutzen und Vergnügen manchesmal,—der Oheim des gegenwärtigen Bischoffs Rippon—sagt: "Wenn wir die 2300 Tage in Daniel rechnen von Esra's Commission 457 vor Christo, so würden sie auslaufen in 1843; rechnen wir sie aber wie wir sollten, von der letzten Reinigung des Nehemiah 433 vor Christo, dann laufen sie aus in 1867, welches ich als die Periode betrachte der Wiederherstellung der Jüdischen Nation, der Reinigung des Heiligthums, und der Zubereitung für den Anbruch und Sonnenschein des Millenniums."

Ich will zuletzt noch von Einem anführen, mit dessen Gesinnungen in einigen Stücken ich nicht einverstanden bin, Bischoff Russell, ein schottischer Bischoff, er spricht sonderbar über die Idee, daß das 7te tausend Jahre das tausendjährige Reich oder tausendjährige Ruhe der Welt seyn würde; und er macht folgende hochwichtige und werthvolle Bemerkung: "Die Tradition (Ueberlieferung) daß die Erde sowohl als der religiöse Zustand ihrer Bewohner einer großen Veränderung unterworfen seyn würde am Ende von 6000 Jahren, ist angetroffen worden in den Schriften von Heyden, Juden und Christen; weil sechs Tage angewendet wurden von dem Allmächtigen Gott in Erschaffung der Welt, worauf er ruhete am siebenten; und da vor Ihm Ein Tag ist wie Tausend Jahre, und Tausend Jahre sind wie Ein Tag, so wurde geschlossen von den Caballisten und Juden, daß die Welt fortwähren müsse 6000 Jahre; und daß am Schluße dieser Periode würde folgen ein Sabbath von tausend Jahren von verhältnißmäßiger Länge, ein Millenium der Ruhe und des Friedens. Spuren dieser Vorstellung findet man in den Sybillinischen Büchern, in Hesiod's Gedichten, in Plato, und waren lange herrschend vor der Geburt Christi, in Bezug auf eine bedeutungsvolle Veränderung, welche der Erde bevorstehen sollte nach einer Zeit von nicht mehr als 6000 Jahren. Wir finden diese Erwartung ausgesprochen bei den Chaldäern, Persern, Egyptern, Griechen, Römern; von Rednern, Poeten und Philosophen; und die einzige Schwierigkeit, die uns begegnet in der Untersuchung der gesammelten Denkmäler der alten Literatur ist diese, nämlich Rechenschaft abzulegen für solche große Einträchtigkeit der Gesinnung, wo wir doch keine Unterrichtsquelle oder irgend eine Autorität entdecken können, welche so viele verschiedene Scribenten geneigt seyn würden anzuerkennen für einen so merkwürdigen Schluß.'

Und er setzt hinzu: "Was immer der Ursprung dieser von Juden und Heiden so gerne gehegten Erwartung vor der Zukunft unsers Heilandes gewesen seyn mag mit Hinsicht auf eine glückliche Veränderung in der Lage der Dinge, so ist es offenbar, daß die Hoffnung solch einer Vollendung nicht überflüssig gemacht wurde durch Christi Wohnen auf Erden, noch durch die vielen Verheißungen, welche er seinen Jüngern gab in Bezug auf einen vollkommenern Zustand des Daseins nach dieser Zeit: im Gegentheil warteten die ersten Christen mit ernstlichem Verlangen auf den neuen Himmel, und die neue Erde, die ihren Vätern verheißen war und verbanden diese Erwartung auch mit der alten Hoffnung, daß diese Erdkugel einer materiellen Veränderung unterworfen seyn werde am Ende der 6000 Jahre, alle ihre Unvollkommenheiten abwerfend, welche entstanden waren aus der Schuld ihrer Einwohner, und dann gemacht werde zu einer Wohnung der Gerechtigkeit, des Wohlwollens, und der Reinheit während eines Milleniums von tausend Jahren, des Sabbaths dieser irdischen Welt."

Ich möchte eben noch hinzu fügen, daß ein Poet— wenn anders eines Poeten Zeugniß für irgend etwas gelten kann, und zuweilen ist die tiefe Einsicht des Poeten wahrer, als die Logick des Philosophen,— der Poet unseres Feuer-Heerdes, der lieblichste und belehrendste von allen, ich meine: Cowper, sagt:

The groans of nature in this nether world,
Which heaven has heard for ages, have an end,
Foretold by prophets, and by poets sung,
Whose fire was kindled by the prophet's lamp,
Six thousand years of sorrow have well-nigh
Fulfilled their tardy and disastrous course
Over a sinful world; and what remains
Of this tempestuous state of human things,
Is merely as the working of the sea
Before a calm, that rocks itself to rest;
For He, whose ear the winds are and the clouds
The dust that waits upon its sultry march,
When sin has moved him, and his wrath is hot,
Shall visit earth in mercy; shall descend
Propitious in his chariot paved with love;
And what his storms have blasted and defaced,
For man's revolt, shall with a smile repair."

Mr. Scott, ein sehr geschickter Schreiber über die Prophecey, erklärt in seinen "Umrissen der Prophezeihung": "Das ganze sechstägige Werk der Schöpfung

Das Jahr 1867.

bildet vor die ganzen sechs tausend Jahre des Werks der Erlösung; und der siebente Tag, oder Sabbath Gottes ist das Vorbild des siebenten Tausends von Jahren der Erlösung, des Milleniums oder Sabbaths, des ersten Tages, so zu sagen allgemeiner Freude und Lobpreisens Christi. Beinahe alle Schriftsteller über die Weissagung stimmen darin überein, daß die prophetischen Data, die uns gegeben sind, alle zwischen jetzt und dem Jahr 1867 zu Ende laufen."

Ich habe diese Auszüge gegeben von competenten Autoritäten, die alle auf einen Schluß kommen, daß das siebente tausend Jahre der Welt eine tausendjährige Ruhe der Welt seyn soll; und ich habe auch gezeigt daß, wenn die Chronologie von Fines Clinton richtig ist, und ich für mein Theil bin dessen versichert, so sind wir in diesem Augenblick innerhalb acht Jahren von dem Schluße der sechstausend Jahre, und also, wenn unsere Data richtig sind, innerhalb 8 Jahren von dem Anfang von dem, was alle diese Schriftsteller hoffen als (das Pfand der) ewigen Ruhe, des Anbruchs eines himmlischen Tages, der tausendjährigen Glückseligkeit des Volks Gottes; wo alle Thränen abgetrocknet werden,—wo aller Kummer ein Ende hat, —wenn der Tod selbst sterben wird, und wo Christus herrlich glänzen wird vor seinen Heiligen; und diese Welt jene Ruhe genießen wird, von Propheten vorhergesagt, von Poeten besungen, von Heiligen erwartet, und von einem Apostel erklärt als die Sabbath-Ruhe, die noch vorhanden ist für das Volk Gottes.

Dieses sind die Data, aus welchen ein Jeder seine eigene Schlüße ziehen kann. Ich wage es nicht entscheidend zu behaupten,—ich suche nicht vorzuschreiben—ich unternehme es nicht, etwas festzustellen. Ich habe gezeigt, daß die besten und tüchtigsten christlichen Forscher alle darin übereinkommen, daß 1867 eine Zeit von gigantischen Erfolgen seyn werde;—daß Einige denken, es sey der Anfang der tausendjährigen Ruhe; Andere denken, es sey die Zerstörung aller Irrthümer, derer Wurzeln so tief in unserer Welt stecken, und die allgemeine Ausbreitung des Reichs des Friedensfürsten. Dann wenn diese Dinge so sind, blicken wir in diesem Augenblick auf Europa mit tiefstem und Furcht erregendem Interesse. Niemand kann über die letzten zehn Jahre nachdenken, ohne zu sehen, daß es zehn Jahre voll unerhörter Vorfälle in der Geschichte der Welt und der Menschheit waren.

Niemand kann auf Europa hinblicken in diesem Moment ohne zu fühlen, daß es kaum ein schlafender Vulcan zu nennen ist: Rußland tritt aus seinen schneebedeckten Steppen hervor; Deutschland bis in sein Innerstes erschüttert und aufgeregt; der stolze und siegreiche Napoleon, dem Ansehen nach der Sache der Gerechtigkeit, der Freiheit und des Friedens ergeben; unser eigenes Land (England) allen Scharfsinn seiner Staatsmänner jeder Seite und jeder Parthei anwendend, um die Fluthen des Krieges von unsern eigenen friedlichen Ufern abzuhalten;—und doch durch Alles zu der Besorgniß geleitet, daß wir (obwohl für eine Zeitlang, aber) nicht für immer dem schrecklichen Kampf ausweichen können, aber alle Weissagung uns zu hoffen berechtiget, daß England verschont werden wird in dem Untergang der Völker.

Aber was lehrt uns alles dieses? Gesetzt ich hätte bewiesen bis zur Demonstration, daß 1867 das Ende seyn werde dieses gegenwärtigen Zeitalters. Einige möchten nun sagen: O dann, warum weiter für unser Leben sorgen?—Warum kaufen oder pachten, bauen oder pflanzen auf lange Jahre hinaus? Ist es nicht besser, alle Weltsorgen und Weltgeschäfte bei Seite legen, und nur uns darum bekümmern, wie wir bereit seyn mögen auf die Zukunft des Herrn?—Ich sage, Nein.

Was ist des Herrn Gebot? "Schaffet, bis ich komme." Was ist der Zustand der Leute wenn er kommt? "Zwo werden mahlen auf einer Mühle, eine wird angenommen werden (als eine Christin), die andere wird verlassen werden." Was lehrt uns dieses? Daß unsere Pflichten bestimmt sind durch Gottes einfältige Vorschriften; und daß sie nicht modificirt werden dürfen durch einige seiner Weissagungen, so deutlich sie seyn mögen. Die Weissagung lese ich zu meinem Troste; die Vorschrift lese ich als Verhaltungsregel. Und darum, wenn die Leute sagen, daß wir nicht übereinstimmend mit unserem Glauben handeln,—wie es nicht vor langer Zeit geschah von Spöttern und Andern in den Zeitungen,—daß weil ich die Lease von einem Haus nahm, darum glaube ich selbst nicht an diese Schlüße, so antworte ich, daß wenn ich dächte, es sey zu meinem Nutzen oder Vortheil, oder zum Nutzen meiner Familie, so würde ich morgen eine Lease von hundert Jahren für ein Haus nehmen. Ich habe nichts mit den Weissagungen zu thun in Bestimmung meiner Pflichten,—diese müssen nach Gottes Vorschrift, und wie der gesunde Menschenverstand es lehrt, ausgerichtet werden; und wenn ich glaube daß 1867 das Ende wäre von der gegenwärtigen Oekonomie der Dinge, so sollte meine Hand doch gleich geschäftig seyn in meinem Werk. Ich würde einem Jeglichen rathen bei seinem Geschäft und Beruf zu bleiben, ein Jeder an seinem Posten; denn der Posten der Pflicht ist allezeit der Ort der Sicherheit vor Gott und vor allen Menschen. Während aber unsere Hände an ihrer Pflicht seyn sollten, sollten unsere Herzen mehr denn jemals im Himmel seyn. Manche Leute sagen: O wie entsetzlich und schrecklich, daß die Welt ein Ende haben soll! Ja, wie schrecklich und entsetzlich, daß du vielleicht morgen sterben mußt?—Der Tod des Einzelnen ist für ihn ebenso ernst, als der Schluß der jetzigen Oekonomie für die ganze Welt: aber es ist nichts entsetzliches darinnen. Unser Heiland stellt es uns nicht so vor, denn was sagt er? Wenn ihr sehen werdet anheben, daß diese Dinge in Erfüllung gehen, was dann? Sollen wir uns erschrecken lassen,—verzagt werden,—und unsere Pflichten vernachläßigen?—Nein, nein, nein. Die Schrift ist zu reich an gesundem Menschenverstand. Sie sagt: "Hebet eure Häupter auf, dieweil sich eure Erlösung nahet." Und wer kann möglicher Weise beklagen die wahrscheinliche Nähe solch einer Vollendung? Was wird es seyn? Das Ende der Sünde, die Befreiung der Unterdrückten, das Aufhören von Kriegen, die Rückkehr der Erde wenigstens theilweise zu ihrer früheren Herrlichkeit, die Wiederherstellung alles des Segens, der (durch Sünde) verloren war, ein Friede, der alles Denken übersteigt; kein Streit mehr, keine Mißverständnisse mehr, keine Sünden mehr, keine Trübsal mehr.— Statt die Zukunft einer so glorreichen Epoche zu fürchten, sollten wir Alle von ganzem Herzen beten, wie ich von Herzen thue (mit dem heiligen Seher auf Patmos:) "Komm, Herr Jesu; ja, komme bald!"

(Die Vollendung, die mit der zweiten Zukunft Christi verbunden seyn wird, ist in ihren Graden verschieden, nach des verschiedenen Standpunkten, in welchen der Herr seine Menschenkinder antrifft. Bei denen, die gewürdigt werden der ersten Auferstehung, und als Könige und Priester mit Christo regieren werden tausend Jahre, wird das, was hier am Schluße gesagt ist, in vollkommene Erfüllung gehen.— für sie ist keine Sünde und kein Tod mehr. Bei denen hingegen, die das tausendjährige Reich im Leibe dieses Todes erreichen, wird es auf den Grad der Selbst- und Gottes Erkenntniß, auf den Grad der Selbstverleugnung und Liebe zu Gott und

Menschen, mit einem Wort auf den Grad der Heiligung eines jeden Menschen ankommen, wie viel er des Segens im tausendjährigen Reich theilhaftig wird.)

Die Jährliche Versammlung von 1860.

Unsere vor Kurzem gehaltene Jährliche Versammlung in Tennessee, wie man befürchtete u. vorauszusehen glaubte, wurde nicht so zahlreich besucht von der Mitgliedern der unterschiedlichen Gemeinden, welche unsere Brüderschaft ausmachen, wie bei solchen Versammlungen gewöhnlich geschieht. Es waren vergleichungsweise nur wenige Gemeinden vertreten (representirt). Gar keine Abgeordneten waren da von Pennsylvanien und New Jersey, während die Zahl von allen Nordwestlichen Staaten sehr klein war. Verschiedene Ursachen, ohne Zweifel, trugen dazu bei, eine mehr allgemeine Repräsentation unserer Gemeinden zu verhindern. Da die Versammlung an dem äußersten Ende der Brüderschaft stattfand, und da durch die Entfernung, die man zu reisen hatte beträchtlich war, so war dieses ohne Zweifel eine Ursache, warum nicht mehrere von den Abgeordneten der nördlichen Staaten kamen.

Und dann brachte der aufgeregte Zustand der Volksstimmung, welcher im Süden in Folge des unglücklichen Ereignisses zu Harper's Ferry im letzten Spätjahr entstanden war, Manchen auf den Gedanken, daß es schwierig seyn möchte durch die südlichen Staaten zu reisen ohne Unannehmlichkeiten ausgesetzt zu seyn.—Wiederum, da die Versammlung gehalten wurde in der Nachbarschaft, wo eine Schwierigkeit sich ereignet hatte mit einem unserer Brüder wegen einiger Bemerkungen, welche er gemacht hatte wegen der Sclaverei, so wurde befürchtet, daß dieser Umstand eine ungünstige Wirkung auf die Versammlung haben möchte. Indessen wie die Dinge sich herausstellten, durften wir uns freuen zu erfahren, daß keine Ursache vorhanden war für solche Befürchtungen. Keine Unannehmlichkeit wiederfuhr irgend welchen von den Brüdern, u. die Versammlung ging vorüber in sehr lieblicher Weise.

Obschon wir bereits bemerkt, die Zahl der Abgeordneten nicht groß war, so hatten wir doch in der That ein fettes Mahl (Jesai 25, 6.) miteinander, und waren doch begnadigt und geehret mit der Gegenwart des großen Hauptes der Gemeinde in unserer Mitte, welches einen solchen göttlichen Einfluß unter uns und über uns ausübte, daß wir fühlten "hier ist gut seyn."

— — Obschon wir, ehe wir unsere Heimath verließen, es vorgezogen hätten, wenn die Versammlung mehr in der Mitte der Brüderschaft gewesen wäre, so waren wir doch froh, als wir einmal unter unsern Brüdern in Tennessee waren, und ein wenig mit ihren Umständen bekannt wurden, daß die Versammlung gerade dorthin bestellt war. Man könnte Einwendungen machen, warum solche Versammlungen nicht an dem äußersten Ende der Brüderschaft zu haben; aber es gibt auch Gründe zu Gunsten solcher Orte. Brüder, welche wie an den Gränzen der Brüderschaft wohnen, und nicht so vielen Umgang mit der Brüderschaft im Ganzen haben, haben nicht die Gelegenheit, die man ihnen wünschen möchte, mit den Brüdern und ihrer Weise in verschiedenen Gegenden bekannt zu werden.

Wenn wir zusammen gebracht werden aus verschiedenen Richtungen, mit Gebräuchen und Gewohnheiten von geringem Unterschied, so gibt uns dieses eine Gelegenheit zur Uebung der Geduld, Verträglichkeit und Liebe, und wenn wir willig sind zu lernen, und auf unsere Selbstbesserung bedacht sind, so können wir einen heilsamen Einfluß auf einander ausüben. Und dafolgendes eine apostolische Vorschrift ist, so können wir von allen lernen, wenn wir sie practisch beobachten: "In Demuth achte einer den andern höher als sich selbst." Wiederum bringen solche allgemeine Zusammenkünfte der Kirche die verschiedenen Talente und die unterschiedlichen Gaben welche die Kirche besitzt, zusammen, und folglich geben sie eine bessere Gelegenheit für die Welt uns richtig zu verstehen und zu würdigen.

Große Eintracht und Harmonie schien in der Versammlung zu herrschen. Und obschon nicht so viele Geschäfte vor den Rath kamen als zuweilen geschieht, so waren doch einige wichtige Punkte vor der Versammlung. Und wir hoffen daß die Weise in welcher die Geschäfte abgethan wurden, befriedigend seyn werde für die Brüderschaft. Da wir wissen, welch ein tiefes Interesse von vielen unserer Brüder gefühlt wird in der mehr allgemeinen Verbreitung des Evangeliums, so halten wir es für wahrscheinlich, daß einige sich etwas getäuscht fühlen mögen, weil nichts mehr Entschiedenes geschehen ist von der Versammlung in Beziehung auf diesen Gegenstand. Wir sagen zur Aufmunterung der Freunde dieser Sache, daß sie in der Gunst bei den Brüdern wächst, und wir fühlen berechtigt zu sagen, daß sie einen starken Halt hat an ihren Herzen. Es offenbarte sich kaum einiger Widerstand gegen den Bericht der Committee, welche zu diesem Zweck angestellt war. Und wir denken die Versammlung wäre dahin gebracht worden den Bericht anzunehmen, weil aber die Gemeinden nicht allgemein repräsentirt waren, so wünschten Einige die Sache ein wenig aufzuschieben, und die Freunde hielten es fürs beste nicht auf die Annahme desselben zu dringen. Wir fühlen vielleicht so großes Interesse in dieser Sache, als die Brüder insgemein thun, und wir müssen sagen, und sagen es mit dankbarem Herzen zu Gott, und zur Aufmunterung der Brüder, welche mit uns in dieser Hinsicht gleich gesinnet sind, daß wir reichlich getröstet und befriedigt sind mit dem sichtlichen Wachsthum einer gesunden Gesinnung unter den Brüdern in Bezug auf die Missionssache, oder das Werk der Evangelisation. Die Brüder werden recht thun. Lasset uns Vertrauen haben in sie und in Gott, und jedes evangelische Werk wird Fortgang haben und triumphiren. Unter dessen lasset uns der Freiheit bedienen die wir haben; und auf seyn und thun was unsere Hände zu thun finden, mit allen unsern Kräften.

Es war mehr öffentliches Predigen als gewöhnlich bei dieser Versammlung. Und diese Einrichtung gefiel uns, indem es uns öfters vorkam, daß viele Zeit vergeudet wurde bei solchen Gelegenheiten. Und doch sahen wir die Schwierigkeit, die Sache anders zu ordnen. Wir hatten zwei verlängerte Gottesdienste am Samstag und am Sonntag, und einen am Montag. Und die Wirkung der Predigt war sehr auffallend. Es offenbarte sich Interesse und Gefühl während der ganzen Versammlung. Und am Dienstag Abend als die Versammlung schloß, war die Bewegung tief und allgemein. Viele Seelen fühlten, als wollten sie sich zum Herrn bekehren. Und wir leben der vergnüglichen Hoffnung, daß viele von ihnen Christum gesucht und köstlich gefunden haben. Es wurden einige getauft während der Versammlung, und wir erfuhren daß einige getauft wurden am Mittwoch, den Tag nachdem die Versammlung aufbrach.— Wir verließen unmittelbar nach dem Schluß der Versammlung den Ort, um eine Bestellung in Jonesboro an dem nämlichen (Dienstag) Abend zu bedienen.

Unsere Gedanken kehren öfters zurück zu der Scene der Versammlung seit unserer Heimkehr. Wir denken an unsere lieben Brüder und Schwestern im fernen Tennessee, und unsere christliche Liebe wird aufs neue erfrischt gegen sie. Mögen himmlische Segnungen auf ihnen ruhen, und möge Friede und Liebe unter ihnen wohnen. Es ist ein großes Werk dort für sie, und mögen sie bereit seyn es auszurichten. Wir denken an die Leidtragenden, und erinnern uns der Worte: "Selig sind die Leidtragenden, denn sie sollen getröstet werden." Ja es gibt Trost für die Seele die da Leid trägt für die Sünde, und Balsam in Gilead für das verwundete Herz. Jesus kam zu erretten die Verlornen und Schuldigen, und ruft solche zu sich.

So lieblich unsere Versammlung war, und so erquicklich die Gemeinschaft verwandter Geister war, so kam die Zeit unseres Scheidens bald, und wir mußten die Hand zum Abschied geben, und sagen, "Fahret wohl." Die Abschieds Scene war eine feierliche und rührende. Indem wir darauf zurück kommen beim Schreiben dieser Zeilen, werden die sonderbaren damals erweckten Gefühle wieder erneuert. Wohlan, wir wollen Gott danken, daß wir dieses Zeugniß bei uns haben: "Wir wissen, daß wir aus dem Tode ins Leben gekommen sind; denn wir lieben die Brüder." Lasset uns Gutes thun, und nicht müde werden. Der ewige Sabbath wird bald anbrechen über uns und die Wolken werden sich zerstreuen, wenn der Heiland kommen und die Seinen sammlen wird, und dann werden wir nicht allein bei einander, sondern bei dem Herrn seyn allezeit. Die Aussicht auf eine ewige Vereinigung söhnt uns aus mit zeitlichen Trennungen. Der Aufblick auf die Ergötzung der Seligkeit nach einer kleinen Weile, versöhnt uns mit unserer Arbeit und Mühe auf Erden, wie viel auch Prüfungen und Leiden damit verbunden seyn mögen. Die Aussicht Gott zu haben für unser Theil auf ewig, versöhnt uns mit dem Verlust und Mangel jedes andern Dinges.

―――

Für den Evangelischen Besuch.
(Aus dem Leben eines aus Gott gebornen Menschen.)

Von außen Spott und Schmach der Leuten,
Von innen Furcht und Traurigkeiten;
Dieß pflegt das erste Loos zu seyn,
Das hier den Frommen wird gemein.

Nichts haben, als nur Gott in Allen;
Nichts wollen, als nur ihm gefallen;
Nichts können in dir selber mehr;
Nichts seyn, dieß ist die höchste Lehr.

Nur Eins ist noth, wer mehr will haben,
Den kann nicht Welt noch Himmel laben;
Kehr aus der Vielheit dich ins Eine,
So hast du g'nug an Gott alleine.

Wie selig muß der Arme seyn,
Der nichts mehr hier mit Lust besitzet,
Der innerlich entblößt und klein,
Nichts hat, als Gott, d'rauf er sich stützet.

Viel Worte, sind ein Zeichen meist
Von einem noch zerstreuten Geist;
Wer Gott kommt nah, der lernet schweigen,
Und sich in stiller Ehrfurcht beugen.

Du möchtest dich wohl billig schämen,
Mit deinen Sorgen, Furcht und Grämen;
Gott selbst will dein Versorger seyn,
Er sorgt für dich, sein Waiselein.

―――

Wenn andere Gott und dem Mammon zugleich dienen, und bei ihrer Frömmigkeit auch noch durch weitläufige Nahrungshändel, Güter und Schätze der Erden suchen und sammlen, da sollen wir auf den sehen, der allen denen, die ihm mit Ernst nachfolgen wollen, zuruft: Die Füchse haben Gruben, die Vögel des Himmels haben Nester, aber des Menschen Sohn hat nicht da er sein Haupt hinlegt, Luc. 9, 58. und gedenken, sind Jene Israeliten, so sollten wir Leviten, ein königliches Priesterthum seyn, von welchen Gott gesagt hat:

Ihr sollt nichts besitzen im Lande, auch kein Theil unter ihnen haben; denn ich bin euer Theil, und euer Erbgut. 4 Mos. 18, 20. Da sollen wir zeigen daß wir der Welt gestorben sind, und nicht mehr sehen auf das was sichtbar ist, und sollen unser Leben in Gott verborgen haben; und muß unser abgeschiedenes Welt=und=Geld= verleugnendes Leben eine helle Stimme seyn, die allen Menschen zurufet: Gott allein ist genug. Ps. 73, 25.

Wenn andere sich Freiheiten nehmen u. machen, durch eine übermäßige Herunter= lassung und Menschengefälligkeit sich der Welt gleich zu stellen in ihrem Umgang, Gesprächen, Moden, und dergleichen Eitel= keiten, da sollen wir hierin was sonderli= ches thun, und der Welt nichts nachgeben; besser Eigensinnig heißen, als Weltsinnig seyn. Ach wie so leicht kann Nachgeben sich in Nachgehen verändern, und durch die allzugroße Gefälligkeit gegen diese Delila, Richt. 16, 16. 17. die inwendige Kraft, als wie im Schlaf, verloren werden!— Der Eifersucht unsers Seelen=Bräutigams läßt es nicht zu, seinen Feinden so viel zu Gefallen zu thun; und wer es nicht glau= ben will, der wird es mit Schaden fühlen müssen, daß, wer der Welt Freund seyn will, Gottes Feind sey.

F. Herring.

Entschuldigung.

Unpäßlichkeit nöthigte den Herausgeber wieder für einige Wochen zur Wasserkur seine Zuflucht zu nehmen, und so mußte die deutsche August=No. zurückbleiben.—Er hatte aber auf ein Blättchen die Ursache ge= schrieben, die auf den Deckel der August=No. des engl. Vis. gedruckt werden sollte, um den Lesern das Ausbleiben des deutschen Blat= tes zu erklären. Unglücklicher Weise wur= de dieses von den Druckern übersehen, und dieß verursachte viel Wundern und Nach= fragen bei unsern Lesern. Wir bitten sie nun herzlich um Entschuldigung, na= mentlich auch deswegen, weil wir bei fort= währender Unpäßlichkeit befürchten, daß wir den deutschen Besuch vielleicht bald ganz aufgeben müssen, es wäre denn, daß sich Jemand willig fände, der das Werk fortsetzen könnte. Vielleicht wird die Oc= tober und November=No. wiederum mit= einander erscheinen, weswegen wir die lie= ben Leser um Geduld bitten wollen zum Voraus.

Beiträge
für den Ev. Missions=Fund.

Empfangen durch Brief für den Evang. Missions=Fund von der untern Cumber= land Gemeinde, Pa. durch Br. Moses Miller　　　　　　　　$10,00
　　　D. P. Saylor.
　　　　Schatzmeister.

Br. Jacob D. Rosenberger Hilltown Pa. sandte an den Unterschriebenen die Summe von　　　　　　　5,00
zu vertheilen für Br. S. Garber und für die zwei Brüder die ans stille Meer gehen sollen.

Von der Salomony Gemeinde, Hunting= don Co. Ind. durch Br. A. H. Snowber= ger　　　　　　　　　　5,00
Von der Columbiana Gemeinde, Col. Co. Ohio,　　　　　　　　　50,00
Eine ähnliche Summe ($50,) ist angekün= digt von Franklin Co. Virg. und von Lo= gan Co. Gemeinde, Ohio $5,00

　　　　　　　　　　$60,00

Obige 60 Thaler liegen bereit in den Händen von

Heinrich Kurtz.

Todes = Anzeige.

Starb in Rockingham Co. Pa. May 12, Br. Emanuel Redcap, alt 72 J. 7 M. 26. T.

Starb in Beaver Township, Mahoning Co. O. Juni 20. Susanna Frey, Gat= in von Jakob Frey, alt 55 J. 5 M. 20 T. Hinterläßt einen traurenden Wittwer und

Todes-Anzeige.

3 Kinder, während zwei vor ihr gestorben. Bei der Leiche diente der ältere Herausgeber und redete über Luc. 20, 35—39, in Verbindung mit Luc. 15, 8—10.

Starb in Bachelor's Run Gemeinde, Carroll Co. Ind. May 22, Schw. Susanna Martin, Gattin von Br. Nicolas Martin nach einjährigem Krankenlager im Alter von 61 J. 8 M.

Desgleichen in der nämlichen Gemeinde May 28, Br. Nicolas Martin, Gatte vorbesagter Susanna, alt 62 J. und 8 T. Sie kamen von Franklin Co. Pa.

Starb unweit Lewistown, Mifflin Co. Pa. Juni 15, Sarah Poutsy, älteste Tochter von Br. Michael u. Schw. Catharina Poutsy, alt 15 J. 2 M. 13 T. Leichentert Psalm 23.

Starb in Monrovia, Frederic Co. Md. Juni 28, Schw. Cathrrina Croniae, im Alter von 75 J. 8 M. und 14 T. (Eine längere Notiz siehe im englischen Vis.)

Starb in Allen Co. O. July 22, Schw. Mary Baker, Gattin von Br. Jacob L. Baker, alt 36 J. 4 M. 25 T. Leichentert 1 Thess. 4, 13—18. von Br. C. Wagoner.

Starb in Rockingham Co. Va. July 29, unser geliebter alter Bruder, Aeltester Daniel Pount, alt 76 Jahre weniger 2 Tage. Er hatte nie seine Familie, sondern die Gemeine Jesu, die Sache des Evangeliums und die Armen hatten stets sein warmes Mitgefühl. Möge der Herr ihn belohnen. Leichentert Off. 14, 13. von Br. Benjamin Bowman, Dan. Thomas und Andern.

Starb ebendaselbst und am nämlichen Tag Schw. Elisabeth Driver, Gattin von Lewis Driver, alt 37 J. 5 M. 29 T. Bei der Leiche dienten Jacob Miller und John Geil.

Starb in Adams Co. O. Juni 21, Schw. Catharina Ellenberger, Gattin von Br. Peter Ellenberger, alt 62 J. 3 M. 12 T. Leichentert: Offenb. 14, 13. und Heb. 4, 9.

Starb in Cambria Co Pa. Juni 18, Bruder Joseph Dimond, alt 66 Jahre. Leiche bedient von S Benshoaf, L. Cobaugh und D. Albaugh.

Starb in Huntington Co. Ind. Juni 19 am Typhoid Fieber Bruder Joseph Bollinger, früherhin von Columbiana Co. O. Er war ein Diener der Gemeinde und brachte sein Alter auf 63 J. 9 M. 21 T. Leichentert: 1 Thess. 4, 19 ff'

Desgleichen von derselben Familie kam um durch einen traurigen Zufall 30 Meilen von seiner Heimath July 28, Peter Bollinger, ein Sohn des Vorigen, im Alter von 33 J. 7 M. und 24 T. Die Umstände waren etwa wie folgt: Er war etwa 40 Meilen von heim gewesen mit der Fuhr, und nun etwa 10 Meilen auf dem Heimweg, als seine Pferde scheu wurden und durchgingen. Es war ein anderer Mann mit ihm, der unverletzt davon kam, während er für eine Weile unter dem Wagen geschleift wurde, und so verletzt war, daß er bald sein Leben aushauchte. Das Traurigste vielleicht ist, daß unser Freund ein Mitglied gewesen war, und abgerufen wurde ehe er wieder hergestellt werden konnte in der Gemeinde. Möchte dieses Allen zu einer Warnung dienen nichts aufzuschieben was zu unserem Frieden nöthig ist.

Desgleichen in Huntindon Co. Inda. July 31, Br. Samuel Bollinger, ein Sohn und Bruder der zwei Vorigen, am Typhoidfieber, alt 39 J. 6 M. und 24 T. Er hinterläßt ein Weib und 8 kleine Kinder, ihren Verlust zu beklagen.

Starb in Cherry Grove, Carroll Co. Ills. August 2, Schw. Elisabeth Bollinger, Gattin des Aeltesten Michael Bollinger, ehemals von Huntington Co. Pa. Alter 53 J. 8 M. 1 T. Hinterläßt einen betrübten Gatten und 10 Kinder über den Verlust einer liebenden Gattin u. Mutter.

Starb in Berlin Gemeinde, Somerset Co. Pa. July 26, Elisabeth Reiman, Tochter von Br. Jacob und Schw. Elisabeth Reiman, alt 10 J. 7 M. 26 T. Leichenrede von Br. J. Blauch und G. Echrack über Hiob 14, 1. 2.

Starb in Yellow Creek Gemeinde Bedford Co. Pa. July 27, Schw. Elisabeth Davis, Gattin von Ellis Davis, und eine Tochter von Br. Aeltster Leonard Furry, alt 26 J. 7 M. 13 T.

Starb in Perry Co. Pa. August 11, am Hause seines Großvaters Peter Long, Samuel Eby, ein Sohn von David u. Anna Eby, beide verstorben, alt 15 J. 9 M. 11 T. Leichenrede von Abraham Rohrer und Andern über Matt. 24, 42.

Starb in Preston Co. Va. August 8, Eve Thomas, Wittwe von Levi Thomas, mit Hinterlassung von 6 nunmehr

Todes-Anzeige,

Vater und Mutter-losen Kindern, alt 38 J. 6 M. 8 T. Leichentert 2 Tim. 4, 6-8. von P. J Brown und Jacob Buechly.

Starb in Berks Co. Pa. (Alt Bern, nun Penn Township) Montag August 6, unser alter lieber Bruder Johannes Reber, im Alter von 85 Jahren und 29 Tagen. Die Leichenversammlung wurde erbaut von den Brüdern Johannes Zug u. Jonathan Hunseker über die Worte: "Das Warten der Gerechten wird Freude werden." Die Schwester, seine Gattin ging etwa 10 Jahre vor ihm heim. Er hinterläßt 9 lebende Kinder, wovon 6 Mitglieder in der Gemeinde sind. Er war ein Liebhaber der Wahrheit seit mehr als 40 Jahren, und war geliebt von den Kindern, die aus der Wahrheit geboren sind; auch war er ein sonderlicher Freund vom deutschen Visitor.

Starb in Bethel Township, Lebanon Co. Pa. und wurde beerdigt August 7. (Todestag nicht gegeben) Schw. Christine Gerhard, eine geborne Lenz, und Wittwe von Wendel Gerhard, der vor etwa zwei Jahren starb. So viel man sie bekannt war, ist man zur Hoffnung berechtiget, daß sie ein lebendiges Glied am Leibe Jesu war. Zu ihrer völligen Reinigung und Läuterung litt sie etwa zwei Jahre am Krebs und der Wassersucht, bis endlich die erbarmende Liebe Gottes ihren Leiden ein Ende machte. Br. Joh. Zug, u. Andere sprachen die große Leichenversammlung an über die Worte Pauli: "Christus ist mein Leben, und Sterben ist mein Gewinn." Alter 68 Jahre.

Starb plötzlich in Upper Dublinturch, Montgomery Co. Pa. Jun. 30, Schwester Sarah Sperry, hinterlassene Wittwe von Br. John Sperry, alt 67 Jahre.

Starb in Appanoose Co. Iowa August 12 nach einer langwierigen Krankheit von 20 Monaten die sie aber mit großer Geduld, christlicher Standhaftigkeit und Ergebung ertrug, Schw. Elisabeth Hardman, alt 60 J. 5 M. 2 T. Leichentert: Joh. 5, 24. 25.

Starb im nämlichen Haus August 10, Henry L. Hardman, Söhnlein von David und Elisabeth Hardman, und Enkel der Vorigen, alt 2 M. 21 T. Leichenstert Luc. 19, 16. 17.

Starb in der nämlichen Gegend August 5, George R. Holsinger, Söhnlein von Br. John und Schw. Esther Holsinger, alt 19 Tag. Leichentert Matt. 19, 14. 15.

Starb in Pfeif Creek Gemeinde, Carroll Co. Md. Januar 16, Br. Jacob Roop, im 75gsten Jahr seines Alters. Er war nicht sonderlich krank, sondern entschlief gleichsam in Jesu ohne viele Schmerzen dem Ansehen nach.

Starb in der Beaverdam-Gemeinde, Frederic Co. Md. März 26 nach einer kurzen aber heftigen Krankheit von einer Wobe unser Bruder und Mitarbeiter am Evangelium John R. Engel, im 31 gsten Jahr seines Alters. Leichentert: Marci 8, 34—38.

Wen hab ich, Herr! als dich allein,
Der mir in meiner letzten Pein
Mit Rath und Trost beispringe?
Wer nimmt sich meiner Seelen an,
Wenn ich, der ohne dem nichts kann,
Nun mit dem Tode ringe,
Da aller Sinnen Kraft gebricht?
Thust du es Gott, mein Heiland, nicht?

Herr Jesu! ich dein theures Gut
Bezeug es durch dein eigen Blut,
Daß ich nur dir gehöre;
Drum bleibst du meine Zuversicht,
Und schützest mich vorm Zorngericht,
Zu deines Leidens Ehre:
Du hast so viel an mich gewandt,
Und gibst mich keiner fremden Hand.

Ich weiß und glaub's gewiß, mein Heil!
Du lässest mich, als dein Erbtheil,
In deinen Wunden liegen:
Darinnen acht ich keine Noth,
Weil weder Hölle Feind noch Tod
Den Glauben kann besiegen.
Dieweil ich lebe, bin ich dein,
Und kann im Tod kein's andern seyn.

Der Evangelische Besuch.

Eine Zeitschrift
Für Wahrheitliebende und Wahrheitsuchende.

Jahrg. 8.   Columbiana, O.   October 1860.   Nro. 10.

(Aus einem Wechselblatt.)
Wie ist das Neue Testament entstanden?
No. 5.
(Fortsetzung.)

Der dritte Evangelist ist Lukas. — Sein Werk hat zwei Theile; der erste ist das Evangelium, der andere ist die Apostelgeschichte, wie schon früher bemerkt ist. Lukas war ein Arzt. Das sehen wir in Kol. 4, 14. und aus eben dieser Stelle ist auch zu erkennen, daß er kein Jude, sondern ein geborner Heide war. Denn vorher (V. 10 und 11) schreibt Paulus den Kolossern Grüße von Aristarchus, Markus und Jesus mit dem Zunamen Just, "die" setzt er hinzu, "aus der Beschneidung sind," also Juden. Nun haben aber die Grüße noch kein Ende, nun grüßen auch noch (V. 12—14.) Epaphras und Lukas den Arzt, und Demas; diese müssen also nicht aus der Beschneidung, sondern geborne Heiden gewesen seyn. Dem Apostel Paulus dürfen wir aber schon trauen, denn der hat den Lukas ziemlich gut gekannt. Sie sind viel mit einander in der Welt herum gereis't, wie aus der Apostelgeschichte zu ersehen ist, und wie uns das später, wenn wir einmal auf die Briefe Pauli zu sprechen kommen, recht anschaulich werden wird; sie sind auch miteinander nach Rom gezogen, als Paulus gefangen hingeführt wurde (Apgsch. 27, 1.); Lukas ist dort bei ihm geblieben, wie die Briefe zeigen, die der Apostel aus seiner römischen Gefangenschaft geschrieben hat, (Kol 4, 14. Phylem. 24); ja solche Anhänglichkeit hatte er an den großen Apostel der Heiden, daß er demselben auch in die zweite Gefangenschaft nach Rom nachfolgte, und vor vielen Andern treu bei ihm aushielt, wie das Paulus 2 Tim. 4, 10. 11. von ihm rühmt. Denn daß Paulus zweimal zu Rom gefangen war, und erst aus seiner zweiten Gefangenschaft den zweiten Brief an den Thimotheus schrieb, ist erwiesen, und der Leser wird sich auch davon überzeugen, wenn wir seiner Zeit einmal ausführlicher davon reden. Weil aber nun in der Apostelgeschichte nichts von einer zweiten Gefangenschaft Pauli steht, ja, nicht einmal, was die erste für einen Ausgang genommen, ob zum Leben oder zum Tode, so ist offenbar, daß Lukas die Apostelgeschichte gerade während der ersten Gefangenschaft des Apostels zu Rom niedergeschrieben hat. Das Evangelium hat er natürlich früher geschrieben, das sagt er ja selbst Apgsch. 1, 1; aber ich zweifle nicht, er hat es an demselben Orte aufgesetzt, wo er die Apostelgeschichte verfaßt hat; denn wenn er diese erst beendigte, als Paulus schon zwei Jahre lang zu Rom gefangen gehalten war Apgsch. 28, 30.; so hatte er wohl Zeit genug, beide Schriften nacheinander daselbst auszuarbeiten. Dafür spricht mir aber noch ein anderer, wichtiger Grund. Er schrieb beide Büchlein für einen gewissen Theophilus. Der war schon in der Lehre des Evangeliums unterrichtet worden, hatte wohl auch schon Manches über die Thaten und Lehren des Herrn gelesen; aber er hätte gern gewissen Grund in der Sache gehabt; und da wollte denn Lukas seinem Wunsch entgegen kommen, und schrieb ihm die Geschichten nachdem er Alles von Anbeginn erkundet hatte, fleißig und der Ordnung nach auf. (Luk. 1, 1—4.

Wer nun dieser Theophilus eigentlich gewesen sei, daß weiß Niemand mehr; aber daß er ein angesehener, vornehmer Mann und aus Italien (entweder aus Rom selbst oder aus der Nähe) gewesen sei, dafür haben wir deutliche Anzeichen. Weil sie aber der Leser wohl schwerlich selbst fände, so will ich sie ihm vorlegen. Daß dieser Theophilus ein angesehener Mann gewesen, dafür spricht das Wörtlein "guter," das Luk. 1, 3. vor seinem Namen steht. Um das zu begreifen, müssen wir uns freilich wieder ein wenig in die Gelehrsamkeit versteigen. Wo nämlich in unserer deutschen Bibel das "guter" steht, da steht im Griechischen ein Wörtlein, das man wohl auch mit "guter" verdeutschen kann, wie es Luther gethan, das aber genauer genommen so viel bedeutet, als edelster, vortrefflichster." Nun haben die Gelehrten aus andern Schriften herausgebracht, daß die Griechen dieses Wort als einen Ehrentitel für vornehme Personen und Beamte gebraucht haben, wie wir unser Hochwohlgeboren oder Euer Erzcellenz (denn Erzcellenz bedeutet auch so viel als vortrefflichster) und daraus folgt also, daß der Theophilus für welchen Lukas Evangelium und Apostelgeschichte schrieb, ein solch angesehener Mann und Beamter, und dennoch ein Mann von Wissenschaft war. Daß er aber aus Italien war, ist in dem Evangelium und in der Apostelgeschichte deutlich genug angezeigt. Denn wo einer daheim ist, braucht man ihm die Lage der Orte nicht näher zu beschreiben, wohl aber, wo er unbekannt und ferne ist. Daß also Theophilus nicht aus Galiläa oder Judäa gewesen sei, ist offenbar aus Luk. 1, 26. 4, 31. 8, 26. 23, 51. 24, 13. Apgsch. 1, 12. Daß er nicht aus Creta war sieht man an Apgsch. 27, 7. 8. 12. Wenn aber nun Lukas bei seiner Reisebeschreibung in die Nähe von Italien und Rom kommt, und da die Orte blos bei ihren Namen nennt ohne ihre Lage näher zu bestimmen, (Apgsch. 28, 12—15.) so ist ja natürlich, daß diese Orte dem Theophilus wohl bekannt gewesen, und daß er also aus Italien, und wahrscheinlich aus der Stadt Rom oder deren Nähe gewesen seyn muß.

Fragt aber nun mancher Leser etwa: Was hilft mich das alles? was liegt daran, daß dieser Theophilus ein vornehmer Mann und aus Italien gewesen?—so antworte ich: Zwar fast viel, wenn dir darum zu thun ist, eine bessere und klarere Einsicht davon zu bekommen, wo Lukas seine Büchlein, und warum er sie gerade so geschrieben, wie er sie geschrieben; wenn dir überhaupt darum zu thun ist, daß dir Alles recht lebendig und deutlich und daß es dir selbst recht heimlich in deiner Bibel werde. Ist's dir aber nicht darum zu thun, dann überschlag nur gleich Alles, was die Aufschrift führt: "die Bibel," es ist nicht für dich geschrieben; für dich sind dann blos die Geschichtlein, die etwa noch zur Unterhaltung hintendrein kommen.

Wer aber nun Lust zur Sache hat, und läßt sich's nicht verdrießen, die angegebenen Schriftstellen auch immer fleißig aufzuschlagen und mit Nachdenken zu lesen; dem wird neben dem, daß er in seiner Bibel recht bewandert wird, ein Licht nach dem andern aufgehen, und er wird sich des Lichtes freuen. Er wird bei sich selbst sprechen müssen: Ei, wie schön doch die liebe Bibel immer für sich selbst Zeugniß ablegt; wie viel Aufschluß doch in einzelnen Worten und Versen oft verborgen liegt, die man beim ersten Ansehen für unbedeutend oder nichtssagend ansehen möchte!—So ist's freilich jetzt ganz einleuchtend, daß Lukas auch sein Evangelium erst in Rom geschrieben hat; denn da er ja aller Wahrscheinlichkeit nach den Theophilus erst kennen gelernt, der ja an allen den Orten, wo Lukas früher gewesen, unbekannt und also vorher mit jenem nie zusammen war. Daraus folgt nun auch, daß schon vor der Gefangenschaft Pauli mehrere Lebensbeschreibungen Jesu im Umlauf waren, und zwar auch von Aposteln und Augenzeugen der Thaten des Herrn; denn Lukas sagt ja im Anfang seines Evangeliums, daß sich es Viele unterwunden haben, auch als Schriftsteller aufzutreten über jene Geschichten, und zwar in der Weise, wie die Augenzeugen und Diener des Worts. Das stimmt nun wieder gar gut mit dem, was wir früher erfahren haben, daß Matthäus sein Evangelium zuerst geschrieben habe, und eben so ist's auch wohl möglich, daß Markus das seinige schon vor dem des Lukas zu Rom bekannt gemacht habe, denn Markus war ja daumal auch schon zu Rom (Kol. 4, 10.), und Markus schrieb für das Volk, Lukas aber schrieb für einen gebildeten Mann insonderheit. Das macht's nun, daß die Anlage seines Evangeliums wieder ganz anderer Art ist, als bei Markus oder Matthäus. So gleich schon der Anfang.— Während die andern beiden (sprüchwörtlich zu reden) mit der Thüre in's Haus hineinfallen, macht Lukas, wie das bei gelehrten Leuten der Brauch ist, zuvor einen ordentlichen Eingang, in dem er kurz angibt, was er denn eigentlich will und vorhat. Da verspricht er denn nun, daß er jene merkwürdigen Geschichten von Jesu mit Fleiß, d. i. genau, sorgfältig, nachdem er vorher Alles genau erforscht, und ordentlich d. i. der Ordnung, dem Zusammenhang nach aufschreiben wolle. Und siehe, gerade das ist's, was die studirten Leute verlangen (die wollen etwas Gründliches und Vollständiges haben) und was sich bei Matthäus und Markus nicht in dem Maaße findet, wie es einer gerne hätte, der einmal Alles genau wissen möchte.— Alles nun, was Jesus geredet und gethan hat, ist freilich auch nicht von Lukas aufgezeichnet, denn hätte man das gewollt, wo hätte man da aufhören sollen? und wer wär's im Stande gewesen? (Vergl Joh. 21, 25.) Sondern Lukas schrieb eben auch nur auf, was er genau erforschen konnte, und was ihm gerade das Merkwürdigste und Zweckdienlichste dünkte.

Gibt es einen Mittel-Ort zwischen Himmel und Hölle?
Fortgesetzt von Seite 120.

Ja, beweisen diese Worte nicht deutlich, daß dein sogenannter Mittelort gar nicht statt finden könne, und daß der Hades, wohin die Seele des reichen Mannes zu ihrer Strafe verwiesen wurde, selbst die Hölle seyn müsse, aus welcher nie mehr eine Erlösung zu hoffen ist.

Wir gestehen, dieser Einwurf scheint beim ersten Anblick von großem Gewicht zu seyn. Betrachten wir aber die Worte Abrahams genauer, so werden wir finden, daß auch sie das Daseyn eines Mittelortes und die Möglichkeit einer Erlösung aus demselben gar nicht aufheben.

Es bleibt allerdings wahr, daß die große Kluft, von welcher Abraham spricht, undurchdringlich ist; aber wie ist die Undurchdringlichkeit zu verstehen? Vor Allem müssen wir wohl bedenken, daß Abraham keineswegs das Hinüberwandeln aus dem Lichtreich ins finstere Reich, und aus diesem in jenes für absolut unmöglich erklärt. Er sagt nur, die da wollen hinüberwandeln, können nicht, u. will uns damit zu verstehen geben, daß die seligen Geister nicht, wie es der reiche Mann von Lazarus verlangte, nach eigenem Willen und Gutbefinden, ohne von Gott dazu berufen und gesandt zu seyn, die Seelen in den finstern Wohnungen des Hades besuchen und ihnen den Trost des Evangeliums bringen dürfen (1 Pet. 4, 6.); sondern daß sie vielmehr warten müssen, bis der Herr sie mittelbar oder unmittelbar dazu beauftragt. Ganz gewiß ist auch Abraham mit Lazarus nicht nach seinem Belieben, sondern auf Gottes Geheiß, dem reichen Manne, obgleich nur von ferne, erschienen.

Ferner ist wohl zu beachten, daß, wenn auch die Seligen aus dem Lichtreiche vom Herrn einen Auftrag haben, die Seelen in den untern Behältnissen des Hades zu unterweisen, sie sich wohl einander nähern können, ohne deßhalb jene große Kluft zu durchdringen. Denn wenn sie auch persönlich einander gegenüber stehen, so bleiben sie doch durch die Verschiedenheit ihres innern Lebensgrundes getrennt, weil eine Seele die im Licht wohnet, auch überall im Lichte ist wo sie nur immer seyn mag; während eine andere, die in der Finsterniß lebt, der Finsterniß nicht entweichen noch durch sich das Licht ergreifen kann, wohin sie sich auch wenden mag.

Licht und Finsterniß sind in dem innersten Wesen der Engel und Menschen die undurchdringliche Kluft und die beiden Quellen, aus denen ihr Lebensprincip entspringt, das entweder ein Princip des Lichts oder der Finsterniß ist, je nachdem es aus der einen oder andern Quelle hervorgeht. Hat der Mensch sich nun ganz dem Lichte hingegeben, so ist das Lichtprincip, in das er schon im Anfange von Gott erschaffen wurde, wieder seine Natur geworden, die er auch mitten in der Hölle nicht verlassen könnte, weil sie sein ewiger Sieg und Triumph über alle Finsterniß bleibt.

Wer aber noch mehr oder minder in der Finsterniß gefangen liegt, kann wenn er auch mitten unter Lichtskindern steht, dennoch das Licht nicht erreichen, weil er durch seine Kraft das finstere Gefängniß seiner Seele nicht aufschließen, und das finstere Wesen, das seine Persönlichkeit erfüllt u. umschließt, nicht von sich schaffen kann. Er muß in der Finsterniß bleiben so lange ihn Gott nach seiner Weisheit darin lassen will, und kann die große Kluft nicht überschreiten, die ihn nach seinem innern Grunde von der Lichtwelt trennt.

Wir sehen also klar, daß diese große Kluft nicht blos außer den Engeln und Menschen, sondern vielmehr und hauptsächlich in ihnen, in ihrem Lebensprincip, als eine undurchdringliche Scheidewand befestigt ist; und werden aus dem Gesagten auch wohl begreifen, wie die seligen Geister des Lichts in den finstern Behältnissen des Hades, und die Bewohner der finstern Regionen bei Seligen verweilen können, ohne daß dadurch ihre Natur verändert, oder die zwischen ihnen befestigte große Kluft durchdrungen wird. Belege hiefür finden wir in mehreren Stellen der heiligen Schrift. So erzählt uns Judas der Apostel in seinem Briefe V. 9, daß der Erzengel Michael mit dem Teufel gezankt habe. Hiob 1, 6. und 2, 1, wird uns gesagt, daß der Satan unter die Kinder Gottes vor den Herrn getreten sey. 1 Könige 22, 19—22, erzählt der Prophet Micha, daß ein Geist herausgetreten sey vor den Herrn, der sich erboten habe, ein falscher Geist zu seyn in der Propheten Mund; und der Prophet Sacharia zeigt uns Cap. 3, 1. den Satan als den Widersacher des Hohenpriesters Josua vor dem Engel des Herrn.

Alle diese Beispiele beweisen klar, daß öfters der Satan mitten unter seligen Geistern ja vor dem Herrn erschienen ist, und deß ungeachtet ist er doch, was ja niemand läugnen wird, derselbe Satan geblieben. Wenn auch Licht und Finsterniß einander durchdringen, so bleibt doch Jedes in seinem Wesen, und kann keines das andere fassen (Joh. 1, 5.), so lange der Principien Kampf währet, bis das Ende seinen Anfang findet, da wieder durch Gottes Macht die Finsterniß von dem Lichte auf ewig verschlungen wird. Denn „was bei Menschen unmöglich ist, das ist bei Gott möglich." Ja bei Gott sind alle Dinge möglich! Und wenn Gott diese Kluft aufheben und die Gefangenen aus dem Kerker der Finsterniß herauslassen kann, Er sollte es nicht wollen, Er, von dem der Apostel bezeuget (Röm. 11, 32.):

"Gott hat alles beschlossen unter dem Unglauben, auf daß er sich aller erbarme."

Ist doch Christus nach seinen eigenen Worten eben darum erschienen, den armen, gefangenen Seelen die frohe Botschaft von ihrer Erlösung zu verkündigen, und hat mit der Predigt des Evangeliums sowohl hienieden als jenseits, selbst den Anfang gemacht. Wozu aber sollte es gedient haben den Geistern im Gefängniß (1 Pet. 3, 19. 20.) das Evangelium zu predigen, wenn nicht noch Hoffnung zu ihrer Erlösung aus demselben vorhanden wäre?— Wozu hat Christus, nachdem er zuvor hinunter gefahren ist in die untersten Oerter der Erde, (Ephes. 4, 9.) und durch seinen tiefsten Gehorsam bis zum Tode am Kreuz alle befestigten Klüfte der finstern Regionen durchdrungen hat, von seinem himmlischen Vater die Schlüssel des Todes und der Hölle—wörtlich: des Hades—empfangen? Ist es nicht gerade darum, damit er aufschließe die Gefängnisse im Hades, und die darin nach Erlösung schmachtenden Seelen frei lasse? Das Wort (Col. 1, 20.) bleibt einmal fest: "Es ist Gottes Wohlgefallen gewesen, daß Er Alles durch Christum versöhnte zu Ihm selbst, es sey auf Erden, oder in den Himmeln," d. i. in den geistigen Regionen jenseits.

Um indeß jeden etwa noch übriggebliebenen Zweifel an der Wahrheit unsrer Behauptung, daß der Aufenthalt des reichen Mannes nicht die eigentliche Hölle der Teufel gewesen sei, vollends zu heben, wollen wir noch folgende Aeußerung desselben betrachten, die er in Beziehung auf seine Brüder gegen Abraham that Luc. 16, 27. 28.: "So bitte ich dich, Vater, daß du ihn sendest in meines Vaters Haus, denn ich habe noch fünf Brüder, daß er ihnen bezeuge, auf daß sie nicht auch kommen an diesen Ort der Qual."

Diese Worte beweisen uns deutlich, daß in dem Herzen des reichen Mannes noch eine aufrichtige Liebe zu seinen hinterlassenen Brüdern wohnte. Er sieht sich durch eigene Schuld, weil er in seinem Leben hienieden nur gute Tage, Ehre und Freude gesucht, und darüber die Liebe Gottes und des Menschen vergessen hat, in einen qualvollen Ort der Reinigung versetzt, aus dem er noch nicht so bald erlöset zu werden hoffen darf. Er weiß, daß seine Brüder ihm gleich an Gesinnung, eben so wenig wie er, einen so traurigen Ausgang ihres Lebens erwarten, und wünscht deßwegen sehnlich, daß sie von seinem elenden Zustand unterrichtet, und dadurch angetrieben werden möchten ihr Leben zu ändern, damit sie auch nicht an diesen Ort der Qual kämen. Konnte gleich seine Bitte in der Weise, wie er es wünschte, nicht erfüllt werden, so war gleichwohl nur seine Meinung irrig, als ob die Sendung eines Todten zur Bekehrung seiner Brüder erforderlich wäre; sein Wunsch selbst aber ging nichts desto weniger aus der Liebe hervor, und konnte darum Gott nicht mißfällig seyn.

Die in seiner Bitte geoffenbarte Gesinnung ist uns vielmehr zugleich ein Zeugniß daß noch ein Glaubensfunke in dem tiefsten Grund seiner Seele verborgen lag, der sich wahrscheinlich noch bei seinem Hinscheiden aus dieser Zeit bewegte, und den er mit Erhebung seines Blickes zu Gott mit in den Hades hinüberbrachte. In dem Ausdruck "Vater" womit er Abraham anredet, glimmt noch ein schwacher Grad von Vertrauen, daß dieser mit einem mitleidigen "Sohn", wie er wohl sicher keinen Verdammten in der Hölle der Teufel genannt haben würde, erwiedert und aufrecht erhält. "Vater Abraham, erbarme dich mein," ruft sehnlich der Reiche. Er fleht um Erbarmen, und gibt damit zu verstehen, daß er sich als schuldig erkennt. Abraham antwortet nicht: Du hast in Ewigkeit kein Erbarmen zu hoffen, sondern belehrt ihn nur über die Ursache seines jetzigen Zustantes, indem er sagt: "Du hast dein Gutes empfangen in deinem Leben," d. h. du hast die Genüsse des irdischen Lebens gesucht und für dein höchstes Gut gehalten, ohne mit Ernst nach dem wahren Gut zu fragen; Lazarus dagegen hat viel Böses empfangen, hat den äußeren Mangel an Gütern der Welt gelitten u. viel Trübsal erduldet, hat aber unter diesen Leiden gelernt der Welt abzusterben und die ewigen Güter zu suchen, und ist durch seinen Glauben an den Messias fähig geworden in das selige Leben einzugehen; denn sonst würden ihn die Engel nicht in meinen Schooß der Ruhe und des Friedens getragen haben. Darum wird er jetzt getröstet und du wirst gepeiniget. Hätte aber der reiche Mann an dem armen Mann Barmherzigkeit geübt, so würde er auch Barmherzigkeit erlangt, und sich mit seinem Mammon einen Freund erworben haben, der ihn in die ewigen Hütten hätte aufnehmen können. (Luc. 16, 9.)

Muß nicht Jedem der diese Geschichte liest und ernstlich an sein Seelenheil denkt, in die Augen fallen, daß der Herr auch uns durch den jenseitigen qualvollen Zustand des reichen Mannes lehren will, daß der todte Glaube an den Messias den, wie die jetzigen Namenchristen, auch die Juden im alten Bunde allgemein hatten, ohne Beweisung der Liebe nicht selig mache, wie die Apostel Paulus 1 Cor. 13, 2. und Jacobus Cap. 2, 14—17. ausdrücklich lehren und behaupten? Damit aber wollen sie nicht sagen, daß der todte Glaube ohne Liebe, die das Leben des Glaubens ist, die Menschen zur Hölle der Teufel führe; aber er führt sie auch nicht in den Himmel. Wohin denn? wirst du fragen. In den Hades, antwortet Christus durch die Geschichte des reichen Mannes, wo der unter der Asche schwachglimmende Glaube einer solchen Seele an ihrem von Gottbestimmten Orte eine sehr langsame und schmerzliche Lebensgeburt haben wird, bis er sich entwickeln und eine neue Creatur in ihr hervorbringen kann.

Wäre aber der reiche Mann in der eigentlichen Hölle der Teufel gewesen, so würde nothwendig daraus hervorgehen, daß er eben so tief wie sie gefallen, und als ein Kind des Satans ganz ihrer Natur gewesen sey. Daß aber dem nicht so ist, werden wir zum Theil schon aus dem bisher gesagten erkannt haben, und noch mehr einsehen wenn wir erwägen, wie die heilige Schrift uns das Wesen des Teufels und seiner Engel schildert.

Joh. 8, 44. sagt der Heiland: "Der Teufel ist ein Menschenmörder von Anfang, und ist nicht bestanden in der Wahrheit. Wenn er die Lüge redet, so redet er von seinem Eigenen; denn er ist ein Lügner, und ein Vater derselbigen."— Und eben dieser Menschenmörder, dieser Teufel, schreibt Petrus im 1 Brief Cap. 5, 8. "geht umher wie ein brüllender Löwe, und sucht welchen er verschlinge."

Gleich nach der Schöpfung Adams hat er das Leben Gottes in ihm zu morden gesucht, und dieß ist ihm leider auch gelungen. Nun fährt er noch bis auf den heutigen Tag fort, wie ein gieriger Löwe Tag und Nacht unter den Gläubigen auf Raub auszugehen, um ihre Seelen zu verschlingen. Und wie dieser gefallene Fürstenengel, sind auch alle ihm untergebenen Engel und Menschen beschaffen, die als seine Kinder mit ihm auch in seiner Hölle wohnen. Sie alle sind immer darauf bedacht, die ganze Menschheit mit ihrer Bosheit anzufüllen und ins Verderben zu stürzen. Der reiche Mann dagegen, obgleich selbst in der Qual, trägt ein sehnliches Verlangen, seine Brüder errettet und vor dem Verderben bewahrt zu sehen.

Die verdammten Geister sind durch ihre stete Empörung gegen Gott die unreinste Quelle aller Bosheit geworden, aus der nun nichts als Haß, Neid, Zorn, Wuth,

Rache, Stolz, Feindschaft und alle höllische Eigenschaften entspringen. Der reiche Mann aber wünscht und bittet darum, daß seinen Brüdern die Wahrheit bezeugt werden möge; er haßt sie nicht, er liebt sie, gönnt ihnen ein besseres Loos, und will sich ihnen selbst als ein warnendes Beispiel vorstellen, wohin ein Leben führe das in den Freuden und Sinnengenüssen dieser Welt zugebracht wird.

Wie sehr verschieden sind also die Gesinnungen des Reichen von denen der Teufel, und der verdammten Seelen in ihrer Gesellschaft; und sollte er dennoch mit diesen an ein und denselben Ort verstoßen worden seyn? Das ist durchaus undenkbar.

Nachdem nun Gott selbst den reichen Mann nicht in die Feuerhölle der abgefallenen Engel, nicht in den tiefsten, finstersten Schlund der ewigen Todesnacht, also nicht in die Gehenna, nicht in den Abyssus oder Tartarus, sondern in den Hades, in das Schatten- oder Todtenreich, an seinen Qual- und Reinigungsort verwiesen hat; so wollen auch wir nicht so lieblos seyn, die Seele des Reichen in die Hölle der Teufel hinabzustürzen, sondern ihn in der erbarmenden Liebe des allweisen Gottes stehen lassen, von der auch wir allein unser Heil zu erwarten haben.

Wollte indeß Jemand behaupten, alle die Benennungen der heiligen Schrift, als: Gehenna, Abyssus, Tartarus, Philake, Scheol, Hades u. s. w. hätten einerlei Bedeutung und bezeichneten alle die Hölle der abgefallenen Engel, so würde er damit nur seine Unwissenheit oder eigensinnige Rechthaberei an den Tag legen, die so gerne tiefeingewurzelte Meinungen festhalten möchte.

Wer aber die hier verhandelte Geschichte ohne Vorurtheil, bloß aus Liebe zur Wahrheit, mit uns betrachtet hat, der wird sie nicht mehr als einen Beweis gegen unsere Behauptung gebrauchen wollen, sondern sich vielmehr aus ihr überzeugt haben, daß wirklich ein Mittelort zwischen Himmel u. Hölle existirt, und daß eben der Hades dieser Mittelort sei, wenn gleich diese Wahrheit nicht mit dürren Worten in der Bibel ausgedrückt steht. Wer Augen hat, der sieht, und wer Ohren hat, der hört.

Wir wollen es also bei dem Gesagten bewenden lassen, und zur Beleuchtung des andern Einwurfes übergehen, den man aus den Worten unseres Heilandes zu dem Schächer herleitet.

(Fortsetzung folgt.)

Gegen die Wiederbringung.
Nro. 4.

Wiederum schöpfe ich Grund aus dem 8ten Cap. und 21ten Vers in Johannes, wo es also heißt: "Da sprach Jesus abermal zu ihnen, Ich gehe hinweg und ihr werdet mich suchen und in euren Sünden sterben; wo ich hingehe, da könnet ihr nicht hinkommen." Ja, fürwahr, kann kein Sünder hinkommen, wo unser Erlöser ist. Zu wem hat er aber also geredet? Ich sage zu niemand anders als zu denen, welche ihm nicht gedienet haben. Ist dieses Wort nicht an sich selbst stark genug, um den, der an eine Wiederbringung glaubt, zu überzeugen, daß der Sünder oder Gottlose nicht in den Himmel kommt. Ich sage, der Heiland will sagen, Ich gehe heim zu meinem Vater, und dort könnet ihr nicht hinkommen. Darum! ihr habt nicht meinem Vater gedienet.

Im 24sten Vers sagt er also und abermal, Ich habe euch, oder, so habe ich euch gesagt, daß ihr sterben werdet in euren Sünden; denn so ihr nicht glaubet, daß ich es sey, so werdet ihr sterben in euren Sünden." Ja, sagt der Wiederbringer, ich glaube auch, daß der Sünder in seinen Sünden stirbt; aber es ist doch nicht gesagt, daß er in Sünden bleiben muß immerhin. Beweise mir aber, daß er nach dem Tod löset soll werden. Ja, sagt einer, Gott hat doch einen ewigen Bund gemacht mit den Kindern Israel, und er hat doch nicht ewig gewähret. Ich sage, er hat aber u. thut ewig währen.

Ja wie kannst du das beweisen? Der Bund, den Gott durch Moses mit den Kindern Israel gemacht hat, hat sie alle, die den Bund gehalten haben, in den ewigen Gottes Himmel gebracht; dort sind sie nun ewig, darum heißt es ewiger Bund. Lieber Leser, sehe nun hin war es auch ein ewiger Bund mit denen, wo nicht gefolget haben? Ich sage, Nein; sie haben des Todes sterben müssen, und sollen all die Gottlosen nun gleich gestellt werden mit denen, welche mit viel Mühe, Kreuz und Elend Gott gedienet haben, und manche ihre Hälse dargegeben mit viel Spott und Verachtung, wie man lesen kann, da es heißt: "Wir Thoren und Narren haben den rechten Weg verfehlet, und diese, die wir für unsern Spott hatten, die sind nun gezählet zu den Gerechten, wir aber gepeiniget." Ich sage nochmal, all die einen Bund mit Gott aufrichten, haben einen ewigen Bund wenn wir ihn halten. Der Bund gehet hier schon an, und gehet dann mit in den Himmel; darum ist es ein ewiger Bund.

Es hat kürzlich ein Mann ungefähr zwei Stunden gegen mich geredet in meinem Haus; er hat aber keine Zeit setzen können, wenn sie wieder aus der Hölle kommen. Er hat gesagt, wenn ich sagen thäte, es wäre 1000 Jahr, so wollte er es annehmen, wenn ich aber sagen wollte, 10,000 Jahr, so wollte er es auch annehmen.

Im 15ten Capitel Johannes heißt es also im 6ten Vers: "Wer nicht in mir bleibet, der wird weggeworfen wie eine Rebe, und verdorret und man sammelt sie, und wirft sie ins Feuer, und muß brennen." Nun lieber Leser, wenn es heißen thäte, und muß verbrennen, was wäre das eine Freude! Aber so heißt es, "und muß brennen." Wenn etwas verbrennen kann, dann ist es alsobald aus dem Wege. Aber das Wort ist, "muß brennen."— Nun, lieber Leser, sey so gut, und überlege das Wort "verdorret". Wenn etwas verdorret ist, dann ist es so deutlich wie der Tag daß es nicht mehr grün wird; nein nimmermehr. Wie dürftig siehet etwas aus das verdorret ist, und wie leicht brennet es? Ja, gar leicht! Wollte Gott, daß wir alle grün und saftig wären in der Ewigkeit, so würden wir nicht brennen können oder nicht brennen brauchen. Der Dichter sagt: Was wird für Freude seyn in jenem Land und Ort. Ein anderer Dichter sagt: Da Jeder seine Harfe bringt und sein besonderes Loblied singt.— Ja das Wort Gottes sagt: "Es hat noch kein Aug gesehen, und kein Ohr gehört, und ist noch in keines Menschen Herz gekommen was Gott bereitet hat Denen die ihn lieben." Aber hingegen daran zu denken an den schrecklichen Ort, wo bereitet ist dem Teufel und seinen Engeln. Ueber dieses wäre viel zu sagen, aber ich will es lassen für diese Zeit.

Johannes 17 Vers 3 und 4 heißt es: "Das ist aber das ewige Leben daß sie dich, daß du allein wahrer Gott bist, und den du gesandt hast, Jesum Christum erkennen. Ich habe dich verkläret auf Erden, und vollendet das Werk, das du mir gegeben hast, daß ich es thun solle." Das beweißt wiederum deutlich, daß alles hier gethan muß werden. Jesus sagt, er hat alles hier vollendet, all den Weg ausgelegt zum Himmel, und er will sagen, daß der Mensch Gott hier erkennen soll und muß, und auch hier das Werk vollenden das er dem Menschen gegeben hat, daß er der Mensch es thun soll und muß, er hat es zu dem lebendigen Menschen gesagt, nicht daß sie es erst erkennen sollen wenn sie todt seyen.

Wiederum nehme ich zu meinem Grund den 19ten Vers aus dem 3ten Capitel Ap. Gesch. wo es also lautet: So thut nun Buße u. bekehret euch, daß eure Sünden vertilget werden. Noch weiter ist das Capitel lehrreich, und kann ich wieder keinen andern Weg sehen, als man muß dem Worte Gottes folgen, ich habe kein Wort anders als sich zu bekehren wenn man will selig werden. Lieber Leser, sey so gut und lese den 11ten und 12ten Vers im 4ten Capitel in der Apostel Geschichte, ob es nicht deutlich sagen thut was ich behaupte.

Johannes E.

Worte eines Glaubigen.
Nro. 2.

Man wähnt das Reich Gottes ferne! Nach dem Tode erst aufgehend. Das ist so irrig! Es ist ganz nahe, und wenn es im Leben nicht bereits aufgegangen, dann wird es auch nach dem Tode, wenigstens sogleich nicht aufgehen.

Wo ist das Reich Gottes verborgen, daß es so wenige Menschen in diesem Leben finden, sehen, vernehmen und Umgang darin haben lernen? Von eines jeden Herzen steigt die Himmelsleiter auf! Man sucht es außer sich, will Beweise und Zeichen davon durch die Sinne empfangen. Aber nur inwendig, in der Tiefe des Geistes nur läßt es sich finden; mit dem Sinn des Geistes allein kann es hier schon gesehen, gehört und im Daseyn empfunden werden.

So mancher sucht es da, und wünscht 's in sich zu finden; hört, sieht, erkennt aber davon nicht mehr mit dem Sinn seines Geistes, als ein Anderer mit den Sinnen des Körpers davon wahrnehmen kann. —Das ists, weil der Weg ins Reich Gottes in Geheimniß ist.

—Der Mensch, wie er geboren wird, muß durch 3 Perioden gehen. Erst mit der dritten gelangt er durch die enge Pforte ein. Dann steht er am Eingang, dafür aber noch lange nicht im Centrum des Reichs Gottes.

Wie steht der Mensch von Natur da.

Der Mensch, wie er von Natur dasteht, ist von Gott abgerissen dadurch, daß er eigenwillig ist. Er will immerfort sich selbst regieren, nicht mehr durch Gott, seinen Herrn, regieren lassen. Die Folge hievon ist, daß alle Menschen beständig anders als Gott, und auch alle beständig Einer anders als der Andere gehen und thun wollen; also feindselige Stellung, fortdauernde Disharmonie Aller gegen Gott, und auch Aller unter sich. Der eigenwillige Mensch kann auf allen Wegen nur Widerstand finden, und da er nicht will, was Gott will, steht er auch nicht unter dessen Schutz. Er ist sich selbst überlassen.

Dem eigenwilligen Menschen gehorcht die Natur, gehorchen alle Kräfte der höhern Welt nicht mehr; denn diese wollen alle nur, was Gott will. Dem eigenwilligen Menschen ist die Erde nicht mehr, was er will; denn sie ist zu Gottes, nicht zu seinem besondern Zweck eingerichtet.—Dem eigenwilligen Menschen ist kein Mensch mehr, was er begehrt; denn keiner will für ihn da seyn. Gesetzt, Gott faßte plötzlich den Willen, es allen eigenwilligen Menschen von nun an zu machen, wie sie begehren: wie sollte Er es Allen, Allen zugleich treffen, wenn Millionen dieselben Sachen im nämlichen Augenblick alle anders begehren? Wahrlich, da möchte Gott selbst darüber die Macht und Geduld ausgehen.

Wie weiter steht der Mensch von Natur da.

Er steht von Gott abgerissen da, indem der Zug nach Außen, nach der Erde stärker in ihm ist, als der Zug nach Innen, nach dem Reich Gottes. Der Zug nach dem, was körperlichen Wesens ist, überwiegt in ihm den Zug nach dem was geistiger Natur ist. Statt mehr geistig, ist er also mehr thierisch—sinnlich. Er lebt mehr mit dem Geist seinem Fleisch zu gefallen, als mit dem Fleisch seinem Geist zu gefallen. Sein Geist ist zum Dienste des Körpers erniedrigt, statt daß der Körper ein bloßes Werkzeug zu Diensten des Geistes seyn sollte. Der natürliche Mensch lebt nur nach außen in die Welt der Materie, statt nach innen in die Welt Gottes und der Geister. Deswegen ist ihm nic wohl in der Nähe Gottes, und er verlangt nicht nach seinem Reich. Ihm ist bloß wohl im Genuß des Lebens.

Dem natürlichen Menschen ist das Erdenleben sein Alles! Wenn er nur alle Güter, die es anbietet, in vollem Maaß ungehindert erhaschen könnte, denkt er, wollte er seinen Zustand hier schon angenehm genug machen, und immer verbessern. Sein ganzes Leben ist ein Jagen nach Genuß, nach Verbesserung seines irdischen Zustandes; ein Fieber, das ihm nicht Ruhe läßt; ein Feuer, das verzehren möchte alles, was sich ihm in den Weg legt; ein nagender Wurm, weil er vom Genießen statt satt nur immer genußsüchtiger wird; ein Traum, weil er die Welt nie sieht, wie sie wirklich ist, sondern beständig in Plänen und Bildern seiner Phantasie sich verliert; ein Rausch, weil er sich immerfort in einer nicht natürlichen Fröhlichkeit in einer erkünstelten, geistigen Ueberreizung zu erhalten strebt.

Das Herz des von Gott abgerissenen Menschen kann nie stille seyn; es läßt sich immer etwas vordichten, und zwar immer etwas von Gott abführendes, das auf Verbesserung der zeitlichen Lage blos Bezug hat. Alles sein Thun, Denken, Reden, Wollen, Wissen, Können, Wünschen, Lernen, Lehren—alles bezieht sich blos auf diese äußere irdische Welt und auf Förderung seiner eigenen, oder der Behaglichkeit des Menschengeschlechts im Allgemeinen.

Vom natürlichen, von Gott abgerissenen Menschen ist die sogenannte Civilisation der Erde größtentheils aufgekommen; durch ihn sind Ackerbau, Handwerke, Künste, Industrie, Handel, Städte, gewaltige Reiche entstanden, und immer mehr vervollkommnet worden,—alles im gleichen Zweck, alles zur Verbesserung seiner äußern materiellen Lage. In Folge seines Wesens lebt der von Gott abgerissene Mensch in großer Zersplitterung von Kräften und Mannigfaltigkeit von Treiben; in beständiger Mühe und Arbeit, in völliger Zertheiltheit seines Wesens—statt nach einem Ziele hin nur zu leben.

Dessen Eigenwille und Sinnlichkeit sind geschäftig, ihm alle Augenblicke andere Vorschläge zu thun, wie er seine Angelegenheiten und Lebensart ändern, verbessern könnte nach Weltart.—Das ist die Sorge, welche die Leute gemeiniglich als Klugheit loben, und wem sie gelingt, nennt man verständig und glücklich. Aber am Ende müssen es doch alle erfahren, die ihre Sache ohne Gott angefangen haben. Wenn dann die Noth einbricht, und sie sich diese nicht mehr verbergen oder vertreiben können, sondern darein müssen, da ist nur noch Verzagen, Murren und Ungeduld in ihnen. Denn zu Gott finden sie keinen freudigen Zugang; sie sind nicht auf seinem Wege.

Während dergestalt die Kinder der Menschen, deren Vater Cain war, vergeblich nach Wiederfindung des Paradieses jagen, umsonst zur Herstellung des Menschenglücks sich herumtreiben — wohnen die **Kinder Gottes**, deren Vater Seth, und die das Geheimniß der Gottseligkeit haben, still und ruhig. Sie bekümmern sich von Anfang wenig um Besserung ihrer Lage, und um Förderung der Civilisation zu Gunsten des Sinnenhungers. Sie hatten weder am Leben noch an dieser Erde großes Gefallen; beyde kamen ihnen zu gering vor; sie lebten da gleichsam wartend nur, bis sie wieder weggenommen würden.

Sie waren von jeher stille Menschen, die sich nicht feste Häuser bauten; die in ihrem eigenen Lande Fremdlinge blieben, und auf die einfachste Weise sich den einfachsten Lebensunterhalt verdienten. Sie dachten nie an Verbesserung ihres zeitlichen Zustandes, sondern wandelten immer am Brunnen des Lebendigen, der sie angesehen; verkündigten von seinem Namen, und trauernd über den gegenwärtigen Stand der Menschheit warten sie mit Sehnsucht auf das Kommen der verheißenen Erlösung. Sie lebten von Anfang nicht auf diese Erde hinaus, sondern ins Reich der Geister, in sich hinein; sie hatten das Geheimniß, in fortwährender Verbindung damit zu bleiben, eines öftern Umgangs von da zu genießen, in sich gewiß zu seyn.

Alle wichtige Dinge unternahmen sie immer nur unmittelbar von Gott aus; daher gelang ihnen immer alles, mochten sich auch Schwierigkeiten dagegen stemmen so viele und so große als auch wollten. Sie standen immer da als Fürsten Gottes auf Erden; mächtig, unabhängig, von Niemanden beherrscht; immer angegriffen, und nie überwunden; in Gottes Freiheit, nicht unter dem Gesetz; gefürchtet, Ehrfurcht gebietend.

Durch sie ward der Saame der Kindschaft, das Geheimniß der Gottseligkeit immer bewahrt und fortgepflanzt.

Fragen beantwortet.

1. Betreffend Matth. 4, 1.

Liebe Herausgeber wir hätten gerne eine Erklärung über Matth 4, 1. Was für ein Geist war es der Jesum in die Wüste führte?

Antwort. Der gemeldete Text liest wie folgt: "Da ward Jesus vom Geist in die Wüste geführt, auf daß er von dem Teufel versuchet würde." Wir verstehen daß der Geist, welcher Jesum in die Wüste führte, kein anderer war als der Geist Gottes. Denn erstlich heißt es, daß "der Versucher zu ihm trat" in der Wüste, welches andeutet, daß er nicht zuvor bei ihm war, und so konnte es nicht der böse Geist gewesen seyn, welcher ihn in die Wüste führte. Zweitens, wenn der Ausdruck, der Geist vorkommt, so bedeutet er in andern Fällen den Geist Gottes, wie z. B. "Und kam aus Anregen des Geistes in den Tempel." Luc. 2, 27. "Und Jesus kam wieder in des Geistes Kraft in Galiläam." Luc. 4, 14. "Denn Gott gibt den Geist nicht nach dem Maaß." Joh. 3, 34.

2. Betreffend Matt. 13, 44.

Liebe Brüder: Seyd so gut, und gebt uns eine Erklärung im Besuch über Matt. 13, 44.

Antwort. Matt. 13, 44. liest wie folgt: "Abermal ist gleich das Himmelreich einem verborgenen Schatz im Acker, welchen ein Mensch fand u. verbarg ihn, und ging hin vor Freuden über denselbigen, und verkaufte alles, was er hatte, und kaufte den Acker."

Wir lesen in Jerem. 41, 8. von zehn Männern, die ihr Leben retteten vor den Mördern, indem sie sprachen zu Ismael: "Lieber tödte uns nicht, wir haben Schätze im Acker liegen, von Weizen, Gersten, Oel und Honig. Also ließ er ab, und tödtete sie nicht mit den andern." Dieses ist ein Zeugniß von einem etwas gemeinen Gebrauch in den Morgenländern, wo sonderlich in Kriegszeiten, und fast zu jeder Zeit räuberische Horden alles bewegliche Eigenthum sehr unsicher machten, und deswegen die, welche etwas hatten von einigem Werth, das sie nicht bei sich führen konnten, solches in die Erde vergruben, u. heimlich verbargen. Man sagt, die Reichen in jenen Gegenden theilen ihre Güter in drei Theile; einen wenden sie zum Handel oder zu ihrem nothwendigen Unterhalt an; einen legen sie in kostbare Juwelen, welche sie, im Fall sie aus dem Lande fliehen müßen, leicht mit sich nehmen könnten; einen dritten Theil begraben sie. Da sie nun niemand den Ort wissen lassen wo der Schatz begraben ist, so ist derselbe so gut als verloren, wenn sie unterdessen sterben, bis etwa einer hernach so glücklich ist, den verborgenen Schatz im Acker zu finden, während er denselben umgräbt.

Behalten wir nun dieses und was der Herr sonst gesagt hat, einfältig im Auge, so ist das Verständniß dieses Gleichnisses leicht. Kurz vorher heißt es: (V. 38.)

„Der Acker ist die Welt", und hier im Texte wird das Himmelreich einem verborgenen Schatz im Acker verglichen. Das Himmelreich mit seinen Unterthanen, mit seinen Gütern und Schätzen ist also in der Welt, ist aber vor der Welt verborgen.— Weltkinder leben im täglichen Umgang mit Kindern des Reichs, und haben vielleicht das Wort vom Reich im Besitz, und gehen über die köstlichen Schätze des Himmelreichs täglich dahin, ohne es zu wissen oder sie zu schätzen für das was sie sind. Wird ihnen aber endlich die Weltlust verleidet, werden sie des oberflächlichen Scharrens müde zu ihrem natürlichen Unterhalt, und fangen an tiefer zu graben, dann finden sie oft mehr als sie suchen. Jetzt wird ihnen köstlich, was sie für gleichgültig u. von unbedeutendem Werth hielten, und verborgen möchten sie nun den gefundenen Schatz halten, damit er ihnen nicht wieder geraubt würde.

So groß ist ihre Freude darüber, daß sie nun willig sind, alles zu verkaufen, was sie hatten, um in den rechtmäßigen Besitz des gefundenen Schatzes zu kommen. Nun haben manche eine Schwierigkeit darin zu finden glaubt, und gemeint, der Finder des Schatzes habe nicht aufrichtig gehandelt, weil er den Schatz wieder verbarg und den Acker kaufte, wahrscheinlich ohne dem Eigenthümer etwas von dem gefundenen Schatz zu sagen. Man bedenke aber Folgendes:

„Wer etwas Verlornes fand, es sey Vieh, das in der Irre ging; oder Kleidungsstücke, oder was es sonst war, lebloses oder lebendiges Eigenthum, durfte sich nicht unbekümmert lassen sondern war schuldig, es in Verwahrung zu nehmen, und zu behalten, bis der rechte Eigenthümer sich fand." 5 Mos. 22, 1—3. Michaelis Mos. Recht Th. 3. S. 100. § 163.

Wenn nun der Finder schuldig war, das Gefundne für den rechtmäßigen Eigenthümer in Verwahrung zu nehmen und behalten, so folgt daraus, daß er seinen Fund nicht Jedem entdecken und verrathen durfte, der vielleicht falsche Ansprüche darauf zu machen versucht seyn möchte, und daß es gerade der aufrichtige Weg für ihn war den Acker zu kaufen, worin er den Schatz gefunden hatte. Wenn der Besitzer des Ackers einen Schatz auf demselben begraben hatte, so mußte er das wissen, und was er werth war, und darnach im Stande seyn den Preis des Ackers zu setzen. Wußte er aber nichts davon, so war der Schatz nicht sein, und er hatte kein Recht daran, und der ihn gefunden hatte, hätte unrecht gethan mit dem Besitzer des Ackers zu theilen, denn er war schuldig, den Schatz für den rechtmäßigen Eigenthümer aufzubewahren.

3. Ueber 1 Chron. 2, 13—17.

Da ich ein Leser des Besuchs bin, hätte ich gern eine Erklärung über 1 Chron 2, 13—17. Die Fragen die ich beantwortet zu sehen wünsche, sind diese: 1) Hatte Jesse mehr als die sieben Söhne, die hier genannt sind, da in 1 Sam. 16, von acht die Rede ist? 2) Wessen Schwestern waren Zerujah und Abigail, Jesse's oder David's? 3) War der Amasa hier der nämliche von dem 2 Sam. 17, 25 Erwähnung geschieht?

Antwort. Auf Frage 1) antworten wir, daß es 1 Chron. 2, nicht heißt, Jesse habe niemals mehr als sieben Söhne gehabt, während es klar ist von 1 Sam. 16, daß er acht hatte woraus zu schließen, daß einer seitdem gestorben, und nun 1 Chron. 2. nicht gezählt worden war. 2) Zerujah und Abigail waren David's Schwestern. 3) Der Amasa hier war der nämliche, von dem 2 Sam. 17, 25. die Rede ist, da er jedesmal als der Sohn Abigail und Jether oder Jethra beschrieben wird. Dieser Jether war ein Ismaeliter seiner Abkunft nach, ein Israeliter vermuthlich der Religion nach. Abigail heißt die Tochter Na-

Correspondenz.

hath, welches seiner Mutter Name gewesen seyn mag, des Weibes Jesse.

4. Ueber 1 Cor. 5, 11.

Liebe Herausgeber: Ich wünsche eine Erklärung über 1 Cor. 5, 11; besonders über die Worte: "Mit demselbigen sollt ihr auch nicht essen." Meint der Apostel, daß wir nicht mit solchen essen sollen, während sie Brüder heißen, und noch in der Gemeinde sind, oder erst nachdem sie aus der Gemeinde heraus gethan worden sind?

Antwort. Eine ähnliche Frage ist im Jahrgang von 1858 enthalten, und weitläufig beantwortet worden, auf welche wir hiermit verweisen. Siehe Seite 109—111. Hier wollen wir nur so viel sagen. Für Leute, die in Kirchenpartheien aufgewachsen sind, wo keine Art von Kirchenzucht geübt wird; wo alle Arten von Lastern und Sünden, auch wenn sie offenbar sind, von der Kirche geduldet und übersehen werden, selbst wenn die weltliche Obrigkeit sie vor Gericht zieht und verurtheilt; wo es so zu geht, da muß es Leuten, wenn sie die Schrift lesen, schwer werden solche Stellen zu verstehen, wie die angeführte aus 1 Cor 5. Für Brüder hingegen, die einer Gemeinde zugethan sind, worin noch immer eine apostolische Kirchenzucht geübt wird, und wo eine jegliche Person, die sich zur Taufe anmeldet, nicht nur in den Anfangsgründen christlicher Lehre und andern nöthigen Stücken, sondern sonderlich auch darin unterrichtet wird, wie wir nach dem Evangelium bei vorkommenden Sünden mit unsern Mitgliedern umgehen sollen, scheint keine Erklärung nothwendig zu seyn.

Kinder der Wahrheit nehmen, verstehen und befolgen das Wort ihres Gottes und Vaters gerade so einfältig, wie gutgeartete, folgsame Kinder ihres leiblichen Vaters Wort, verstehen und befolgen.

5. In Betreff der Meidung.

Seyd so gut, und beantwortet folgende Frage: Wenn ein Bruder ein Weib nimmt, welche niemals getauft war, und darauf die Gemeinde verläßt, muß ein solcher gemieden werden so als nicht einmal mit ihm zu essen?

Antwort. Nein. Auf solch einen Fall scheinen die Worte des Apostels 1 Cor. 5, 11. keinen Bezug zu haben.

6. Wegen der Schicklichkeit einen Bruder zu einem Dienst in der Gemeinde zu erwählen, dessen Weib kein Mitglied ist.

Es ist nicht angesehen worden von den Brüdern, daß dieses gegen das Wort Gottes sey, einen Bruder zu erwählen, dessen Weib etwa kein Glied der Gemeinde seyn möchte, zu einem Dienst oder Amt in der Gemeinde, und solches ist geschehen hin und wieder.

Correspondenz.

Montgomery County, Ohio.
July 8, 1860.

Liebwerthe Brüder und Freunde in Christo Jesu, ich wünsche euch alle Gottes Beistand und den Geist der alten evangelischen Ordnung der ersten alten Brüder in Christo Jesu, Amen.

Mit betrübtem Herzen und niedergeschlagenem Geist ergreife ich meine Feder, um dem Besucher zu antworten in deutscher Sprache, weil die Brüderschaft der alten Brüder ist erhalten worden durch alte deutsche Brüder in den harten Zeiten. Jetzt aber ist der moralische grammatische Weltgeist in die Gemeinschaft eingebrochen, und hat den Geist der Demuth alle fortgejagt. Der Demuthgeist sagt, wie Jesus sagt: Lasset uns von hinnen gehen. Daß so viele Fragen sind vorgestellt, die dienen nicht zur Seligkeit. Es kommt mir immer vor, es sind nur Schriftgrübler, denen es nicht um die Seligkeit zu thun sei.

Solche Menschen kommen mir vor, als wann ein Mensch ein Haar nehme, und wollte es in vier Theile spalten, und wollte ein Theil nehmen, und ein Zahngraber davon machen. Seit der Zeit, daß die Ver=

sammlung fast überall in englisch gehalten wird, gibt es viel Haarspalter, und der Verfall kommt stark herbei, weil ein jegliches Volk seinen eigenen Geist hat. Fremde Völker haben allemal Israel zum Fall gebracht mit ihrer Sprache und Mode dieser Welt. Gleich also geht's der Gemeine Jesu. Paulus sagt, daß Christus nicht wieder komme bis der Abfall geschehen, und das wird etwas seyn, daß die Gemeine Jesu nicht auf der Wacht wird seyn.—

Denk nur einmal 50 Jahr zurück, wie es damals war in der Gemeine Jesu?— Wie war es unter der Gemeine der Kinder Israel mit der ehernen Schlange? Sie thäten Wunder durch Gottes Kraft. So war es mit ihrem Glauben an Jesum in den ersten Zeiten, sie thäten Wunder. Nach Mose Tod wurde die Schlange zur Abgötterei gemacht, nach Christi Himmelfahrt ist der Glauben auch zur Abgötterei gemacht. Allerlei Dinge werden aufgebracht, und wird Glaube geheißen an Jesum.

Ich hätte noch viel zu sagen und zu schreiben, aber ich bin kein Vorgesetzter, noch ein Prediger, so muß ich schweigen um des Friedens willen, und meinen Namen im Verborgenen halten. Liebwerther Bruder, wann du es vor gut ansehen thust so laß es ein wenig Platz finden in dem Besucher, in deutsch und englischer Sprache.

Es war eine Frage vorgekommen, wie sind die Prediger worden? Bei der Mehrheit der Gemeinschaft. Lese Apostelgeschichte 1, von Vers 21 bis zu Ende. Aber diese Männer waren der Gemeinschaft vorgestellt als Candidaten, daß man wußte wie man stimmen sollte. Noch eine Frage war diese, welcher war der Kleinste, Jesus oder Zachäus? Das Wort sagt deutlich daß Zachäus klein war. Solche Fragen dienen nicht zur Seligkeit. Aber solche Fragen und Dinge sind es wo wir können mit gefangen werden und versucht werden. Man hat sich wohl umzusehen, daß wir nicht von dem Wege Jesu abgeführt werden unter dem Schein der Religion Jesu, und kommen in falschen Gottesdienst und Abgötterei. Das ist werth zu bedenken; ich vor mein Theil bedenke dieses.

Was ihr wollt daß euch die Leute thun sollen, das thut ihr ihnen: Seyd barmherzig wie euer Vater im Himmel barmherzig ist, über Gute und Böse. Die sieben christliche Tugenden worüber Johannes so sehr geweint hat in der Offenbarung; die zehn Jungfrauen; der Hausvater, der am Morgen ausging Arbeiter zu miethen in seinen Weinberg; das Unser Vater oder des Herrn Gebet; das Ende der Welt, und wo ein Aas ist, da versammlen sich die Adler, und noch viel andere Stücke wären viel nöthiger zu betrachten zu unserer Zeit.

 Die Welt hat neue Christen,
 Die leben in Weltlüsten,
Von Christi Kreutz und niedrigen Tagen,
Wissen sie nichts mehr zu sagen;
Nur Geld und Mode dieser Welt,
Ist was ihnen herzlich wohl gefällt;
In großem Staat sind neue Christen,
Die leben in Hochmuths-Lüsten,
 Die Glocke klingt, die Orgel singt,
 Der Christ daher in Hochmuth springt
Zu hören ein' gelehrten Mann,
Der nach ihren Ohren predigen kann.
 Die Welt hat Selbstgerechte,
 Von aller Art und Geschlechte,
Die Christum haben in viel Theil,
Ein Jeder will dadurch sein Heil.

Es muß gehen nach des Gelehrten Sinn,
Sonst ist's dem Prediger kein Gewinn.
Der Gelehrte predigt vor die Welt,
Aber nicht ohne das Geld;
Wann er sieht das Geld kommen,
So predigt er schön den Frommen.
Der Reiche gibt Geld zu lösen,
Dann spricht er frei vom Bösen.
Den Weg zum Himmel macht er richtig,
Vor Geld ist er vorsichtig;
Den Himmels Weg macht breit;
Predigt wie es gleichen die Leut,
Wie man will, so kann man leben,
Nur dem Prediger viel Geld geben.
      P. S.

Unsern Vorschlag

für den nächsten Jahrgang (1861) des Evangelischen Visitors und Besuchs, läßt der deutsche Herausgeber fast mit erschrockenem Herzen ausgehen, indem er sich dadurch verbindlich macht zu einer Arbeit, die ihm bei seinem zunehmenden Alter u. eben auch zunehmenden Leiden und Beschwerden immer schwerer fällt. Nur in der Hoffnung, daß der Herr ihm beistehen,

Todes-Anzeige

und auch zu rechter Zeit ihm Hülfe senden werde, nämlich einen Mann, der dem deutschen Werk vorstehen könnte, wie unser theurer Mitarbeiter dem Englischen,— nur in dieser Hoffnung wagen wir es noch einen weitern Jahrgang anzufangen, und der rechte Mann wird sich finden, wenn deutsch lesende Brüder und Freunde dem Evangelischen Besuch ihre Thüren so aufthun, und auch bei Andern demselben Eingang verschaffen, daß er sein eigenes Fortkommen finden kann, ohne Jemand zur Last zu fallen.

Wir müssen hier sagen, daß dieses unser deutsches Blatt gegenwärtig mehr Unterschreiber zählt, als je, wie eben auch dieses der Fall mit dem Englischen ist; daß aber für das Deutsche wenigstens noch einmal so viele Abnehmer seyn sollten, um es bei dem so niedrigen Preis selbstständig zu machen. Und wie leicht wäre das, wenn unsere Brüder, die noch deutsch lesen können, recht wollten!! Wäre es nicht ein Leichtes dieses zu Stand zu bringen in etlichen Counties in deutschen Gegenden??

Aber, sagt vielleicht Jemand, im deutschen Besuch kommen Dinge vor, mit denen Viele nicht zufrieden sind, z. B. die Frage: Gibt es einen Mittelort? hat vielen Anstoß gemacht, sonderlich auch, weil gerade darauf wieder Aufsätze dagegen folgen.— Dieses würde Niemand Anstoß verursachen, wenn man die Umstände recht betrachten wollte, wie es bei einem Besuch, namentlich wo mehrere zusammen kommen, zugeht. Da redet der Eine von diesem, der Andere von etwas anderem; zuweilen widerspricht auch Einer dem Andern, weil es nun einmal so ist in der Welt, daß nicht Alle gleich sehen. Darum jagt aber der Wirth oder Gastfreund nicht alle seine Gäste zum Hause hinaus, oder heißt sie stillschweigen, sondern er ist froh, wenn die Unterhaltung lebhaft ist, und in gebührenden Schranken bleibt.

Nun, liebe Leser, so sollten wir es auch machen bei unserem "Evangelischen Besuch." So lange unsere Gäste auf dem Grund des Evangeliums bleiben, sollten wir sie sich reden lassen, wenn es auch nicht gerade nach unserem Sinne ist; sollten alles prüfen, nicht von vornherein etwas verwerfen, sondern genau prüfen, was uns vorgelegt oder gesagt wird, bei dem rechten Prüfstein des Wortes Gottes, und dann nach gehöriger Prüfung sollen wir das Gute behalten, nicht das vermeinte Gute, das die Probe nicht aushält, sondern das wahre, bewährte und ewigbleibende Gute. Gott segne uns dazu bei unserm Besuch und immerdar. Amen.

Beiträge

für den Evang. Missions Fund.

Von der Sandy Creek Gemeinde, Preston Co. Va. durch Bruder P J Brown $10,00

Von der Salomons Creek Gemeinde, Elkhart Co. Inda. durch Bruder Daniel Shively   22,75.

Von der Nettle Creek Gemeinde, Wayne Co. Inda. durch Bruder David Hartmann nach Abzug der hier bezahlten Expreß Unkosten   27,75

Von Harrison Co. Iowa durch Bruder S L Snyder   50

Für Garbers Erledigung.

Von Bruder Jonathan Wyland, Schwester Catharina Winegar und Jacob Funderburg jedes 1 Thaler,   3,00

Von Bruder L S Snyder Harrison Co. Iowa   50

Uebertrag von voriger Nummer   60,00

$124,50.

Von dieser Summe ist von den Gebern bestimmt für Garbers Erledigung von Bruder Rosenberger (s. vor. Nor.) $2,50.

den Gebern (s. oben) 3,50.

$6,00.

$118,50.

Bleiben also im Missions-Fond, ohne was der Schatzmeister bereits empfangen, und was einige Gemeinden versprochen haben,—in unsern Händen.

Kurtz und Quinter.

Todes-Anzeige.

Starb in der Clover Creek Gemeinde, Blair Co. Pa. July 5, Bruder Samuel Camerer, alt 55 J. 4 M. 13 T.

Starb in der nämlichen Gemeinde August 16, Schwester **Elisabeth Brumbach**, Gattin von Br. Samuel Brumbach, und Tochter von Bruder Jacob und Schwester Catharina Hoover im Alter von 28 J. 6 M. 27 T. Sie hinterläßt ihren Gatten mit sieben kleinen Kindern, das jüngste nur wenig Stunden alt, welches die Art ihres Todes andeutet. Sie war eine treue Gattin und Mutter, und wir sympathisiren tief mit unserem heimgesuchten Bruder.

Starb unweit Carlisle, Cumberland Co. Pa. August 16. **Catharina Jane Hollinger**, Tochter von Bruder Jacob und Mary Ann Hollinger, und Enkel des unlängst verstorbenen Aeltesten Daniel Hollinger, alt 11 M. 11 T. Leichenrede von Br. D. Horst und M. Miller, über Jac. 4, 14—17.

Starb in Philadelphia, Pa. August 10, unser geliebter Bruder in dem Herrn Aeltester **Johannes Righter**, im 77sten Jahr seines Alters. Er war seit 52 Jahren ein Mitglied, und 19 Jahren ein Lehrer des Evangeliums. Er war schon einige Jahre her leidend an Altersschwäche u. damit verbundenen Beschwerden, die er mit mehr als gewöhnlicher Geduld ertrug. Sein Ende war sanft und ruhig; Er behielt sein Bewußtseyn bis zum letzten Athemzug, so zu sagen, und harrete auf seine Erlösung in der Stille. Bei der Leiche redeten Br. J. H. Umstad und John Fer über die Worte: "Es ist besser in das Klaghaus gehen, denn in das Trinkhaus." Pred. Sal. 7, 3.

Starb in der Untern Shenandoah Gemeinde, Va. July 31, Br. **Jonathan Gochenauer**, alt 66 J. 7 M. und etliche Tage. Er war der älteste Tischdiener in der Gemeinde. Leiche bedient von James D Tabler und John Brindle.

Starb unweit Middletown, Frederic Co. Va. am Hause des Aeltesten James D. Tabler, August 14, **Martin Benjamin Bowman**, einziger Sohn von Br. Jacob und Schw. Elisa Bowman von Rockingham Co. Va. und Enkel von Aelt. J. D. Tabler, alt 19 M. 6 T. Leiche bedient von John Brindle.

Starb in Rome District Hancock Co. O. July 26, Bruder **Isaak Swihart**, alt 23 J. 9 M. 5 T. Krankheit—Auszehrung. Er war ein geliebter junger Bruder von Allen, die ihn kannten. Bei seiner Leiche dienten die Brüder D. Rosenberger, Elias Wickard und der Unterschriebene über 1 Cor. 15, 22—24.

John P. Ebersole.

Starb in Conemaugh Gemeinde, Cambria Co. Pa. Juny 18, Bruder **Joseph Dimond**, alt 66 Jahre. Leichenreden von S. Benschof, L Cobaugh, und D Albaugh. J. G.

(Dieses wurde eine Zeitlang übersehen, weil es in einem Brief von verschiedenem Inhalt war. Todes-Anzeigen sollten allezeit auf ein besonderes Papier geschrieben seyn, oder wenigstens so an einem Ende des Breifs, daß sie abgeschnitten werden können, ohne den übrigen Theil zu verderben.)

Starb in Marshall Co. Jowa September 1, Bruder **Rudolph Bollinger**, alt 73 J. 1 M. 7 T. eine Wittwe von gleichem Alter hinterlassend. Dieses alte Ehepaar lebte viele Jahre miteinander, und von zehn Kindern überlebten den Vater nur zwei, wovon das eine in Ohio, das andere hier (in Jowa) wohnt. Die Wittwe sehnt sich unter dem Willen Gottes nach ihrer Auflösung ebenfalls.

Starb in Stark Co. O. am 14 September 1860 **David Schneider**, ältester Sohn unsers lieben Bruders, Aeltesten Jacob Schneider, mit Hinterlassung einer betrübten Wittwe und mehrere Kinder. Er starb so zu sagen in seinen besten Jahren, zwischen 30 und 40 an den Folgen eines Beinbruchs, und wurde am 16ten begraben.

Sonderbare Unglücksfälle.

Vor einem Jahre oder etwas länger trug es sich zu, daß einem Mann in Stark Co. das Wohnhaus in Brand gerieth, während er und sein Weib in der Scheuer beschäftiget waren. Ihre Kinder waren alle im Hause, und wenn wir uns recht erinnern, wurden sie mit genauer Noth gerettet, bis auf das jüngste, welches in der Wiege durch das Feuer sein Leben verlor. Nun vor kurzem trifft es diesen nämlichen Mann, daß in der Nacht der Blitz in seine große und volle Scheuer schlägt, und alles was darinnen war, selbst ein paar Füllen, mit der Scheuer dem Feuer zum Raube wird. Ist denn nun Gott sein Feind geworden, daß er ihn so heimsucht? Ach nein; Gott nimmt uns solche Dinge weg um uns etwas Besseres dafür zu geben.

Der Evangelische Besuch.

Eine Zeitschrift
Für Wahrheitliebende und Wahrheitsuchende.

Jahrg. 8 Columbiana. O. November u. December 1860. Nro. 11 u. 12.

(Aus einem Wechselblatt.)
Wie ist das Neue Testament entstanden?
No. 6.
(Fortsetzung.)

Wir sind noch nicht fertig mit dem Lukas. Denn, es möchte Jemand sprechen: Lukas behauptet, er habe Alles von Anbeginn erkundet (Luk. 1, 3.) wie und wo hat er das gethan?—Dazu hat es ihm wahrlich an Zeit und Gelegenheit nicht gefehlt. Er war ja mit Paulus das letzte Mal nach Jerusalem gezogen, und machte daselbst die Bekanntschaft der übrigen Apostel und der angesehensten Christen (Apgsch. 21, 15—18.), er blieb auch dort, während Paulus gefangen und processirt wurde und besuchte den Apostel gewiß auch oft genug, als er zu Cäsarien gefangen saß (Apgsch. 24, 23.), wenn er nicht gar bei ihm blieb; und als endlich Paulus nach mehr als zwei Jahren nach Rom transportirt wurde, da war Lukas auch bei ihm.—(Apgsch. 27, 1.), Also hielt er sich diese ganze Zeit über in dem Lande auf, wo jene große Geschichten vorgefallen waren, und lebte im vertrauten Umgang mit den Leuten, die sie mit angesehen und mit erlebt hatten. Da konnte er erkunden genug. Es ist aber auch ziemlich gewiß, daß Lukas damals nicht das erste Mal in die dortige Gegend kam. Denn, wie die Alten berichten, so war er aus Antiochien, das in der Nachbarschaft des gelobten Landes lag, weswegen sich dort auch bald eine Christengemeinde bildete (Apgsch. 11, 19—26). Es ist aber eine alte Sage aus der ersten Christenheit, daß Lukas einer von den siebenzig Jüngern gewesen sey, und diese Sage erhält kein geringes Gewicht dadurch, daß er allein unter allen Evangelisten die Aussendung der siebenzig Jünger erzählt, und zwar mit großer Genauigkeit und Ausführlichkeit, also mit sichtbarer Theilnahme. (Luk. 10, 1—24.) Ja, daß Lukas wenigstens ein Augenzeuge vieler Thaten des Herrn gewesen sey, wer will das läugnen, wenn er im Eingang des Evangeliums die Worte liest, "Sintemal sich's Viele unterwunden haben, zu stellen die Rede von den Geschichten, so unter uns ergangen sind"—unter uns! Also muß er ja auch dabei gewesen, also müssen diese Geschichten ja auch unter seinen Augen vor sich gegangen seyn.

Mit welchem Fleiß nun Lukas wirklich Alles von Anbeginn erforscht, und wie es ihm darum zu thun war, Alles im ordentlichen Zusammenhange darzustellen; das sieht man seinem ganzen Evangelium auf jedem Blatte an. Er fängt seine Geschichte früher an, als alle andern Evangelisten, mit der Erzählung dessen, was schon vor der Geburt Jesu und seines Vorläufers vorgefallen (Luk. 1, 4—80.), denn er hat ja Alles von Anbeginn erkundet. Er gibt uns auch die Zeit genau an, wann jene wichtige Ereignisse sich zugetragen (Luk. 1, 5. 2, 1—4. 3, 1—3. und 21—23.); und dem Lukas haben wir's allein zu verdanken, daß wir wissen, warum wir jetzt 1854 schreiben, denn wenn er uns nicht das alles so genau und fleißig aufgeschrieben hätte, so wäre es nirgends mehr zu erkunden, in welchem Jahre Christus geboren ward. Weil aber nun die Gelehrten in ihren alten Büchern genau finden, welches Jahr das fünfzehnte Jahr des römischen Kaisers Tiberius war (Luk. 3, 1.); so durften sie nur 30 Jahre zurückrechnen (Luk. 3, 23.), um das Geburtsjahr Jesu zu finden. Nachdem er uns nun im 2. Kap. gezeigt, wie es kommen mußte, daß Jesus der Weissagung zufolge in Bethlehem geboren ward, obwohl seine Mutter zu Nazareth zu Hause war, was sich bei seiner Geburt und bei seiner Darstellung im Tempel zugetragen, und nachdem er noch die liebliche Geschichte vom zwölfjährigen Jesus mitgetheilt hat; eilt er im 3. Kap. zur Hauptsache, beschreibt Johannis Predigt und Jesu Taufe, und gibt uns dann auch den Stammbaum des Herrn, gleichwie Matthäus, führt ihn aber bis auf Adam zurück, von dem alle Menschen herkommen, um schon damit anzudeuten, daß hier ein Heiland aller Menschen sey; denn Lukas schrieb sein Evangelium für einen gebornen Heiden.

Von nun an vereinigt er sich mit den andern beiden Evangelisten, doch so, daß er meistens mit dem Markus Hand in Hand geht, weil ja dieser auch schon sich mehr an die Zeitfolge hält, wie wir gesehen haben, und nicht blos eine Sachordnung beobachtet wie Matthäus.

Aber Lukas will nicht blos Thatsachen erzählen, wie Markus, sondern auch die Reden des Herrn, wie Matthäus, doch diese auch immer bei der Gelegenheit und Veranlassung, bei der Jesus sie wirklich auch vortrug; er hat nicht blos die mündlichen Vorträge eines Andern niedergeschrieben, wie Markus, sondern er hat Alles selbst genau erforscht und erkundet, und darum Vieles erzählt, was Markus ausgelassen hat, und was sich bei Matthäus findet, aber er hat's dann an den Platz gestellt, wo es der Zeit nach hin gehört; er hat aber auch Manches ausgelassen, was die andern beiden haben, und wiederum Vieles mitgetheilt, was wir bei jenen vergeblich suchen, woraus du erkennen kannst, daß er von ihnen nicht etwa blos abgeschrieben hat, oder daß sich die Evangelisten nicht unter einander verabredet haben. Dies und das wollen wir schreiben, und so und so wollen wir's schreiben; daß wir auch miteinander übereinstimmen; Das haben sie nicht nöthig gehabt; es hat jeder für sich die Wahrheit geschrieben, und da haben sie ohnehin zusammen stimmen müssen, so wenig es oft den Anschein hat. Wenn man's aber genau ansieht, findet man's. Darum sieh nur Alles genau an, Lieber!

Nachdem Lukas Kap. 4. die Versuchungsgeschichte erzählt hat und dann, wie die Predigt des Herrn zu Nazareth aufgenommen worden sey, geht er von Vers 31 an mit Markus so ziemlich Schritt vor Schritt. (Vergl. Luk. 4, 31.; 9, 17. mit Mark. 1, 22.; 6, 44.) Dabei erzählt uns aber Lukas drei ganz neue Begebenheiten: die Geschichte von Petri Fischzug (5, 1—11.), dann die vom Jüngling zu Nain (7, 11—17.) und endlich die von der Sünderin in des Pharisäers Haus (7, 36—50.). Was wir nun bei Markus von K. 6, 45. bis K. 8, 26. lesen [von Jesu wandeln auf dem Meere, von den ungewaschenen Händen, von dem cananäischen Weibe, von der Heilung des Taubstummen, von der Speisung der viertausend Mann, von der Heilung des Blinden,] das alles suchen wir bei Lukas vergeblich; er hat es ausgelassen; warum? das weiß ich nicht; er wird's wohl gewußt haben; wenn wir ihn fragen könnten, würde er's uns wohl auch sagen; weil wir das aber jetzt nicht können, müssen wir uns eben gedulden, bis wir einmal zu ihm kommen; und was wir zu thun haben, daß wir ihn einmal treffen, das hat er uns wahrlich deutlich genug in seinem Evangelium geschrieben, und das ist die Hauptsache!

Wie ist das Neue Testament entstanden?

Darum wollen wir ihm nicht gram darüber seyn, sondern Gott danken, daß er uns die schönen Geschichten doch durch den Markus hat aufschreiben lassen, und durch den Lukas dagegen wieder so viele andere, von denen uns Markus und Matthäus nichts berichten. Gehen sie auch manchmal auseinander, die lieben Evangelisten, so finden sie sich doch immer bald wieder zusammen und reichen sich brüderlich die Hand [vergl. Luk. 9, 18—50. mit Mark. 8, 27.—9, 40.], und wir haben Segen und Gewinn von jenem wie von diesem.

So tritt jetzt gleich wieder eine große Spaltung unter ihnen ein. Vom 10. Kap. an erzählt Markus, was sich auf der letzten Reise des Herrn nach Jerusalem zugetragen; und auch Lukas schreibt im 9. Kap., Vers 51: „Es begab sich aber, da die Zeit erfüllet war, daß Er sollte von hinnen genommen werden, wandte er sein Angesicht, stracks gen Jerusalem zu wandeln." Aber siehe, Er erzählt uns nun Dinge, von denen bei den andern beiden kein Wort steht, er kümmert sich gar nicht um sie und geht seinen eigenen Weg, ja, es ist auch offenbar ein anderer Weg und eine andere Reise, die er den Herrn machen läßt, und erst Kap. 18, V. 18. ff. trifft er wieder mit Markus [10,17.] zusammen, und K. 18, V. 31. mit allen beiden. (Vergl. Mark. 10, 32. und Matth. 20, 17. ff.] Dabei ist auch merkwürdig, daß es nicht nur Kap. 9. V. 51 heißt, Er habe sein Angesicht gewandt, stracks nach Jerusalem zu wandeln; sondern daß wir auf einmal, wo wir meinen sollten, Er müßte jetzt doch bald dort oder schon wirklich ganz in der Nähe von Jerusalem seyn,—daß wir da auf einmal Kap. 13, V. 22. wieder lesen: „Und er ging durch Städte und Märkte und lehrete und nahm seinen Weg gen Jerusalem." Und zwar nahm er da seinen Weg, wie wir aus K. 17. V. 11. nachträglich erfahren, durch

Samarien. Auf seiner letzten Reise aber, von der uns die beiden andern Evangelisten erzählen, kann er nicht durch Samarien gezogen seyn, denn Er kam ja durch Jericho und über den Oelberg [Mark. 10, 46.; 11, 1. Matth. 20, 29; 21, 1. und da führte der Weg von Samarien her nicht durch. Kommen wir aber im Lukas zu K. 18, V. 31—40, siehe, da finden wir Jesum auch durch Jericho ziehend und den Blinden heilend, wie bei den andern, da finden wir ihn dann auch K. 19, V. 29. über den Oelberg gehend, wie bei jenen, und sehen: jetzt ist er auf demselben Wege, und das, wovon Lukas früher so viel Schönes und Köstliches erzählt, und wovon die andern beiden ganz schweigen, muß noch auf zwei frühern Reisen nach Jerusalem geschehen seyn, deren die andern nicht erwähnen, weil ihnen die letzte die wichtigste ist, und weil sie sich nicht vorgenommen haben, wie Lukas, Alles so genau und ausführlich und im Zusammenhang zu erzählen. Wir aber sehen daraus mit Freuden, wie treulich Lukas sein Versprechen gehalten hat.

Jedoch, dem Leser schwebt wohl noch eine Frage auf den Lippen. Warum, möchte er wohl sprechen, warum erzählt aber Lukas gar nichts davon, was Jesus auf jenen beiden Reisen in Jerusalem selbst geredet und gethan hat? und wann soll er denn jene Reise gemacht haben? Meine Meinung ist die. Der Herr wird sich bei jenen Reisen zu Jerusalem noch mehr im Verborgenen gehalten, wird das Aufsehen noch so viel als möglich vermieden, und darum sich nicht sowohl in Jerusalem selbst, als in der Umgegend aufgehalten haben, und was Er da gethan und geredet, davon erzählt Lukas allerdings; aber erst mit dem offenen Hervortreten des Messias zu Jerusalem, tritt auch Lukas in seiner Erzählung offener auf, und gibt uns auf diese Weise einen um so lebendigern Eindruck von dem Stand der Dinge. Doch darüber, wie über jenes Wann? nach dem der Leser fragt, wird uns der Evangelist Johannes den besten Aufschluß geben.

Nur das sey noch gesagt was sich aber fast von selbst versteht, daß den Schriften des Lukas der vertraute Umgang desselben mit dem Apostel Paulus Ansehen und Eingang in der christlichen Kirche verschafft hat, wie dem Evangelium des Markus Petri Ansehen zur Bestätigung dienen mußte.

(Fortsetzung folgt.)

Gibt es einen Mittel-Ort zwischen Himmel und Hölle?
Fortgesetzt von Seite 151.
§. 6.

Luk. 23, 43. "Und Jesus sprach zu ihm (dem Schächer): Wahrlich, ich sage dir, heute wirst du mit mir im Paradiese seyn."

Diese Worte sollen nun, nach der Meynung vieler Christen ebenfalls den Hades oder Mittelort zwischen Himmel und Hölle aufheben, weil daraus, wie sie sagen, deutlich hervorgehe, daß der Glaube an den Heiland der Welt auch ohne gute Werke den Menschen gleich nach seinem Tode vollkommen selig mache, und es daher keiner weiteren Läuterung im Hades bedürfe; denn der gekreuzigte Uebelthäter habe sich auch erst in der letzten Stunde seines Lebens bekehrt und doch von Jesu die Versicherung erhalten, daß er noch an demselben Tage mit Ihm im Paradiese seyn werde; wobei mit keiner Sylbe von einem Hades-Erwähnung geschehe, da doch, wenn je ein Mensch der Reinigung oder Läuterung bedürft hätte, es eben dieser Mörder gewesen wäre.

So spricht man leider fast allgemein, und es ist in der That nicht genug zu beweinen, wie diese Begebenheit von Tausenden sogenannten Christen und selbst von manchen Predigern mißbraucht und zum Deckmantel eines leichtfertigen Christenthums herabgewürdigt wird. Denn da man daraus die traurige Lehre zieht, daß der Sünder, wenn er nur noch auf seinem Sterbebette, oder in den letzten Augenblicken seines Lebens sich zu Gott wende und an Christum glaube, eben so gewiß und geschwind in den Himmel komme, als der Mörder am Kreuz; so thut man dadurch nothwendiger Weise die Pforte des Himmels, die Jesus enge nennt, angelweit auf, damit der ganze Sinnenmensch mit großer Bequemlichkeit ohne alle Verläugnung hindurch gehen möge. O welche Blindheit!

Indessen gebe ich gerne zu, was auch im Worte Gottes gegründet ist, daß der Mensch durch den Glauben an Christum, sofern derselbe rechter Art ist, auch ohne vorhergegangene gute Werke, aus Gnaden und nicht aus Verdienst selig werde, ja daß er schon gleich im Beginn dieses Glaubens in gewissem Sinne selig sey. "Denn wir sind selig in Hoffnung," schreibt der Apostel Römer 8, 24., aber darum sind wir doch nicht in den Wohnungen des Himmels, sondern wallen gedrückt und beschwert in dem Mittelort unserer irdischen Hülle, und warten auf unsers Leibes Erlösung, bedenken aber dabei, daß wir durch viel Trübsal in das Reich Gottes eingehen müssen (Ap. Gesch. 14, 22.), und vergessen nach der Ermahnung des Apostels Petrus 2. Brief, Cap. 1, 19. während unserer mühsamen Pilgerschaft hienieden der Reinigung von unsern vorigen Sünden nicht, sondern suchen uns nach Pauli Aufmunterung (2 Cor. 7, 1.) von aller Befleckung des Fleisches und des Geistes zu reinigen und unsere Heiligung zu vollenden in der Furcht Gottes, weil wir wissen, daß ohne Heiligung Niemand den Herrn schauen kann. (Hebr. 12, 14.)

Wenn nun schon die hier angeführten biblischen Worte, denen sich leicht noch viele andere Stellen gleichen Inhalts beifügen ließen, so klar und unzweideutig beweisen, daß eine fortgesetzte Reinigung, und Heiligung, die nie ohne schmerzliche Läuterung statt finden kann, zur Erlangung vollkommener Seligkeit erforderlich ist: wie mag man dann noch die Begebenheit mit dem Schächer am Kreuz ohne Unterschied auf alle Menschen ausdehnen, und im grellsten Widerspruch mit so klaren und bestimmten Aussprüchen der heiligen Schrift die Behauptung wagen, daß Jeder, der im Beginn des Glaubens aus dieser Welt scheide ohne alle fernere Läuterung und Reinigung sofort in den Himmel eingehen könne?

Es ist allerdings wahr, daß in der Erzählung vom Schächer weder von einer solchen Läuterung, noch von einem Mittelort die Rede ist, aber das Schweigen von diesen Wahrheiten kann noch nicht als eine Läugnung derselben betrachtet werden, und zwar hier um so viel weniger, da das Ereigniß überhaupt ganz einfach, ohne auch irgend einer andern Heilswahrheit zu erwähnen, mitgetheilt wird. Es ist in der That unbegreiflich, wie man so ohne Weiteres den Schluß machen kann: Weil bei der Begebenheit mit dem Schächer keines Mittelortes gedacht wird, so kann auch keiner existiren; und weil uns die heilige Schrift von dem begnadigten Missethäter nicht ausdrücklich sagt, daß er einer Läuterung bedurft habe, so ist er auch nicht geläutert worden, und es bedarf darum auch für alle andere Gläubige keiner Läuterung.

Wir wollen zwar gerne bekennen, daß Niemand Gott hindern kann, eine bußfertige, glaubige Seele auf eine außerordentliche und ausgezeichnete Weise zu begnadigen, und sie sogar gleich nach ihrer Bekehrung unverzüglich in den Himmel zu nehmen, wie Er dem Schächer am Kreuz, und gewiß nach dem noch manchen Seelen gethan hat; aber darf man denn darum allen, sich am Ende ihres Lebens bekehrenden Sündern ohne Ausnahme eine solche ungemeine Gnade zusprechen und sie auf Alle ausdehnen?

Ist nicht in der Beschaffenheit der Buße und des Glaubens an Christum überhaupt, und besonders bei denen, die sich erst kurz vor ihrem Hinscheiden aus dieser Welt zu Jesu wenden, ein großer und sehr großer Unterschied, den nur der allwissende Gott und Richter aller Menschen ganz genau kennt? Kann der Herr an allen bekehrten Sündern in gleicher Zeit und auf ein und demselben Wege den Zweck seiner Gnade und Liebe erreichen? Wie viele sind es denn die Gott ohne Hinderniß von ihrer Seite auf dem kürzesten Wege seiner Führung zum Eingang ins Paradies durch seine Gnade befähigen kann? Wenn aber der Schächer, seines großen Glaubens wegen die hohe Gnade erlange, daß er, der blutend am Kreuze nur eine heiße Stunde im Weinberge des Herrn gearbeitet hatte als der letzte in seinen eigenen Augen den Groschen der ewigen Seligkeit empfangen konnte, vor vielen andern Arbeitern, die längere Zeit als er des Tages Last und Hitze getragen; so wird der Herr des Weinberges sich wohl zu rechtfertigen wissen gegen Jeden, der als ein armer Erdenstaub es wagen wollte, deßhalb mit ihm zu rechten.

Es ist zwar leider in der Christenheit zu einem gemeinen Gebrauch geworden, die ausgezeichnete Gnade, die dem Schächer widerfuhr, so sehr ins allgemeine zu ziehen, daß man sie nicht allein auf alle diejenigen ausdehnt, die sich noch kurz vor ihrem Tode bekehren, sondern es fast für eine wahre Demuth hält, sich mit Schächersgnade zu begnügen; aber man beweißt eben damit nur, daß man weder die Größe dieser Gnade, noch den hohen Glauben des Schächers, der ihn derselben empfänglich machte, zu würdigen weiß. Oder darf man sich in Wahrheit, wie man es so gerne thut, getrösten, Schächersgnade zu finden, ohne daß man den Glauben des Schächers hat? Man meynt freilich damit schnell fertig zu seyn, indem man sagt:

der Glaube wird frey und umsonst geschenkt, und wenn es mir der Herr giebt, so kann ich eben so an Ihn glauben, wie der Schächer. Dieser Einwurf ist aber durchaus unrichtig, weil er aus einer ganz verkehrten Vorstellung vom Schenken des Glaubens hervorgeht, die leider unter den Christen, nur zu allgemein geworden ist. Man wähnt nämlich, Gott gebe nach seinem absoluten Willen und freien Wohlgefallen dem Einen einen starken, dem Andern einen schwachen, und dem Dritten gar keinen Glauben. Wie mangelhaft und falsch solche Vorstellungen von Gott und von seinem Schenken des Glaubens sind, und wie sehr sie der erlösenden Liebe Gottes, die da will, daß allen Menschen geholfen werde, widersprechen, wird uns einleuchten, wenn wir das Wesen des Glaubens etwas näher untersuchen.

So wahr es ist, daß die ganze gefallene Menschheit im Kerker des Unglaubens hart verriegelt und verschlossen ist, und daher Niemand dieses finstere Gefängniß in seiner Kraft aufschließen kann, eben so wahr ist es auch, daß Gott sich aller Menschen erbarmet, wie der Apostel schreibt. (Römer 11, 32.) Sein Erbarmen besteht aber gerade darin, daß Er, nachdem das Erlösungswerk am Kreuze vollbracht ist, nach seiner Weisheit früher oder später, hier oder jenseits, durch seinen Geist den Willen des Menschen an sich zieht, weil ohne diesen göttlichen Zug Niemand zu Jesu kommen kann, wie Er selbst Joh. 6, 44. 45. sagt: "Es kann Niemand zu mir kommen, es sey denn, daß ihn der Vater ziehe. Wer es vom Vater höret und lernet, der kommt zu mir."

Wer nun auf den Zug des Vaters merket, und ihm folgt, der kommt zum Glauben, und durch den Glauben zu Christo, und durch Christum zum Vater. Freilich sind es immer nur wenige aus dem ganzen Menschengeschlecht, die sich hienieden also ziehen lassen; aber die es thun, in deren Herzens entzündet der heilige Geist den Glauben an Jesum.

Sehet, so wird als ein Anbruch oder Erstling des Himmelreiches der wahre seligmachende Glaube wie ein Senfkorn in des Menschen Herz gelegt; so wird seine Seele als ein Rebe in den göttlichen Weinstock gepflanzet, so und nicht anders wirkt der Geist Christi den Glauben an Ihn in unserm Willen der sich von der Welt ab und zum Heilande hinziehen läßt. Gott giebt nicht von außen, vom Himmel herab, einen starken oder schwachen Glauben, wie so viele meynen; nein, sondern im innersten Grunde des Herzens wird das Fünklein des Glaubens erweckt und von innen heraus muß es sich entwickeln. Ist das Herzenssehnen eines Menschen s ch w a ch nach Jesu, so ist auch sein Glaube s ch w a ch; ist aber sein Hunger und Durst nach Ihm, dem ewigen Weinstock, g r o ß, so ist auch sein Glaube g r o ß, und wird um so größer, je mehr dieser Hunger zunimmt. Denn Gott hat das Wachsthum des Glaubens in die Seelenbegierde des Menschen gelegt, und es kommt also dabei auf den Gläubigen an, ob er in Christo bleiben und von Ihm, der immer bereit ist zu geben, auch nehmen will, damit er wachse und zunehme, oder nicht.

Wie aber der Glaube durch völlige Uebergabe unsers Willens an Gott, im steten Hunger nach Jesu, an Kraft und Stärke zunehmen kann, ebenso kann er auch, wo dieser Hunger und diese Uebergabe nachlassen, abnehmen, immer kleiner und schwächer werden und endlich, wenn der Mensch seinen Willen ganz von Gott zurückzieht, völlig auslöschen. Dann aber wird der Rebe abgeschnitten und ins Feuer geworfen, und muß brennen; denn in einem widerstrebenden Willen kann der Geist Christi das Erlösungswerk nicht vollbringen, sondern nur in einem gelassenen Willen, der unaufhörlich nach Ihm verlangt.

Gibt es einen Mittel-Ort ꝛc.

Halten wir diesen Gedanken als eine biblische Wahrheit fest, dann wird uns die Ursache der frühern oder spätern Vollendung der Seelen, je nachdem sie mehr oder minder Verlangen haben, in Jesum einzudringen, von selbst einleuchten. Von diesem Gesichtspunkte aus läßt sich erst der Glaube des Schächers, der in so kurzer Zeit in ihm zur Reife heranwuchs und ihn früher als viele andere Gläubige zum Eingang ins Paradies befähigte, richtig beurtheilen.

Ja, erwägen wir doch einmal gründlich den Glauben dieses zerknirschten Sünders am Kreutze, und wir werden staunen über dessen **Größe, Licht** und **Kraft**.

Vor allem müssen wir wissen, daß zu der Zeit als Jesus in armer Knechtsgestalt, in den Augen des Volks als der Sohn eines Zimmermanns, auf unserer Erde umher ging, besonders da er als ein Fluch für die Menschheit am Kreutze hing, es über all unser Denken schwierig war, zu glauben, daß er der Christ, der Sohn Gottes sey. Nach seiner Auferstehung und nach der Ausgießung des heiligen Geistes war dieser Glaube schon um gar Vieles erleichtert.

Dann bedenken wir unter welchen Umständen der Glaube des Schächers sich offenbarte. Gerade in der Stunde, als die Hölle und die Welt ihre volle Macht ausüben und mit ihrer ganzen Verfolgungswuth auf Jesum zustürmen durften, in der Stunde, da Christus verlassen von Gott und den Seinigen in der Mitte zweyer Mörder als der größte Verbrecher am Kreutze hing, in der Stunde, da alle seine Feinde vorübergingen, ihre Häupter schüttelten und ihn lästerten. Alle diese erschütternde Umstände, unter welchen vielleicht von Tausenden unserer heutigen Christen nicht Einer standhaft geblieben wäre, konnten den Schächer nicht irre machen er blieb fest in dem Glauben, daß der mitten unter ihnen Gekreutzigte der **Christ** sey. Zu allen Lästerungen der Juden, und der Kriegsknechte, die er mit betrübtem Herzen mit anhören mußte, schwieg er; als er aber auch seinen Mitgesellen am Kreutze, an der Pforte der Ewigkeit noch in die Lästerworte der Gottlosen mit einstimmen hörte, da brach ihm das Herz; diese Lästerung konnte und durfte er nicht ohne Ahndung vorüber gehen lassen.

Vom Eifer und Mitleid zugleich ergriffen, warf er vor den Augen Jesu einen ernsthaften Blick hinüber zu ihm und sprach: "Und auch du fürchtest dich nicht vor Gott, der du doch in gleicher Verdammniß bist?"*) Und zwar wir sind billig darin, denn wir empfangen was unsere Thaten werth sind; dieser aber hat nichts ungeschicktes gehandelt. Darauf wandte er sich in vollem Glauben und Vertrauen zu Jesu, mit den Worten: "Herr, gedenke an mich, wenn du in deinem Reiche kommst."

In diesen wichtigsten aller Stunden hienieden, da alle Menschenzungen schwiegen, und selbst der Himmel mit einem Trauerflor sein Antlitz umhüllte, während Jesus von Gott verlassen, um unsertwillen am Kreutze mit der Hölle ringen mußte, in dieser unnennbaren Stunde war der gläubige Mörder am Kreutze der Einzige auf der ganzen Erde, der ein so herrliches Bekennt-

---

*) Hier sieht man klar, daß unser Schächer nicht, wie sein Mitgeselle, am Kreutze Jesum gelästert habe, wie Einige sich nach Matth. 27, 44. irrig vorstellen. Wie hätte er den andern darum bestrafen können, ohne sich selbst Vorwürfe zu machen? Weil aber die Erzählung Matthäi dessen Evangelium bekanntlich zuerst geschrieben war, zu dieser irrigen Vorstellung Anlaß geben konnte, da Er nur kurz im allgemeinen von den beiden Uebelthätern spricht, so hat der Geist Gottes dafür Sorge getragen, daß Lukas um diesem Irrthum vorzubeugen die Geschichte der zwei Mörder, die mit Jesu gekreuzigt waren, ausführlicher erzählte.

niß von Jesu, dem gekreuzigten ablegte, ein Bekenntniß, das im Buche des Lammes Gottes ewig angeschrieben bleibt und das mit wenigen Worten noch immer laut und offen von Christo verkündigt: "Du bist unschuldig und gerecht, du hast nichts Böses, nichts Unrechtes gethan; wir allein sind Sünder und Missethäter, wir empfangen, was unsere Thaten verdient haben. Du bist Jehovah der Herr, Du bist König, Dir gehört mit Recht das Reich, Dein ist es." Der Grundtext sagt eigentlich nicht: "Wenn Du in Dein, sondern in deinem Reiche kommst. Dieser Sinn geht tiefer, und will sagen: "Wenn du einmal in deinem Reiche erscheinest und dich der Welt als den Einen Herrn und König offenbarest, wenn du so in deinem Reiche kommst, dann, Herr gedenke auch meiner."

Sollte Gott einen so großen, starken Glauben, voll Licht und Erkenntniß, in welchem der Geist Gottes ungehindert so mächtig wirken konnte, nicht auch hoch belohnen? Schreibt nicht der Apostel Römer 10, 10.: "So man von Herzen glaubt, so wird man gerecht, und so man mit dem Munde bekennt, so wird man selig?" Und eben diesen Glauben hatte der Schächer, dessen freies und furchtloses Bekenntniß ihn so hoch befähigte, daß der Heiland ihm auf der Stelle die Verheißung geben konnte: "Wahrlich! ich sage dir: Heute wirst du mit mir im Paradiese seyn;" diese wenigen aber vielsagenden Worte, mit einem heiligen Schwur versiegelt, bezeugen offenbar die Freude und Verwunderung Jesu über den großen Glauben des Mörders, und rufen noch immer: Dein Glaube ist groß, und groß deine Erkenntniß von mir. Der Geist meines Vaters hat in dieser kurzen Zeit deiner Bekehrung dich würdig und tüchtig gemacht, daß du als die erste Frucht meines, zum Heile der Welt heute am Kreuze vergossenen Blutes, auch heute noch mit mir im Paradiese erscheinen kannst."

Fassen wir nun das Alles, was bisher von dem Glauben des Schächers gesagt wurde, zusammen, und fragen wir dann, ob es wahrscheinlich sey, daß nach der allgemeinen Meynung der Christen die Bekehrung dieses Sünders erst am Kreuze begonnen habe? Läßt sich das aus seinen Worten schließen, die aus Lukas 23, 40. 42 aufbewahret sind, oder beweisen diese nicht vielmehr, daß er schon, ehe er gekreuziget wurde, bekehrt und gläubig war? Ja, die Größe seines Glaubens, und die tiefe Erkenntniß, die er durch Gottes Geist von Christo, dem Gekreuzigten, hatte, sagen uns laut, daß er schon vor seiner Kreuzigung in seinem Innern ganz verändert war.

Der Anfang seiner Bekehrung ist zwar unbekannt; wahrscheinlich aber ist es, daß er in seinem Gefängniß in sich kehrte, ernstlicher nachdachte über seinen Zustand und über das, was er von der Person Jesu gehört hatte, und dadurch zu einer ernstlichen Buße geführt wurde. Am Kreuze bot sich ihm nur die Gelegenheit dar, seinen unbeweglichen Glauben an den Messias laut und öffentlich vor Himmel und Erde zu bekennen, und damit offenbart er zugleich auch seinen bußfertigen, demüthigen, gelassenen, und gottergebenen Sinn.

Endlich sollen wir ja nicht denken, daß der Schächer ohne Prüfung und Läuterung aus der sichtbaren in die unsichtbare Welt übergegangen sey. Wurde sein Glaube nicht geprüft, da er am Kreuze die ganze Menge des Volks, vom Höchsten bis zum Niedrigsten, wider den gekreuzigten Jesum lästern und sogar den mit ihm zu gleicher Verdammniß verurtheilten Uebelthäter in die Lästerung der übrigen verstockten Juden einstimmen hören mußte? Wer weiß, was für verwirrende Gedanken und Zweifel der höllische Versucher in dieser Stunde in dem Herzen des Schächers erregt haben mag? Aber sein Glaube blieb fest und unerschütterlich in der finstersten

Gibt es einen Mittel-Ort ꝛc.

Stunde, wie ein Fels im stürmenden Meer.

Ebenso war seine Läuterung zwar von kurzer Dauer, aber desto durchdringender und empfindlicher für ihn. Wer da weiß, daß die Kreuzigung nicht allein die entehrendste, sondern auch eine der langsamsten und schmerzlichsten Todesarten ist, wird leicht begreifen, daß sie für den Schächer ein heißer Schmelztiegel schwerer Läuterung seyn mußte. Es ist wohl wahr, daß er als Mörder diesen Tod verdient hatte, aber wir sollen wissen, daß mit der Sinnesänderung eines Missethäters auch seine verdienten Strafen und Leiden eine andere Gestalt gewinnen. Gott sieht die Schmerzen und den qualvollen Todeskampf eines solchen bekehrten Sünders, um seines Glaubens an Christum willen mit ganz anderen Augen an, als die Leiden eines ungläubigen verstockten Verbrechers. Von der Stunde an, da der Sünder an den Sohn Gottes gläubig wird, gelten ihm alle seine verdienten Strafen und Züchtigungen, als eine Läuterung und Reinigung für seine Seele. Alle Schmerzen und Qualen, die er mit der Geduld Christi, im Glaubensblick auf Ihn, und in der Vereinigung mit seinem Leiden und Sterben trägt, werden ihm durch diese Verbindung ein fruchtbarer Samen für die Ewigkeit, dessen Früchte er jenseits ärndten wird. Dieses große Gnadengeschenk, für das nur der Unglaube uns unempfänglich macht, haben wir allein den Verdiensten Jesu Christi des Sohnes Gottes zu verdanken.

Wenn nun gleich die schmerzliche Läuterung des Mörders am Kreuze nur einige Stunden gedauert haben mag, obschon wir nicht wissen, was er vielleicht während seiner Gefangenschaft in seinem Innern gelitten hat; so war sie doch nicht weniger eine Läuterung, als wenn sie sich in einem geringeren Grade durch eine Reihe von Jahren erstreckt hätte. Die heilige Schrift sagt uns wohl, daß wir durch viele Trübsal in das Reich Gottes eingehen, aber nicht, daß alle Gläubige eine gleiche Zahl von Jahren im Ofen des Elends zubringen müssen. Der Herr weiß allein, wie er jeden Menschen führen kann und muß, und in welcher Zeit Er sein Erlösungswerk in ihm zur Vollendung bringen kann. Das aber bleibt eine unumstößliche Wahrheit, daß der Läuterung Keiner entweichen kann, obgleich die Arten derselben sehr verschieden sind. Unser Heiland spricht ausdrücklich Mark. 9, 49: "Ein Jeglicher, merken wir es wohl, ein Jeglicher muß mit Feuer gesalzen werden;" und Offenb. Joh. 7, 14. wird uns die große, unzählbare Schaar in den weißen Kleidern aus allen Heiden und Geschlechtern, und Völkern und Sprachen gezeigt, und dabei gesagt: "Diese sind es, die gekommen sind aus großer Trübsal, und haben ihre Kleider gewaschen und helle gemacht im Blute des Lammes."

Zeige mir nun Jemand einen Einzigen aus dieser unzählbaren Schaar, die Johannes vor dem Throne Gottes gesehen hat, der von der großen Trübsal ausgenommen war?

Wir glauben nun hinlänglich bewiesen zu haben, daß der Glaube des Schächer's kein gewöhnlicher sondern ein außerordentlicher war, daß der Schächer aber dennoch keineswegs ohne schmerzhafte Läuterung zum Eingang in das Paradies gelangt ist, daß es vergeblich ist, sich auf Schächersgnade zu verlassen, ohne den Glauben des Schächers zu haben und daß die Folgerung, die man aus dieser Begebenheit gegen die Läuterung nach dem Tode herzuleiten sucht, durchaus unstatthaft und bibelwidrig ist.

Ob außer den angeführten Bibelstellen auch noch andere gegen das Daseyn eines Mittelorts aufgestellt werden können, wissen wir nicht, zweifeln aber, daß noch irgend ein Einwurf zu machen sey, der nicht durch unsere bisherigen Bemerkungen schon genugsam widerlegt wäre. Wir wollen deßhalb hier abbrechen und nur noch untersuchen, wo eigentlich der Hades, oder der Mittelraum zwischen Himmel und Hölle zu finden sey.

(Schluß folgt.)

Die Geburt Christi

ist der Anfang eines neuen Lebens in der Menschheit, welches besteht in der innigen Wiedervereinigung des Menschen mit Gott, nachdem wir durch Adam's Fall solcher Gemeinschaft unfähig geworden waren. Die Weihnachtszeit erinnert uns also an die Hinwegräumung all' der Mächte, welche durch den Ungehorsam des Einen Menschen eine Herrschaft über das Menschenleben gewonnen haben und dem Glück, Heil und Segen der Menschen im Wege stehn. Der Gedanke an die völlige Herstellung all' der Güter, die jener Engelgesang verkündet, erklärt vollkommen die Freude, womit das Christfest seit 18 hundert Jahren von der Christenheit begangen wurde.

Die Weihnachtsfreude selbst reicht zwar noch über die christliche Zeitrechnung hinaus. Die alten Römer feierten um diese Zeit ein großes Fest, an welchem sie sich an die paradiesische Zeit des Menschenlebens erinnerten, von der sie dunkle Sagen und Ahnungen hatten. In dieser glückseligen Zeit, sagten sie, habe es noch keine Herrn und Knechte gegeben, sondern man hätte ein brüderliches Leben geführt und sich an den göttlichen Gaben erfreut. Es war deßhalb Brauch, an diesem Tage die Sclaven als freie Leute zu behandeln; sie durften zu Tische sitzen, und wurden von ihren Herren bedient. Die alten Deutschen feierten auch um diese Zeit ihr Fest über die Wiederumkehr der Sonne, welche ihre Lichts- und Belebungskräfte in die Natur zu ergießen anfängt, wenn die Tage wieder beginnen länger zu werden. Sie freuten sich bei fröhlichen Gelagen und beschenkten sich gegenseitig.

So feierten die Heiden noch ihre Feste über das Leben der Natur, über die Verjüngung der Sonne, über ihre häuslichen und Familienbande, als schon drei Jahrhunderte lang Christus erschienen und die frohe Botschaft vom Königreiche der Himmel in die Welt ausgegangen war. Als aber die Völker erkannt hatten, daß Jesus Christus der wahre Aufgang der Lebenssonne und daß er der Keim sey, aus dem jener paradiesische Zustand wieder erwachsen könne, so verlegten sie die Gedächtnißfeier der Geburt Christi auf die Zeit der Wintersonnenwende und knüpften daran ihre vorigen Festfreuden an. Was durch des Teufels Macht verderben, in Elend und Verdruß verkehrt worden war, das verwandelte das Jesuskind wieder in Lust und Freuden. Ein helles Freudenlicht leuchtete das Leben der Menschen an, wie dieß ein alter Weihnachtsvers herrlich und erhebend ausdrückt:

Das ewig Licht geht da herein,
Gibt der Welt ein'n neuen Schein;
Es leucht' wohl mitten in der Nacht
Und uns des Lichtes Kinder macht,
 Halleluja!

Wie steht's aber jetzt mit der Weihnachtsfreude? Die Worte: "Ehre sey Gott in der Höhe, und Friede auf Erden und den Menschen ein Wohlgefallen" stehen an der Pforte der christlichen Zeitrechnung als der kurze Inbegriff des ganzen Reichthums von Segen, Heil und Leben, welchen die Völker, die Christo anhangen genießen sollen. Ein Blick auf die Geschichte enthüllt aber unserem Auge ein Bild von ganz anderen Zuständen, als jene Himmelsbotschaft erwarten ließe. Jene ursprüngliche Ehrfurcht der Völker vor Christo wurde nur das Mittel, um ihnen härtere und stärkere Ketten anzulegen, al sie in den verchristlichen Zeiten getragen hatten. Zwar trat Luther, das helle Lich des Evangeliums in der Hand, nach einer langen schweren Finsterniß, ein gottgesandter Herold, der römischen Geistestyranney entgegen, und wieder begannen die Völker den Segen jenes Engelgesanges zu schmecken. Die römische Finsterniß floh dieses Licht, seine erleuchtenden Strahlen empfanden die finstersten Winkel. Aber

Wo bist du Sonne blieben?
Die Nacht hat sich vertrieben!

Der geistige Tod umgibt uns auf allen Seiten. Wir brauchen nicht auf Rom zu deuten, das an die Stelle unseres Heilandes und Retters ein Wahnbild setzte, bestehend in einer sogenannten Mutter der Gnaden und Königin des Himmels, und das vor 4 Jahren im Freudenrausch taumelte, als der Papst die Gotteslästerung beging, dasselbe für ohne Sünde empfangen zu erklären; wir brauchen nicht auf Rom zu deuten, wenn auch die evangelischen Kirchen nicht gerade diesen Götzendienst eingeführt haben. Oder haben denn die evangelischen Kirchen ihre Angehörigen bewahrt, daß sie nicht ihre Rettung anderswo als bei Christo gesucht haben? Wer sind denn jene Tausende, die ihre Kraft, ihr Heil, ihre Wohlfahrt in nichts weiter als den Werken menschlicher Kunst, Weisheit, Wissenschaft und Tugend suchen, und jene, deren Erlösung in Geld und Gut, Handel und Gewerb, thierischem Genuß und Waffen der Gewalt besteht? Sind es nicht dem großen Theil nach Menschen, die in der evangelischen Wahrheit erzogen und unterrichtet wurden? Möchten wir uns, wenn wir das Freudenfest der Geburt Christi begehen, nicht länger der Frage entschlagen: was wird aus unsern Weihnachtsfesten werden, wenn die finstern Kräfte des Abfalls, die bereits alle Verhältnisse beherrschen, vollends Gewalt üben und zur Herrschaft gelangen werden, wenn diejenigen, die das Fleisch für den einzigen Erretter, für die Quelle aller Kraft und alles Lebens betrachten, ihre

Grundsätze in der Ordnung des Lebens zur Geltung bringen werden. Einst feierte das entfesselte Frankreich auch die letzten Tage des Jahrs festlich, aber sie hießen nicht mehr Weihnachten, sondern Sansculottiden (Ohnehosentage); das waren die Gedächtnißtage der neuen Ordnung der Dinge, die in thierischer Verwilderung mit blutigen Greuelthaten begründet worden war. An dem Orte, der sonst dem Dienst des Jesuskindes geweiht war, wurden jetzt Saufgelage, schamlose Schaustellungen thierischer Lust und gotteslästerlicher Nebrität aufgeführt. Wie weit wohl der Zustand der Massen in der Christenheit von dem ebengeschilderten noch entfernt ist, sieht Jeder, der seinen Verstand durch die Weissagung berichtigen läßt." Wir haben uns zwar gewöhnt, der alljährlichen Wiederkehr des Freudengedächtnisses der Geburt Christi uns zu freuen; allein hätten wir für diese Freude keinen weitern Grund als das Andenken, daß Gott einst den Menschen einen Retter geboren werden ließ, den sie aber verworfen haben, um an dessen statt den Wahnbildern des Aberglaubens oder den rohen Ausbrüchen des Unglaubens ihre Freude zu widmen,—so dürften wir endlich unserer Weihnachtsfeste eben so müde werden, wie die alten Römer und Teutschen der ihrigen.

Doch es gibt noch ein Etwas, das uns allerdings zur vollkommensten Weihnachtsfreude berechtigt. Wir dürfen, wenn wir uns die Schmach zu Herzen genommen haben, womit unser christliches Volk die Weihnachtsfreude belegt, einer weiteren Aussicht uns hingeben, an deren Größe und Umfang sich unser Herz und Geist erheben und für die völlige Hingabe an das große Werk der Erlösung eingenommen werden kann. Diese große Aussicht eröffnet das zwölfte Capitel der Offenb., wo auch von der Geburt eines göttlichen Kindes die Rede ist, jenes männlichen Sohnes, der die Heiden mit einer eisernen Ruthe weiden wird. Enthalten wir uns, in das Einzelne dieser großen Aussicht einzudringen; was wir jedenfalls daraus entnehmen dürfen, ist die Begründung einer Herrschaft Gottes und Christi auf Erden, wozu es nur eines ernstlichen Kampfes gegen den Drachen und das Thier bedarf, um diese Herrschaft zu verwirklichen. Und seyen es auch nur Wenige, denen das Licht dieser Hoffnung leuchtet; waren es doch auch nur wenige Hirten aus Bethlehem, zu denen der englische Gruß erscholl, und die in der Krippe Jesum, den Retter der Menschheit begrüßten. Dieser Name ward dennoch bald das Loosungswort der Scheidung Israels in Gerettete und Verlorene. Aus der Geburt der Theokratie, die Johannes, zuerst im Himmel geschehen, hernach auf Erden unter Kampf und Noth ausgeführt sah, nehmen wir die rechte Stimmung zur Weihnachtsfreude, und wir empfehlen unsern Lesern dieses Capitel als den für unsere Zeit geeigneten Weihnachtstext. Z. d. Zeit.

Das Reich Gottes auf Erden.
(Ein allegorisches Gedicht.)
Mel. Von Grönland's Eisgestade ꝛc.

Gegrüßet sey die Sonne
In ihrer goldnen Pracht,
Die uns zur Freud' und Wonne
Vom hohen Himmel lacht.
Sie kömmt vom fernen Osten,
Und leuchtet um die Welt;
Es scheint ihr nichts zu kosten
Zu segnen Flur und Feld.

So, gleich dem großen Lichte,
Das noch den Tag regiert,
In heiliger Geschichte
Ein Wort den Scepter führt.
Es ist das Wort der Wahrheit,
Das Evangelium:
Das läuft mit Siegesklarheit
Um Welt und Meere um.

Einst ist es ausgegangen
An alter Ströme Strand;
Und dämmernd sah' es prangen
Der Menschheit Wiegenland.
Den alten Patriarchen
Hielt es die Leuchte vor.
So heiligen Monarchen,
Und dem Prophetenchor.

Dort, wo im Paradiese
Die Todesnacht begann,
Da strahlet uns so süße
Der Stern der Hoffnung an.
Der erste Heilsverkünder
War selbst der liebe Gott;
Da leuchtete dem Sünder
Das erste Morgenroth.

In biblischem Berichte;
In Bildern mancher Art;
Prophetischer Gesichte.
Geheimnißvoll und zart:
Da sind uns aufgestellet
Viel Lichter groß und klein,
Die jene Nacht erhellet
Mit ihrem holden Schein.

Und mitten in der Woche
—Wie das symbolisch fällt—
Da machte es Epoche
Das große Licht der Welt
Da ist es aufgegangen
Dem alten Volk der Wahl;
Dann sollte es empfangen
Der Heiden große Zahl.

Darauf hat es gerungen
Mit mancher finstern Nacht;
Hat lebensvoll durchdrungen
Der Todesschatten Nacht.
Doch, da die Leute schliefen,
Da nahm es seinen Lauf.
Wo Noth und Jammer riefen,
Da ging es wieder auf.

Doch, ach!—o armes Wesen
Um die gefallne Welt!
Das Mittel zum Genesen
Das wurde nun entstellt.
Denn mit dem Antichristen
Begann des Halbmonds Lauf:
Die lösten nach Gelüsten
Das Wort des Lebens auf.

Alsdann in langen Nächten
Verschwand die Sonne gar.
Verdrängt war der Gerechten,
Der treuen Zeugen Schaar.

Das Reich Gottes auf Erden.

Bei diesem war geblieben
Der Wahrheit goldnes Wort.
Und—ob mit Blut geschrieben,
Geht seine Spur doch fort.

Und mancher Stern erhellte
Den dunkeln Horizont;
Und mancher Streiter stellte
Sich ritterlich in Front.
Und tausend Helden fielen,
Vom Drachenthier bekämpft:
(Gottlob, was sie erzielten
Kein höllisch Feuer dämpft!)

Die Stunde war gekommen:
Es fiel der Hammerschlag.
Die Kunde ward vernommen
Von einem neuen Tag!
Das Licht ward aufgestellet,
Der Leuchter hoch gemacht.
Sein milder Glanz erhellet
Des Aberglaubens Nacht.

Bald schwand jedoch das Leben
Das Licht verlor an Glanz:
Denn da man nicht gegeben
Die Wahrheit voll und ganz,
Und mit des Volkes Masse
Nach Schwert und Bogen griff,
Da lief in dunkle Straße
Das edle Glaubensschiff.

Und dichter ward die Hülle,
Der Abfall brach herein,
Verdrängt war in die Stille
Der letzte lichte Schein;
Bis daß auch dieses Dunkel
Der Sonne wieder wich,
Und schwaches Sterngefunkel
Am Tagesglanz erblich.'

Nun ist es durchgebrochen
Zu dieser unsrer Zeit.
"Es werde" ward gesprochen:
Da war die Nacht zerstreut,
Die Nebelschleyer rissen;
Es wich der Wolkenflor.
Und freudig wir begrüßen
Das Licht im Jubelchor.

Und tausende von Zungen,
Bekennen Gottes Sohn.
Und Millionen beugen
Sich vor des Lammes Thron.
Das Wort vom Kreuz' erschallet
In Ost und Süd und West;
Der Norden wiederhallet
Vom Auferstehungsfest.

Bald wird das Halljahr kommen,
Die Weltzeit-Woche voll:
Bald seyd ihr frey, ihr Frommen;
Dann steht's um Zion wohl.
Ein Sabbath wird beginnen
Der währet tausend Jahr.
Nein—wir sind nicht von Sinnen;
Das Wort des Herrn ist wahr.

Schon zeigt die Abendröthe
Den frohen Morgen an;
Und manche Halltrompete
Hat längst es kundgethan.
Auch hat es figuriret
Die heil'ge Siebenzahl;
Auf, Christen! jubiliret,
Es geht zum Hochzeitssaal.

Der Antichrist erhebet
Sein Haupt zum letzten Mal.
Er hebt es, doch er bebet,
Denn voll ist seine Zahl.
Er wird noch greulich wüthen,
Denn seine Zeit ist kurz;
Gott wird sein Volk behüten,
Bereiten Satans Sturz.

Wie, daß man thöricht meynte,
Daß Christus seine Welt
Belasse sein'm Feinde,
Zu thun was ihm gefällt!—
Hört, wie mit klaren Worten,
Der Engel ruft daher:
"Sein sind die Reiche worden!
Er herrschet! Er ist Herr!"

Herr Jesu! unsre Blicke
Sind ganz auf dich gericht'.
Es gehet nicht zurücke,
Was uns Dein Wort verspricht.
Du wirst die Völker richten;
Denn Dein ist die Gewalt.
Wirst Babels Macht vernichten,
Herr Jesu, komme bald!

J. G. Urban.

Chronologie oder Zeitrechnung,

Von K. C. Sbimeall,

worin er nachzuweisen sucht, daß unsere gewöhnliche Zeitrechnung über 130 Jahre zu kurz ist.

Erste Periode,

Von der Schöpfung bis zur Sündfluth, A. M. 1—1656.

Jahr d. Welt.		1 Mos.	Jahr.	Jahr v. Christo.
1	Schöpfung	1, 2		4132
130	Seth geboren	5, 3	130	4002
235	Enos	" " 6	105	3897
325	Cainan	" " 9	90	3807
395	Mahalaleel	" " 12	70	3737
460	Jared	" " 15	65	3672
622	Enoch	" " 18	162	3510
687	Methusalah	" " 21	65	3445
874	Lamech	" " 25	187	3258
1056	Noah	" " 28	182	3076
1656	Die Sündfluth	8,13.14	600	2476

Zweite Periode,

Von der Sündfluth bis auf Abrahams Berufung umfaßt 427 Jahre.
Von A. M. 1656—2083.

1658	Arphaxad geb.	11,10	2	2474
1693	Salah	" " 12	35	2439
1723	Eber	" " 14	30	2409
1757	Peleg	" " 16	34	2375
1787	Reu	" " 18	30	2345
1819	Serug	" " 20	32	2313
1849	Nahor	" " 22	30	2283
1878	Tharah 1)	" " 24	29	2254
2083	Abraham berufen	32	205	2049

Dritte Periode,

Von der Berufung Abraham's bis zum Auszug der Kinder Israel umfaßt 430 Jahre von A. M. 2083—2513.

Fremdlingschaft und Dienstbarkeit Abrahams und seiner Nachkommen 430 Jahre wie folgt: (2 Mos. 12, 41.)

2093	Hagar wird Abrahams Weib	16, 3	10	2039
2094	Ismael geb.	" 16	1	2038
2107	Beschneidung eingesetzt	17,24	13	2025
2108	Isaak geboren	21, 5	1	2024
2168	Jacob und Esau geboren	25,26	60	1964
2298	Jacob zieht nach Egypten	47, 9	130	1834
2369	Joseph's Tod	50,22.26	71	1763
		2 Mos.		
2433	Mosis Geburt	2,	64	1699
2513	Auszug der Kinder Israel	7, 7	80	1619

Vierte Periode,

Vom Auszug aus Egypten bis auf Salomon, A. M. 2513—3100, umfaßt 587 Jahre.

		4 Mos. 14,33		
2553	{ Israel in d. Wüste	{ Jos. 5,6 Apg. 13, 18	{ 40	1579
2558	{ Theilung d. Landes	{ Jos.14,10. Apg.13,19	{ 5	1574
2583	Josua gest.	Jos.24,29	25	1549
2603	Anarchie	"	20	1529
2611	{ Erste Dienstbarkeit Richt.3,8. Apg.13,20		8	1521
2651	{ Othniel Richter Richt. 3,10.11		40	1481
2669	{ Zweite Dienstbarkeit. Richt.3,12–14		18	1463
2749	{ Ehud, Shamgar, Richter. Richt.15,30.31		80	1383
2769	{ Dritte Dienstbarkeit. Richt. 4, 1. 2		20	1363
2809	{ Deborah u. Barak Richter. Richt.4, 3—Cap. 5.		40	1323
2816	{ Vierte Dienstbarkeit. Richt. 6, 1.		7	1316
2856	{ Gideon Richter. Richt. 8, 23		40	1276
2859	{ Abimelech Richter. Richt. 9, 22		3	1273
2882	Tola Richter. Richt.10,2		23	1250
2904	Jair " " 3		22	1228
2922	{ Fünfte Dienstbarkeit. Richt.10,6–8		18	1210
2928	{ Jephthah Richter. Richt. 12, 1—7		6	1204
2935	Jephthan Richter. 12,8–10		7	1197
2945	Elon " " 11.12		10	1187
2953	Abdon " " 13.14		8	1179

Chronologie oder Zeitrechnung. 175

Jahr d. Welt		Jahr d.	Jahr v. Christo	Jahr d. Welt		Jahr d.	Jahr v. Christo
2993	Sechste Dienstbarkeit. Rich. 13, 1	40	1139	3097	David König. 2 Sam. 5, 4. 5	40	1035
3017	Samuel Richter muthmaßlich.	24	1115	3100	Salomon König. 1 K. 5, 1 6, 1. 11, 12	3	1032
3057	Saul König. 1 Sam. 10, 1. Apg. 13, 21	40	1075				

Fünfte Periode.

Vom vierten Jahr Salomon's bis zur babylonischen Gefangenschaft.

Juda.   **Israel.**

3100	Salomo.	1 Kön. 5, 1 ꝛc.	37	1032	3137	Jerobeam 1 Kön. 14, 20	22	995
3157	Rehabeam	" 12, 16—20	17	995	3159	Nadab " " 15, 25	2	973
3154	Abia	" 15, 2.	3	978	3161	Baesa " " " 26	24	971
3157	Asa	" 15, 10	41	975	3185	Elah " " 16, 6—8	2	947
3198	Josaphat	2 Kön. 22, 42	25	934		Zimri " " " 15		
3223	Joram	{ " 8, 16—24 } { 2 Chr. 21, 9 }	8	909	3187	Omri " " " 23	6	945
3231	Ahasia	2 Kön. 8,	1	901	3193	Ahab " " " 29	22	939
3232	Athalia	1 " 11, 3	6	900	3215	Ahasia " " 22, 51	2	917
3238	Joas	2 " 12, 1	40	894	3217	Joram 2 " 11, 29	14	915
3278	Amasia	" " 14, 2	29	854	3231	Jehu " " 10, 36. 28		901
3307	{ Usia, Hosea, Joel. } { 2 Kön. 15, 2 }		52	825	3259	Joahas " " 13, 1.	17	873
3359	Jotham	" " 15, 32	16	773	3276	Joas " " 13, 16	16	856
3375	Ahas Micha	" " 16, 2	16	757	3292	Jerobeam II 2 " 14, 23	41	840
3391	Hiskia	" " 18, 2	29	741	3333	Amos Zacharia, Sallum	13	799
3429	Manasse	" 21, 1	55	712	3346	Menahem 2 Kön. 15, 17	10	786
3475	Amon	" " " 19	2	657	3356	Pekajah " " 23	2	776
3477	Josia	" " 22, 1	31	655	3358	Pekah " " 27	20	774
	Jeremia, Habakuk, Obadia Joahas 3 Mon.				3378	Hosea " 17, 1	9	754
3508	Jojakim 2 Kön. 23, 36 Jojachin 3 Mon.		11	624	3387	Die zehn Stämme in Assyrische Gefangenschaft geführt.		
3519	Zedekia 2 Kön. 24, 18 Zephania Babylonische Gefangenschaft		11	613				

Sechste Periode.

Von der babylonischen Gefangenschaft bis auf Esra, umfaßt 149 Jahre von A. M. 3530—3679.

Jahr d. Welt		Jahr	Jahr v. Christo
3530	Babylonische Gefangenschaft Jer. 25, 11. Ez. 24, 2	70	602
3600	Rückkehr der Juden aus derselbigen 2 Chr. 36, 22. 23 Jes. 44, 28. 45, 1. 13. Esra 1—3	7	532
3607	Ahasverus Cambyses. Esra 4, 6 " " 3.		525
3610	Artarerxes " " 4, 7 " " 5		522
3615	Darius " " 4, 23. 24. Dan. 9, 1	36	517

Chronologie oder Zeitrechnung.

Jahr d. Welt		Jahr	Jahr v. Christi
3651	Xerxes = = = , = = 21		481
3672	Artarxerxes Neh. 5, 14 = = = 7		460

Siebente Periode.

Vom 7ten Jahr Artaxerxes Longimanus zur Bekehrung der Heiden, in sich fassend die 70 Jahrwochen oder 490 Jahre. Von A. M. 3672—A. D. 37.

Jahr d. Welt		Jahre			Jahr v. Christi
3672	Erste Abtheilung				460
3679	Esra	13	Sieben Wochen oder 49 Jahre	Esra 7, 2	453
3692	Nehemiah. Erste Vollmacht	1		Neh. 2, 1—6. 5, 6 ꝛc.	440
3693	„ Zweite „	11		„ 5, 14. 2, 6	439
3704	„ kehrt zurück n. Persien	21		„ 13, 6. 7.	428
3725	„ DritteVollmacht Maleachi	3			407
	Zweite Abtheilung.				
3728	1. Jojatha Hohepriester	37	Anfang der 62 Wochen.	Neh. 12, 10. Prid. Con. II 205—365	404
3765	2. Johanan „ (Jonathan)	32		Neh. 12, 11. Prid. Con. II 265—290.	367
3797	3. Jaddua „	20		Neh. 12, 11. Prid. Con. II 290—350.	335
3817	4. Onias I. „	21	Anfang der 434 Jahre	Prid. Con. II 353—395	315
3838	5. Simon der Gerechte	9		Prid. Con. II 395—411	294
3847	6. Eleasar	16		Prid. Con. II 411.	285
3863	7. Manasse	26		Prid. Con. III. 113—225	269
3889	8. Onias II.	33		Prid. Con. III. 113—154	243
3922	9. Simon II.	22		Prid. Con. III. 154—183	210
3944	10. Onias III. ⎫ Jason ⎬ Menelus ⎭	27	62 Wochen oder 434 Jahre gehen fort.	„ { 183—215 215—220 220—299	188
	Fürsten von Juda.				
3971	1. Judas Maccabäus	6		„ 252—335	161
3977	2. Jonathan = =	17		„ 335—375	155
3994	3. Simon = =	8		„ 375—395	138
4002	4. Joh. Hyrcanus =	29		„ 395—B. IV.7	130
	Könige von Juda.				
4031	1. Aristobulus I.	1	Die 62 Wochen gehen zu Ende A. M. 4162.	„ IV. 7—13	101
4032	2. Alexander Jannäus	27		„ „ 13—43	100
4059	3. Alexandra	9		„ „ 43—62	73
4068	4. Aristobulus II.	6		„ „ 62—99	64
4074	5. Hyrcanus II =	24		„ „ 99—193	59
4098	6. Antigonus =	2		„ „ 193—204	34
4100	7. Herodes der Große	32		„ „ 204—352	32
4132	**Geburt Christi**			Matth. 1, 25. 2, 1. Luc. 2, 1—40	

Wenn nun vorstehende Zeitrechnung ihre volle Richtigkeit hätte, und Christus wirklich erst im Jahr der Welt 4132 geboren wäre, so wäre das sechste Jahrtausend der Welt seinem Ende sehr nahe gekommen. Denn wenn von Anfang der Welt bis auf Christi Geburt 4132 Jahre, und von Christi Geburt bis jetzt 1860 Jahre verflossen sind, so stehen wir heute im Jahr der Welt 5992, und fehlen nur noch a ch t Jahre um die Sechstausend voll zu machen. Verschiedene erläuternde Anmerkungen sollen in nächster Nro. folgen.

Bekenntniß eines blinden Mannes.

Diß ist der Weg des Glaubens, in welchem ich lebe, die Wahrheit, die ich aus der heiligen Schrift gelernet, und welche durch den heiligen Geist in meinem Herzen versiegelt ist: die Schranken, in welchen ich laufe, damit ich vor allem falschen Wege bewahret werde, und das Kleinod des Lebens ergreife.

Ich erkenne mich für einen armen und elenden Wurm, der mit seiner Erb- und wirklichen Sünden Gottes Zorn und Ungnade, zeitlichen Tod und die ewige Verdammniß verdienet hat.

Der Sohn Gottes aber, Christus Jesus, hat sich selbst für mich gegeben, und mich durch sein Blut mit seinem Vater versöhnet, daß mir Gott meine Sünde nicht zurechnet, mir aber zur Gerechtigkeit rechnet, daß ich glaube an den Namen seines eingebornen Sohnes.

Durch solchen Glauben bin ich wahrhaftig gerechtfertiget, und damit hat der heilige Geist mein Herz erfüllt.

In solcher meiner Rechtfertigung habe ich Friede gefunden mit Gott, bin ein Kind Gottes, tröste mich fröhlich seiner Gnade, und weiß gewiß, daß ich den Tod nicht sehen noch schmecken werde, sondern daß ich das ewige Leben habe, und vom Tode zum Leben hindurch gedrungen bin.

Nachdem mich also Gott in seine Gnade aufgenommen hat durch den Glauben an sein Kind Jesum, bin ich nicht zu einer Zeit gerechtfertiget und zur andern nicht, sondern ich bin allezeit und beständig in der Gnade Gottes, und trage das Zeugniß der Kindschaft Gottes in meinem Herzen, den heiligen Geist.

Ich achte mich zwar keineswegs ohne Fehler und Gebrechen zu seyn; ja ich weiß vielmehr, daß dieselbigen nicht alle zu zählen sind, welche mir Gott täglich vor Augen stellet, und glaube gewiß, daß der verborgenen noch mehr seyn: Aber dieweil ich in Christo Jesu bin, und er in mir, so werden mir solche meine Fehler und Gebrechen nicht zugerechnet; sondern Gott träget sie an mir, und übersiehet sie; wie ein Vater an seinem lieben Kinde.

Seine Gnade aber machet mich nicht sicher, sondern erwecket mich täglich, mich in dem Geist meines Gemüths immer mehr und mehr zu erneuern.

Denn Gott, der alles Gute in uns wirket, lässet eine kindliche Furcht in meinem Herzen wohnen, und ein wahrhaftiges Erzittern vor seiner heiligen Majestät, welches mich bewahret, nicht auf Gnade zu sündigen.

Er reiniget mich aber wie einen Reben, daß ich immer mehr Früchte bringe.

Ich bin wahrhaftig rein durch das Wort, das Christus Jesus geredet, und ich geglaubet habe. Solches ist keine Einbildung noch falsche Zurechnung. Christus hat mich wahrhaftig geliebet, und mich abgewaschen von meinen Sünden mit seinem Blut. Mein Heil ist wahrhaftig in der Vergebung der Sünden.

Gott hat mich fühlen lassen mein Verderben, und mir Gnade verliehen, mein natürlich Unvermögen zu erkennen; und darauf hat er mir gezeiget sein Erbarmen, und den Glauben selbst in meinem Herzen gewirket.

Was ich dergestalt gesehen u. gehöret und in geistlicher Erfahrung gelernet, ist mir gewisser als was meine leiblichen Augen sehen, meine leiblichen Ohren hören, und meine leiblichen Hände betasten.

Gott selbst hat mich gelehret Natur und Gnade, Licht und Finsterniß, Einbildung und Kraft von einander zu unterscheiden.

Gott aber ist nicht allein getreu, daß er uns die Sünde vergiebt, sondern auch gerecht, daß er uns reiniget von aller Untugend.

Darum bekenne ich auch meine Sünde und Untugend vor ihm, und begehre davon immer mehr und mehr gereiniget zu werden.

Welches denn also geschiehet, daß ich gegen die Sünde streite und kämpfe; doch nicht aus eigenen Kräften, sondern durch den heiligen Geist, welcher in mir wohnet und wirket.

In dem Glauben an Jesum ist mein Anfang, Mittel und Ende.

Indem ich alles Selbst-Wirken verlasse, und erkenne, daß ich von mir selbst nichts als sündigen, auch durch mich selbst nicht näher zu Gott und seinem Lichte kommen kann, mich aber an die lautere Gnade Gottes halte, und auf das Lämmlein Gottes sehe, das meine Sünde träget; und in seinem Blut mich zum Vater nahe: so wird eine neue Kraft in meinem Herzen geboren, daß ich den Glauben als ein himmlisches Licht und Feuer in meinem Herzen fühle, die Liebe Christi schmecke, und der neue Mensch als ein guter Baum in seinen Blüthen ausschläget, die ihren lieblichen Geruch von sich geben, und Gott und Menschen wohlgefällige Früchte bringen.

Es ist nicht ein anderer Weg, dadurch ich gerecht worden bin, und wiederum ein anderer, dadurch ich suche geheiliget zu werden; sondern es ist ein einiger Weg, nämlich Christus, welcher ist der Weg, die Wahrheit und das Leben. Gleichwie ich mich an nichts halte, als an Christum, wenn ich um Vergebung der Sünden bitte, also halte ich mich auch allein zu ihm, und kehre mich pur lauterlich zu seiner Gnade und Kraft wenn ich in Glauben, Liebe und Hoffnung stärker zu werden trachte.

Es bedarf nichts anders als daß ich in der empfangenen Gnade, und in dem neuen Sinn, den mir der Sohn Gottes gegeben hat, (zu erkennen, den Wahrhaftigen, und zu seyn in dem Wahrhaftigen) stehen bleibe, und davon nicht abweiche; so wird das Werk Gottes in mir vollendet: denn Gott bedarf meiner Hilfe nicht zur Vollendung seines Werks.

Wenn ich mich nur von ihm zubereiten lasse, als ein Kind im Mutterleibe, und der Wirkung seines Geistes nicht widerstrebe, so schaffet er alles in mir, was vor Ihm wohlgefällig ist.

Doch will Er keinesweges, daß ich unachtsam sey, und anstatt der wahren Gelassenheit in Nachläßigkeit verfalle, oder in der Natur Ruhe und Frieden suche. Denn eben dadurch würde ich mich, auch unvermerkt, seiner Wirkung verlustig machen.

Sein lebendiger Geist will stets und ohne Unterlaß wirken; und wer desselben Ströme nicht stets fließen lässet, der kann nicht sagen, daß er seiner Wirkung nicht widerstrebe.

Doch ermüdet er niemanden mit seinem Wirken: denn er führet ein sanft und lieblich Sausen, und durch seine Kraft wird es einer Seelen, die ihre Rechtfertigung in dem Blute des Lammes erkennet, nicht schwer, die Flügel des Glaubens und der Liebe empor zu schwingen.

Denen Demüthigen ist der Herr hold; denn alle Gnade des heiligen Geistes fleußt im Thal der demüthigen Herzen.

Die wahre Demuth aber hat ihren Grund und Wurzel in der Rechtfertigung, die aus Gnaden geschiehet.

So lange nun der Mensch nichts an sich erkennet, und doch alles in Christo findet; so wallet das Herz im himmlischen Frieden, und wird von Gott erquickt und gesättiget. So bald sich das Herz erhebet, und will sein Heil pur lauterlich in der Vergebung der Sünden suchet und findet, so tritt man auf einen falschen Weg, der voller Unruhe ist.

Doch hat auch Gott seine Stunden der Anfechtung und Demüthigung. Und damit dem Menschen das Innerste seines Herzens offenbar werde, muß er durch viele Prüfungen gehen, ob er auch gleich nicht abtritt von dem rechten und richtigen Wege.

Wie leicht ist es aber, von diesem gar schmalen Wege abzuweichen! Wie leicht setzt sich etwas in das Gemüth, dessen der Mensch so bald nicht innen wird, welches ihn aus der kindlichen Einfalt rücket, daß er meinet, er wolle es besser treffen, und weichet doch unvermerkt vom Evangelio zum Gesetz.

Denn das Evangelium hat eine Englische Einfältigkeit, und machet den Menschen kindlich und süß gegen alle Menschen. Es ist eine große Klarheit, ein durchscheinendes Licht, ein lauterer Strom des Friedens, eine Ruhe von eigenen Werken, ein Genuß Gottes und seiner Seligkeit.

Selig ist der, so ihm das Ziel nicht verrücken läßt: welches leichtlich geschehen kann, wenn man nicht auf Christum allein siehet, sondern auf anderer Menschen Exempel; und wenn man hoch fliegen, und vor der Zeit am neuen Menschen groß seyn will.

Niemand kann seiner Länge eine Elle zusetzen, ob er gleich darum sorget. Dieß findet seine Gleichheit auch am inwendigen Menschen.

Die Natur will gern ihren Weg, und siehet kein ander Mittel vollkommen zu werden, als daß man suche etwas zu werden; Gottes Weg aber gehet gar anders.

Denn er machet zu nichts, was etwas ist, damit er selbst alles in allem werde.

Und dieses alles ist in dem einigen verfasset: Wer an den Sohn glaubet, der hat das ewige Leben.

Herr Jesu, dein guter Geist führe mich auf ebener Bahn.

Gibt es einen Mittel-Ort zwischen Himmel und Hölle.
(Schluß.)

(Um den Schluß dieses ziemlich langen Stücks in den gegenwärtigen Band hineinzudrängen, sind wir genöthigt, einen großen Theil der gegenwärtigen letzten No. aufzunehmen. Wir bitten um Geduld sonderlich solcher Leser, denen die verhandelte Frage von vornherein mißfiel. Prüfet alles, und das Gute behaltet! Diesen Spruch sollten wir nicht vergessen.)

§. 7.

Da wir den Mittelort weder im Reiche des Lichts, oder in der finstern Welt der gefallenen Engel suchen dürfen, so muß er nothwendig in dem dritten Princip, in dieser Welt, zu suchen und zu finden seyn.

Im Anfange der Schöpfung Gottes war nur das Lichtprinzip allein offenbar. Sobald aber einer der Fürstenengel mit seinen Chören von Jehovah abfiel und Selbstherrscher seyn wollte, so trat, durch seine Empörung erweckt, die bisher verborgene und ihm unbekannte Nacht hervor, erfüllte sein innerstes Wesen und sein ganzes Reich außer ihm, und bildete sich auf Gottes Befehl zu einer finstern Weltkugel oder zu einem Princip des finstern Reiches, von dem er und alle mit ihm gefallenen Engel verschlungen und dadurch des göttlichen Lichtes völlig beraubt wurden. Aus den nun einander entgegengesetzten Prinzipien des Lichts und der Finsterniß, schuf Gott hernach ein drittes, nämlich unser Sonnensystem mit seinen leuchtenden Himmelskörpern und unserer Erde. Es gibt also nur drei Hauptprinzipien, ein Prinzip des

Lichts, ein anderes der Finsterniß, ein drittes aus diesen beiden gemischtes Principium. Gott hat zwar unzählige Welten geschaffen, sie gehören aber alle zu diesen **drei Grundprinzipien**, wovon Jedes, unsere sowohl sichtbare als unsichtbare Schöpfung nicht ausgenommen, viele Wohnungen, ja zahllose Regionen in sich begreift (Joh. 14, 2.).

Wenn aber unsere Welt aus Gut und Böse, aus Licht und Finsterniß, besteht, so muß sie ja naturgemäß zwischen den beiden Prinzipien des Himmels und der Hölle, des Lichts und der Finsterniß, aus denen sie gemischt ist und die darum auch Beide ihre Einflüsse auf sie ausüben, in der Mitte liegen; ja noch mehr, sie muß nothwendiger Weise der Bezirk des **Mittelorts** selbst seyn, wie das auch jener erleuchtete Autor des Buches betitelt: "**Blicke jenseits des Grabes.**" unzweideutig ausspricht, wenn er in dem Vorworte der zweiten Abtheilung sagt: "Wir erkennen im Lichte, daß die Hölle (Gehenna, der Schlund der ewigen Nacht) durch den Fall Lucifers offenbar geworden, der **Hades** aber durch den Fall Adams, der sich erblich allen seinen Nachkommen mitgetheilt hat, und daß dieser Hades daher sowohl in als außer dem Menschen besteht. — Adam fiel nicht so tief, als Lucifer gefallen war, weil Adams Fall von anderer Beschaffenheit war. Adam fiel in einen **Mittelzustand** zwischen Himmel und Hölle und wurde nach demselben **halb Engel halb Thier**. Er theilte diesen Zustand auch der Erde und ihren Geschöpfen mit so daß sich seit diesem Falle gute und böse Eigenschaften in der gesammten irdischen Natur offenbaren und mit einander um die Oberherrschaft streiten."

Wer aber wollte behaupten, daß die Seelen der Menschen, nachdem sie ihre irdische Hülle abgelegt haben, nicht mehr in dieser gestirnten Elementarwelt, wenn gleich unsichtbar, sollten wohnen können, da sie doch vor ihrem Hinscheiden als geistige Wesen, auch unsichtbar gewohnt haben in dem irdischen Leib, der ebenfalls von den Elementen dieser Welt ist?

Wenn nach der heiligen Schrift Luc. 8, 31. Mark. 5, 9. eine Legion böser Geister in dem Leibe eines einzigen Menschen wohnen kann, so werden wohl auch die Seelen jener Menschen, die weder für den Himmel noch für die eigentliche Hölle qualificirt sind, in dem großen Leibe dieser Welt wohnen können, da ohnehin unzählige Geister sich darin aufhalten, wie auch der Apostel Paulus Ephes. 6, 12. bezeuget, wenn er sagt, **daß wir zu kämpfen haben.. mit den bösen Geistern unter dem Himmel**. Ist denn die Seele, als geistiges Wesen, nicht eben so fähig, nach Verlassung ihrer irdischen Fleischeshütte in dem innern Kreis dieser Welt zu leben, wenn gleich unsichtbar, in ihrem astralischen Leibe, der schon die Seele des Menschen, so lange er hienieden im Fleische wallet zunächst umgibt und gleicher Natur ist mit dem geistigen Theile dieser Welt?

O wenn uns einmal die Augen aufgehen, werden wir finden, daß Millionen und Millionen Seelen verstorbener Menschen in den vier Elementen dieser Schöpfung ihre Wohnungen und Gefängnisse haben, wo sie warten müssen, bis ihre Stunde schlägt, die sie vor das Gericht Gottes fordert. Wir werden erfahren, daß der **Mittelort** oder der **Hades**, das Todtenreich, worüber bisher so viel Streit war, nirgends anderswo zu finden sey, als eben in dieser Welt, die zugleich sichtbar und unsichtbar, körperlich und geistig ist, und die als das dritte Prinzip, in ihrer jetzigen Gestalt nur eine von Gott bestimmte Zeitwährung hat, nach welcher sie ein Ende nehmen und zu einer ewigen Verklärung übergehen wird.

Dieß erhellt auch aus Offenbarung Johannis 20, 11—15, wo ausdrücklich gesagt wird, daß der **Hades**, als der eigentliche **Mittelraum** für die Seelen der Menschen, die noch unentschieden oder unwissend sind, sammt dieser sichtbaren Schöpfung, nur bis zu dem großen, allgemeinen Gerichtstag währt. Denn es liegt außer allem Zweifel, daß in dieser Stelle von dem allgemeinen Weltgericht, von der Auferstehung aller Todten, von dem Verschwinden des Hades, als einer Reinigungswelt, und von dem Ende des dritten Prinzips nach seinem jetzigen vermischten Zustande die Rede sey. Und ich sah, schreibt Johannes, einen großen, weißen Stuhl, und den, der darauf saß, vor dessen Angesicht die Erde und der Himmel floh, und ihnen ward keine Stätte erfunden. Und ich sah die Todten, groß und klein, stehen vor Gott, und die Bücher wurden aufgethan, und ein ander Buch ward aufgethan welches ist des Lebens. Und die Todten wurden gerichtet aus der Schrift in den Büchern, nach ihren Werken. Und das Meer gab die Todten, die in ihm waren, und der Tod und der Hades gaben die Todten, die in ihnen waren, und sie wurden gerichtet, ein Jeglicher nach seinen Werken. Und der Tod und der Hades wurden geworfen in den feurigen Pfuhl. Das ist der andere Tod. Und so Jemand nicht ward erfunden geschrieben in dem Buch des Lebens, der ward geworfen in den feurigen Pfuhl.

Wer diese Worte recht versteht, wird darin eine Bestätigung alles dessen finden, was wir bisher von einem dritten Ort zwischen Himmel und Hölle geredet haben. Wollte man die ganze Stelle umschreiben, um ihren Sinn allgemeiner verständlich zu machen, so würde sie etwa folgendermaßen lauten: Wenn nach Vollendung der tausend Jahre der eine kleine Zeit wieder losgelassene Drache die letzten Heiden, Gog und Magog, verführt und wider das heilige Heerlager zu streiten verleitet haben wird, so kommt nach so vielen, schon vorher über die Welt ergangenen Gerichten endlich das letzte und schwerste Gericht, nicht allein über die Verführten, sondern auch über den Hauptverführer selbst. Satanas wird geworfen in den feurigen Pfuhl. Nun beginnt die allgemeine, feierlich gerichtliche Verhandlung mit den Bewohnern der ganzen Schöpfung. Alle Todte stehen auf, Große und Kleine. Alle müssen vor dem Richter der Welt erscheinen. Denn es kommt der Herr der Herrlichkeit, Jesus Christus, der für die Menschheit gekreuzigte Heiland, welchen die Welt verworfen hat. Vor seinem Angesicht flieht Himmel und Erde, in ihrer jetzigen Gestalt, wie ein eingewickelt Buch. Das aus Gut und Böse vermischte Wesen dieser Welt vergeht; denn es ist alt geworden wie ein Gewand. Die Schöpfung selbst aber wird verwandelt in ein Kleid, wenn sie der Herr verwandeln wird (Psalm 102, 27.), und an die Stelle des Verschwundenen tritt eine neue Erde und ein neuer Himmel, darin Gerechtigkeit wohnet. In diesem großen, majestätischen Gericht werden alle Menschen mit allen ihren Werken offenbar; keine Seele kann sich verbergen. Hatten die Todten ihre Wohnungen im Meere (wer von uns kennt die unterirdischen Meere?), sie müssen hervor. Waren die Seelen etwa bei ihren Leichnamen in des Todes Gruft, zu ihrer Strafe, weil sie im Leben hienieden ihr unreines Fleisch zu lieb hatten, oder schmachteten sie gar im grimmigen Tode des finstern Höllengrundes verriegelt: so ruft sie auch da heraus die Alles erschütternde Posaune des Erzengels. Wohnten aber die Seelen im Hades, im eigentlichen Todtenreiche, so leidet sie selbst der Hades, nicht mehr in seinem dunkeln Schooße, denn er hat sein

Ende erreicht. Nichts darf jetzt mehr verborgen bleiben, Alles muß an's Licht, Alles wird gerichtet und geschieden, alles reif, entweder für das ewige Licht oder für die ewige Finsterniß, die nun im höchsten Grimm des brennenden Feuerpfuhls, als **zweiter Tod**, in die Ewigkeiten der Ewigkeiten sich offenbart. Was nicht in dem Buche des Lebens geschrieben erfunden wird, oder was in der Zwischenzeit, während der Periode des ersten Todes, welcher zur Buße und Reinigung unentschiedener Seelen noch einen Hades mit sich verbunden hatte, sich nicht zu Gott in Christo bekehrte, wird geworfen in diesen feurigen Pfuhl,—in den zweiten Tod. Denn der erste Tod hat, wie diese gegenwärtige Welt, seine Aeonen oder Zeitläufe nur bis zum allgemeinen Gerichtstag, wie schon öfters bemerkt wurde. Von da an tritt in seine Stelle der zweite Tod, herrschend im feurigen Schwefelsee, der den Hades und das Grab in sich verschlinget. Darum hat von demselben Augenblicke an der **Mittelort** zwischen Himmel und Hölle aufgehört, und mit ihm auch das Grab, das Meer und die streitenden vier Elemente. Denn die gegenwärtige Gestalt dieser Welt ist vergangen und kommt in alle Ewigkeit nicht wieder. Alles Böse und alle Finsterniß ist an diesem großen und schrecklichen Tage von der sichtbaren und unsichtbaren Schöpfung völlig hinausgestoßen und in den Feuersee geworfen worden; alle Kreatur aber, erlöset von ihrer Eitelkeit, strahlt jetzt in einem Glanze, der über alle Beschreibung geht, und ist gekommen zu der herrlichen Freiheit der Kinder Gottes, nach welcher sie in ihrem ängstlichen Harren so lange sich gesehnet hat. (Röm. 8, 18—23.) Jetzt bedarf Gott keines **Hades** oder Todtenreiches mehr, eben so wenig eines **Grabes**, weil nach der allgemeinen Auferstehung Seele und Leib nicht mehr, wie bisher, einer Scheidung unterworfen sind, nach welcher sie in ihre Behältnisse aufgenommen werden müßten. Der Aufenthalt aller Geister und Seelen, die während der ganzen Gnadenperiode auch jenseits sich nicht bekehrt, sondern sich vielmehr verhärtet haben, ist im andern Tod, wo sie in einem Zornfeuer baden müssen, dessen Rauch und Qual aufsteigen wird von Ewigkeit zu Ewigkeit.

Wollte man fragen: Ob die eigentliche Hölle in der Periode des **zweiten Todes** von der Hölle in der Periode des **ersten Todes** sich unterscheide? so müßte ich antworten, daß der Unterschied in Bezug auf die Schärfe der Qual unaussprechlich groß sey. Die Qual der Gehenna, oder der Feuerhölle, im zweiten Tode wird,—ich möchte fast sagen—unendlich größer seyn, als die Pein der Hölle unter dem ersten Tode war.

Um diesen Unterschied fassen zu können, muß man bedenken, daß in unserer Elementarwelt durch den Fall Adams das finstere Zornreich sich empor geschwungen und in's Oberregiment gesetzt hat. Seit dieser unseligen Zeit offenbart es die Wunder der Hölle und verrichtet die Werke des Zorns; es wuchert fort wie ein Unkraut und breitet sich fortwährend aus, in die Höhe und Tiefe, in die Breite und Länge, bis es im Grimm seine höchste Stufe erreicht hat, und damit vollendet es in dieser Welt seine vom Herrn bestimmte Zeit. Darauf folgt das Gericht, welches eigentlich darin besteht, daß Gott den Teufeln, wie auch allen satanischen Menschen, in Gegenwart der Heiligen, Engel und Geister, öffentlich zu ihrer größten Schande auf's klarste zeigt, welche arge Früchte sie hervorgebracht und welche scheußliche Geburten sie durch ihren Stolz und starren Trotz erzeuget haben. Alle ihre Werke, ja alle Worte und Gedanken, die aus ihrem bösen Herzen geflossen und mit dem höllischen Grimm erfüllt waren, die aber vor dem großen Gerichtstag sich noch nicht zum Feuersee gesammelt und angezündet hatten, und all ihr Böses, das sie in der Welt gestiftet und womit sie die Erde verderbt und alle Kreaturen angesteckt haben. Alles tritt an diesem Tage wie eine Flammenschrift vor ihr Angesicht, und die unzähligen Greuelthaten und Verführungen sehen sie wie aufgethürmte Berge vor ihren Augen. Das schreckliche Donnerwort des gerechten und allmächtigen Richters: "Gehet hin, ihr Verfluchten!" zündet auf einmal alle die ungeheuren Sündenberge an, und mit einer Blitzesschnelligkeit laufen sie zu einem unübersehbaren, unergründlichen Feuermeer vom allerschärfsten ewigen Schwefelfeuer zusammen. Die ganze Schöpfung stößt jetzt auf Befehl Gottes allen Zorn, Grimm und Bosheit, womit sie von diesen Verfluchten bis dahin befleckt und angefüllt wurde, plötzlich von sich aus, und wirft sie sammt den daraus hervorgegangenen Früchten wieder zurück auf diejenigen, von denen sie als ein höllischer Saame in alle Welt ausgestreut wurden. Das ist der Wein des Zorns Gottes, unvermischt und lauter eingeschenkt, der Zorn, der Tag und Nacht ohne alle Ruhe unausgesetzt fortbrennet, und Alle, die in ihm wohnen, aufs allerschmerzlichste quälet.

Dieser zweite Tod konnte also vor dem allgemeinen Gerichtstag noch nicht offenbar seyn, weil der unbeschreiblich schreckliche Feuersee, der aus den stets fortwuchernden Werken der Bosheit, aus den Gräueln der bösen Geister und der versteckten Menschen entsteht, erst an diesem großen Tage durch den Ausspruch des Richters angezündet wird und sich zur qualvollen Wohnung für die Verfluchten bildet. Wer diesem ernstlich und tiefer nachdenken will, wird gar leicht den großen Unterschied der Hölle während des ersten und während des zweiten Todes finden.

Selig und herrlich wird der seyn, der sich hienieden durch die Zucht des heiligen Geistes zum vollkommenen Mannesalter Christi heranbilden läßt; er kommt zur ersten Auferstehung und zur Regierung mit Christo.

Selig ist auch der, welcher sich vor dem allgemeinen Gericht noch jenseits im Hades bekehrt; er wird der zweiten Auferstehung theilhaftig und unter Gottes Kinder gezählt werden.

Wehe dagegen und abermal wehe dem, der sich während der Dauer des ersten Todes weder hier noch drüben zu Christo wendet, sondern stets dem heiligen Geist widerstrebet; er wird geworfen in den feurigen Pfuhl, welches ist der andere Tod. Ach, wie viele Aeonen oder Ewigkeiten werden da erfordert bis dieses beißende Schwefelfeuer seinen stolzen, trotzigen und harten Eigenwillen ausbrennet und verzehret!—(Psalm 49, 15. nach dem Grundtert.)

Wer nun diese kleine Schrift bedachtsam, unbefangen, aus reiner Liebe zur Wahrheit gelesen hat, den möchte ich fragen, ob er noch an der Existenz einer Mittelwelt zwischen Himmel und Hölle zweifeln könne? Ja, ich möchte ihn fragen, ob ihn nicht seine eigene Erfahrung lehre, daß der Mensch in seiner gegenwärtigen gefallenen Natur diese Mittelwelt zwischen Licht und Finsterniß in sich selbst trägt? Eine Zeitlang zwar sind diese beiden Principien in ihrer seltsamen Mischung mehr oder minder verborgen, aber es kommt doch einmal, sey es nun hier oder drüben, für jeden einzelnen Menschen die Zeit, wo sie beide in ihrer eigenthümlichen Natur stärker hervortreten und einen Kampf in seiner Seele beginnen, dessen Ausgang er selbst zu entscheiden hat, je nachdem er mit seinem Willen der einen oder andern Parthey zufällt. Darauf geschieht eine Scheidung zwischen den Prinzipien des Lichts und der Finsterniß, indem das Besiegte von dem Siegenden verschlungen wird. Sobald aber diese gänzliche Scheidung in der Seele vorgegangen ist, so ist sie nicht mehr in dem Mittelzustand, halb Engel, halb Thier, sondern sie ist jetzt entweder ganz Engel oder ganz Teufel, und also entweder für den Himmel oder für die eigentliche Hölle der abgefallenen Geister reif geworden. Die meisten Menschen jedoch wandern in ihrem Mittelzustande als noch nicht völlig Entschiedene, oder als gänzlich Unwissende hinüber in die unsichtbaren Regionen des Hades; denn es gibt ihrer Wenige, die hienieden schon den Grad erreichen, von welchem unser Heiland Luc. 11, 36. spricht: Wenn dein Leib ganz licht ist, so daß er kein Stück von Finsterniß hat, so wird er ganz licht — oder in der Lichtwelt — seyn. Die Seelen solcher Unentschiedenen walten und schweben dann auch jenseits, wie hienieden, in diesem Mittelzustande und stehen dem Prinzip des Lichts oder der Finsterniß näher oder ferner, je nachdem sie mit der Wahrheit oder mit der Lüge mehr oder minder verbunden sind, und das so lange, bis sie während des Kampfes der Prinzipien sich völlig entscheiden und dann entweder dem ewigen Leben im Lichte, oder dem ewigen Tode in der Finsterniß anheimfallen. Denn ihre Unentschiedenheit, wie wir wissen währt nicht immer. Sie rücken sowohl hier als jenseits der höchstwichtigen Stunde einer gänzlichen Scheidung immer näher entgegen. Um diese herbeyzuführen, wird auch Gott die innere und äußere Welt mächtiger von Zeit zu Zeit in Bewegung setzen, wie es das prophetische Wort geweissagt hat, (Haggai 2, 6. Cap. 2,21.): Noch einmal und ist noch ein Kleines dahin, spricht der Herr Zebaoth, so will Ich bewegen, nicht allein die Erde, sondern auch den Himmel", das ist, nicht allein den äußern, sichtbaren Himmel mit seinen Sternen, sondern auch die innern unsichtbaren Regionen des Hades. Solches „noch einmal", sagt Paulus (Hebr. 12: 27.) zeigt an, daß das Bewegliche soll verändert werden, als das gemacht ist, auf daß da bleibe das Unbewegliche.

Mit den vielen, aus der heiligen Schrift gezogenen Beweisen für das Daseyn einer Mittelwelt zwischen Himmel und Hölle, stimmt also unsre eigene Erfahrung ganz überein, und es würde gegen beide streiten heißen, oder wenigstens einen großen Mangel an Erkenntniß der Schrift und seiner selbst verrathen, wenn man noch ferner dieser Wahrheit sein Herz verschließen wollte.

In der That muß man sich sehr verwundern, daß eine so wichtige Wahrheit, die einen wesentlichen Theil der Heilsordnung Gottes betrifft, in der protestantischen Kirche so ganz übersehen und gar verworfen werden konnte, während doch neben der jüdischen, auch die uralte lateinische Kirche sowie die griechische, den Glauben an die Existenz einer Reinigungswelt nach dem Tode für Unentschiedene und Unwissende stets beibehielten, wie man dieses aus den Zeugnissen der Kirchenväter beweisen kann.

Wir gedenken hier gleich der ältesten unter ihnen, die noch zur apostolischen Zeit lebten, und also wohl wußten, was die Apostel in dieser Beziehung glaubten und lehrten. Der Eine ist Clemens Romanus, der Andere Dionisius Areopagita. Der Erstere schreibt (Libr. Apost. Const.): "Laß es uns beten für unsere Brüder, die in Christo entschlafen sind, daß Gott der Seele der Verstorbenen alle Sünden vergebe. Der Letztere redet (de Eccles; Hier. C. 7.) von der Fürbitte für die Verstorbenen also: Ein solches Gebet sieht die Güte Gottes an, daß Er dem Verstorbenen alle aus menschlicher Schwachheit begangene Sünden vergebe u. ihn zu seinem Lichte u. in's Land der Lebendigen einführe." Um nicht weitläufig zu werden, schweigen wir von den Zeugnissen eines Tertullian, eines Clemens von Alexandria, eines Irenäus, Origenes, Cyrillus, Epiphanius und Ambrosius, und begnügen und damit, nur noch die berühmtesten Väter aus der lateinischen und griechischen Kirche, Augustinus und Chrysostomus, anzuführen, welche im vierten Jahrhundert lebten. Ersterer, von dem sich mehrere Zeugnisse für das Daseyn eines Mittelortes angeben ließen, spricht unter Andern (Serm. 29. de Verb. Apost.): Es werde dieses, wie es von den Vätern gelehret worden ist, von der ganzen Kirche in Acht genommen, daß man für diejenigen bete, welche in der Gemeinschaft des Leibes und Blutes Christi gestorben sind; indem bei dem Opfer (nämlich beim heiligen Abendmahl) ihrer an ihrem Orte gedacht wird und zugleich Erwähnung geschieht, daß es auch für sie mitgeopfert werde.

Chrysostomus schreibt sogar: (Homil; 3. in Ep. Phil: und Homil: 69. ad pop. Antioch:) die höchst merkwürdigen Worte: Es ist von den Aposteln nicht umsonst verordnet, daß man bei Verhandlung hoher Geheimnisse (vornehmlich des heiligen Sakraments des Altars) auch der Verstorbenen Erwähnung thue."

Daß ein solches Andenken an die Verstorbenen, besonders bei heiligen Handlungen, schon zur Apostelzeit üblich war, beweisen ja auch schon unwidersprechlich die Worte des Apostels Paulus selbst, wenn er 1 Cor. 15, 29. spricht: "Was machen sonst, die sich taufen lassen für die Todten, — dieß ist die richtige und buchstäbliche Uebersetzung nach dem Grundtext — so allerdings die Todten nicht auferstehen? oder nicht mehr zu einem bessern Leben auferstehen können. Was lassen sie sich doch taufen für die Todten?"

Die Gläubigen zu Corinth als sie das seligmachende Evangelium hörten, dachten an ihre verstorbenen Eltern Geschwister u. Anverwandten, die noch als Heiden aus dieser Zeit gegangen waren, bedauerten sie daß sie dieser Gnade hienieden nicht theilhaftig geworden waren, u. ließen sich darum über ihren Gräbern für sie taufen, damit sie dadurch an den Segnungen dieses heiligen Sakramentes Antheil nehmen möchten. Die Barmherzigkeit Gottes über die Menschen hört nicht mit dem zeitlichen Tode auf, ja vor Gott gibt es eigentlich gar keine Todte, denn wie unser Heiland selbst sagt (Luc. 18, 39.): Ihm leben sie Alle. Auch wird die geistige Verbindung der Abgeschiedenen mit den Zurückgebliebenen vorzüglich unter Blutsverwandten, durch den Tod nicht aufgehoben.

Eine solche Mittheilung des Taufsegens, wie sie die Corinther ihren Verstorbenen angedeihen zu lassen wünschten, war also sehr wohl möglich, und sie unternahmen diese Handlung wahrscheinlich, wenn nicht auf ausdrückliches Geheiß des Apostels, doch gewiß auf seinen Rath, weil sie als erst bekehrte Heiden ja nicht wußten, wie sie zum Segen und Heil der Seelen ihrer Verstorbenen noch wirken konnten. Der Apostel konnte ja ihre Taufe für die Todten nicht stärker billigen, als dadurch, daß er sie zu einem Beweise für die Auferstehung der Todten gebrauchte, indem er durch die Frage: Was lassen sie sich doch taufen für die Todten? zu erkennen gibt, daß dieses Verfahren nur dann widersinnig seyn würde, wenn es keine Auferstehung gäbe. Nun aber kam den als Heiden Gestorbenen die Taufe der Gläubigen für sie, und ihre Fürbitte, die ganz sicher mit dieser heiligen Handlung verbunden war, wohl zu Statten, damit auch sie der Gnade Gottes theilhaftig zu einem seligen Leben auferstehen könnten.

Es läßt sich freilich nicht läugnen, daß die allgemeine Lehre von dem Daseyn einer Reinigungswelt zwischen Himmel und Hölle mit dem stets zunehmenden Verfall der lateinischen und griechischen Kirche auch immer weiter von ihrer ursprünglichen Reinheit sich entfernte, und am Ende durch geistliche Krämerei so befleckt und verunstaltet wurde daß man sie unter einem Schutt von Irrthümern und Aberglauben vergraben, kaum mehr zu erkennen vermochte. — Aber hätte man nicht, gleich dem Weibe im Evangelio Luk. 15, 8., ein ächtes Licht anzünden, den Schutt aus der Kirche wegräumen, das Haus auskehren, und mit Fleiß suchen sollen, bis daß der verlorne Groschen der reinen und unverfälschten Lehre über den Zustand der Menschen nach ihrem Tode wiedergefunden worden wäre? Hätte man nicht diesen Groschen, statt ihn in seinem Schmutze wegzuwerfen, in dem reinen Wasser des göttlichen Wortes von seinem Unrath waschen und reinigen sollen, auf daß die Lehre vom Hades oder Mittelort wieder in ihrem ersten Glanze, wie zur Zeit der Apostel, die Kirche Christi gezieret hätte? Dadurch würde man wahrlich der Ehre Gottes und dem Heil des Nächsten weit förderlicher gewesen seyn, als durch eine Menge gelehrter Abhandlungen und spitzfindiger Erklärungen, die von der Zeit der Reformation her auf uns gekommen sind, und die noch immer als eine Richtschnur des Glaubens und der Lehre angesehen werden. Man würde nicht viele Millionen Seelen Verstorbener mehrere Jahrhunderte hindurch des Segens der Fürbitte beraubt haben, der ihnen sonst in den dürren, schattenvollen Räumen des Hades wie ein erquickender Thau zugeflossen wäre und ihnen das Aufsteigen in immer höhere Regionen erleichtert hätte.*) Bis auf den heutigen Tag würden alle Chrysten in dieser wichtigen und herrlichen Wahrheit großen Trost und reichen Stoff zur Anbetung der unendlichen Gnade und Weisheit Gottes gefunden haben. Denn die Lehre einer Reinigung auch jenseits des Grabes, in ihrer Reinheit dargestellt, steht in der schönsten Verbindung mit der Lehre vom Wachsthum des Reiches Christi im Menschen und von dessen allmähligen Heiligung, oder von der Ertödtung des alten Menschen, und gibt uns einen erfreulichen Blick in die liebliche Harmonie der dies- und jenseitigen Erziehungs- und Unterrichts-Anstalten, die der Herr zum Heil der Menschen gegründet hat. Wollen wir aber neben dem Himmel und der Hölle keine andere Regionen als Aufenthaltsorte für unentschiedene Seelen und für unwissende Völker gelten lassen, sondern sie als einen Irrthum verwerfen, so ist uns in der unsichtbaren Schöpfung alles so abgeschnitten, daß wir nicht wissen, was wir denken und sagen sollen von dem unendlich gnädigen Gott, und die Bibel bleibt uns dann in vielen Stellen so dunkel, daß wir ihre scheinbaren Widersprüche nicht zu vereinigen wissen.

Wenn das Schicksal eines jeden Menschen gleich nach seinem Tode unwiderruflich und für eine unendliche Ewigkeit entschieden wird, dann begreift man nicht, wozu noch ein allgemeines Gericht dienen soll, blos um einerseits die Verdammung und anderseits die Befestigung seiner Geschöpfe zu bestätigen, erscheint uns für den großen und allweisen Gott in der That zu kleinlich, und man findet da die unendliche und gränzenlose Barmherzigkeit des Vaters in Christo nicht, dessen unergründliche Liebe vielmehr durch die Aufhebung eines Mittelortes zwischen Himmel und Hölle, in welchem noch viele Millionen Seelen gerettet werden, so beschränkt wird, daß sie bei weitem den größten Theil der Menschheit in den ewigen finstern Abgrund, ohne alle Hoffnung einer Erlösung hinabsinken ließe, weil die wenigsten Menschen, wie die täg-

---

*) Daß übrigens Luther das Gebet für die Verstorbenen nicht gemißbilliget habe, erhellt aus folgenden Worten, die sich in seiner Kirchenpostille 3 Th. S. 653 Leipz. Ausg. 1732 finden: Willst du für deines Vaters Seele, für deiner Mutter Seele bitten, so magst du es thun daheim in deiner Kammer.... und sprich: Lieber Gott, so die Seele in einem solchen Stande wäre, daß ihr zu helfen stünde, mein Herr, so erbarme dich ihrer und hilf ihr.

liche Erfahrung beweiset, hienieden ihre Seligkeit in Gott suchen.

Doch zur Ehre und zum Ruhm der göttlichen Gnade und Barmherzigkeit bleibt es dabei: der Herr hat eine **ewige Erlösung** erfunden, und ein **ewiges**, nicht blos zeitliches **Evangelium** verkündigen lassen. Er kann ohne Ende selig machen, die durch Ihn zu Gott kommen.

Hiermit sey denn unsere Erörterung der Frage: ob es einen Mittelort zwischen Himmel und Hölle gebe? geschlossen. Wir zweifeln nicht, wer unpartheyisch, aus reiner Liebe zur Wahrheit, unsrer Betrachtung gefolgt ist, werde dadurch von dem wirklichen Daseyn einer solchen Reinigungswelt völlig überzeugt worden seyn.

Die Zeit ist geboren, wo der Herr seine jetzt noch mehr oder minder verborgnen Geheimnisse, zu denen auch diese Wahrheit gehört, immer heller aufschließen und sie in seiner bald aufwachenden apostolischen Kirche, wie glänzende Sterne wieder leuchten lassen wird. Halleluia!

Der Friede und die Gnade Gottes sey mit uns Allen. Amen!

Nachschrift.

Wir konnten uns anfänglich keine Vorstellung machen, von der Länge vorstehenden Stückes, da wir es nur zu kleinen Theilen übersandt erhielten, sonst würden wir billig Bedenken getragen haben, dasselbe in unsern kleinen Besuch aufzunehmen, indem uns die Verschiedenheit der Gesinnung unserer heutigen Brüder, über den hier verhandelten Punkt bekannt ist. Nachdem wir aber einmal angefangen hatten, konnten wir nicht wohl abbrechen, und um endlich zum Schluß zu kommen, mußten wir ziemlich viel von dem Raume dieser doppelten Nummer dazu verwenden. Wir bitten deswegen unsre lieben Leser, namentlich solche, welche mit dem Schreiber nicht ganz einig sind, um Geduld und Entschuldigung.

Wir werden in Zukunft so viel möglich, anstößige Artickel vermeyden.

Herausgeber.

Anrede an Sonntagsschüler.

Mitgetheilt für den Evang. Besuch.

Kinder! Wir alle wissen, daß wir einmal sterben müssen, und wenn unsere Sterbestunde kommt, so werden wir gewiß wünschen, selig sterben zu können. Daraus entsteht die Frage: **Wer ist denn selig, und wer kann selig sterben?** Diese Frage beantwortet unser Heiland, Matth. 5, 3. wenn Er sagt: "Selig sind, die da geistlich arm sind, denn das Himmelreich ist ihr." Mit diesen Worten fing Jesus an, zu predigen, auf einem Berge, zu einem Haufen von Zuhörern.

Gewiß liegt schon eine gewisse Seligkeit für einen hungrigen und heilsbegierigen Zuhörer in diesen holdseligen Worten Jesu! Wer durch die Züge der Gnade und des Geistes verlangend geworden ist, nach Ruhe und Seligkeit, dem sind diese Worte des Trostes, und ein inneres Verlangen erwacht im Herzen, nach Armuth am Geist, und eine Frage folgt demselben, nämlich was ist und heißt denn: Arm seyn am Geist?

Diese Frage kann freilich nur das Licht der Gnade deutlich machen, denn die Vernunft kann es nicht begreifen, denn ihr Streben geht gewöhnlich nach dem Gegentheil; für ein Kind der Gnade aber ist es ein Trost, daß unser Heiland nicht gesagt hat: "Selig sind die geistlich Reichen," denn ein Kind der Gnade erkennt seine Armuth am Geist, und doch ist die Geistesarmuth der Reichthum in Gott, denn das Reich der Himmel ist ihr.

Geistesarmuth und Demuth des Herzens sind unzertrennlich mit einander verbunden, und das Wort: "Herzensdemuth," möchte das Wort "Geistesarmuth," etwas deutlicher machen. Geistesarmuth findet in sich selber nichts gutes, denn das Gute ist allein in Gott. Sie weiß nichts von eigener Kraft, denn sie betet: Dein, o Gott ist die Kraft. Sie weiß in ihr selber nichts von Weisheit, nichts von Erkenntniß, nichts von

Licht. Glauben, Liebe, Hoffnung, sind nicht ihre, sondern Gottes Eigenschaften. Gegen Lob ist sie unempfindlich, denn es gehört Gott; wird sie verachtet, so bruget sie sich darüber, freut sich, daß der himmlische Vater ihr etwas schenkt, dessen sie nicht würdig ist; sie wohnet nicht in ihr selber, Jesus Christus wohnet in ihr; sie ist in sich selber nichts; sie ist aber alles in Gott und Gott alles in ihr. Sie begehrt nichts, verlangt nichts, sie will nicht das Viele, denn sie hat alles in Einem, und in dem Einen ist sie selig und besitzet es doch nicht, denn sie ist arm, u. Armuth ist ihr Reichthum. Doch weißt sie auch hievon nichts; alles, was sie wissen will ist, daß sie weiß, daß sie nichts ist; sie ist ferne von aller eigenen Gerechtigkeit, weiß von nichts Gutes in sich; sie hat aber alle Gaben des Geistes, betrachtet sie aber als Gottes; mit einem Wort, sie ist arm, und sie ist nicht nur ein Bewohner des Himmelreichs, sondern das Himmelreich ist ihr.

Nun hat das Verlangen ein wenig gehört von dem seligen Armseyn am Geist. Nun entsteht aber eine neue Frage: Wie oder womit erlange ich diesen edlen Schatz? Gehe hin und verkaufe alles, was Du hast, gib's den Armen und komme und folge mir nach! spricht die Wahrheit.

Nun, Kinder, habt ihr eine edle Perle gesehen, deren Werth ihr noch nicht kennet; bewahrt sie auf, bis ihr sie kennen lernet.

C. H.

Etwas über die Missions-Frage.

Weil ich in dem Evangelischen Besuch, nämlich im Monat März, April und May von der Missions-Frage las, so will ich auch in meiner Wenigkeit etwas mittheilen aus Liebe, und Gott wolle geben seinen Segen dazu.

Zum ersten wegen dem Gotteskasten. Weil unser Herr und Heiland Jesus Christus den Gotteskasten billigt, und auch alle Christen es billigen sollten, und ich hoffe auch thun, doch in verschiedenen Meynungen. Ich meyne, wir hätten etwas so in unsern Gemeinden; den letzten Sommer hatten wir einen Tag bestellt, wo wir zusammen kamen, um einzulegen, und die Brüder kamen zusammen, und legten ein mehr als noch war; und die guten Freunde wollten auch ihr Scherflein einlegen, und ich selbst traf einen Mann an auf der Straße. Er sagte zu mir, er hätte gedenkt er wollte auch etwas geben, wenn wir es wollten annehmen. Es freute mich in meinem Herzen, und kann wohl sagen, über alles Gute. Ich gab ihm zur Antwort: ich denk, wir werden es wohl annehmen, und was sagt Gottes Wort dazu? "Denn einen fröhlichen Geber hat Gott lieb."

Nun zum Zweiten, wegen dem Evangelium zu predigen, wollen wir betrachten, nach Christi und seiner erwählten Aposteln Exempel.

Nun wollen wir auf Jesum sehen, den Anfänger und Vollender des Glaubens. Jesus sagt mehrmals: "Wer mir dienen will, der folge mir nach."

Luk. 9, 57. 58. Da heißt es, "da sie auf dem Wege waren, sprach einer zu ihm, (nemlich zu Jesus,) Ich will dir folgen, wo du hingehest. Und er sprach zu ihm: Die Füchse haben Gruben, und die Vögel unter dem Himmel haben Nester; aber des Menschen Sohn hat nicht, da er sein Haupt hinlege. Luk. 22, 29 sagt er: "Ich will euch das Reich bescheiden, wie mirs mein Vater beschieden hat."

Nun wollen wir auf Paulus sehen, weil er sagt: "Seyd meine Nachfolger, gleich wie ich Christi," und hat können sagen: "Ich habe mehr gearbeitet denn sie alle." Und der Herr hat selbst gesagt: "dieser ist mir ein auserwähltes Rüstzeug, daß er meinen Namen trage vor den Heiden, und vor den Königen, und vor den Kindern von Israel." Was sagt dann Paulus, an die ersten Cor. 9, 14. 2c. Hier sagt er: "Also hat auch der Herr befohlen, daß, die das Evangelium verkündigen, sollen sich vom Evangelio nähren. Ich aber habe deren Keines gebraucht. Ich schreibe auch nicht darum davon, daß es mit mir also sollte gehalten werden. Es wäre mir lieber, daß ich stürbe, denn daß mir jemand meinen Ruhm sollte zu nichte machen."

Ap. Gesch. 20. 33. 34." Ich habe euer Keines, Silber noch Gold, noch Kleid begehret, denn ihr wisset selbst, daß mir diese Hände zu meiner Nothdurft, und derer, die mit mir gewesen sind, gedienet haben."

In 2 Cor. 11, 7. 8. scheint es, "daß er andere Gemeinden beraubet, und Sold von ihnen genommen, daß ich euch predigte." Hier kann ein jedes Mitglied lernen, daß es schuldig ist um zu helfen das Evangelium zu verkündigen in aller Welt.

An die 2. Thess. 3, 8. 9: "Haben auch nicht das Brod umsonst genommen von Jemand, sondern mit Arbeit und Mühe, Tag und Nacht haben wir gewirkt, daß wir nicht Jemand unter euch beschwerlich wären. Nicht darum, daß wir deß nicht Macht haben, sondern daß wir uns selbst zum Vorbilde euch geben, und nachzufolgen."

Aus den Worten Pauli schließe ich, daß er es vor ein Ruhm hielt, das Evangelium frey umsonst zu predigen, wie wir lesen 1 Cor. 9, 18. Und ich meyne, alle Lehrer des Evangeliums sollten den Ruhm in Acht nehmen. Nicht wie ich einst einen Prediger hörte sagen auf seiner Kanzel zu seinen Gemeindsgliedern: Wann ihr nicht so viel hundert Thaler könnt bezahlen das Jahr, so seyd ihr keinen guten Prediger werth. Es könnte noch ein Manches beigetragen werden, wie es zugeht mit dem Evangelium zu predigen.

Nun wollen wir noch sehen, was Samuel sagt: Im ersten Buch Cap. 12, 3. sagt Samuel zum Volk: "Siehe hier bin ich; antwortet wider mich vor dem Herrn und seinem Gesalbten, ob ich Jemandes Ochsen, oder Esel genommen habe; ob ich Jemanden habe Gewalt oder Unrecht gethan; ob ich von Jemandes Hand ein Geschenk genommen habe, und mir die Augen blenden lassen; so will ich es euch wieder geben."

Dieweil ich nun den Ruhm Pauli so hoch achte, so hoffe ich, ihr werdet mir es nicht vor übel halten, wann ich etwas dazu schreibe, dieweil mir als gesagt wird, daß mein Urgroßvater, Großvater und Vater das Evangelium predigten umsonst, und so viel ich weiß, hatten die Kinder und Kindeskinder nicht viel von Mangel, sondern vielmehr von Ueberfluß, und der Herr sey gelobet vor alles Gute in Zeit und Ewigkeit. Und noch eins. Der Herr sey gelobet, daß ich schreiben kann mit Paulus mit einem guten Gewissen und mit einer Zuversicht; aber von Gottes Gnaden bin ich, das ich bin, und seine Gnade an mir ist nicht vergeblich gewesen.

J. L. Z.

Correspondenz.

Schlußworte

des Herausgebers an seine Leser.

Geliebte Brüder und Schwestern.

Wir sind schon wieder zum Ende eines Jahrgangs unseres Besuchs gekommen und kaum bleibt uns Raum genug übrig, auf gebührende Weise Abschied zu nehmen. Es sind in diesem Jahrgang etliche Dinge vorgekommen, die vielleicht manchem unsrer Leser mißfallen haben, und worüber wir uns billig verständigen sollten, ehe wir Abschied machen. Eines ist die Missionsfrage, über die wir uns in etlichen Artikeln ausgesprochen haben auf eine Weise, welche unsre Leser nicht an uns gewöhnt waren.

Meine theuern Mitglieder! Seit den letzten dreyßig Jahren haben wir uns an Manches gewöhnen müssen, woran wir früher nicht gewohnt waren, wie euch allen bekannt ist. Vor etlichen 20. Jahren antworteten wir den Missionsfreunden in England und Deutschland, die uns fragten, was wir thäten für die Ausbreitung des Evangeliums unter den heidnischen Völkern? "Es hat uns niemand gedinget," u. wir haben Arbeit genug daheim. Seit dieser Zeit ist aber mehr als Ein Ruf an uns ergangen von der andern Seite des Atlantischen Oceans, und jetzt vor mehr, als einem Jahr ein Ruf von unsern eigenen Brüdern am stillen Meer, in Oregon und Californien.

Dürfen wir jetzt noch sagen: Es hat uns niemand gedinget? — Kein Bruder, der etwas von den Umständen weiß, wird sagen können, als vor Gott: Nein! Und wollen nun unsre Brüder es uns verdenken, wenn wir auf Mittel und Wege gedacht, und unsre Gedanken öffentlich mitgetheilet haben, wie diese Pflicht auf die leichteste Art und Weise in Erfüllung gebracht werden kann? Wir hoffen, wenn Gottes Wort und die Liebe bey unsern Brüdern das Ruder führen, werden sie uns Gerechtigkeit wiederfahren lassen, daß wir nur das Beste gewollt haben, so wie wir es verstunden.

Was die Frage: Gibt es einen Mittel-Ort? betrifft, die wie es scheint manchem Leser anstößig war, so konnten wir bei der Seltenheit gutgeschriebener deutscher Mittheilungen, diese nicht von der Hand weisen, um so weniger, da wir zum Voraus nicht wissen konnten, zu welcher Ausdehnung sie kommen würden. Die Frage kam auf eine bescheidene Weise zur Sprache als eine schriftmäßige Untersuchung, und ist unserem Denken nach auf eine christliche Weise bis zu Ende behandelt worden, und nun liegt es uns ob, alles zu prüfen, und das Gute zu behalten.

Gerne würden wir den Wanderstab aus der Hand legen, und den Besuch einstellen; bei unserm vorgeschrittenen Alter ist man am liebsten daheim, und alle, auch die leichteste Arbeit wird einem beschwerlich.

Da aber der Herr unsere Kräfte sichtbarlich gestärket, und unser geringes deutsches Werk während diesem nun verflossenen Jahr mehr als je gesegnet hat durch eine größere Anzahl von Abnehmern wenigstens, so müssen wir fortfahren, bis ein Anderer und Stärkerer kommt, das Werk fortzusetzen. Bis dahin, geliebte Brüder, empfehlen wir uns eurer Liebe und Fürbitte, danken für eure bisherige freundliche Unterstützung, und bitten euch um Geduld und Nachsicht, wo wir etwas verfehlt haben, aber auch um eure offene, freie Bestrafung, wo wir etwa in Unwissenheit irren.

Schließlich empfehlen wir Euch und uns der Gnade und Fürbitte unseres allergetreuesten Heilandes und Herrn Jesu Christi, der uns geliebet hat, bis in den Tod, und sein Leben gegeben für uns alle zur Erlösung, und uns alle immer und ewig lieben wird, gerade in dem Maaße, als wir uns durch seine Gnade Seiner Liebe fähig machen lassen.

Euer geringer Mitknecht, und hoffentlich Mitgenosse am Reich und an der Trübsal

Der Herausgeber.

Nothruf von Kansas.

Im Englischen Visitor haben wir schon einen Brief von dort publicirt, und so eben ist ein Bruder von dort bey uns durchgereist, der von vier Lehrern, fünf oder sechs Dienern, und einer ziemlichen Anzahl von Brüdern gemeinschaftlich und schriftlich beauftragt und als vertrauenswürdig empfohlen ist, um Hülfe zu bitten für die Armen, Mitglieder und Andere in Kansas, die jetzt Mangel haben an den Nothwendigkeiten des Lebens in Folge der großen Dürre, welche jene Landschaft betroffen hat. Der Bruder heißt Abraham Rothrock, vormals wohnhaft bey Lewistown in Mifflin Co. Pa. und ist ein alter Lehrer und bestätigter Aeltester, der uns schon viele Jahre bekannt ist. Sein Geschäft ist blos so viele Gemeinden als möglich selbst und durch andere aufzurufen um Hülfe, und dieselbe so bald als möglich an Bruder

Jacob Ulrich zu senden, und zugleich auch Bruder Daniel Weybright zu berichten. Beide Brüder wohnen in der Nähe von Lawrence, Douglas Co. Kansas T. Wir empfehlen nun diese Sache der Beherzigung aller Mildthätigen, und wünschen nur, daß den Nothleidenden baldige Hülfe zu Theil werden möge.

Beiträge für die Oregon Mission.

Berichtet in der September=No.	$10,00
Empfangen von 21 Gliedern der Limestone Gemeinde in Tenn.	22,75
Empfangen von der Gem. in Botetourt Co. Va. durch die Hände von Aelt. Peter Nininger	37,00
Zusammen	69,75

Empfangen von
D. P. Sayler, Schatzmeister.

Berichtet in der September= und October=No.	$118,50
Empfangen von Lost Creek Gemeinde, Miami Co. O. von $10 zum Theil	7,00
Empfangen von Solomon's Creek Gemeinde, Elkhart Co. Inda. zusätzlich	1,00
Empfangen von L. Tombaugh, Washington Co. Pa.	1,00
Zusammen	127,50

als in meinen Händen befindlich.
Heinrich Kurtz.

Außer diesen Summen sind angekündigt von der Gemeinde in Franklin Co. Va. fünfzig Thaler, und von der Gemeinde in Logan Co. O. fünf Thaler, und so wäre alles zusammen: $252,25. ungefähr ein Viertheil der für die Oregon Mission erforderlichen Summe. Wer sind aber die Männer, die auf diese Mission ausgehen sollen?

Todes-Anzeige.

Starb [Ort nicht angegeben,] Sept. 1. Schwester **Maria Schwerer**, Weib von Samuel Schwerer, alt 73. Jahre.

Starb in Adams Co. Pa. Sep. 30 Br. **Samuel L. Burkholder**, alt 60. Jahre, 1. M. und 21. T.

Starb in der Stadt Lebanon, Pa. September 17. Bruder **William Lehman**, im 76. gten Jahre seines Alters.

Starb in Clarion Co. Pa. September 6. Bruder **Christian Scheibele**, alt 81. Jahre.

Starb in Armstrong Co. Pa. Juny oder July 2. Schwester **Sally Ternin**, alt 49. J. und 17. T.

Starb in Allegheni Co. Md. September 13. Bruder **Henry Peck** alt 78. J. 8. M. 26. T.

Starb in Cowanshannock, Armstrong Co. Pa. September 13. Schwester **Catharina Wampler**, alt 76. J. 7. M und 21. T.

Starb in Tuscarawas Co. Ohio, Juny 30 Schwester **Nancy Welty**, Gattin von Christian Welty, alt 74. J. 3. M u. 27. T.

Starb in der nämlichen Gemeinde September 19., **David Kähler**, Söhnlein von unserem lieben Bruder und Mitarbeiter am Evangelium, Conrad Kähler und seinem Weibe, Schwester Elisabeth. Das Kind wurde 7. J. 1. M. u. 13. T alt.

Starb in Washington Co. Iowa, August 20. Schwester **Sarah Anna Correll**, Tochter von Br. Daniel, und Schwester Sarah Correll in Wayne Co. O. alt 20. J. 8. M. 9. T.

Starb in Pattonsville, Bedford Co. Pa. October 17 Schwester **Magdalena Burget**, Gattin von Henry Burget, alt 36. J. 9. M. 13. T.

Starb in Chase Co. Kansas T. October 17. Bruder **Gabriel Jakobs**, ein alter Lehrer unter den Brüdern, im Alter von 76. J. 3. M. 7. T.

Starb in Joe Davies Co. Ills. September 15. Schwester **Anna Bowman**, Gattin des Peter Bowman, und Tochter von Jakob und Susanna Eby, alt 22. J. 9. M. 27. T.

Starb in Montgomery Co. Inda. July 28. Bruder **Andreas Pfeffly**, alt 32. J 2. M, 10. T.

Starb in Stark Co, Ohio, October 27. Schwester **Sarah Hoover**, eine geborne Dolhour, Gattin von Moses Hoover, alt 27. J. 3. M. 3. T.

Starb bei Goshen, Elkhart Co. Inda. October 30. der alte Bruder **Peter Crell**, im 71. gsten Jahre seines Alters.

Inhalt des achten Jahrgangs.

A.

	Seite
Anrede an Sonntagsschüler	187
An unsere Leser	94

B.

Bekenntniß eines blinden Mannes	177
Beiträge zur Mission	15, 47, 142, 159, 191
Brief von Pattonsville	129

C.

California und Oregon-Mission	109
Christus die Freystadt	128
Chronologie oder Zeitrechnung	174
Correspondenz	13, 30, 43, 62, 79, 93, 157, 189

D.

Der ältere Sohn	113

E.

Entschuldigung	142
Es ist nicht einerley, was man glaubt	97

F.

Fortgesetzte Betrachtungen ꝛc.	9, 18
Fragen beantwortet	13, 41, 59, 91, 104, 155,
" Ueber Matth. 16, 28	41
" " die Taufe mit dem h. Geist	42
" " Heb. 4, 12.	—
" " 1 Joh. 3, 9	43
" " 5 Mos. 18, 18	59
" " 4 Mos. 20, 11	60
" " Luc. 7, 26—7, 28	—
" " Das Reich Gottes	61
" " Matth. 9, 16. 17	—
" " Joh. 15, 5.	62
" " Marc. 9, 38	91
" " das Taufen von Dienern (Besuchbrüdern)	92
" " Luc. 1, 63 ꝛc. ꝛc.	—
" " Matth. 10, 39	104
" " Heb. 6, 20	105
" " Luc. 19, 3	106
" " Matth. 11, 12	—
" " Gottesdienst zu führen	107
" " Matth. 3, 11 u. Esai. 45, 7	108
" " " 4, 1	155
" " " 13, 44	—
" " 1 Chron. 2, 13—17	156
" " 1 Cor. 5, 11	157
" " Erwählung zu einem Dienst	—

G.

Geburt (die) Christi	170
Geheime Gesellschaften (über)	24
Gibt es einen Mittel-Ort ꝛc?	11, 36, 59, 69, 85, 100, 117, 147, 164, 179
Glockenschlag in Gottes Uhr	56
Gnade (die überschwengliche) an dem größten der Sünder	75

H.

Herzliche Vermahnung ꝛc.	81

J.

Jahr, das von 1867	130
Jährliche Versammlung	139
Inhalt des achten Jahrganges	192

K.

Kameel (das) und das Nadelöhr	127
Kansas, Nothruf von	190
Kindliche Einfalt des Glaubens	128

M.

Matth. 16, 18 (über)	83
Missionsfrage (die)	33
" " No. 2.	49
" " No. 3.	65
" (etwas über die)	188
Mittelort, Gibt es einen?	11, 36, 59, 69, 85, 100, 117, 147, 164, 179
" Es gibt keinen	88, 103, 120, 151
Mittheilung von Blumengreve	121

P.

Poesie	141

R.

Reden bekehrter Hindus	5
Reich (das) Gottes auf Erden	170

S.

Schriftmäßige Untersuchung ꝛc.	11
Suchen und Finden	7, 26

T.

Titelblatt	1
Todes-Anzeige	16, 32, 47, 63, 79, 94, 111, 142, 159, 191

U.

Unser Vater (das)	52, 72
Unser Vorschlag	158
Untersuchung, schriftmäßige	11

V.

Verborgene (der) Schatz	39
Vermahnung und Aufmunterung (herzliche)	81
Verrichtung von Trauungen	110
Vorwort	3
Vorschlag (unser)	159

W.

Wegen weltlicher Obrigkeit zu wählen und zu brauchen	77
Weisen (die) vom Morgenlande	17
Wie ist das Neue Testament entstanden	55, 68, 89, 99, 145, 161
Wohin soll sich das Streben der Gläubigen richten?	21
Worte eines Gläubigen	153

Ende des achten Jahrgangs.

www.ingramcontent.com/pod-product-compliance
Lightning Source LLC
Chambersburg PA
CBHW020239170426
43202CB00008B/143